## 네트워크마케팅 회사에 가입하기 전에 살펴보아야 할 문제들

▶ 회사의 성실함과 지도력은 여러분에게 그들을 따르도록 고무하는가?
▶ 회사는 투철한 사명을 갖고 있는가 아니면 빨리 돈 버는 일에만 집중하는가?
▶ 회사의 이념은 여러분의 이념과 잘 맞는가?
▶ 회사 제품은 소매로 팔리는가?
▶ 회사는 효율성이 입증된 훈련 프로그램을 갖고 있는가?
▶ 제품 라인은 다양한 소비재를 포함하고 있는가?
▶ 회사는 제품을 판매하기 위해 과대광고에 의존하는가 아니면 회사가 주관하는 사업설명회에서 주장하는 사실에 의존하는가?
▶ 회사는 수입과 제품에 대한 주장은 규제 검열을 통과하는가 아니면 사실이기에는 너무 좋게 들리는가?
▶ 사업은 여러분이 이 사업을 하도록 후원하는 사람들의 삶에 긍정적인 변화를 가져다줄 참된 기회를 주는가?
▶ 회사는 여러분이 투자한 것을 보상받기 위해 판매해야 할 제품을 떠안기는가?
▶ 회사는 여러분이 구축한 조직으로부터 지속적인 수입을 얻으려면 얼마만큼의 활동 판매치를 유지해야 하는지 납득이 갈 만한 조건을 말해주는가?
▶ 공제조합이나 공정위에서는 회사에 대해 미해결된 청구권을 갖고 있는가?
▶ 여러분은 사람들에게 사업을 소개하는 일을 회사나 업라인에 기대하는가 아니면 스스로 그 일을 하는가?
▶ 여러분은 함께 일하는 사람들에게 동기의 타당성과 그 가치를 완전히 확신시키고 있는가?
▶ 여러분은 왜 최상의 제품이어야 하는지 아는가?
▶ 여러분이 이 회사에서 성공할 경우, 돈으로 살 수 있는 더 많은 것과 돈으로 살 수 없는 모든 것들을 갖도록 해주는가?

## 네트워크마케팅에서 성공하는 방법

목표를 세워라. UCLA의 연구 결과를 보면 균형있는 목표 프로그램을 실시한 사람은 월평균 7,411달러를 벌었으며 목표를 세우지 않은 사람은 3,397달러를 벌었다. 목표를 세우는 사람은 더 행복하고 더 건강하고 더 화목하게 지냈다. 목표를 세우는 프로그램은 네트워커들이 인생에서 참으로 중요한 것에 초점을 맞추도록 도와준다. 인간관계를 구축하는 방법을 배워라. 네트워크마케팅은 세일즈를 하는 일이 아니다. 전에 아무 것도 팔아본 일이 없더라도 이 사업에서는 성공을 거둘 수 있다. 네트워크마케팅에서 가장 많은 돈을 버는 사람들은 다른 사람과의 관계를 잘 형성할 줄 아는 사람들이다.

## 지그의 황금률 철학

다른 사람이 원하는 것을 얻도록 도와주기만 한다면 여러분은 인생에서 원하는 모든 것을 얻을 수 있다

## 우수한 네트워크마케팅 회사의 특징

이 책에 소개되는 많은 네트워커들이 다음과 같은 우수한 네트워크마케팅 회사들의 특징을 규정짓는 데 도움을 주었다.

- ▶ 성실과 정직
- ▶ 회사의 소유권, 재정 상태, 제품개발 및 디스트리뷰터 관계 등을 완전히 공개함
- ▶ 윤리규정 및 가치관과 더불어 사명에 대한 성명서
- ▶ 누구나 성공할 수 있다는 합리적인 기대를 갖고 따를 수 있는 간단하고 복제가능한 시스템
- ▶ 신뢰성과 시장성을 검증받은 제품들
- ▶ 이해하기 쉬운 공정한 보상플랜과 풀타임 및 파트타임 디스트리뷰터들에게 보상함
- ▶ 탁월한 마케팅 자료와 모임 등의 형태로 사업자들을 지원함
- ▶ 경험이 풍부한 경영관리팀
- ▶ 사람들이 납득할 만한 적절한 시기에 성공할 수 있도록 할 일과 그 일을 하는 방법을 가르치는 훈련
- ▶ 디스트리뷰터들에게는 사람을 모집하고 훈련하고 제품을 판매하고 조직을 관리하게 하며 소매고객에게는 제품을 구매하게 하는 기술지원

## 네트워커들을 위한 십계명

1. 인격의 기초 위에 사업을 구축하고 사업을 구축할 때, 황금률을 실천하라

2. 다른 사람에게 수입의 기회에 대해 거짓된 과장을 말하지 말고 여러분의 제품이 그들의 건강에 '기적'을 일으킨다고 말하지 말라

3. 회사의 이름을 사용하거나 남용하지 말라

4. 일하는 날을 기억하여 생산적인 날이 되게 하고 휴일을 거룩하게 지켜라

5. 새로운 디스트리뷰터가 갖고 있는 꿈을 말살하지 말고 여러분이 후원하는 사람들에 대해 책임이 있다는 것을 기억하라

6. 회사 내에서나 회사 전체에서 부도덕한 행위를 하지 말라

7. 회사의 성장, 사명 및 제품에 대해 거짓된 증거를 보이지 말라

8. 다른 조직을 전향시키거나 다른 회사의 다운라인을 도둑질하지 말라

9. 첫째는 자신을, 둘째는 가족을, 셋째는 회사를 기억하라

10. 업라인과 다운라인을 존중하여 회사 내에서 오랫동안 머물고 지속적인 수입이 있도록 하라

여러 해 동안 네트워크마케팅은 생활 속에 자리매김하면서 많은 백만장자를 배출했고 거대한 산업으로 성장해왔다. 또한, 이 비즈니스를 통해 보통사람들에게 기회의 문을 열도록 도와준 용기 있는 개척자들에게 이 책을 바친다

# 지그 지글러(Zig Ziglar)에게 보내는 찬사

"세계 최고의 동기부여 연설 권위자로 알려진 지그 지글러는 가족간 대화에서도 자주 거론되며 성공에 관한 한, 전설적인 인물이다. 그는 세계적인 작가인 동시에 연사이며 세일즈 트레이너 및 네트워크마케팅의 우상으로 숭배되고 있다!"
  – 네트워크마케팅 라이프스타일 매거진

"만약 이 세상에 지그 지글러가 없었더라도 네트워크마케팅이 반드시 그를 찾아냈을 것이다. 과거 반세기 동안 지그가 가장 많이 주장했던 주제인 "다른 사람들이 원하는 것을 얻도록 도와주기만 한다면 당신이 원하는 모든 것을 가질 수 있을 것이다"는 네트워크마케팅에서 결코 빼놓을 수 없는 문장이다. 이 말이 있는 곳이 바로 지그 지글러가 존재하는 곳이다.

  – 클리프턴 H. 졸리 박사,

"지그 지글러의 강연을 처음 들었을 때의 경험은 내게 큰 충격이었다. 그 충격은 가족, 대인관계, 사업 등에 대한 내 인생 철학을 바꾸었다. 이런 변화로 내 컨설팅 회사는 수백 명의 네트워크마케팅 경영자들이 지그의 꺼지지 않는 '인간에 대한 서비스' 정신을 디스트리뷰터의 성공을 통해 실현할 수 있도록 그들의 사업을 도와주고 있다. 그의 주옥같은 메시지는 수백만 디스트리뷰터들에게 전해지고 있으며 그를 세계적인 네트워커로 만들고 있다."
  – 마이클 L. 셰필드, 국제 다단계 마케팅 협회 대표

"평범한 세일즈맨이었던 나는 내 직업에 지쳐 있었다. 그런데 지그의 "어떻게 동기화를 지속시킬 것인가"라는 테이프 시리즈를 듣고나서 내 일상생활을 수정했다. 목표를 계획하고 실행할 때, 부정적인 요소는 모두 빼고 긍정적인 요소만 고려한 것이다. 책에서 지그가 제시한 테크닉을 활용해보기 시작했다. 그렇게 한 지 12개월 후, 나는 동료들에게도 제품을 판매할 수 있었고 내가 가장 싫어하는 경쟁 상대에게도 판매할 수 있었다. 판매와 개인의 능력에 대한 그의 지식의 숨결을 이제는 네트워크마케팅 업계에 적용시키고 있다. 이 사업의 성공으로 나는 최소 10만 달러에서 최대 100만 달러 이상의 부수입을 올리고 있다."

  – 토드 팰콘, 프로스텝사의 네트워크마케팅 컨설턴트

# 네트워크마케팅 핸드북

## Network Marketing for DUMMIES

지그 지글러와 존 헤이스 박사 공저 / 김 영석 옮김

판권본사
독점계약

# 네트워크마케팅 핸드북

지은이 • 지그 지글러와 존 헤이스
옮긴이 • 김영석
인쇄일 • 2019년 4월 17일
개정판 • 2014년 3월 10일

펴낸곳 • 도서출판 용안미디어
주소 • (135-081) 서울특별시 강남구 역삼1동
        696-25 영성빌딩
전화 • 010-6363-1110
팩스 • 02-6442-7442
등록 • 1994년 2월 25일 제16-837호
가격 • 13,000원

* ISBN 89-86151-54-5
* 잘못된 책은 바꿔드립니다

# 목차

## 서 론

# 서 론

· · · · · · · · · · · · · · · · · · · · · · · · · · · · · · · · · · ·

**거**의 매일 대부분의 나라에서 사람들은 가족이나 친구들과 식탁에 둘러앉아 다음과 같은 말을 한다. "조만간 나는 돈을 벌 수 있는 일을 생각해낼 거야. 개인사업을 시작할 거야." 그런 대화를 나눠본 적이 있는가? 그런 대화를 꺼내본 적이 있는가? 기회란 있는 것이고 여러분은 그런 기회를 갖고 있다. 재정적으로 성공할 기회를 찾고 있는 많은 사람들 중 한 명인 여러분에게는 그런 기회가 있는 것이다.

그런 대화가 진행되는 동안 여러분과 합석할 수 있다면, 우리는 이렇게 질문할 것이다. "왜 아직 그런 기회를 찾지 못 하셨습니까?" 여러분은 아마도 다음처럼 대답할 것이다.

- ▶ "돈이 없습니다."
- ▶ "경험이 없습니다."
- ▶ "방법을 모릅니다."
- ▶ "무슨 일을 해야 할지 모릅니다."

그러면 우리는 이렇게 말할 것이다. "여러분! 잠깐만 시간을 내주시면 그 문제를 극복할 수 있는 방법을 알려드리겠습니다. 우리는 또한 수 주 안에, 가능하면 수 일 안에 여러분이 재정 상황을 변화시킬 수 있는 일을 시작할 수 있도록 방법도 알려드릴 수 있습니다." 그런 후에 우리가 계속할 수 있도록 허락한다면, 우리는 가방에서 네트워크 핸드북을 꺼내 그 내용을 전하기 시작할 것이다. 여러분이 자신의 사업을 시작하는 데 아무런 장애물도 없다는 것을 알게 되는 데는 결코 긴 시간이 걸리지 않는다. 풀타임으로 하든 파트타임으로 하든 한 달에 수백 달러를 벌든 수천 달러를 벌든 여러분은 조만간 시작할 수 있을 것이다.

우리가 여러분에 대해 아는 것이 없으면서도 여러분의 재정적인 미래에 관해 그렇게 확신할 수 있는 이유는 무엇인가? 확신을 갖는 이유는 우리가 여러분과 같은 많은 사람을 알고 있기 때문이다. 그들도 여러분처럼 의심을 했었다. 우리는 또한 그들이 재정적으로나 직업적으로 원하는 것을 성취했다는 것을 알고 있으며 그들이 믿고 있는 것을 여러분에게 말하라고 한다면, 그들은 여러분도 해낼 수 있을 것이라고 말하리라는 것을 우리는 알고 있다. 물론 여러분이 원할 경우에 한해서 그렇다. 왜냐하면 우리가 여러분에게 자신의 사업을 시작할 수 있는 방법을 보여준다 하더라도, 성공이란 쉽게 오는 것이 아니기 때문이다. 사업을 시작하기 위해 많은 돈이 필요한 것도 아니고 경험이나 교육이 문제되는 것도 아니다. 하지만 열심히 일해야 한다. 여러분은 이미 그렇게 열심히 일해왔는지도 모른다. 자신의 사업이 아니라 다른 사람의 사업을 위해 그렇게 하는 경우는 예외로 하고 말이다.

네트워크마케팅은 세계적으로 1,000억 달러의 매출을 올리는 것으로 알려지고 있다. 네트워크마케팅 사업자들은 매일 수천 가지의 상품과 서비스를 판매하고 있으며 수백 개의 회사들이 여러분의 참여를 기다리고 있다. 두려움과 반대와 "나는 … 없다"라는 식의 말은 옆으로 제쳐두고 네트워크마케팅에서 여러분의 미래를 생각해보기 시작하라.

## 네트워크마케팅을 구별하는 법

여러분이 누군가의 추천을 받아 이 책을 읽을 경우, 그것은 네트워크마케팅이다. 여러분이 이 책을 읽은 뒤에 누군가에게 추천했다면(우리는 그렇게 되기를 간절히 바란다), 그것도 네트워크마케팅이다. 사실상, 우리는 모두 좋든 싫든 뭔가 정보를 나눌 때마다 네트워크마케팅에 참여하는 것이다. 이제 그렇게 하는 것에 대해 보수가 지급된다고 생각해보라. 그것이 바로 전문적인 네트워크마케팅이다. 그것이 바로 이 책에서 다루는 주제이다.

여러분은 전문적인 정의를 알고 싶은가? 네트워크마케팅은 수많은 독립적인 세일즈맨 또는 디스트리뷰터의 네트워크를 통해 상품과 서비스를 분배하는 시스템이다. 디스트리뷰터들은 제품과 서비스를 판매하고 그들의 다운라인 또는 세일즈 조직의 일부가 된 다른 세일즈맨들을 리크루팅하거나 후원함으로써 돈을 번다. 디스트리뷰터들은 다운라인에 의해 발생한 세일즈 수입에 대한 장려금이나 보너스를 받는다.

잠깐! 우리는 여러분이 무슨 생각을 하는지 알 수 있다. "아, 네트워크 마케팅! 그건 세일즈맨이나 하는 거지, 나는 아냐." 그것은 '잘못된 생각'이다. 그것은 잘못된 결론에 이를 수 있다. 네트워크마케팅 비즈니스를 구축하기 위해 여러분은 슈퍼 세일즈맨이 되어야 할 필요는 없다. 경험이 큰 문제가 되지도 않는다. 여러분이 좋아하는 제품과 서비스에 대해 사람들과 대화할 수 있는 능력이 있고 그것을 사용하기만 한다면, 여러분은 성공적인 네트워크마케팅 사업을 구축할 수 있는 것이다. 이 책은 이러한 주제에 대해 많은 내용을 다루고 있나. 이 식업에 대한 사실들을 생각할 수 있는 기회를 갖도록 하라.

무엇이 네트워크마케팅이고 아닌지 설명하는 내용이 여기에 있다.

- ▶ 네트워크마케팅 또는 (MLM)는 불법적이거나 사기 또는 비윤리적인 것이 아니다.
- ▶ 네트워크마케팅은 조직에 가입하는 다른 사람의 돈으로 갑자기 부자가 되는 기회를 주지 않는다.
- ▶ 네트워크마케팅은 불법적이고 비윤리적인 피라미드 형태가

아니다.

▶ 네트워크마케팅은 빨리 부자가 되는 기회를 주지 않는다.

▶ 네트워크마케팅은 많은 사람들이 소수의 승자를 위해 돈을 잃는 간단한 수학 공식 위에 세워지는 것이 아니다.

▶ 네트워크마케팅은 다른 사람이 여러분을 위해 세일즈 조직을 구축해주는 기회를 주는 것이 아니다.

▶ 네트워크마케팅은 단지 세일즈맨을 위한 것이 아니다.

▶ 네트워크마케팅은 많은 비용이 들지 않는다. 다른 대부분의 사업과는 달리 사업을 시작하는 비용이 저렴하고 대개의 경우, 500달러 이하이며 100달러 이하일 때도 있다.

▶ 네트워크마케팅은 회사가 디스트리뷰터에게 많은 물건을 판매하는 수단이 아니다.

▶ 네트워크마케팅은 아무도 원하지 않고 사용하지 않는 물건을 디스트리뷰터가 판매하는 방법이 아니다.

▶ 네트워크마케팅은 제품이나 서비스를 폭등한 가격에 판매하는 허가증이 아니다.

▶ 네트워크마케팅은 기꺼이 열심히 일하려고 하지 않는 사람들을 위한 것이 아니다.

▶ 네트워크마케팅은 사업을 성공으로 이끄는 증명된 시스템을 따를 수 없거나 따르려 하지 않는 사람을 위한 것이 아니다.

네트워크마케팅은 직업으로서 성별, 경험, 교육 또는 재정적인 상태에 관계없이 모든 사람을 승선하도록 초대하여 만족스럽고 잠정적으로 돈벌이가 좋은 사업을 구축하게 해준다. 그러나 모든 사람이 성공을 거두는 것은 아니다. 성공을 거두지 못 하는 이유는 기꺼이 희생하지 않고 성공하는 데 필요한 각오를 하지 않는 몇몇 사람들이 있기 때문이다. 이 책을 읽은 후에 여러분은 어떤 희생과 각오가 요구되는지 알게 될 것이다. 또한 그 일을 마스터하는 데 필요한 단계를 알게 될 것이다. 그 일에서 성공하는 것은 전적으로 자신에게 달려 있다.

# 어리석은 가정

여기 여러분에 대해 가정하는 내용이 있다.

여러분은 직장 생활을 하는 것에 지쳐 있다. 또는 의미없는 일에 지쳐있다. 즉, 네트워크마케팅 사업자들이 말하는 것처럼 여러분은 일에 지쳐있고 피곤에 쌓여 있다. 그렇다면 여러분이 이 책을 읽는 것은 적절한 일이라 할 수 있다. 사업자들은 자신을 위해 일하면서 사명감을 갖고 있기 때문에 자신이 하고 있는 일을 통해 다른 사람을 도와야 한다는 것을 알고 있으며 여러분이 만나보게 될 어떤 전문집단 못지 않게 열성을 갖고 있다.

여러분은 현재보다 더 많이 벌게 될 것이다. 많은 네트워크마케팅 사업자들이 한 달에 수백 달러를 벌고 싶어한다. 어떤 사람들은 매달 수만 달러를 벌고 싶어한다. 네트워크마케팅에서는 이 모든 일이 가능하다.

네트워크마케팅이 어떻게 움직이는지 명확한 단서는 없지만 여러분은 그것이 알고 싶을 것이다. 아니면 이미 그 사업을 하고 있으므로 그에 대해 알고 있을 수도 있다. 여러분은 매달 가외로 매달 수백 달러를 벌고 있는지도 모른다. 그러나 이제 여러분은 풀타임으로 일할 각오를 할 준비가 되어 있다. 이 책은 그 방법을 보여줄 것이다.

여러분이 네트워크마케팅에 대해 알고 있는 것은 긍정적인 것이 아니다. 하지만 괜찮다. 우리는 네트워크마케팅에 대한 신화의 정체를 밝혀낸다. 책에 대해 우리가 인터뷰한 모든 사람들 중에 "나는 네트워크마케팅 사업을 한다." 혹은 "나는 MLM 사업을 하고 있다"라고 말하는 것을 두려워하거나 부끄럽게 여기는 사람은 한 명도 없었다. 우리는 여러분이 이 사실을 알고 나면 같은 느낌을 가지리라 생각한다. 네트워크 사업자로서 약간의 돈이라도 벌고 나면 분명히 집에서 네트워크 핸드북을 눈에 잘 띄는 곳에 둘 것이다.

여러분은 꿈이 있으며 네트워크마케팅 사업자들이 말하듯이 J.O.B. – Just Over Broke –(간신히 파산을 면한 상태) 에서 일하는 동안 그 꿈을 성취하는 방법을 모르고 있을 뿐이다. 여러분은 이 책에서 네트워크마케팅 사업자들이 말하는, 꿈을 성취한 이야기를 읽을 것이다. 우리는 꿈을 간직한 채 자신의 힘으로 정상을 향해 나아가는 사람들에 대한 이야기를 하게 된다. 이들 가운데는 파산한 사람도 있으며 네트워크마케팅에서 거장이 되고 세상의 행운에서도 거장이 된 사람도 있다. 여러분은 자신의 꿈을 굳게 지켜야 한다. 그러면 우리는 여러분이 꿈을 실현시킬 방법을 보여줄 것이다.

여러분은 두려워하고 있다. 전진하라, 시인하라. 우리는 누구에게도 말하지 않을 것이다. 중요한 것은 여러분이 사실에 직면하는 것이다. 두려움이 단순히 진실처럼 드러나는 거짓증거라는 것을 발견하게 될 때까지 여러분은 정신적인 불구 상태로 남아있게 된다. 여러분은 네트워크마케팅에 대한 사실을 모르기 때문에 두려워한다. 그러나 이 책을 읽은 후에 그 사실들을 알게 될 것이다.

# 제 1 부
# 왜 네트워크마케팅
# 산업이 성장하는가

## Why Network Marketing Works

제5의 물결                                          리치 테넌트

"톨리버가 프랭크의 다운라인이 되겠다고 했을 때, 문제가 발생했다."

# 제 1 부에서는 …

사람들은 네트워크마케팅이나 다단계 마케팅에 대해 얘기하지만 자신들도 무슨 얘기를 하는지 잘 모를 때가 많다. 심지어 이 마케팅에 대한 그들의 평가가 긍정적이더라도 잘못된 얘기를 주장하는 경우도 있다! 네트워크마케팅은 다이내믹하고 흥미진진하며 세계적으로 급속히 확산되는 유망사업임에도 불구하고 이렇게 오해 받는 것은 부끄러운 일이다.

네트워크마케팅은 합법적인 사업이다(극소수는 달리 생각함). 게다가 수백만 명의 재산을 증식시키며 전세계적인 물류 및 유통에서도 긍정적인 기여를 하고 있다. 제1부에서 당신은 네트워크마케팅의 진실을 발견할 것이며 이 부분을 다 읽은 후, 네트워크마케팅에 대해 정확하고 자신있게 말할 수 있을 것이다. 더 중요한 것은, 네트워크마케팅과 관련해 당신이 곤란할 때, 상대방의 어떤 논리에도 흔들리지 않고 올바른 결정을 내리도록 도와줄 것이다.

호황기든 침체기든 간에 경제적 측면에서 분석하면, 네트워크마케팅은 바로 당신같은 사람들에게 사업 성공의 기회를 제공해주고 있다. 일부는 네트워크마케팅이 소수를 위한 것이라고 주장하지만 당신의 시간과 탐험을 가치있게 만들 것이라고 나는 확신한다. 네트워크마케팅을 알게 되면 당신의 삶에서 얻고 싶은 수많은 지식을 얻을 수 있기 때문이다. 미래의 세계에는 네트워크마케팅이 눈부시게 발전할 것으로 예상된다. 당신도 이 사업에서 성공할 수 있다고 생각한다면 제1부에서 네트워크마케팅에 대한 모든 것이 있다.

# 제 1 장
# 연매출 1,000억 달러 산업을 가볍게 여기지 말라

제1장에서는
▶ 네트워크마케팅에 대한 몇 가지 사실을 알아보고
▶ 네트워크마케팅의 역사적 배경을 알아보고
▶ 네트워크마케팅을 어떻게 진행하는지 알아보고
▶ 네트워크마케팅이 사람들에게 관심을 끄는 이유를 알아보기로 한다

**당**신은 성공적인 네트워크마케터(Network Marketer)가 되기 위해 이 책을 읽을 것이다. 그러나 네트워커(Networker)가 되는 방법을 몰라도 이미 생활 속에서 네트워커와 같은 생활을 충실히 하고 있을 것이다.

직장에서 상사와 얘기하거나 상점에서 이웃과 마주치거나 가족, 친척과 통화하는 그 어느 순간에도 네트워크마케팅(Network Marketing)을 하고 있는 것이다. 거의 매일 누군가가 당신의 의견을 물어올 때, 이렇게 대답할 수 있다면 당신은 스스로를 열정적인 네트워커라고 평가해도 좋을 것이다.

*"그것을 알고는 있었지만 제게는 맞지 않았는데 이건 정말 좋더군요."*
*"이것을 시작한 이래 더 많은 에너지를 얻었답니다. 당신도 해보세요."*
*"그냥 내버려두세요. 그에게 좋은 결과가 오리라고 확신합니다."*

*"마음에 드실 겁니다. 적어도 한두 개는 모든 가정의 주방에 필요합니다."*
*"이득이 있어 바꾸었어요. 당신도 한번 해보세요."*

당신은 "이렇게 말하는 것이 무슨 네트워크마케팅인가?"라고 반문할 것이다. 단지 내가 가진 정보를 다른 사람들과 나누고 그들이 더 좋은 결정을 하도록 돕거나 삶의 질을 높이도록 돕는 것뿐이다. 그렇지 않은가?

바로 그렇다! 정보를 교환하고 더 나은 결정을 하도록 도와주고 삶의 질을 높이도록 안내하는 일련의 과정들이 바로 네트워크마케팅인 것이다. 당신은 매일 네트워크마케팅을 하고 있는 것이며 이것은 인간이라면 지극히 자연스런 행위이다. 당신의 가장 큰 문제는 당신이 추천한 효과 만점의 코팅제, 생활 용품, 건강 음료, 건강기능 식품, 주방용품, 그리고 당신이 제공하는 인터넷 서비스, 통신 등에 대한 대가를 받지 못 한다는 것이다.

당신은 대가를 받아야만 한다. 만약 세계에서 가장 빨리 성장한 제품과 서비스 유통 경로를 가진 전문 네트워커 그룹에 가입한다면 당신도 대가를 받을 수 있다. 여러분이 그렇게 할 수 있도록 돕기 위해 이 책을 쓴 것이다. 네트워크마케팅은 인종, 성별, 학력, 사회, 경제적 지위에 상관없이 누구나 할 수 있는 사업이다. 인간은 경제적 자유, 부, 자기만족, 행복할 권리, 성공할 기회 등을 가지고 있다.

위와 같은 라이프스타일을 꿈꾸면서 네트워크마케팅을 시작한다면 성공은 시간문제다. 대부분의 네트워커들처럼 한 달에 몇 백 달러 정도 버는 파트타임을 하든지 한 달에 수천 달러 이상 버는 풀타임을 하든지 간에 당신이 알아야만 하는 모든 것이 이 책에 있기 때문이다. 제품과 서비스를 고르는 법, 평생 고객의 관심을 끄는 법, 사업에 집중하고 지속시키는 법, 판매수입을 증대시킬 수 있는 조직 등에 대해 자세히 다루고 있다. 그렇다고 이 책을 읽기만 해서 성공하는 것은 아니다. 여기서 설명한 '규칙과 과정을 사업 과정에 활용한다' 라는 원칙을 잊어서는 안될 것이다.

이런 원리들이 당신을 성공시킬 것이라고 자부하는 이유는 간단하다. 이 원리들은 미국 등에서 선두를 달리는 네트워커들을 배출했기 때문이다. 이 업계에는 최고의 마케터뿐만 아니라 성공을 원하는 사람들까지 포함되어 있다. 당신은 네트워크마케팅 세계의 정상에서 매우 독특하게 살고 있는 사람들을 만나게 될 것이다. 이 책은 남을 돕는 방법을 통해 얻는 지혜, 교훈 그리고 얘기들을 들려줄 것이다. 이제 당신은 그들과 함께 할 것인지 결정해야 한다. 그렇게 하겠다고 결심했다면 계속 다음을 숙독해야 할 것이다.

 프로페셔널 트레이너인 톰 슈라이터는 다음과 같이 말했다. "우리는 매일 네트워크마케팅을 실행합니다. 우리가 하는 일은 필요한 것들을 추천하고 개선하는 것에 불과합니다. 자신이 보수를 받든 안 받든 간에 우리가 사는 세계는 네트워크마케팅을 통해 살기 좋은 곳이 될 겁니다."

## 네트워크마케팅에 대한 사실을 알게 되면
## 당신은 놀랄 것이다

네트워크마케팅은 그 자체가 산업이 아니라 여러 산업분야에서 사용되는 제품을 판매하는 유통 방식 중 하나로 보아야 한다. 제품과 서비스에는 통신, 건강, 비타민과 미네랄, 장난감, 비즈니스 트레이닝, 금제도구, 조리기구, 책과 비디오, 스킨케어, 보석, 보험, 가사도구, 사무용품, 치의품 등 다양하다.

미국 워싱턴의 직접판매세계연맹(WFDSA)은 제품과 서비스를 판매하고 마케팅을 책임지는 회사 최고경영자와 네트워크마케팅 회사에 대한 데이터를 조사했다. 미국의 네트워크마케팅 회사는 약 1천여 개, 전세계적으로는 3천여 개로 추산한다. 직접판매세계연맹은 매년 발간되는 직접판매업의 성장과 전망 연구자료에 네트워크마케팅 통계자료를 발표하고 있다.

WFDSA는 범세계적 차원에서 직접판매(네트워크마케팅, 방문판매)에 대한 조사를 실시했다. 다음은 2012년 자료를 요약한 것이다.

> ▶ 직접판매세계연맹에서 발표한 2012년도 제품과 서비스 매출액은 1,668억 달러로 미국, 일본, 중국, 브라질 , 한국, 멕시코, 프랑스, 말레이시아, 러시아, 독일,등이 매출 순위 10위권에 들었다. 1위인 미국의 매출액은 31,630백만달러를 기록했고 5위의 한국 매출은 13,273백만달러(약 15조원)에 달했다.
> ▶ 직접판매원 수는 8,970만여 명에 달하고 성별로는 여성이 74%을 차지하고 있다. 미국 1590만, 태국 1090만, 인도네시아 924만, 브라질 6687만, 한국 495만여 명으로 집계됐다.

## 네트워크마케팅에 대한 이해

네트워크마케팅의 기본 개념은 매우 간단하다. 두 가지 원리다.

첫째, 회사는 회사 제품과 서비스를 '다이렉트로' 소비자에게 팔기 위해 독립적인 개인이나 디스트리뷰터에 의존하고 있다. 이것이 바로 '다이렉트 셀링' 이라고 부르는 이유다. 회사는 전형적으로 사업상 연결된 도매상 등이 비싸게 점유했던 과정을 줄이게 된다. 다이렉트 셀링에서는 소매점이나 다량의 비싼 광고 캠페인이 필요없다. 독립적인 개인들은 운송 마케팅을 이용해 소비자의 구매 장소까지 신속히 제품과 서비스를 배달해준다.

둘째, 개인들은 자신의 독립적인 판매조직이나 네트워커를 만들 기회를 가진다 – 다운라인(downline) 만들기. 개인사업자들은 네트워크마케팅을 통해 매달 발생하는 이익금의 일부를 받는다. 네트워크의 어떤 레벨은 다른 사람보다 훨씬 많은 장려금을 받기도 한다.

그림 1-1은 다운라인의 예를 간단하고 명료하게 보여준다. 존(John)의 다운라인은 그의 판매조직 라인 즉, 그의 바로 밑에 있는 모든 사람들로 구성되어 있다. 존은 데이브와 할리의 업라인(upline)이다. 데이브와 할리는 존의 첫 번째 단계이다. 리즈, 폴, 케이드, 니나는 존의 두 번째 단계이다. 존의 조직은 두 계열로 되어 있다. 데이브 쪽은 존의 다운라인의 한 쪽 계열이고 할리 쪽은 다른 쪽 계열이다.

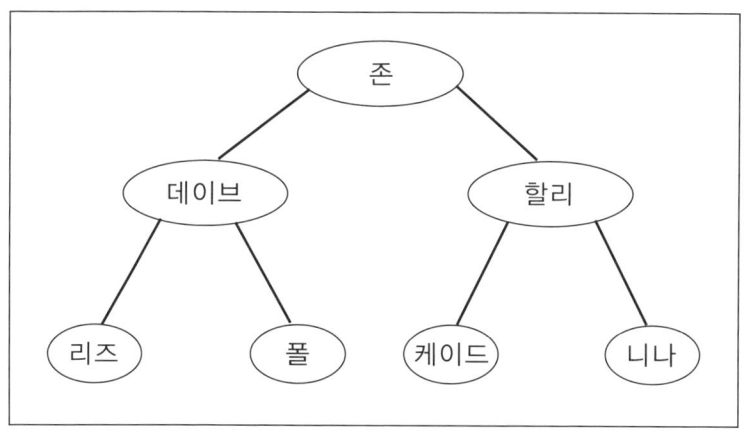

그림1-1:
다운라인의
간단한 모형

이 그림을 보면 네트워크마케팅 이론은 간단하지만 실행은 그렇게 간단하지만은 않다. 디스트리뷰터들은 자신들의 성공을 위해 욕구, 제품, 서비스를 생산하고 지원해주는 시스템-조직, 마케팅, 판매, 고객서비스 그리고 개인능력 신장-을 구축하는 데 네트워크마케팅 회사의 도움을 받는다. 반면, 회사는 자신들의 사업 성공을 위해 디스트리뷰터들이 회사 시스템을 배우고 그것을 실천할 수 있도록 교육시킨다. 회사의 성공이 디스트리뷰터 교육에 달려 있기 때문이다. 네트워크마케팅의 궁극적인 성공과 실패는 효율적인 시스템과 회사의 방침을 따르고 교육하는 사람들의 능력에 달려 있다. 이를 위해서는 사업을 공정하고 정직하게 해야 할뿐만 아니라 모든 부문에 있어서 열정적인 태도와 협력으로 사업 수행을 해야 한다.

네트워크마케팅 회사는 디스트리뷰터가 성공할 수 있도록 그에 필요한 '기계(도구)'를 만들어줄 것이다. "투자 규모에 상관없이 가정, 회사 그리고 그들이 스폰서하는 사람들이 필요로 하는 것들을 직접 제공할 수 있다"라고 네트워커에게 판매 프로그램을 제공하는 MLM 대학을 설립한 힐튼 존슨(Hilton Johnson)이 말했다.

"대규모 투자나 기술 없이도 사람들은 성공할 수 있는 모든 기회가 있으므로 이 사업은 가능하다"라고 영국의 네트워커, 개빈 스코트(Gavin Scott)는 자신있게 말했다. 그는 또 "이미 입증된 시스템을 따르는 것이라 매우 쉽다"라고 한마디 덧붙였다.


## 네트워크마케팅이 왜 가능한가에 대한 이해

업계 전문가들은 네트워크마케팅 성공 이유를 다음과 같이 말한다.

▶ 경제가 아무리 호황이더라도 많은 사람들은 주수입 외에 부수입을 원한다. 하지만 대부분은 매달 봉급만으로 살아가고 있다. 그들 대부분은 원하는 멋진 것을 사거나 아이들 뒷바라지에 여유가 없다. 직장에서는 더 많은 돈을 벌 기회가 없기 때문에 부족분을 보충하기 위해 부업으로 네트워크마케팅을 시작하게 된다. 위험부담은 적고 낮으면서도 경제적으로 높은 보상이 오기 때문이다. 이런 이유로 이것은 누구에게나 항상 필요하게 되는 것이다." 라고 렉셀 토트 스미스가 말했다.

▶ 사람들은 그들이 원하지 않는 직업이나 일들로부터 자유나 돈을 찾는데 이 두 가지를 네트워크마케팅에서 찾을 수 있다. 이 두 가지의 조화는 사람의 마음을 너무나 끌지만 한편으로는 거부감을 유발하기도 한다. "제품과 서비스를 제공하는 디스트리뷰터들을 돕는 것만으로도 당신이 원하는 것을 가질 수 있다는 이런 개념을 어디서 찾을 수 있겠습니까?"

▶ 미국인들에게 가장 가치있는 것 중 하나가 바로 '시간'이다. 네트워크마케팅은 집에서도 할 수 있도록 설계되어 있다. 그들은 출, 퇴근 전쟁에 시달릴 필요도 없고 시간에 쫓길 일도 없다. 머니(Money)지는 전 미국 국민을 대상으로 설문조사를 한 적이 있다. 조사 결과, 미국인의 64%와 여성의 68%가 돈과 시간 중에서 시간을 택했다. 조사 결과를 분석한 네트워크마케팅 라이프스타일지는 "시간에 대한 사람들의 욕구가 자신의 일에 불만족하는 많은 미국인들에게 네트워크마케팅을 하도록 만들 것이다"라고 했다.

▶ 사람의 관심을 끄는 제품과 서비스는 사람들이 네트워크마케팅을 하도록 유혹하고 있다. 네트워커들은 개척자들이다. 그들은 종종 제품과 서비스를 소개할 책임을 맡기도 한다.

## 직업으로 선택하는 네트워크마케팅

네트워크마케팅은 성공할 수 있는 기회를 제공할 뿐만 아니라 전통적인 형태의 비즈니스가 갖지 않은 방법을 제공함으로써 사람들에게 하나의 사업으로 인정받을 수 있었다. 1960년대 말, 미국의 경제적 번영과 가전제품의 보급은 여성들이 가사노동 이외의 일을 할 수 있도록 만들어 주었다. 어떤 여성들은 직장을 원했지만 어떤 여성들은 그들의 가정에 제2의 월급이 필요했기 때문에 직장을 구했다. 1970

년대와 1980년대 들어, 많은 직장 여성들이 이사직으로 승진되는 것이 거부되었다. 그래서 그들은 회사에 협조하기를 포기했다. 불만을 품은 많은 여성들은 직장 대안으로 네트워크마케팅을 발견했다. 그들은 '어떤 한 회사가 만들어낸 끝없는 하늘을 향한 문화'라는 내용에 깊은 감명을 받았다. 고소득층들도 네트워크마케팅을 통해 제2의 부수입을 올릴 수 있음을 발견했다. 게다가 네트워크마케팅 수입이 직장 수입과 비슷하거나 오히려 그 이상임을 발견한 것이다. 이런 현상은 오늘날에도 계속되고 있다!

전통적인 직업세계인 J.O.B(Just Over Broke)라고 불리는 세상을 네트워커들은 불안정한 세계라고 부른다. 왜냐하면 인원감축을 통한 구조조정이 상시 이루어지며 여러 가지 이유로 강제퇴직 당할 수도 있기 때문이다. 그 이유는 사장이 당신을 싫어할 수도 있고, 당신을 믿지 못할 수도 있고, 매출이 적다고 소리칠 수도 있기 때문이다. 그러나 네트워크마케팅에서는 당신의 태도나 생산성과는 아무 상관없이 해고당할 위험은 없다.

당신의 스폰서보다 돈을 더 많이 벌더라도(가끔 발생하기도 한다) 문제가 되지 않는다. 왜냐하면, 당신이 더 많은 사업을 진행하면 할수록, 당신은 스폰서의 사업을 도와주고 있는 것이기 때문이다! 이 사업은 여러 가지 이유로 사람들에게 매력이 있다. 여러 가지 이유란? 돈! 그렇다. 그러나 돈 말고도 그 이상의 것들이 훨씬 많이 있다.

## 돈 이외의 다른 이유들

사람들로부터 인정받고자 하는 욕구는 네트워크마케팅 사업을 하려는 사람들의 가장 큰 욕구 중 하나이다. 우리는 일이 힘들거나 자신이 한 일에 대해 인정받지 못할 때, 좀 더 재미있는 것들을 찾게 된다. 네트워크마케팅은 사람들 사이에서 가끔, 아니 항상 큰 소동을 일으키기 때문에 위의 사람들에게 좋은 답이 될지도 모른다. 왜 안 그렇겠는가? 사람들은 사업을 하고 현명한 네트워크마케팅 이사들은 그에 대한 보상 방법을 알고 있으니 말이다. 이것이 바로 네트워크마케팅 회사들이 연회를 베푸는 이유이다. 그들의 디스트리뷰터들을 격려하고 무대 위로 내세워 공식적으로 그들의 업적을 인정하는 행사를 한다. 그리고 사람들은 이런 것을 무척 좋아한다. 대부분은 이렇게 공개적으로 칭찬받는 것을 갈망하고 있다.

사람들은 인간적인 면 때문에 이 사업을 시작하기도 한다. 몇 명의 네트워커와 하룻밤을 같이 지내보면 그들의 긍정적인 태도, 친근감, 타인을 도우려는 의지력에 당신은 분명히 놀랄 것이다. 또 그들은 동료들과 어떤 비밀도 만들어내지 않는다. 그들은 어떤 문제에 대한 해답을 찾으면 모든 사람이 그 해답을 공유해 함께 성공하기를 원한다. 인종, 집단, 성별, 교육수준, 우월성은 네트워커들에게는 과거 그들의 직업과 함께 기억 속에서 이미 사라진 이슈들이다.

사람들이 네트워크마케팅을 하는 또 다른 동기는 개인능력의 향상이다. 사람들은 때때로 직업, 고용주, 동료, 출퇴근 그리고 그들의 자존심을 상하게 하는 것들 때문에 매우 힘들어한다. 이런 일을 당했을 때, 대부분은 코를 아래로 처박고 시간이 흘러가기만을 기다린다. 하지만 그 중 일부는 거울 속 자신의 모습을 바라보며 "내가 왜 이러지?"라고 묻는다. 이때가 바로 네트워크마케팅 회사가 그들을 구조할 때이다. 대부분의 회사는 주간회의를 알리는 전화를 통하여 지부 미팅과 연회 미팅을 가진다. 그리고 이런 미팅과 비디오, 오디오, 서적들은 사업 수행에 필요한 불굴의 용기를 준다. 강한 자부심을 가진 네트워커들은 싸우지 않는다. 사실, 그들도 싸움은 잘 하는데 말이다. 더 큰 성공을 만들면 만들수록, 자부심은 더 강해진다.

흑자를 내던 자신의 부동산 중개업을 포기하고 텍사스 휴스턴 (Houston, Texas)에서 풀타임 네트워커로 전업한 러스 놀랜드는

"사람들이 돈 이외의 다른 이유로 네트워크마케팅에 참여한다는 사실을 알고 깜짝 놀랐다"고 말했다. "나는 사람들이 네트워크마케팅을 하는 이유를 돈 때문이라고 생각했지만 진짜 이유는 자신이 인정받는 것임을 알게 되었다. 힘들게 일하면서 인정도 못 받고 격려도 못 받는 일을 수년 간 매일 해야 한다고 생각해 보세요."

"네트워크마케팅 회사에 가입해 수 백, 수 천 명이 모인 미팅에 참가하게 되면 모든 사람들이 환호하며 용기를 줍니다. 그러면 불씨에 기름을 붓는 거죠! 그들은 거기서 가만히 기다리지만 않고 뭔가를 할 겁니다. 따라서 사람들로부터 더 인정을 받게 되는 거죠."

비록 사람들이 돈 때문에 네트워크마케팅을 한다고 생각하더라도 작가겸 TV 저명인사이며 네트워커인 데이비드 아칸젤로는 이 사실을 부인했다. "사실, 사람들에게 매혹당했죠. 네트워커로서 당신은 다른 사람들을 가르칠 수 있는 기회를 얻을 것이고 그들이 성공하는 모습을 볼 것입니다. 대부분의 사람들은 이런 기회를 매우 좋아합니다. 일이 잘 되면 상당한 돈도 벌 수 있습니다." 데이비드는 한 번도 풀타임 네트워커로 일한 적이 없었다고 한다. 재미로, 사람들이 좋아 잠깐 손댄 것이라고 한다. 그가 단지 재미로 시작한 것이 지금은 7,000명의 네트워커들이 활동하는 다운라인이 만들어졌다. 게다가 그의 뜸한 활동에 비해 지급받는 커미션은 오히려 증가했다.

어떻게 이런 일이 가능할까? 일을 안 해도 돈을 받는단 말인가? 그것도 더 많이? 그렇다! 이것이 바로 부수입이다. 이것은 네트워크마케팅의 또 다른 매력이다.

"자아 만족의 기회가 너무도 좋았죠. 저는 지난 28년 동안 네트워커로서 승진했고 세계 여러 곳을 여행 했답니다. 그리고 경제적인 안정과 행복한 가정생활‥심지어 더 큰 성취를 위해 계속 일하고 있답니다"라고 페루 리마에서 전업으로 네트워크마케팅을 하고 있는 에릭

트루질로가 설명했다. 그는 영양제, 스킨케어, 주방용품, 정수 필터, 가정용품 등을 판매하고 있다.

네트워크마케팅을 통한 또 다른 보너스는 당신 자신의 시간을 만들고 가족의 시간에 맞춰 일할 수 있다는 것이다. 당신은 이 책에서 단지 일하기 위해 가정을 떠나야 하는 이유로 네트워크마케팅을 택한 여성들에 대해 듣게 될 것이다. 그들은 자신들의 일을 위해 아이들을 탁아소로 보내지 않았고 때때로 아이들을 위해 그들의 직위와 실무 교육을 희생했다. 남성들은 가족과 함께 보낼 시간적 여유를 찾아다녔다. 이것은 단지 미국인들에게만 해당되지 않고 다른 나라들도 마찬가지다.

톰 파레즈(Tom Parades)는 그가 후원할 첫 번째 계획 중 하나는 수의사였다. "만약 당신의 인생에서 한 가지 바꾸고 싶은 것이 있다면 그것은 무엇입니까?"라고 그가 물었다. "저는 아침에 일찍 일어나 아이들과 아침을 먹고 학교에 아이들을 태워다주고 퇴근해서 제시간에 집에 도착해 가족과 저녁식사를 같이 하는 것입니다"라고 그가 대답했다. 그리고 톰은 말을 이었다: "여기 전문적인 고등교육을 받은 사람이 있습니다. 과연 그는 무엇을 원할까요? 그가 원하는 것은 그의 가족과 더 많은 시간을 보내는 것입니다."

톰은 그가 원했던 것을 성취했으며 현재는 수의사들을 스폰서하고 있다. "현재 그의 직업은 수의사지만 저와 함께 네트워커 훈련을 받기 위해 세계 곳곳을 여행하고 있습니다. 그는 사무실 문에 표지판을 걸고 1~2주 정도 다녀올 것이라고 쓴다. 그는 시간의 자유를 소유했고 돈이 있으며 그가 원하면 가족들과 함께 집에 있을 수 있습니다." 계속할 겁니다. 제가 하고 싶은 일이기 때문에 가능하다고 생각합니다. 저는 인생의 불꽃을 다시 피우고 있습니다. 이 불꽃은 더 많은 삶의 불을 지피도록 더 많은 인생에 불을 지피고 있는 것입니다. 당신은 그런 것을 포기할 필요가 없습니다."

## 이 직업에서 은퇴라는 단어는 없다

네트워크마케팅에서 성공한 사람들이 은퇴하는 경우는 드물다. 그리고 그들이 돈을 필요로 하는 한, 은퇴하지도 않는다. 그리고 그들은 일도 재미있게 한다. 그들은 네트워크마케팅이 제공해주는 사회적, 개인적 포상을 그리워하기도 한다. 위스콘신주에 거주하는 데일 말로니는 그 이유에 해당한다. 그는 1983년, 네트워커의 얘기를 담은 〈7백만 달러짜리를 예전에 버릴 수도 있었다(I Could Have Quit $7,000,000 Ago)〉의 저자이다. 그는 일본, 노르웨이, 독일, 영국을 포함해 16개국, 4만여 명의 다운라인을 만들었고 2000년에는 1천만 달러 이상을 벌었다. 그 당시 나이는 정년퇴직 나이인 65세였다. 그러나 그는 그만두지 않았다. "아직도 매일 열심히 일하고 있고 내 일을 위해서 일 주일에 60~70시간을 할애하고 있습니다. 하지만 내가 해야만 하는 일이라면 그렇게 하지 못할 겁니다. 제가 하고 싶은 일이기 때문에 가능하다고 생각합니다.

비슷한 이유로 러스 놀랜드(Russ Noland)도 은퇴할 계획이 없다고 한다. "제게 은퇴 시기를 묻는 것은 골프를 언제 그만둘 것인지 묻는 것과 같습니다"라고 그는 비꼬았다. "네트워크마케팅이 제게 해준 것을 자랑하는 것을 그만두는 일은 없을 겁니다. 이것은 돈도 벌게 해주지만 제게는 취미 생활과도 같습니다. 저는 이 사업을 이어갈 의무가 있습니다. 제게는 많은 동료와 다른 사람들에게 제공할 많은 사업 기회가 있습니다. 게다가 재미도 있습니다! 저는 항상 명랑하고 긍정적인 사람들에 둘러싸여 있어요. 어떻게 이런 것들을 포기할 수 있겠습니까?"

저는 사람들에게 "3~5년 정도 네트워크마케팅에 헌신하고 죽을 때까지 쓸 돈을 벌수 있는 은퇴 프로그램을 좋아하십니까?"라고 물어봅니다. 그러면 사람들은 "당연하죠"라고 말한다. 은퇴 후에도 매년 당신의 부수입은 계속 들어올 겁니다. 네트워커인 빌 파이크(Bill Pike)가 말했다. 빌은 이 사업에는 얼마나 많은 돈을 버는가에 대한 개런티가 없다고 한다.

## 당신이 투자하는 대로 얻는다

이 말을 들어본 적이 있는지 모르겠지만 이 말은 사실이다: 당신이 투자하는 대로 얻는다. 당신은 훌륭한 네트워크마케팅 회사 중 하나에 등록할 것이다. 당신은 매우 전설적으로 재능있고 당신을 가르칠 수 있는 스폰서를 만나게 될 것이다. 당신은 다른 사람이 구매할 수 있도록 제품과 서비스를 설명할 수도 있을 것이다. 그러나 이런 것들도 당신이 행동을 취하기 전에는 일어나지 않는다. 어쩌면 당신은 천부적인 네트워커일지도 모른다. 그러나 당신은 일을 해야만 한다. 당신이 회사에 등록하게 되면 당신은 오디오와 비디오 테이프, 책, 전화회의 스케줄, 지역 미팅 등에 관련된 것들이 든 디스트리뷰터 키트를 받게 될 것이다. 여기에 당신이 당장 해야 할 일이 있다. 자주 테이프를 듣고 비디오를 보고 책을 읽고 회의와 미팅에 참석해야 성공하는 네트워커가 될 수 있을 것이다.

성공의 가장 훌륭한 지표는 네트워크마케팅에 대한 개인 행동이다. "당신이 네트워크마케팅을 만나는 때가 있을 것입니다. 그러나 네트워크마케팅이 당신에게 주어지기 선까지는 아부 일도 일어나지 않을 겁니다"라고 네트워크 마케팅의 20년 베테랑이자 가장 성공한 젠 루(Jan Ruhe)가 말했다. 완벽한 네트워크마케팅 회사란 없다. 그러나 당신이 행동으로 옮기기만 한다면 정상으로 가는 길은 열릴 것이라고 "네트워크마케팅 너트 앤 볼트" 저자이기도한 젠 루은 덧붙였다.

스탠포드대학(University of Stanford) 산하 연구소에 의하면, 아이디어와 개념 구매자의 95%는 다른 사람들에게 영감과 정보를 주는 세미나, 미팅, 전화, 훈련기관, 책, 매뉴얼, 오디오 테이프, 비디오 등

의 자료가 없기 때문에 성공하지 못 했다고 한다.

나는 30년 동안 산업계에서 훈련해왔고 방금 내가 리스트에 적은 것들을 얻은 사람들은 예외 없이 성공했다. 이런 자료들을 이용하지 않고 성공한 경우를 한 번도 본 적이 없다. 하지만 이런 자료들의 혜택을 이용한 사람들은 노력과 비례하는 만큼의 성공을 즐기고 있음을 도처에서 확인할 수 있다. 당신에게 제공되는 책과 테이프 그리고 미팅이나 세미나 등을 통한 혜택을 당신은 꼭 가져야만 한다.

이 모든 자료 중 당신의 자동차(자동차 대학교) 안에서 듣는 오디오 테이프는 당연히 네트워크마케팅을 통한 인생에서 당신에게 성공을 가져다주는 가장 중요한 요소이다. 최근 몇 년 동안 내 책과 테이프를 통해 삶이 바뀌고 풍요롭게 되었다는 사람들의 편지를 수천 통 받았다. 그들이 좌절할 때, 테이프와 책은 그들에게 용기를 주었다. 재미있는 사실은 그들이 "가장 큰 이득을 얻게 되는 시점은 테이프와 책의 내용을 내 것처럼 말할 수 있을 정도로 듣고 읽었을 때, 다가온다"는 것이다. 그 시점에서 이 테이프와 책이 당신의 이야기가 되며 이런 실례를 통한 이야기는 당신의 삶을 바꾸게 된다.

미팅에 정기적으로 참여하는 것은 매우 중요하다.

첫째, 당신이 다른 사람들과 대인관계를 쌓는 데 도움을 준다.

둘째, 당신은 그 미팅의 재미있는 분위기에 함께 할 수 있다.

셋째, 성공담을 계속 들을 수 있다.

넷째, 사람들로부터 칭찬과 인정을 받는다. 그리고 당신보다 큰 무엇의 일부가 되어 있음을 인식하게 된다. 즉, 뭔가 다르게 만들고 다른 사람의 삶에 영향을 끼치며 돈 그 이상의 더 많은 방법으로 훌륭한 보상을 받을 기회가 되는 것이다.

# 제 2 장
# 다가오는 시대 : 미래는 네트워크 마케팅의 시대가 될 것이다

제2장에서는
▶ 피라미드, 폰지 구조 그리고 네트워크마케팅을 구별하고
▶ 다가오는 도전에 대응하는 방법을 살펴보고
▶ 사업규제법에 대한 찬반논쟁을 살펴보고
▶ 새로운 네트워크마케팅에 대해 이해한다

**새**로운 밀레니엄 시대에 네트워크마케팅의 세계적인 확산은 미래의 한 줄기 흐름으로 다가올 것이다. 또한 법규의 정리 및 통합을 포함한 여러 가지 도전도 다가올 것이다. 이 장에서는 21세기 네트워크마케팅이 영향을 미칠 이슈들을 점검할 것이다. 어떤 직업도 그것의 미래에 대한 예측은 위험한 일이다. 그러나 네트워크마케팅은 매우 빨리 그리고 더욱 흥미진진하게 변화하고 있다.

## 음울한 과거에서 빠져나와 합법적인
## 네트워크마케팅의 뜻을 밝히다

네트워크마케팅의 합법성 논란은 1979년에 이미 끝났지만 아직도 모든 네트워크마케팅이 불법적으로 돈을 만드는 '기계'나 '피라미드 조직'으로 말하려는 비판가들이 있다. 미국 정부의 지적처럼 불법과 합법, 두 가지 사이에는 큰 차이가 있다. 1974년 A사 네트워크마케팅

의 실적 조사 5년 후 그리고 미국에서 피라미드 조직이 급격히 번성하던 시기에 연방 무역위원회(FTC)는 네트워크마케팅 프로그램을 합법적인 비즈니스의 한 가지로 인정했다.

A사 네트워크마케팅이 합법적이라는 보호령을 내린 후로 FTC는 네트워크마케팅 회사의 활동 기준을 만들어 주었고 이 업계를 괴롭히던 '피라미드'라는 암흑시대의 마지막 장벽을 거뒀다. 비판가들의 주장에도 불구하고(예전에 그들 대부분은 네트워커들에게 도끼를 들고 나섰다) 하늘에서 갑자기 떨어진 행운을 얻는 것보다 자신의 노력으로 기회를 잡는 것이 더 쉬워졌다.

## 피라미드와 네트워크마케팅의 차이점에 대한 이해

피라미드와 네트워크마케팅 플랜이 같다고 생각하는가? 다시 한번 생각해보고 FTC(연방 무역위원회)의 조언을 들어보라.

FTC는 디스트리뷰터를 통한 제품과 서비스 판매 방법 중의 하나로 네트워크마케팅을 설명했다. 네트워크마케팅 회사에 가입하면 다른 디스트리뷰터를 리크루팅할 뿐만 아니라, 그들이 판매하는 제품과 서비스에서 발생하는 커미션을 지급받는 디스트리뷰터 칭호를 얻게 된다. 반면, 피라미드 조직은 구조는 비슷하지만 핵심은 완전히 다르다고 FTC는 말한다. 피라미드 조직은 새로운 디스트리뷰터 리크루팅에 대해 회원들에게 보상을 한다. 그리고 마케팅과 상품을 판매하는 것에 대해서는 별다른 관심을 갖지 않는다. 대부분의 미국 주정부에서는 피라미드 활동을 금지하고 있다. 왜냐하면 그것들은 틀림없이 무너지기 때문이다. 피라미드는 오래 안가 새로운 디스트리뷰터를 리크루팅하는 것이 불가능하기 때문이다. 이렇게 되면 플랜은 붕괴되고 피라미드 최상층부의 극히 일부를 제외하고 대부분은 돈을 잃게 되기 때문이다.

FTC의 웹사이트(www.ftc.gov)는 불법 피라미드 조직을 피하는 방법을 알려준다.

▶ 회원을 모집만 해도 수당을 주는 보상 플랜을 피하라. (모집 수당) *수당은 판매되는 물품에 근거해야 한다.

▶ 가입비나 초기투자금 명목으로 고가 제품 구매를 강요하는 회사를 피하라 .

▶ 반품이나 환불이 소비자보호 규정에 맞는지 확인하라.

▶ 방문 판매업으로 신고를 해 놓고 네트워크 마케팅 영업을 하는 회사를 조심하라.

▶ 시설 사용료나 교육비 명목 등으로 가입비나 회비등을 요구하는 회사를 피하라.

▶ 취업 등의 명목으로 가입을 유도하면서 강제구매를 유도하는 회사를 피하라.

▶ 엄청난 수입을 약속하거나 기적과 같은 제품이라고 주장하는 플랜을 조심하라.

▶ 정상거래를 가장한 상품거래를 조심하라. (시중 가격보다 터무니 없이 높은 가격으로 판매)

▶ 상품거래가 수반되지 않는 투자(유사 수신행위)를 피하라. (상품 거래를 가장하여 사실상 금전 거래만 한다.)

▶ 공제 조합에 가입되어 있는지 확인하고 공제조합과 함께 사업 전반에 대해 체크하라.

▶ 교육이나 합숙을 강요하는 회사는 피하라.

※ 특별히 회사에서 설명해주는 당신의 잠재적 수입이나 제품 설명은 매우 설득력 있게 들릴 것이다.

## 우리는 폰지(금융피라미드) 조직에 대해 이야기하는 것도 아니다

폰지 조직은 끊임없는 리크루팅에 대한 내용이 포함되어 있기 때문에 피라미드 조직과 매우 밀접한 관련이 있다. 폰지 이론에서는 제품을 팔지 않고 새로운 회원을 모집하는 투자자에게 커미션도 지급하지 않는다. 그 대신, 프로모터는 단기간 내 고수익 약속으로 일시에 많은 돈을 끌어 모은다.

폰지 조직은 실제의 투자 기회를 제공하지 않는다. 프로모터들은 그들의 프로그램에서 오래 머무는 회원들에게 새로운 회원들로부터 받은 돈을 지급한다. "피터(후가입자)의 지갑에서 돈을 꺼내 폴(선가입자)에게 준다"는 폰지 조직을 가장 적절히 표현한 말이다.

폰지와 불법 피라미드 이론은 단기간 최초 투자자에게 고수익을 줄 수 있기 때문에 매우 매력적이라고 FTC는 경고한다. 피라미드와 폰지 조직은 반드시 붕괴되기 때문에 불법으로 규정되어 있다. 어떤 프로그램도 새로운 회원을 계속 리크루팅할 수는 없다. 모든 피라미드와 폰지 조직은 지구상의 인구 이상으로 확장될 수 없기 때문에 필연적으로 붕괴될 수밖에 없다. 이 조직이 붕괴되었을 때, 대부분의 투자자는 그들의 손실액 보상을 받을 수 없으며 조직체계상 자신이 맨 아래에 있음을 발견하게 된다.

## 점차 사회의 주류로 합류하는 네트워크마케팅은 존경받을 만한 것으로 간주되고 있다

매주 수 천 명이 네트워크마케팅에 관심을 가지지만 —미국 직접판매 협회(DSA)에 따르면 미국에서만 일 주일에 5만 명 이상이 관심을 가진다고 한다.

1990년대 초, 〈석세스〉지 편집장은 네트워크마케팅 기사를 1면에 취급했다. 다른 비즈니스 출판사의 편집장들이 저급한 잡지라는 평가가 두려워 그런 결심을 못할 때였다. 그들은 네트워크마케팅을 사회적으로 권위 있는 성공잡지의 합법적인 주제로 받아들일 수 없었다. 〈석세스〉지의 1면 취급은 수많은 사람들에게 네트워크마케팅에 대한 열정을 만들어냈으며 또 다른 편집자 중 한 명인 리차드 포는 〈제3의 물결 네트워크마케팅의 새로운 시대〉를 발행했다. 이 책은 베스트셀러가 되었고 저널리스트로서 포의 유명세는 네트워크마케팅 업계의 성장에 크게 기여했다. 시카고 일리노이대학 재직 중인 하버드 출신의 마케팅 교수도 〈석세스〉지에 네트워크마케팅에 대한 기고를 해 이 업계에 큰 기여를 했다. 찰스 킹 박사(Dr. Charles King)는 1990년에 시작된 경기침체기 동안 학생들에게 대체직업으로서 가능성 있는 네트워크마케팅 조사를 시켰다. 1993년, 킹 박사는 네트워크마케팅 전문경영인들을 위해 MBA 수준의 커리큘럼을 개설했다. 그는 이 코스를 가르치기 위해 몇 명의 성공한 네트워커들과 함께 팀을 구성했으며 커리큘럼은 1년 과정으로 편성되었다. 강좌 때마다 대강당은 수강생들로 꽉 찼다. "수많은 사람들이 다이렉트셀링 분야에 고용되며 이 사업의 거래대금 규모는 다른 일반사업보다 컸다. 다이렉트셀링은 크라이슬러(Chrysler)사 회장과 같은 명성은 주지 못 하지만 모든 사람에게 이익을 주는 직업입니다"라고 킹 박사는 주장한다.

1990년대 들어 스프린트, MCI, 듀 포인트, 시티그룹 등과 같은 유명기업들이 제품과 서비스 홍보를 위해 네트워크마케팅 이용을 결정했다. 사실, 스프린트와 MCI는 네트워크마케팅을 통해 성공한 회사이다. 즉, 네트워커들은 새로운 고객들을 모으면서 AT&T사에 장악된 시장을 반대로 잠식하기도 했다. 같은 시대에 인터넷 회사인 아마존(Amazon.com)사는 그들 중 첫 번째로 창설되었으며 온라인상으로 유사 네트워크마케팅의 기회를 제공하기 시작했다. 그들은 이것을 '가입시키는' 또는 '소개하는' 마케팅으로 불렀다. 그리고 이것에는 적당한 보상플랜이 포함되어 있었다.

인터넷 회사들은 친구나 협회에서 사이트를 방문하고 제품과 서비스를 사도록 동기부여를 하는 사람들에게 커미션을 주고 있다. 이것은 네트워크마케팅의 또 다른 열풍을 불러오게 만들었다.

많은 변호사, 컨설턴트, 연설가, 네트워커로 전향한 작가들 그리고 직접판매 협회에서 일하는 로비스트와 다른 기관들은 업계의 위상을 높이는 데 큰 공헌을 했다. 20세기가 끝나갈 무렵, 네트워크마케팅은 더이상 '망할 자식 같은 사업' 이 아니었다. 아직 네트워크마케팅이 사회적으로 인정하는 선망의 직업 중 하나는 아니었지만 큰 관심을 끄는 사업 전략으로 각광받고 있다.

## 다가오는 도전에 대한 대비

21세기 초의 세계경제사적 흐름은 네트워크마케팅이 21세기에도 생존할 수 있는지 여부를 테스트할 것이다. 또 이런 도전에 대한 응전을 이 업계가 제대로 할 것인가에 따라 지금까지 이루어온 모든 것을 위태롭게 만들 수도 있고 존경의 사다리에서 몇 발자국 더 높이 올라가도록 만들 수도 있을 것이다.

워싱턴 D.C.에 거주하는 DSA의 상임부사장 겸 법률위원인 조셉 마리아노(Joseph Mariano)보다 네트워크마케팅을 더 잘 설명하는 사람도 없을 것이다. 그는 미래 산업의 측면에서 네트워크마케팅을 낙관적으로 본다고 했다 – 마침내 그는 그동안 다이렉트셀링이 기록한 업적들이 적힌 서류들을 보여주면서 말했다. "지난 15년 동안 일 년에 5~15%라는 전무후무한 성장을 했습니다." 그러나 그의 첫 번째 걱정은 이런 폭발적 성장이 과연 계속될 수 있는가 여부였다. "네트워크마케팅 사업도 다른 사업들이 그랬듯이 새로운 기회와 도전이 동시에 올 것이기 때문에 미래를 장담하기는 어렵습니다"라고 그는

말했다. "앞으로 2~3년만 잘 극복한다면 향후 25년 간의 네트워크마
케팅의 미래에 대한 전망은 좀더 쉬울 것입니다."

## 네트워크마케팅에 대한 인터넷 효과를 기대하며

21세기 들어 네트워크마케팅에 대한 가장 강력하고 힘겨운 상대는
이 업계에 기회와 타격을 동시에 준 인터넷이다. e-메일, 브라우저,
웹사이트로 채워진 이 새로운 테크놀러지는 네트워크마케팅 회사들
이 온라인으로 잠재적인 디스트리뷰터들의 관심을 끌고 훈련시키고
교육시키는 것이 가능해졌다. 또한 이것은 소비자들이 제품과 서비
스를 쉽게 구입할 수 있도록 지원해준다. 이 새로운 산업혁명으로 탄
생한 개발품에 대한 이 업계의 대응법을 보는 것도 재미있을 것이다.
결과는 과연 낙관적일까 아니면 비관적일까? 오직 시간만이 말해줄
것이다. 많은 네트워커 또는 네트워커 예정자들이 법적 판단에 신경
쓰지 않고 그들의 비즈니스 건설을 위해 '월드 와이드 웹'을 이용할
것이다. 그 결과로 이 웹은 불량 사이버 아티스트들의 앞마당이 되었
고 네트워크마케팅에 있어 큰 제약이 되기도 한다.

FTC가 이런 일을 막는 것을 돕지 않았다면 어떻게 되었을까? 신종
인터넷 사기는 1990년대 중반, 악명이 높았다. 이때 FTC는 이것들을
폭로하고 폐쇄시켰다. '인터넷 피라미드 조직을 겨냥한 법적 대응'
이란 제목을 1999년 FTC 뉴스에 싣고 FTC와 26개 주의 법률위원회
는 법률 강화령을 내려 600개 이상의 인터넷 피라미드 사이트를 지
목했다. 이 뉴스에는 신종 피라미드 사기를 인터넷상에서 청소해버
리겠다고 약속하는 FTC 소비자 보호국의 최고 책임자가 했던 담화
문을 내보내고 있다.
그러나 문제는 FTC의 역할만으로 충분히 일소되지 않는다는 것이
다. "이 인터넷 머니 게임은 밤마다 폭주하며 법망 아래에 숨어 활동

하기 때문에 쉽게 찾을 수 없다"라고 세계최대 네트워크마케팅 컨설턴트 업체인 셰필드 리소스 네트워크를 운영하는 마이클 셰필드가 말했다. 만약 향후 몇 년 간 인터넷 사기가 유행한다면 네트워크마케팅은 또 한 번 비판가들과 비관주의자들에게 고통받을 것이다. 비판가들은 아마 이렇게 말할 것이다. "그렇게 될 거라고 우리가 말하지 않았습니까? 온통 피라미드 조직이잖아요!"

"인터넷 사기꾼들이 소비자를 해치기 전에 새로운 기술이 그들을 파괴할 것이다. 웹사이트에 들어갔을 때도 네트워크마케팅 회사에 다닐 때와 똑같은 진실을 배울 때가 오리라고 저는 생각합니다." 라고 네트워크 트레이너인 마크 야넬이 말했다. 그는 179달러로 사업을 시작하여 13년 동안 NS에서 1,300만 달러를 벌었다.

## 인터넷 기술이 당신을 백만장자로 만들지는 못할 것이다

인터넷 사기뿐만 아니라 사이버 공간 기술은 네트워크마케팅을 매우 난해한 위험의 궁지로 빠뜨리고 있다. 마이클 쉐필드 컨설턴트는 다음과 같이 설명하고 있다. "인터넷은 당신이 파자마를 입고 낮시간을 보내도록 만들며 국제적인 사업을 진행하도록 많은 편의를 제공할 것이다. 만약 누군가 이런 말을 한다면 그 말에 신경 쓰지 말고 당신이 뛸 수 있는 만큼 가능한 한, 많이 달려가십시오. 네트워크마케팅은 예전에도 그랬고 앞으로도 영원히 인간과 인간 사이의 사업으로 남을 것입니다. 인터넷은 당신의 사업과 제품에 대해 관심 있는 사람에게 사업의 소개 정도만 할 수 있을 뿐입니다. 그들이 당신과 사업을 함께 할 수 있기 전까지는 전화를 하거나 그 사람과 만나 서로의 관계를 인간적으로 발전시켜야만 합니다. 물론 예외도 있겠지만 극히 드물 겁니다."

마크 야넬은 동의했다: "인터넷은 직업을 바꾸는 데 있어 사람들을 상담하는 도구로 널리 사용되어 왔습니다. 단지 네트워킹을 강요하면서 다른 직업을 포기하거나 바꾸거나 웹사이트를 멈추는 일부 몰지각한 사람들의 행동은 이해할 수 없습니다."

그런데 참 이상하게도 인터넷이 만약 네트워크마케팅 회사에게 효율적이라는 것이 증명되면 네트워커의 가치는 없어질지도 모른다! "만약 갑자기 한꺼번에 인터넷을 통해 사람들을 모집하고 제품판매를 할 수 있다면 디스트리뷰터는 필요 없을 것이다. 만약 네트워크마케팅 회사들이 웹사이트를 살짝 클릭만 하고 제품을 운송할 수 있다면 디스트리뷰터는 사업과는 무관한 존재가 될 것이다"라고 마크는 말했다. 그러나 인간관계에 기초를 둔 이 직업은 결코 그런 일이 발생하지 않을 것이다.

인터넷에서 발견하는 네트워크마케팅 내용은 어떤 경우에도 조심해야 한다. 다른 투자보다 더 꼼꼼히 조사해야 한다.

내 아들, 톰은 몇 년 동안 인터넷 발전에 영향을 받았지만 나는 한 다발의 e-메일을 받은 것 때문에 조교와 일할 정도로 컴퓨터와 친하지 않다. 톰은 내게 월드 와이드 웹의 힘에 대해 흥미를 느끼게 해주었다. 테크놀러지만큼 사람들에게 공통된 화제를 불러일으키는 것도 없는 것 같다. 인터넷은 어떤 사업이라도 체계적으로 전망을 찾을 수 있고 계획을 세울 수 있기 때문에 톰은 인터넷을 '초고속 탐색기' 라고 불렀다. 인터넷은 어느 누구도 의심하지 않는 최고의 도구이다. 그러나 톰은 인터넷도 할 수 없는 것이 있다고 지적했다. 네트워크마케팅에서 꼭 성공해야 하는 당신에게 인간적인 도움은 아마 줄 수 없을 거라는 것이다.

네트워크마케팅에 성공한 사람들은 그들의 조직에서 다른 사람들로부터 개인적인 도움을 얼마나 많이 받았는지 말해줄 것이다. 네트워커들은 감정이 풍부한 사람들이다. 기회와 제품에 대한 정보를 얻기 위해 당신은 인터넷을 이용할 것이다. 그리고 나는 만약 그런 목적으로 인터넷을 사용한다면 당신에게 그렇게 하도록 제안할 것이다. 그러나 적어도 당신이 무엇을 하는지 이해해주는 다른 네트워커와 당신에게 조언을 해주고 용기를 북돋아주는 네트워커의 도움이 없다면 당신의 미래는 불안할 것이다. 또한 당신이 이 사업을 수행할 수 있도록 희망을 주는 사람이 없다면 또한 그렇게 될 것이다. 인터넷을 통해 내가 배운 것이 있다면 그것은 하이테크(첨단기술)이다. 그러나 네트워크마케팅은 하이터치(인간적 감촉)임을 오랫동안 알고 있다. 여러분도 이 부분에 대해 실수하지 말기 바란다!

## 네트워크마케팅의 세 가지 치명적 결점을 해결하기 위해 인터넷을 이용한다

이 업계에 문제점을 야기함에도 불구하고 인터넷만큼 네트워크마케팅에 있어서 세 가지 치명적인 결점을 해결하는 데 더 이상 완벽한 기술도 없을 것이라고 브레트 레이드머처가 말했다. 그는 네트워커들에게 인터넷 정보를 제공하는 사이트(www.recruitomatice.com)의 웹마스터이다.

첫 번째 결점은 복제가 불가능하다는 것이다. 만약 당신이 회사내 최고 리크루터라면 당신이 하는 것만큼 당신의 모든 다운라인에게 모든 리크루팅 방법을 알려줄 것이다. 그러나 당신의 모든 다운라인에게 찾아가 당신의 테크닉을 알려주어 복제한다는 것은 또 하나의 도전이나 마찬가지이다. "드디어 당신의 조직은 거의 수 천 명으로 확대될지 모른다. 그렇더라도 당신은 다운라인의 최하층부까지 도움을 주기는 힘들 것이다. 누가 과연 당신이 한 것처럼 사람들에게 가르칠 것인가? 아마 없을 거다. 대부분은 당신만큼 훌륭하지 못할 것이다. 그러나 인터넷 기술로 이런 문제는 해결될 수 있다. CD와 오디오를 포함한 다양한 인터넷 미디어로 당신의 생각을 전하거나 웹에 대한 당신의 전문적인 지식을 교환할 수 있을 것이다. 컴퓨터와 인터넷 기술의 사용법을 그들에게 제공해 당신의 수많은 다운라인에게 접근할 수 있을 것이다"라고 브레트가 말했다.

두 번째 결점은 네트워크마케팅 안에서는 필요한 때 필요한 대화가 불가능하다는 것이다. 전통적으로 네트워크마케팅 회사는 그들의 디스트리뷰터와 대화하기 위해 사보를 발간해왔다. "그러나 당신이 사보를 보는 순간, 사보의 정보들이 시대와 너무 맞지 않은 것을 발견할 것이다"라고 브레트가 말했다. "사보는 시간이 너무 많이 걸리죠." 그는 또한 회사와 몇몇 디스트리뷰터 사이에 종종 대화가 부족하다는 것을 지적했다. "만약 당신의 업라인이 활동을 중단하거나 거의 하지 않는다면 어떤 일이 벌어질까? 그 다음에 당신과 말할 사람은 누구인가?" 이 문제에 대한 답은 e-메일이다. e-메일은 돈도 안 들고 사용도 쉽다. 키만 누르면 하나의 e-메일을 한번에 보낼 수 있고 심지어 10만 명에게도 보낼 수 있다. 그것도 매우 빨리. "이런 기술 덕택에 네트워크마케팅 사업의 효율적 관리가 쉬워졌다. 만약 당신의 업라인이 사업을 그만두어도 당신의 e-메일이 조직 안으로 알려질 것이므로 당신은 어둠 속에 있을 필요가 없다. 다운라인에서 당신의 e-메일을 읽는 즉시 회사에서 어떤 일이 일어나는지 알게 될 것이다"라고 브레트가 말했다.

세 번째 결점은 부적절한 트레이닝 프로그램이다. 네트워크마케팅은 계속적이고 질높은 트레이닝의 영향을 받는다. 전통적으로 트레이닝은 미팅을 통해 이루어지지만 모든 사람이 미팅을 통해 만날 수는 없다. 트레이닝은 오디오나 비디오 테이프를 통해 이루어지지만 모든 사람이 그 방법으로 배우지는 않는다. 그들은 더 많은 인터액션(상호

관계)이 필요하고 다시 그것이 이루어지기를 바란다. 인터넷은 이 문제들의 해결 방법을 제시해주고 있다. 당신은 수많은 사람들과 끊임없이 사이버 공간에서 미팅을 열 수 있다. 인터넷은 트레이닝의 질과 양을 한 단계 높여주었다.

인터넷을 어떻게 배우는지 물어보는 사람들을 경멸하지 않는 것이 당신에게 좋을 것이다. 내 말만 따르면 지루한 비즈니스와 완벽하게 성공한 비즈니스의 차이점을 잘 구별할 수 있다.

## 네트워크 마케팅의 합병 효과를 기대하며

인터넷의 역할과 정부의 법적 규제는 네트워크 마케팅의 미래 모습을 예상하는데 필수적인 3가지 도전 중에 2개에 해당된다. 3번째는 바로 합병이다. 이것은 오늘날 많은 산업에서 일어나는 현상이기도 하다. 기업의 합병(M&A)은 전세계적으로 진행되고 있다. 대부분이 알고 있는 로얄 누미코(Royal Numico)사는 건강관련 제품을 판매하고 있는 북아메리카의 가장 큰 네트워크 마케팅 회사인 엔리치(Enrich)사와 렉솔 쇼케이스(Rexell.Showcase)사를 인수했다. 영양 제품의 선두 제조회사이고 마케터인 로얄 루미코사는 또 다른 미국에 설립된 회사를 소유했다. 수천 개가 넘는 소매 대리점을 가지고 있는 제너럴 뉴트리션 센터(General Nutrition Center)이다. 로얄 루미코는 100여개국의 거대한 제품과 판매 네트워크를 형성하고 있으며 1999년 로얄 누미코에 의해 분리된 엔리치 인터내셔널은 2001년 렉솔 쇼케이스와 합병되어 유니시티를 탄생시켰다. 앞으로도 더 많은 합병이 기업들 사이에서 이루어질 것이다.

마이클 쉐필드는 "우리는 더 많은 합병을 보게 될 것이다."라고 말했다. "네트워크 마케팅사업도 이젠 성숙되어가고 있다. 그리고 다른 회사와 죽기살기 식의 경쟁도 하지 않고 회원확보를 위해서 회

사를 사들이는 경우도 없어지고 있다.“

“합병이 지속되고 향후 20년이 지나면 생존하기에 급급한 수천 수백 개의 회사들보다 100개사 정도의 회사가 존재할 것으로 예상된다.“라고 마크 야넬이 말했다.”“지금도 발생하고 있지만 매달 디스트리뷰터들이 배에서 뛰어내리고 자신의 회사를 떠나 더 푸른 잔디가 있다고 생각되는 회사로 자신의 다운라인들을 데리고 이동하는 이야기를 많이 듣습니다. 그러나 그들은 잔디는 깎을 때가 되어서야 푸르다는 것을 발견하게 됩니다. 그러나 이 사업에서 잔디를 깎아야 할 때까지 남아 있는 사람은 그렇게 많지가 않습니다. 그들은 한 회사에서 다른 회사로 분주하게 옮겨 다니느라 바쁩니다. 결국 이러한 행동은 네트워크 마케팅에 손해를 입히는 일이 되기도 하지만 이러한 조직 개편은 우리에게 좋은 면을 제공하기도 합니다.”

네트워크 마케팅 회사의 합병과 보상플랜의 개정은 네트워크 마케팅에 있어서 커다란 부를 창출시키는데 더 어려움을 주게 된다는 생각을 할 수도 있다. 그러나 “업계가 성숙해지는 것은 디스트리뷰터들이 돈을 적게 버는 것을 의미하지는 않는다. 경우에 따라 판매를 통해 적은 커미션을 받을 수도 있지만, 인터넷의 기술로 인해 예전에 우리가 판매하고 스폰서링 했던 경우보다 훨씬 더 널리 세계적으로 많은 다운라인이 전달될 것이기 때문이다. 디스트리뷰터들이 받는 커미션이 줄어든다 할지라도 그들은 큰 조직을 만들어 수입은 증가할 것이다.”라고 마이클이 말했다.

## 포화상태를 걱정하는 것은 시간낭비다

네트워크마케팅 회의론자들은 ‘포화’라는 단어에 쉽게 불안해한다. 네트워크마케팅의 기본 이론인 기하학적 등비수열은 무한확장의 한계 때문에 열정적인 논쟁자들에 의하면, 이 사업은 무너지게 되어 있다는 것이다. “만약 당신의 사업에서 등비수열이 당신의 주장처럼 진행된다면 당신은 더 이상 모집할 사람이 없을 때까지 모든 사람을 모집하게 될 것 아닌가!"라고 열정적으로 논박한다.

만약 이것이 사실이라면 리 레몬(Lee Remon)은 그의 앞날을 걱정해야 할 것이다. 그러나 그는 별로 걱정하지 않는 것 같다. 만약 그가 다운라인 모집에 사람들을 모두 써버렸다면 그의 마케팅 플랜을 바꾸어야 하고 가능한 빠른 시간에 다른 사람들을 리크루팅하는 데 초점을 두어야 할 것이다. 그러나 그는 네트워크마케팅은 모든 사람을 위한 것이 아니기 때문에 무한확장이 불필요하다고 생각한다(그리고 그는 네트워크마케팅에 있어서 사업을 소개할 사람들이 없다고 생각하는 것은 어리석다고 주장한다). "저는 매일 사람을 만나기 위해 외출합니다. 그러나 저는 특정한 종류의 사람들에게 관심을 가지죠. 저는 대인관계를 잘 만들고 친구를 잘 사귀는 여성이나 남성들을 보고 있습니다. 이런 성격적 특징은 모든 사람에게 있는 것은 아닙니다. 이 사업에 적합한 사람들만 가지고 있죠."

밥 슈웬클러(Bob Schwenkler)는 네트워커로 전업한 엔지니어다. 그도 역시 걱정하지 않는 것 같았다. 그와 그의 아내, 트리쉬(Trish)는 1993년, 디스트리뷰터가 되었다. 그들은 사업 시작 7년 만에 2만 명의 디스트리뷰터를 만들어냈다. 이 중 그들이 직접 리크루팅한 인원은 단 33명이었다. 트리쉬 부인의 지원 속에 33명의 디스트리뷰터들은 50개 주와 9개국의 디스트리뷰터들을 포함한 네트워크를 확장시켰다. "저는 단 15단계 정도의 다운라인들을 알고 있어요. 우리의 다운라인이 얼마나 깊이 내려가 있는지는 잘 모릅니다"라고 밥은 말했다. 그들의 노력과 판매는 일곱 자리 수입을 안겨주었다. "우리는 다운라인의 확장 불가능에 대해 걱정하지 않고 있습니다. 우리는 사업 기회를 그들 모두와 함께 하지 않을 것이기 때문입니다. 우리는 그들에게 제품을 팔기만 할 뿐입니다. 새로운 제품이 꽤 많거든요"라고 밥이 말했다.

만약 걱정할 때를 아는 사람이 있다면 그는 아마 팀 세일즈(Tim Sales)일 것이다. 그는 1990년, NS에 가입하기 전, 미해군 탄약부대에서 9년 간 일했다. 그 후 그는 경제적 제국을 이룩하기 시작했다. 만약 팀이 그의 판매 조직을 형성하는 데 포화상태를 예상했다면 그의 수 백만 달러짜리 사업은 종말을 맞았을 것이다! 그러나 사람들이 포화상태에 대해 이야기할 때, 팀은 이런 논리에 대해 정확히 알고 있다고 말한다. "만약 그들이 네트워크마케팅 후보자이거나 이미 네트워커이더라도 그들은 마케팅 시장이 곧 포화상태가 될 것이라고 내게 자주 말하곤 합니다. 그러면 나는 그들에게 "사람들에게는 무척 다양한 변명거리가 있죠. 당신은 사업성이 없다는 변명거리를 찾고 있군요. 그리고 언젠가 당신은 아마 회사에 가입하지 않거나 그만둘 충분한 이유를 찾겠네요"라고 말합니다. 그 다음에 팀은 이렇게 물으면서 포화라는 폭탄 앞에 호통쳤다. "혹시 냉장고가 없는 사람을 알고 있나요?" 당연히 대답은 "없습니다"일 겁니다. GE(제너럴 일렉트릭스)사에서 판매하는 냉장고가 중단되는 일은 없겠죠?"라고 그는 덧붙였다.

인구의 포화상태를 정말 걱정하는 사람들을 위해 이번에는 논리적으로 접근해보자. 오늘날 네트워크마케팅은 50년의 역사를 가지고 있다. 1950년, 지구에는 약 25억 명이 살았다. 2000년대! 오늘날은 약 65억 명이 살고 있지만 네트워크마케팅 인구가 50억 명이 넘었다는 이야기는 한 번도 못 들었다. 발표를 들은 적도 없지만 다른 사업에서도 마찬가지다. 역설적으로, 65억 명 리크루팅할 사람들이 존재한다는 것이다. 설명은 매우 쉽다. 네트워크마케팅을 하는 인구보다 하지 않는 인구가 더 많다는 것이다.

# 새로운 네트워크마케팅을 정의하며

지난 과거의 거대한 도전 속에서 네트워크마케팅이 살아남은 것처럼 이 장에서 논의한 도전 속에서도 살아남을 것이다. 그러나 우리가 오늘날 알고 있는 네트워크마케팅은 더 이상 존재하지 않을 것이다. 새로운 형태의 네트워크마케팅이 생길 것이다. 그러나 아무도 이것에 대해 잘 알지 못할 뿐만 아니라 어떻게 명명될지도 모른다. 아마 이것은 전통적인 다단계 마케팅 개념과 인터넷을 통한 개념으로 봐야 할 것이다. 그리고 이것은 단지 북미만의 현상은 아닐 것이다.

마이클 셰필드는 다음과 같이 말해주었다. "가장 순수한 다단계 마케팅은 미국의 유통시장과 그리고 결국 세계의 유통시장을 발전시킬 것이다. 그리고 이것은 '당신의 가족, 친구 그리고 이웃에게 미팅 참석 기회를 주고 그들을 초대하는 것은 당신이 비즈니스를 어떻게 만들어갈 것인가'에 대한 모델이 될 것이다. 이 모델은 영원히 사라지지 않을 것이다. 뿐만 아니라 미래에도 시간당 더 높은 프리미엄을 준다는 이유만으로 멈추는 일은 없을 것이다. 그 동안 새로운 모델의 네트워크 회사는 디스트리뷰터에게 그들의 시간과 기술을 유익하게 사용하는 방법을 알려줄 것이다. 새로운 도구를 사용해 그들의 예정자들과 이야기할 수 있게 할 것이며 디스트리뷰터를 훈련시킬 것이고 그들의 다운라인을 교육시킬 것이다. 이 새로운 기술은 가족, 친구, 이웃을 초월한 범위의 디스트리뷰터까지 활용될 수 있을 것이며 장거리 후원을 통한 혜택도 주어질 것이다."

마이클은 네트워크마케팅이 항상 하이터치(High-touch)로서의 접근이 필요하다고 말한다. 즉, 회사는 항상 미팅 기회를 마련해 회원들 간의 유대관계를 돈독히 만들어주어야 한다는 것이다. "그러나 만약 당신과 고객 사이에 넓은 대양이 놓여 있다면 어떻게 할 것인가?"라고 그가 물었다. "이런 이유 때문에 네트워크마케팅 회사는 텔레마케팅, 정보 제공, 다이렉트 메일 그리고 사이버 공간을 통한 브라우징을 포함한 하이테크(High-tech)도 무시해서는 안 된다는 것이다. 이런 기술은 여행을 하지 않고도 지구 전역에서의 네트워크마케팅을 가능하게 해준다. 따라서 변화를 재빨리 수용하는 회사만이 이런 것들을 이용하게 될 것이다. 어떤 회사라도 지구상에서 사라진 공룡과 같은 존재가 되는 위험을 무릅쓰고 전통적인 형태의 사고를 고집하지 않을 것이다"라고 마이클이 비평했다.

이런 사업 환경 속에서 살아남도록 회사 개혁 압력은 계속 증가할 것이다. "매 3~5년마다 회사를 개혁하는 일은 종종 있었다"라고 마이클이 말했다. "그러나 이젠 18~24개월마다 개혁해야 한다. 왜 그럴까? 회사가 신상품이나 마케팅 시스템을 웹사이트를 통해 올려놓기 때문에 유사상품을 만드는 사람들이 예전보다 더 빠르고 더 싸고 더 좋은 것을 만들 수 있는 방법을 찾아내기 때문이다. 더 많은 이득을 창출하기 위해 회사는 더 자주 변화해야 하고 더욱 끊임없이 개혁해야만 합니다. 이것은 새로운 회사가 이익을 가져가는 방법입니다. 필요할 때, 그들은 쉽고 빠르게 변화하는 반면, 새로 창설되는 회사들은 변화하기 어렵게 될 것입니다. 불행히도 백화점 업계에서도 변화해야 할 때, 변화하지 못 하고 파산하는 일이 최근 자주 발생했습니다."

"혼란스럽고 믿을 수 없다." 이것은 '직접판매'라는 말을 더 좋아하는 에드워드가 새롭게 발전하는 네트워크마케팅을 보고 말한 것이다. 에드는 런던에서 '독립성, 권위성, 통계, 직접판매에 대한 세계적 논평'을 배포하는 웹사이트를 운영하는 컨설턴트이다. 그는 향후 10년에 대해 다음과 같이 말했다. "우리는 기술과 이 사업의 세계적 확산 기회를 통해 부적절한 사업 모델을 청산하고 디스트리뷰터들을 유지하고 고객서비스와 고객만족에 초점을 둔 수익성 있는 사업 모델을 개발하는 다이렉트 세일 회사를 만나게 될 것이다. 이렇게 되면 사업의 실패율은 줄 것이다. 또한 이 사업은 정부, 미디어, 대중에게 호감 있게 받아들여질 것이고 주식시장에도 상장될 정도로 매출액이 증가할 것이다."

이런 새로운 개념의 사업이 개발되더라도 네트워커들에게 흥미 있고
만족스런 경제적 보상이 주어져야함은 지극히 당연하다.

 "진정한 부는 판매만 잘해서 오는 것은 아니다"라고 에드는 말했다.
"언제나 그랬듯이 여전히 미래에 달려 있다. 네트워크마케팅이 회사
에 더 큰 수익을 올릴 수 있는 사업 모델에 관심을 둘 때만 다음의 물
결 속에서 눈부신 발전을 할 것이다."

# 제 3 장
# 당신도 네트워크마케팅에 적합한가에 대한 도움말

제3장에서는
▶ 네트워커가 되기 위해 꼭 필요한 당신의 희망을 진단해보고
▶ 성공할 수 있는 당신의 자질을 점검해보고
▶ 네트워커들이 돈을 어떻게 벌었는지 살펴본다

**이** 장은 당신도 네트워크마케팅을 하기에 적합한지 그리고 당신에게 어떻게 가능한지 알려줄 것이다. 이 장은 당신의 네트워크마케팅 가능도 측정을 위해 한 단어로 요약해 말한다. 그것은 '희망(욕망)'이다. 네트워크마케팅은 희망을 먹고산다고 해도 과언이 아니다. 즉, 더 나은 삶과 더 큰 보상과 더 만족스런 직업, 혹은 자신의 삶과 다른 사람의 삶에 변화를 줄 수 있는 일과 기회를 바라는 당신과 같은 사람들이 꿈꾸는 '희망'. 더 많은 것을 희망할수록, 더 훌륭한 네트워크마케팅이 당신에게 작용할 것이다.

## 성공은 희망에서 시작한다

희망이 극히 작아도 네트워크마케팅과 관련된 당신의 대부분의 일을 가능하게 해준다. 이 장은 당신에게 다음 질문의 답을 줄 것이다: 나도 네트워크마케팅이 가능할까?

인생에서 우리는 모두 같은 것을 원한다. 행복, 건강, 남들이 인정하는 번영, 안전, 친구, 마음의 평화, 가족 간의 사랑 그리고 희망을 원

한다. 네트워크마케팅은 이 모든 것을 만족시켜줄 것이다.

인터넷 마케팅 회사의 준회원인 제임스 데이비스(James Davis)는 "저는 부동산 업계에서 잘나갔죠. 하루에 18시간 일했고 7년 동안 일 년에 100건이 넘는 부동산 거래를 했습니다. 이 일이 좋았습니다. 하지만 이런 생활이 저를 죽이는 거나 다름없다는 것을 알지 못 했습니다"라고 말한다. 그는 42세에 뇌일혈로 쓰러졌고 더 이상 부동산업을 할 수가 없었다. 그는 과거를 회상하며 말했다. "저는 그 기간 동안 시력을 완전히 잃었고 모든 것을 기억 속에 묻어버렸습니다. 아내는 밤마다 책을 읽어주었습니다. 이 방법이 제 기억을 되돌려주었죠. 마침내 시력이 되돌아오기 시작했지만 법적으로는 아직도 맹인입니다. 저는 이제 운전을 할 수 없습니다. 부동산 일도 다시 할 수 없습니다. 저는 장애인보험도 없습니다. 그러나 저는 두 개의 담보대출과 두 대의 차량 할부, 부동산 이자를 지불해야 했습니다. 또 지금까지의 풍요로운 생활을 계속 유지하고 싶었습니다. 따라서 저는 제 인생을 위해 뭔가를 해야 했습니다."

18개월 동안 제임스는 일을 할 수가 없었다. 의사는 아내인 루앤 (Louanne)에게 남편은 죽을 것이고 의사들은 더 이상 손을 쓸 수 없다고 했다. 그러나 의사들은 제임스의 희망에 대한 열정을 고려하지 않았던 것이다. "심지어 내가 걷거나 말하거나 보지 못 해도 살고 싶었습니다. 그리고 몸 왼쪽이 굉장히 아팠지만 다시 일하기로 했습니다"라고 제임스는 말했다.

제임스의 힘겨운 싸움은 네트워크마케팅의 성공을 가져다주었고 이 것은 전설적인 영웅들과 같은 싸움이었다. 뇌일혈로 쓰러지기 전, 그는 네트워크 마케팅에 대해 배웠다. 이 회사의 회원들이 집에서 자동차용품, 개인용품, 영양제 등을 팔았기 때문이다. "이것은 제가 할 수 있는 일이었습니다. 그래서 우편주문으로 이 상품들을 팔았고 그럭

저럭 잘 해냈습니다. 그러나 쓰러진 후, 첫 몇 해 동안 전화가 울릴 때마다 제 동맥을 타고 흐르는 전기 같은 발작이 매우 심했습니다. 제가 어떻게 판매업과 네트워크마케팅 분야에서 성공할 수 있었겠습니까?"

다시 한번 그의 희망이 그를 구출했던 것이다. "저는 빨리 돈을 벌고 싶었습니다"라고 제임스가 말했다. "저는 '일일 행동강령'을 만들고 테이프나 소책자를 예정자들에게 보내기 위해 매일 우체통까지 걷는 연습을 했습니다. 저는 예정자들에게 걸려오는 전화를 통해 말하는 연습을 했습니다. 정말 어려웠습니다. 그러나 저는 희망이 기회를 만나면 놀랄만한 일이 벌어진다는 이야기를 항상 들었고 그에 대한 믿음이 있었습니다."

1997년에는 정말 놀라운 일이 벌어졌다. 본사가 인터내셔널 프로그램을 도입하고 국제적인 마케팅 회사로 도약한 것이다. "본사는 저같은 사람들이 어떻게 멋있게 살아갈 수 있는지 보여주었습니다. 125개의 다른 회사에 제품과 서비스를 설명해줄 수도 있고 인터넷몰에 올리기만 하면 동시에 거래할 수 있는 제품이 15개에서 8천 개로 늘 것이다"라고 제임스는 설명을 덧붙였다. 1998년, 상업잡지인 〈업라인(Upline)〉지 인터뷰에서 제임스는 일 주일에 8천 달러를 번다고 밝혔다.

"신은 제가 사용하지 않았던 재능을 주셨습니다"라고 제임스는 성서의 한 구질을 인용했다. "이 구절을 읽었을 때, 행동을 취해야만 했습니다. 저는 사람들에게 저의 제품을 사용해 돈을 버는 방법을 알려줍니다. 그리고 제가 지금 하는 일이 그거죠." 다음 구절은 의심할 여지가 없는 것 같다: "희망은 사람들에게 그것을 행하도록 만든다."

이 사업에 대해 한 가지 흥미로운 것은 그들의 성공적인 재기담을 통해 우리 스스로 믿을 수 없는 경험을 할 수 있다는 것이다. 우리와 함

께 제임스 데이비스의 이야기는 침대에 누워 지내는 환자나 쇠약한 병자들이지만 전화, 편지, 인터넷을 통해 여전히 남부럽지 않은 삶을 꾸려가는 사람들의 이야기이다. 이런 이야기는 오랫동안 들은 이야기 중 하나이다. 이 과정 속에서 많은 사람들은 훌륭한 학생이 된다. 그들은 훌륭하고 감동적이고 정보를 주는 책을 읽기 때문이다. 그리고 마음을 움직이는 사람들의 녹음을 듣는다. 그 결과, 그들은 더 생산적이 되는 것이다.

## 네트워크마케팅에 적합한 사람이 되기 위해(또는 그 외의 것들!)

당신이 선택한 직업이나 분야를 막론하고 당신은 그 일에 적합한 사람이며 살아가는 데 필요한 모든 것을 얻는 데 적합한 일을 하고 있다고 확신할 것이다. 실제로 누구든지–당신을 포함해, 만약 당신이 적어도 일반적인 지식을 소유하고 당신에게 주어진 임무를 깊이 새기고 배우는 데 힘쓴다면–실행으로 옮기는 능력과 기술이 필요할 것이다. 그러나 마침내 당신과 같은 사람들은 당신이 무엇을 하든지 간에 성취함으로써 성공의 단계와 당신의 뛰어남을 맛보게 될 것이다.

수 년 동안 과장해 떠들어대고 소득과 잠재수입에 대해 허풍떠는 사기꾼들에게 관심을 끄는 도구로서 네트워크마케팅은 명성을 얻어왔다. 바로 이것이 당신이 네트워크마케팅에 관련된 제품과 기술을 인정하기 전에 이 사업에 적합하고 제대로 할 수 있을지 점검해야 하는 이유이다. 내가 어릴 때, 어머니는 항상 이렇게 말씀하셨다. "사람들은 네가 무엇을 말했는가보다 무엇을 하고 있는가에 관심을 더 가진다." 당신이 만든 행동의 방법은 당신이 어떤 사람인가를 결정해줄 것이다. 로렐 커터(Laurel Cutter)는 다음과 같이 말했다. "가치는 행동을 만들고 행동은 명성을 만들고 명성은 소득을 만듭니다."

당신에게 어떤 경험이 필요한가? 네트워크마케팅에서 성공하려면 어떻게 해야 하나? 이를 위해 좋은 소식이 있다. 이렇게 변하면 당신은 실제로 성장하게 되며 급성장도 가능하다. 다음의 작은 단계에서도 만들어진다.

1. 표3-1의 간단한 실험으로 당신은 정확히 찾을 수 있다. 이 실험은 무척 중요다. 여기에 자질들에 대한 긴 목록이 있다. 나는 여러분에게 이 목록을 12장 정도 복사해 주의깊게 분석할 것을 권한다. 목록을 훑어보면서 당신이 이미 가지고 있다고 생각하는 자질들을 정직하게 체크해보라. 자신에 대해 너무 어렵게 생각하지 말라. 만약 자질들 중 씨앗 크기 정도만 가지더라도 점수를 주어라. 동전의 양면에는 공정함과 정직성이 필요하다. 당신을 제외하고는 아무도 이것을 못볼 것이다.

2. 전혀 체크하지 않은 목록을 한 장 복사해 부모님 중 한 분이나 가장 친한 친구, 오랫동안 함께 근무한 동료에게 보여주어라. 또 제지로 대했던 사람, 교회 성도들, 조기축구회 동료들에게도 보여주어라. 그리고 당신이 가지고 있다고 생각하는 자질들을 정직하게 평가해달라고 그들에게 부탁하라. 그들의 이름은 쓰지 말라고 부탁하라. 왜냐하면 당신이 받아볼 평가지의 주인공이 알려져서는 안 되니까. 이번에는 당신이 필요로 하거나 키워야 할 자질들에 동그라미 해달라고 부탁하라. 이것은 당신이 누구든지 간에 원하는 곳을 갈 수 있으며 원하는 것을 할 수 있기 때문에 매우 중요하다. 행동으로 옮기는 것도 네트워크마케팅에서 성공하는 또 하나의 열쇠이다.

3. 당신의 가족, 친구 그리고 동료들이 체크한 목록과 당신이 체크한 목록을 비교해보라. 당신에게도 훌륭한 자질이 매우 많다는 것을 발견하게 될 것이다. 그 다음, 약 30일 동안 당신의 자질들을 정리·집계한 목록을 만들어 매일 밤 자기 전이나 매일 아침 일어난 후, 거울 앞에 서서 가슴을 펴고 거울 속 당신의 눈을 보면서 신념을 가지고 말하라. "나(자신의 이름)는 정직하다." 그리고 목록을 훑어보면서 목록의 모든 자질들을 소리내어 읽어보라. 눈은 영혼의 거울이다 -나는 50년 동안 사람들을 훈련시키는 일을 했다- 위의 방법은 내가 지금까지 개발한 것 중 사람들이 성공하는 데 가장 효과적이고 간단한 방법이다.

4. 30일 동안 매일 아침과 저녁에 이 자질들을 소리내어 외치도록 하라. 그러면 30일 안에 자신의 모습이 바뀌어가는 것을 분명히 볼 것이다. 당신의 친구나 동료 대부분은 당신의 모습이 바뀌었다고 할 것이다. 31번째 날, 당신은 위의 과정을 다시 한번 반복하는 것이 좋다. 매일 저녁(일 주일 정도) 당신에게 가장 돋보이는 자질과 가장 키워야 할 자질 하나씩을 골라 이렇게 말하라. "나는 강한 동기부여가 되었으며 매일 더욱 꾸준히 할 것이다." 또는 "나는 매일 자립적이고 명랑한 사람이 될 것이다." 다시 말해, 당신의 가장 약한 부분을 발달시키기 위해 소리내어 외치고 다시 강화시키는 것이다.

글자 그대로 수천 명이 이 방법을 통해 급성장했음이 경험적으로 입증되었다. 우리는 지갑이나 주머니에 휴대하기 간편하게 만든 카드가 있다. 여러분도 카드를 만들어 활용 해보도록 하라.

| 표3-1 | 자기 자신과 말하기 | |
|---|---|---|
| 당신이 소유하고 있거나 당신을 잘 설명해주는 자질들 고르기 | | |
| 감사 | 배움의 자세 | 훌륭한 매너 |
| 의존 | 자존심 | 근면 |
| 절약 | 준비성 | 봉사정신 |
| 침착 | 존경심 | 애교 |
| 지지 | 진실성 | 집중력 |
| 품위 | 편견 없음 | 선의 |
| 친절 | 격려 | 통찰력 |
| 신뢰성 | 겸손 | 노력 |
| 권위적 | 자기조절 | 공평 |
| 일관성 | 창의성 | 유머 |
| 경청 | 가르치는 능력 | 상식 |
| 정직 | 용기 | 능력 |
| 지적임 | 열정 | 경험 |
| 목표 추구 | 동기부여 | 훈련 |
| 조직성 | 결단력 | 지식 |
| 책임감 | 현명한 일처리 | 팀플레이 |
| 보살핌 | 집중력 | 충성심 |
| 확신 | 자기수양 | 대화능력 |
| 노력 | 지속성 | 현명 |
| 낙천성 | 긍정적 | 활력 |
| 시간엄수 | 시기포착 | 자기관리 |
| 자발적 동기부여 | 자신감 | 고결 |

# 네트워크마케팅을 잘 할 수 있는 방법들

비록 우리는 네트워크마케팅에 대해 더 많은 놀라운 일들이 숨겨져 있다고 생각하지만 전문가들은 네트워크마케팅이 특정인에게만 적합하다고 생각하고 있다. 그러나 이런 견해는 오해에서 비롯된 것이다. 왜냐하면 그것은 어떻게 이해하는가에 따라 평가가 달라지기 때문이다. 우리는 네트워크마케팅에 적합한 개인적 요소들이 따로 있다고 생각한다. 예를 들어, 당신은 "희망해야 한다"라는 요소가 없이는 성공할 수 없을 것이다. 네트워크마케팅이 잘 되기를 희망한다면 일은 더 잘 풀릴 것이다. 마찬가지로 일이 바라는 대로 안 되더라도 네트워크마케팅에 적합한 마음가짐을 개발하고 유지하고 당신의 제품과 서비스를 믿는다면 네트워크마케팅에서 성공적으로 임무를 수행할 수 있을 것이다. 또 당신은 종업원이 아닌 경영자로서 생각을 바꿔야 할 것이다. 이 외에도 다음 몇 페이지에서 알려줄 여러 가지 요소들이 있다.

## 진심으로 원하라

큰 꿈을 가지고 거대한 희망을 품고 필요한 일을 하기 원하면 네트워크마케팅은 당신에게도 성공의 가능성을 열어줄 것이다. 네트워크마케팅은 개런티가 없고 거액을 지불할 사람이나 친구를 위해 예비로 남겨두는 기회를 만드는 일도 없다. 네트워크마케팅 안에서는 돈을 주고 성공을 살 수 없다. 당신에게 힘을 주는 '희망' 을 만들어낼 수 있는 최소한, 한 가지 이상의 이유를 만들어야 한다. 당신은 최소한 한 가지 이유를 생각할 수 있는가?

당신의 10년 후를 나타내는 데이터 하나를 뽑도록 하라. 이번에는 당신이 생각하는 당신의 인생을 데이터에 있는 것처럼 적어보라. 당신이 살 장소, 당신의 나이, 아이들의 나이를 적어보라. 이번에는 10년 후의 미래에 당신이 있다고 가정하고 지난 10년 동안의 당신의 인생을 되돌아보라. 당신이 성취해온 모든 것과 가장 소중했던 경험들을 적어라. 당신이 바란 여행을 했을 것이고 당신이 바란 진보가 전문적으로 만들어졌을 것이다. 당신은 어떤 종류의 사람인가? 당신의 일상

생활은 어떤가? 지난 10년 동안 발전해온 의학 기술 덕택에 당신의 모습만으로 정말 충분한가? 다시 미래에서 과거로 되돌아 가보라. 당신의 가장 훌륭한 업적은 무엇인가? 일 주일 동안 당신의 멋진 꿈을 만든 후, 각각의 단계를 어떻게 완성할 것인지 자신에게 다시 물어보라. 그 다음, 그것을 종이에 적어보라.

## 올바른 자세를 취하라

당신이 무엇을 하고 어떤 사람이 되는가라는 문제는 당신의 마음가짐에 달려 있다. 예를 들어, 당신이 네트워크마케팅을 하고 있다고 가족이나 친구에게 말하는 것이 곤혹스럽거나 "이 사업은 처음에 시작한 사람들만 돈버는 사업이야"라는 소리를 들을 때도 당황할 것이다.

이것을 생각해보라: 1992년, 영국에서 셀 수 없을 정도로 많은 가정용품과 소비제품을 다루는 카탈로그로 잘 알려진 클린즈(Kleenze)사에 개빈 스코트(Gavin Scott)가 가입했다. 그는 네트워크마케팅이 잘 안 되는 것의 변명들을 들어왔다. "저는 클린즈에서 전업으로 일하기 위해 조선업을 포기했습니다. 사람들은 제가 네트워크마케팅하는 것을 비웃었지만 그게 무슨 상관입니까? 저는 그 해 8천 파운드(약 12,000달러)를 벌었고 작년에는 26만 파운드(약 39만 달러)를 벌었습니다. 시작할 때는 정상이 정말 멀게 느껴졌지만 클린즈에서 22년 동안 일한 지금은 회사 내 최대 다운라인을 소유하고 있습니다. 모든 것이 저의 마음가짐 덕택이었죠!"

긍정적인 자세를 만들고 유지하는 방법은 지그 지글러의 〈바보를 위한 성공법〉(IDG Book Worldwide, Inc.)에서 참고하기 바란다.

돈을 버는 데 한 단계 앞서고 법에 대해 두 단계 앞선, 다른 사람들보다 재능 있는 사람들이 있다. 지금까지 내가 만난 이 모든 사람들을

당신에게 소개하고 싶다. 그들은 항상 돈을 쫓아다닌다. 그러나 이런 행동은 성공하지 못 한다. 이런 사람들은 결코 튼튼한 기초를 다지지 못 하기 때문에 사업을 크고 높게 만들어가지 못 한다. 그러나 올바른 기초를 만든 사람들은 지하에 살면서도 오두막집을 짓는다. 이들은 부유한 생활을 하게 만드는 재능들을 성공의 과정에서 사용하지 않는 사람들이다. 성공과 행복은 기회를 잘 잡는 것이 아니라 내가 선택하는 것이다. 말 그대로 당신은 인생에서 원하는 것을 선택해야 한다. 그 다음에 성공 계획을 세우는 방법을 개발해야 한다.

## 시스템에 대한 확신을 가져라

만약 자신, 제품과 서비스, 당신의 기회에 대해 시스템을 확실히 믿는다면 네트워크마케팅은 당신에게 잘 어울릴 것이다. 불행히도 많은 네트워크마케팅 참가자들이 이 사실을 잘 믿지 않는다. 영양제와 건강제품을 판매하는 렉셀 토드 스미스(Todd Smith)는 이렇게 설명하고 있다. "네트워크마케팅에서 실패한 사람들은 인생의 다른 부분에서도 실패할 겁니다. 왜냐하면 그들은 자신의 인생에 대한 자부심이 적으며 자신의 책임보다는 다른 사람을 비난하기 때문입니다. 네트워크마케팅에서 당신은 반드시 성공한다고 믿어야 한다. 그 다음, 당신이 믿는 제품과 당신에게 찾아온 이 기회를 다른 사람에게 증명해보여야 한다. 만약 당신이 사업을 열심히 하지 않는다면 당신의 사업이 대단한 가치가 있다고 아무리 주장해도 믿는 사람은 없을 것이다."

네트워크마케팅에서 성공한 사람들은 대부분 이렇게 말한다. "네트워크마케팅 제품과 사업을 만났을 때, 저는 할 수 있다고 생각했습니다." 그들은 기회를 만났을 때, 즉시 자신의 가능성을 발견했다. "저는 화장품, 건강 식품 그리고 생활용품을 보자마자 좋아하게 되었고 내 선택이 옳았다고 생각했습니다. 그 후, 다른 사람들에게도 매일 솔직하게 그리고 열정적으로 제품과 사업 이야기를 하게 되었습니다."

## 핫 버튼(hot button)을 찾아라

당신이 무엇을 좋아하고 원하는지 알기 위해 많은 시간을 투자해야 한다−당신에게 동기를 부여하고 행동으로 옮기도록 하는 '핫 버튼'. 네트워크마케팅이 당신에게 적합한지 결정하는 과정도 무척 오래 걸린다. "저는 경제적으로 자유로웠으면 좋겠어요"라고 하와이에 사는 카미 도넨(Kamie Downen)이 말했다. 그녀와 그녀의 남편이 군에서 근무할 때, 그들은 물이 필요없는 세차용품과 바디케어 제품, 영양제, 스킨케어 제품을 판매하는 회사에서 디스트리뷰터로 활동했다. "당신도 마찬가지였겠지만 군에서는 돈을 많이 벌 수 없습니다. 저는 군에서 우등생이었지만 돈벌 기회는 없었습니다. 군복무 기간뿐만 아니라 더 이상 정부를 위해 일하고 싶지 않습니다. 경제적인 자유를 갖고 싶었습니다. 네트워크마케팅은 내게 이것을 가져다주었습니다" 라고 그녀가 말했다. 카미와 그녀의 남편은 최고단계의 하나인 다이아몬드 디스트리뷰터이다.

종종 경제적인 자유는 네트워커들에게 핫 버튼으로 불린다. 그러나 경제적 자유 외에도 '핫 버튼'은 많다. 그것은 재택근무 가능, 사장이 될 기회, 유연한 사업 스케줄 등일 것이다.

교육적인 목적의 아동용 완구류 및 장난감 판매 회사의 디스트리뷰터인 캐시 스미스(Kathy Smith)는 또다른 핫 버튼을 소개했는데 그것은 바로 여행할 기회이다. "저는 회사에 가입하기 전, 영어교사였습니다. 교사 봉급으로는 장거리 여행을 갈 수 없었습니다. 그리고 여행 자금을 벌 방법도 없었습니다. 그러나 네트워크마케팅을 시작한 이래 나는 여행을 수없이 떠났으며 여행은 항상 신선한 동기를 내게 부여해주었습니다. 저는 여행을 통해 많은 것을 얻습니다. 일 주일 동안 영국 런던에서 보낸 적이 있으며 만리장성이 있는 중국, 홍

콩, 프랑스 파리, 하와이, 멕시코 등을 다녀왔습니다. 네트워크마케팅이 없었다면 이런 여행은 전혀 할 수 없었을 겁니다."

## 부수입을 찾아라

네트워크마케팅으로 고소득이 가능해도 누구나 다 그런 것은 아니다. 대부분의 네트워커들은 사고 싶은 물건을 구입하고 자동차 유지비 정도를 버는 것에 만족한다고 업계 전문가나 트레이너들은 말한다. 다시 말해, 사람들은 한 달에 300~500달러 정도 벌기를 원한다. 신중하게 네트워크마케팅을 하고 유명한 회사에서 사업하는 네트워커들은 파트타임을 하더라도 두세 달에 그 정도는 번다. 네트워크마케팅에서 성공한 많은 사람들은 처음에는 파트타임으로 시작한다. 사업 초기, 한 달에 200~300달러 정도 벌기 시작하면 많은 사람들이 풀타임 네트워커가 된다. 그러나 많은 사람들은 소득이 늘어도 파트타임을 선호한다. 예를 들어, 자녀를 양육해야 하고 하루에 네트워크마케팅에 쏟을 시간이 많지 않기 때문이다. 만약 부업으로 네트워크마케팅을 택한다면 스케줄에 너무 연연하지 않아도 될 것이다. 즉, 부업으로서 사업은 가능하다.

양초를 판매하는 캐나다 컨설턴트인 루이스 아드리안(Louise Adrian)은 1990년 여름, 네트워크마케팅 회사에 가입했다. 가입 당시, 그녀는 부수입에 대해서는 생각하지 않았다. 네트워크마케팅에 가입한 사연을 물으면 그녀는 웃음을 터뜨린다. "만약 당신이 집에서 아이들만 키운다면 당신이 할 수 있는 것은 거의 없을 겁니다. 저는 16년 전, 첫째 아이를 낳을 때까지 부수입을 올릴 기회를 알지 못 했습니다. 둘째 아이를 낳은 후 얼마 안 되어 친구집 파티에 참석하게 되었고 자연스럽게 네트워크마케팅을 하게 되었죠. 사실, 그것이 네트워크마케팅이었다는 것을 알았다면 안 했을 겁니다. 그 파티에서 설명해준 제품들이 무척 맘에 들어 가입하게 되었죠."

그 후, 제품 판매로 약간의 부수입을 올릴 수 있다는 것을 알게 되자 그녀는 키트를 샀다. 그것은 사업에 성공하기 위한 시작이었다. 그녀는 집에서 일할 수 있었기 때문에 아이들과 함께 할 수 있었다. 루이스는 회사의 순위에 진입하게 되었다. 마침내 학교에 다니는 아이들과 함께 보낼 수 있었고 리크루팅, 스폰서링, 여행할 시간이 많이 생겼다. 그녀는 "모든 것을 할 수 있는 더 많은 돈을 벌게 되었습니다"라고 말했다.

그녀는 캐나다 세일즈 매니저로 고용되었지만 18개월 후, 경영자가 되기를 원했다. 이때 바로 파티 라이트 기프츠를 발견했고 이 회사에 가입한 지 6주 만에 첫 진급을 했다. "내년 안에 부지부장까지 진급할 생각입니다"라고 그녀가 말했다. 그렇게 되면 그녀는 여섯 자리 수입을 올리는 것이다! 그녀는 "네트워크마케팅이라고 밝히지 않았지만 네트워크마케팅을 내게 소개해준 친구에게 고맙다는 말을 하고 싶습니다. 그 친구가 지금 없기 때문에 이 이야기는 더이상 하지 않겠습니다"라고 말을 마쳤다.

## 남에게서 배워라

한 달에 200~300달러 정도 버는 성공자들도 모두 이 사업을 배우려는 학생이 되지 않으려고 한다. 아무리 유명한 네트워크마케팅 회사나 스폰서도 당신 스스로 네트워크마케팅을 하도록 내버려두지는 않을 것이다. 사실, 그들은 당신을 돕고 싶을 것이다!

그러나 종종 이런 도움을 받거나 컨퍼런스에서 전화를 받거나 트레이닝에 참석하는 것을 바라지 않는 사람도 많다. 네트워크마케팅을 잘하고 싶다면 자신을 낮추고 남에게서 배울 수 있는 것은 모두 배워야 할 것이다.

최근까지 책과 테이프의 정보는 네트워커들에게 기여하지 못 했고 특정회사 직원들을 제외하고 네트워크마케팅 트레이너도 많지 않았다. 사업자들은 그들의 업라인(스폰서)이나 회사 직원들에게 교육을 의지해야만 했다. 이것이 바로 네트워크마케팅이 실무화되는 방법이었다. 그러나 오늘날 세계적으로 성공한 수천 명의 네트워커들은 회사 외부의 트레이너와 전문가들을 통해 배우는 기회를 이용했다. 세미나와 전화회의뿐만 아니라 책과 테이프를 통해 네트워크마케팅 성공자들은 자신의 성공담과 인생이야기를 들려준다. 이 과정을 통해 그들은 비즈니스 업계에서 공공연히 알려지지 않은 기술과 아이디어를 공유하게 된다. 그들의 도움을 원한다면 그들에게 부탁만 하면 된다. 그리고 그들의 충고를 따라서 하면 된다. 이 책을 읽으면서 당신은 이러한 트레이너들을 많이 만나보게 될 것이다.

## 네트워크마케팅에 투자하라

이상하게도 사람들은 네트워크마케팅 회사에 200~300달러 또는 그 이하의 소액 투자로 마치 성공한 것처럼 생각하거나 적어도 부수입을 올릴 수 있을 것이라고 생각한다. 그러나 네트워크마케팅은 그런 방법으로 되는 것이 아니다. 당신이 해야 하는 사업초기 투자는 디스트리뷰터 매뉴얼, 제품, 제품판매법이 설명되어 있는 오디오 테이프, 소책자 그리고 트레이닝 자료들을 포함하고 있는 키트를 구입하는 것이다.

키트가 아무리 크고 예쁘더라도, 그것이 당신을 네트워커로 만들지는 못 한다. 이것은 당신이 새로운 애완견을 기르는 것과 비슷한 의미이다. 가장 예쁜 애완견을 구입했다 할지라도, 애완견을 훈련시키지 않는다면 집은 계속 어지럽혀질 것이다! 강아지를 훈련시키기 위해서 당신은 책을 읽고 테이프를 듣고 비디오를 보고 강아지 훈련수업을 들어야 할 것이다. 다시 말해서, 훌륭한 애완견 주인이 되기 위해서 당신은 돈을 투자해야 한다. 네트워크마케팅도 비슷하다. 성공하고 일을 즐겁게 하기 위해서 당신은 시간, 노력과 힘을 끊임없이 투자해야 한다. 이것은 의사나 다른 전문가들에게도 마찬가지이다. 당신은 심장수술이 발달하지 않았던 1960년에 의대를 졸업하고 수준 높은 훈련을 받지 않은 의사에게 심장수술을 받을 생각이 있는가? 당신은 자신의 직업에 꾸준히 투자를 해온 의사를 원할 것이다. 마찬가지로 당신도 당신을 발전시킬 수 있는 기초적인 것에 시간과 돈을 투자해야 성공할 수 있는 것이다.

할 수 있는 준비가 되어야 하고 성취하기 전에 투자해야 한다.

## 좋은 성격을 가져라

어떤 것이 좋은 성격인가? 이 사업은 당신의 성격을 진단하는 데 좋은 기회가 될 것이다. 사람들은 네트워크마케팅에서 성공하기 위해 특별한 성격이 필요하다고 말할 것이다. 그렇다! 그리고 당신이 알 수도 있고 모를 수도 있지만 당신은 특별한 사람이다. 당신은 특별한 사람으로 태어났기 때문이다!

네트워크마케팅을 하기에 적합한 성격이 있다는 것도 사실이지만 올바른 자세를 갖고 있다면 네트워크마케팅은 어떤 사람에게도 가능하다고 생각한다.

"배우려고 하고 자존심을 버리려는 사람이라면 네트워크마케팅에서 성공할 수 있다"라고 카미 도넨이 말했다. "우리 회사는 이미 입증된 시스템을 사용하고 있습니다. 그러나 항상 새로운 바퀴를 찾는 사람이 있습니다. 제가 그런 사람 중 한 명이었습니다! 저는 일을 더 잘 할 수 있을 거라고 생각했습니다. 그러나 발명하는 데 많은 시간이 필요했습니다. 정말 시간을 낭비한다는 생각이 들었습니다. 그러나 저는 고집이 셌기 때문에 포기하지 않았습니다. 고집센 사람들은 네트워크마케팅에 매우 적합한 성격을 가지고 있습니다. 저의 남편 역시 고집이 센 사람입니다. 이것이 바로 저희가 이 사업을 고수하고 성공으로까지 갈 수 있었던 이유입니다."

"열정을 가진 사람은 네트워크마케팅에서 대부분 성공합니다." 켄터키주에 거주하는 트레이너인 더그 파이어바우(Doug Firebaugh)가 말했다. "현실에 불만족하거나 더 많은 것을 원하는 사람들은 인생을 바꾸고자 하는 열정을 가슴 속에 품고 다닙니다 – 분명 이들은 네트워크마케팅에서도 성공할 것입니다. 열정을 가진 사람들은 뭘 하든지 꼭 해내고야 마는 사람들이니까요. 네트워크마케팅에서 성공하지 못하는 사람들은 무엇 때문 일까요? 그들의 업라인이 아프거나 제품이 좋지 않기 때문일지도 모르지만 가장 큰 이유는 그들의 가슴 속에 타오르는 열정이 없기 때문입니다."

## 네트워크마케팅은 직업이 아니다

"네트워크마케팅을 매우 열심히 하지만 지루하다고 말하는 사람이 있습니다. 그 이유는 네트워크마케팅을 직업으로 생각하기 때문입니다"라고 지그 지글러 네트워크의 가장 열정적인 후원자 중 한 명인 캐롤 비숍(Carol Bishop)이 말했다. 네트워크마케팅은 직업이 아니다. 당신이 네트워커가 되었을 때, 당신의 업라인과 같은 사람들이 추천하는 공식 트레이닝을 제외하고는 어떤 사장도 당신에게 책임을 다하라고 요구할 수 없다. 특정한 시간에 책상이 있는 특정한 장소에서 일해야 할 이유도 없다. 또한 상관에게 당신이 무엇을 할 것인지, 언제 할 것인지, 어떻게 할 것인지 이야기해야 할 일도 없을 것이다. 어느 누구도 당신의 근무 스케줄을 짜지 않을 것이며 당신의 전화를 받지도 않을 것이다 – 심지어 성공한 네트워커들도 개인용 전화기를 사용한다. 그리고 당신에게 커피 심부름을 시키는 사람도 없을 것이다!

당신이 만일 네트워커가 되었다면 당신은 이미 사장이나 다름없다. 당신은 자신의 스케줄을 스스로 짜며 무엇을 하고, 어떻게 할 것인지 스스로 결정할 것이기 때문이다. 오늘 전화약속을 할 것인가? 오디오 테이프를 우편으로 보낼 것인가? 두 가지 모두 조금씩 다 할 것인가? 사업용 광고를 쓰고 신문광고를 내는 데 아침을 보낼 것인가 혹은 제품에 대해 공부하면서 시간을 보낼 것인가? 사무실 책상에서 일할 것인가, 정원의 테이블에서 일할 것인가? 정장을 할 것인가, 파자마를 입고 일을 할 것인가? 만약 당신이 직장에서 근무하는 직원이라면 이런 선택권은 없었을 것이다. 오늘 아침에 커피를 마실 것인가? 이 모든 것들을 당신 맘대로 하라! 도너츠 가게에 가서 커피와 블루베리 케이크를 주문하고 신문을 읽을 수도 있다. 만약 당신이 네트워커라면 그렇게 해도 된다. 어느 누구도 당신에게 간섭하지 않을 것이다!

당신은 "정말 그렇게 할 수 있을까요?"라는 질문을 할지도 모른다. 왜냐하면 네트워크마케팅을 직업처럼 생각하지 않는다면 실패할 것이라는 느낌이 들기 때문이다. 사업이라고 생각한다면 당신은 네트워크마케팅을 잘 해나가는 데 별 문제가 없을 것이다. 취미가 아니다! 사업이다! 따라서 당신은 스스로 방향을 잡아나가고 훈련할 줄 알아야 한다. 즉, 당신은 많은 일을 실행해야 하며 누구의 도움없이 해내야 할 것이다.

캐롤 비숍의 남편인 지미(Jimmy)는 덧붙였다. "우리는 네트워크마케팅을 재미있고 쉽게 만들려고 합니다. 직업이라면 그렇게 못 하겠죠? 이것이 우리가 네트워크마케팅을 사랑하는 이유입니다. 열심히 일해야 합니다. 그러나 우리는 이미 성공할 수 있도록 복제용으로 만든 증명된 시스템이 있습니다. 직업으로 생각하지 마십시오. 그러면 이 사업에 대한 흥미가 사라질 것입니다."

만약 사람들로 가득 찬 사무실이나 당신의 일을 지도해줄 사장이나

크고 폼나는 회사 건물을 원한다면 네트워크마케팅은 포기하는 것이
나을 것이다.


## 돈에 대하여

 이번에 말하는 내용은 아마도 당신의 미래를 바꾸어줄 것이다. 우리
는 꾸준히 들어오는 리니어 수입(linear income)과 부수입(residual
income)에 대해 이야기할 것이다. 만약 이 두 가지의 차이점을 이해
한다면 당신은 당신이 만나게 되는 첫 번째 네트워크마케팅 회사에
가입할 것이다. 좀더 신중해지기 바란다!

### 리니어(linear) 수입에 대하여

웹스터 사전은 리니어(linear)의 뜻을 '양이 적고 긴' 이라고 정의하
고 있다. 이것은 당신의 머리 속에 리니어 수입에 대한 확실한 그림
을 그리도록 도와줄 것이다. 리니어 수입은 일반적인 직업인 J.O.B.
에서 일한 대가로 받는 경제적인 대가를 말한다.

"직장에 다닐 때, 사장님은 내 업무실적에 따라 월급을 주었습니다.
그러나 그 액수는 내가 생각했던 것보다 항상 적었습니다"라고 네트
워커인 카미 도넨이 말했다. 다시 말해, '쥐꼬리만한 월급'이었던 것
이다.

카미는 계속 말을 이었다. "우리 대부분은 오랜 시간 일하고 적은 월
급을 받습니다. 초과근무에 대한 보수도 지급되지 않는 게 다반사입
니다. 그리고 우리가 일을 그만두면 그 즉시 수입도 멈추게 되죠. 때
때로 우리가 근무한 시간에 대해 말도 꺼내지 못 합니다."
카미 씨, 감사합니다. 우리는 너무 좋게 말하지 말았어야 했네요!

## 완전히 다른 부수입에 대하여

엘비스 프레슬리를 아는가? 음악을 몰라도 대부분이 그를 기억할 것이다! 그는 1977년에 사망했지만 그가 불렀던 락앤롤(Rock and Roll)은 지금도 전세계적으로 애창되고 있다. 그는 이미 사망하였고 더이상 음악활동을 할 수 없지만 여전히 돈을 벌고 있다. 사실, 살아 있을 때보다 더 많은 돈을 벌고 있다! 어떻게? 바로 부수입(Residual income)때문이다.

생전, 그의 노래가 라디오에서 들릴 때마다 그것은 감동적이었다. 그 당시, 엘비스는 라디오 방송으로 로열티와 커미션이 지급되고 있다는 것을 알고 있었다. 만약 그의 노래를 특정 방송국에서만 방송한다면 그는 큰 돈을 벌 수 없을 것이다. 하지만 전 세계적으로 수천 개의 라디오 방송국에서 그의 음반을 하루에 두세 번씩 방송한다면 그의 수입은 대단할 것이다.

지금 엘비스는 죽고 없지만 라디오 방송국에서 그의 음악을 틀기 위해서는 그에게 로열티를 지급해야 한다. 음악 판매상들은 엘비스의 CD를 판매하는 로열티를 지급한다. 또한 그의 초상화가 그려진 티셔츠를 판매하는 회사도 엘비스에게 로열티를 지급한다. 확실히 모르지만 엘비스의 1년 부수입은 몇몇 작은 국가의 국민총생산(GNP)보다 많을 것이다!

당신은 노래를 할 수 있는가? 어떤 네트워커들은 노래를 잘 부르고 적지않은 돈까지 벌기도 한다. 그러나 만약 그들에게도 부수입이 생긴다면 네트워커들은 네트워크마케팅을 놓으려고 하지 않을 것이다. 부수입은 자신의 노력에 비해 많기 때문이다!

만약 당신이 사업을 하도록 두 명을 후원(스폰서)했다면 당신은 얼마

되지 않지만 그들이 판매한 양에 해당하는 돈을 받았을 것이다. 그리고 그 두 명은 다른 사람을 후원하고 그 두 명은 또다른 두 명을 후원한다 – 어느 정도 시간이 흐른 후에 당신은 70, 300, 1,500명의 후원자가 되고 수천 명이 당신의 다운라인이나 판매조직에 가입되어 있음을 알게 될 것이다. 당신의 아래에 있는 사람들이 계속 판매할 때마다 당신에게 돈이 조금씩 들어올 것이다! 이것이 바로 부수입이다.

많은 회사들이 부수입을 올리는 데 가장 큰 공헌한 점은 회원들이 사업을 그만두더라도 수입이 계속 발생한다는 점이다. 만약 당신이 하던 사업을 2세에게 물려주고 사망하더라도 수입은 계속 생긴다는 것이다. 부수입에 관한 한, 당신과 엘비스 사이에도 공통점이 존재할 수 있는 것이다!

일하지 않고 부수입을 얻고 싶은 사람은 얼마나 많을까? 만약 당신이 그런 생각을 하고 있다면 다른 사람들도 그런 생각을 하고 있을 것이다. 그들 중 이 사업을 당신과 함께 할 사람도 있을 것이다. 이것은 당신에게 네트워크마케팅이 가능하다는 것을 알려주는 또 하나의 증거가 될 것이다.

모든 합법적인 네트워크마케팅은 적어도 다음 두 가지 중요한 특성과 부수적인 혜택을 회원에게 제공해야 한다.

> ▶ 부수입을 포함하여 네트워크마케팅을 해야 하는 명분의 의미 있는 돈을 벌 수 있도록 장기간의 기회를 마련해주어야 한다.

> ▶ 다른 사람들의 삶과는 다른 긍정적인 요소를 만들어주어야 한다.

## 부수입은 당신의 경제적인 미래를 안전하게 해준다

2010년, 51번째 생일을 맞이하기 전에 단 가웁(Dan Gaub)은 경제활동을 중단하고 은퇴했다. 이것은 결코 놀랄 일이 아니다. 그는 5년 안에 네트워크마케팅 회사에서 돈을 벌며 정상으로 진급했다고 한다. 이 회사는 가정용품부터 개인용품, 영양제 그리고 교육용품 등을 온라인 메일을 통해 판매하는 회사이다.

단은 두 아이의 아버지이자 한 여자의 남편이다. 회사의 한 회원이 그에게 이 회사에 가입하라고 추천했을 당시 그는 목사였다. "처음 저의 대답은 "관심도 없고 싫다"였습니다"라고 그는 그때를 회상했다. "저는 1990년에 네트워크마케팅을 만났고 60개 이상의 회사에 투자를 해보았습니다. 그리고 저는 회사에 가입하지 않았죠. 별로 좋은 기회가 보이질 않았거든요. 그러나 이번에는 저의 친구가 추천해준 것이고 부족하지 않을 정도로 살고 있었기 때문에 주의깊게 살펴보았습니다. 그리고 이 회사에 가입하기로 결정했죠."

지금 그는 그가 한 일에 기뻐하고 있다. "저는 이제 다시 경제적인 수입을 위해 일할 필요가 없습니다"라고 단은 말했다. "저는 지출하는 액수보다 더 많은 돈을 벌고 있습니다. 저는 이 회사에 투자하고 가입한 것에 대해 아주 현명한 판단을 했다고 생각합니다. 저는 지금도 회사로부터 엄청난 돈을 벌고 있으며 이 회사의 열렬한 팬입니다. 이제 저는 저의 가족을 위해 어떻게 인생을 살아야 할지 설계하는 데 시간을 보내고 있답니다. 저는 지금도 사업을 계속하고 있습니다. 그러나 저는 현관에 앉아있는 게으른 삶을 싫어합니다. 그리고 예전에 해왔던 방식의 일을 하지도 않을 것입니다. 이제 저는 사람들을 한꺼번에 고른 후, 그들이 무엇을 얻기 원하는지 귀기울여 들어봅니다. 그리고 그것을 얻도록 도와주죠."

# 제 2 부
# 기회 탐색과 평가

## Finding and Evaluating
## the Opportunities

제5의 물결                                    리치 테넌트

"어머니와 아버지가 새로운 다이어트 프로그램을 네트워크마케팅하고 있어요.
햄스터에게 실험해본 결과, 매우 효과적이라고 하는군요."

# 제 2 부에서는 …

만약 당신이 적당한 질문상대와 질문을 알고 있다면 어떤 특정한 네트워크마케팅 회사의 디스트리뷰터가 되고 싶은지 여부를 포함하여 어떤 상황이라도 판단할 수 있다. 제 2부에서는 그런 질문들이 무엇이며 누구에게 질문해야 하는지에 대해 다룰 것이다. 이런 내용은 당신이 힘들게 번 돈을 당신에게 적합하지 않을지도 모르는 네트워크마케팅 기회에 투자하기 전에 알아두어야 할 것들이다. 네트워크마케팅이 참으로 흥미로운 직종이고 새로운 디스트리뷰터들을 모집하고자 하는 열의에 찬 기존 디스트리뷰터들을 대다수 포함하고 있기 때문에 사람들은 아는 바가 없는 회사에 종종 투자한다. 우리는 당신이 그런 실수를 하지 않기를 바란다!

당신이 지구촌 어디에 살고 있든지, 네트워크마케팅 회사에 참여하는 목적이 무엇이든지 당신의 기대를 충족시키고 기준에 부합하는 회사를 찾을 수 있을 것이다. 하지만 당신은 약간의 리서치를 해야 한다. 리서치라는 것은 그렇게 끔찍한 것이 아니다. 물론 시간이 들고 상황들을 당신이 모두 분석해야 하긴 하지만 우리는 당신의 미래에 대해 이야기하고 있다는 것을 잊지 말라! 당신이 파트타임으로 일하려고 하든 네트워크마케팅에서 경력을 쌓기로 결정하였든 간에 우리는 당신이 성공하기를 바란다. 그러므로 한 회사의 경영이나 상품, 보상플랜 등을 알아내기 위해 약간의 조사 계획을 수립해야 한다.

우리가 제시한 질문을 묻고 그런 질문들에 정직하게 대답할 수 있는 사람들을 찾아야 한다. 그렇게 하면 우리는 당신이 네트워크마케팅과 당신이 선택하고자 하는 회사와 상품들에 대해 중요한 결정을 할 때, 충분한 준비가 되리라 확신한다.

제 4 장

# 투자 이전의 투자

**네**트워크마케팅 회사를 선택하는 것은 디저트를 고르는 것과 비슷하다는 것에 대해 어떻게 생각하는가?

당신은 무엇을 좋아하는가? 개인용품? 가정용품? 복지용품? 가족용품? 영감을 주는 상품들? 서비스? 교육제품? 이런 모든 사업 분야가 네트워크마케팅을 유통 도구로 쓴다. 하지만 당신은 가장 좋아하는 사업 분야를 결정해야 한다. 무엇이 당신의 관심을 끌고 당신의 미래를 좋게 만들 것인가를.

 네트워크마케팅을 시작할 때, 당신은 이 사업에 대해 전혀 아는 바가 없음에도 불구하고 자신의 일생이 걸린 결정을 해야 하는 상황에 처할 수 있다. 수 년 동안 파트타임으로 참여했던 수천 명의 사람들은 몇 년이 지난 후, 네트워크마케팅을 자신들의 주사업으로 하고 싶어 한다. 그것이 당신에게도 일어난다면 네트워크마케팅 기회를 평가하는 데 시간을 보낸 것에 대해 기뻐해야 할 것이다. 모든 대안을 조사해 보기 전에 한 회사를 고르는 것이 꼭 잘못된 것은 아니다. 사실상, 대부분의 사람들이 이런 식으로 네트워크마케팅에 참여한다. 네트워커들이 계속 실패했다는 것은 흔히 들을 수 있는 일이다. 시간과 돈, 명성의 가치가 있는 기회를 찾아다니기 위해 사업 분야도 바꾸면서 이 회사에서 저 회사로 자주 옮겨다니는 사람들도 있다.

네트워크마케팅의 중요한 요소는 기회와 경영관리팀, 상품, 서비스,
보상플랜 등을 포함한다.
만약 당신이 네트워크마케팅을 당신의 일생 동안 할 일로 결정했다
면, 당신이 편하게 느끼고 전문 분야를 구축할 사업 분야를 고르는
것은 매우 중요하다.

## 기존 산업의 네트워크마케팅 진출: 수익성과 명성

주위에서 듣던 것과는 달리, 네트워크마케팅은 하나의 산업이 아니
다. 많은 산업분야가 네트워크마케팅을 상품과 서비스를 유통시키기
위한 시스템으로 사용한다.
또한, 네트워크마케팅은 소문과 달리, 단순히 로션이나 수면제 같은
사소한 물품들을 파는 것이 아닌 더 넓은 의미를 가지고 있다. 이 장
에서도 설명하겠지만, 다른 많은 분야들이 네트워크마케팅에서 다루
어지며 그들 중 몇 분야는 당신에게 매력적으로 느껴질 수도 있다.
'다양성은 인생의 양념' 이라는 명언이 있듯이, 특정사업 분야가 당
신에게 다른 것들보다 더 매력적으로 다가올 것이다.

다이렉트 셀링 연합(www.dsa.org)은 네트워크마케팅을 이용할 수
있는 사업을 크게 다섯가지 분야로 나누었다.

▶ 가정 / 가족용품: 주방용품, 식기세트, 청소용품 등
▶ 개인용품: 화장품, 보석, 피부관련 용품 등
▶ 서비스 / 그 외 다양한 용역: 통신, 트레이닝, 인터넷 서비스
  등
▶ 복지용품: 체중감량 제품, 비타민, 영양보충 제품 등
▶ 레저 / 교육용품: 책, 장난감, 게임 등

다음은 네트워커들에게 열려 있는 다양한 사업 분야에 대해 숙고할 때, 짚고 넘어가야 할 사항들이다.

## 어떤 사업은 다른 것들보다 수익성이 더 좋다는 것을 아는 것

경영, 마케팅, 세일즈, 타이밍 등의 많은 변수가 사업의 수익성을 결정한다. 이것이 바로 어떤 사업이 다른 분야보다 수익성이 좋은 이유이다. 하지만 동기부여가 잘 되어 있고 잘 훈련된 디스트리뷰터들을 가지고 있다 하더라도, 네트워크마케팅에서의 수익을 결정하는 것은 판매되는 제품과 서비스의 기능이다. 예를 들어, "'베이비 붐 마켓' 이 원하는 어떤 상품이나 서비스는 네트워크마케팅에서 수지맞는 장사가 될 것이다" 그러므로 개인이나 가족의 삶의 질, 건강, 노화방지, 영양 등을 증진시키는 사업들은 수익성이 높다.

다이어트 제품은 어떤가? "모든 사람들이 효과적인 다이어트를 하고 싶어 한다" "네트워크마케팅에서 다이어트 제품은 효과적인 상품이다. 다이어트를 할 필요가 없는 사람들의 80%도 체중을 줄이고 싶어 한다는 것이다! 즉, 실제적으로 모든 사람이 고객이라는 말이다."

당신의 사업이 당신의 상품과 서비스의 가치를 아는 거대한 고객들의 마음을 사로잡는 것은 매우 멋진 일이다. 고객들의 삶에 변화를 가져올 수 있을 뿐 아니라 다달이 같은 고객에게 더 나은 서비스를 제공할 수 있다는 것이다.

## 조사대상이 되기 쉬운 사업 분야를 조심하라

"몇몇 회사들과 디스트리뷰터들은 거짓말을 함으로써 그들 스스로

자신들과 그들의 사업 분야를 망치는 나쁜 상황을 자초한다. "우리는 암을 고칠 수 있다"라든지 "우리 제품은 당신의 수명을 연장시킬 수 있다"라는 근거 없는 주장들은 문제를 발생시킨다. 그런 종류의 사기가 일어나는 곳에는 언제나 감시자가 있기 마련이다." 이런 상황을 피해 가라.

## 네트워크마케팅 기회를 찾는 방법

확실하지는 않지만 네트워크마케팅 리더들과 고문들 10명 중 최소한 9명은 처음 90일 이내에 그만두거나 실패한다고 한다. 이런 통계 수치를 증명할 수 있는 사람은 없지만 부정하는 사람도 없다.
사업 실패율이 왜 이렇게 높은가? 사람들이 돈과 시간을 투자하고서는 왜 그만두거나 실패하는 것일까?

이런 현상은 대부분의 네트워크마케팅 참여 방법 때문이다. 그들은 사업을 활동적으로 하기보다 수동적으로 한다. 그들은 자신이 해야 할 네트워크마케팅 활동을 다른 사람들이 대신해 주기를 원하기 때문이다. 자신의 흥미와 경제적 여건에 맞는 네트워크마케팅 사업기회를 찾아보기 전에 그들은 아마도 남에게 이런 결정을 맡겨버릴 것이다. 그들은 다른 누군가가 프리젠테이션에 자신들을 초대하거나 녹음테이프를 건네주기를 바라고 있다. 그리고는 종종 채 한 시간도 조사해보지 않고 회사에 가입한다.

왜 이런 현상이 발생하는가? 이는 처음에는 사람들이 감정적으로 구매결정을 내리고 시간이 지나고 나서야 이성적으로 생각하기 때문이다. 디저트를 고를 때는 이런 방법이 괜찮다. 하지만 시간, 돈, 재능 그리고 명성을 투자할 때는 좋은 방법이 아니다.

현명한 네트워크마케팅 결정을 내리는 첫 번째 단계는 시간과 인내심이 허락하는 한, 많은 기회들을 활동적으로 찾는 것이다. 여기에 당신이 회사를 선택하는 과정을 가속화시켜줄 몇몇 아이디어들이 있다.

## 웹에는 수많은 사업기회들이 나열되어 있다

인터넷에서 찾지 못 하는 것이 있던가? 수십 개의 네트워크마케팅, 다단계 마케팅 회사들에 대한 정보가 웹 상에 올라와 있다. 웹서핑은 네트워크마케팅 사업기회를 찾는 좋은 방법이다. '네트워크마케팅'이 보편적으로 사용되고 있지만 네트워크마케팅에 대한 정보를 찾을 때, 아직까지는 'MLM'을 검색하면 더 많은 결과를 찾을 수 있을 것이다.

## 미디어 점검하기

당신의 지역 일간지는 네트워커들이 유망 투자자들을 찾기 위해 내놓은 광고를 싣고 있을지도 모른다. 광고주에게 연락해보면 그 지역 호텔에서 열리는 프리젠테이션에 초대받거나 사업기회를 설명하는 녹음테이프를 받을 것이다. 이때 가능한 한, 모든 프리젠테이션에 참석하고 모든 테이프를 들어보라. 하지만 어떤 일에도 당황하지 않도록 하라. 이런 기회들 중 하나를 선택해 사업을 시작한다는 것은 너무 성급하다.

---

### 네트워크마케팅의 이점: 안정된 직업을 제공

네트워크마케팅에 참여하고 있다면 미래에 대해 걱정할 필요는 없다. "내일 직업을 잃게 되지 않을까?" 이런 질문은 절대 할 필요가 없다. 만약 경기가 나빠지거나 당신이 가입한 회사가 흔들린다 해도 미래를 걱정할 필요는 없다. 세계의 대부분에는 수많은 기회들이 있기 때문이다.

진정한 안정성이라는 것은 당신의 판매업체나 다운라인을 후원하고 훈련시키고 고무시킬 때, 얻어지는 것이다. 오늘날에는 당신이 마음껏 쓸 수 있는 인터넷과 다른 커뮤니케이션 도구를 사용해 매달 몇 시간 또는 매일 몇 분씩 당신 업체의 리더들과 연락할 수 있다. 이것은 당신에게 잉여수입을 유지하게 해주며 많은 경우, 수입을 늘려준다. 다운라인에 있는 수백, 수천 명의 사람들이 열심히 일할 때, 당신의 수입은 크게 증가할 것이고 바로 이것이 진정한 안정성이다.

# 네트워크마케팅 업체 평가

- - - - - - - - - - - - - - - - - - - - - - - - - - - - - - - - -

제5장에서는
▶ 리서치를 통해 성공 확률을 높이는 방법을 찾고
▶ 회사에 대한 중요한 정보를 얻기 위한 세부적인 조사에 대해 알아보고
▶ 회사에 관련된 사람들에 대한 적절한 질문을 알아보고
▶ 회사의 재정적 장점과 약점에 대해 이해하고
▶ 회사의 목적에 동의한다는 확신을 갖는다

- - - - - - - - - - - - - - - - - - - - - - - - - - - - - - - - -

**사**업 분야를 고르고 당신에게 흥미를 주는 몇 개의 네트워크마케팅 사업을 선택한 다음 해야 할 일은 당신에게 어필하는 특정 회사에 대해 조사하는 것이다. 이 장에서는 회사에 가입하는 훌륭한 결정을 하는 데 필요한 정보를 얻는 방법을 다루게 될 것이다.


## 리서치를 통해 올바른 선택을 함

네트워커가 되는 대부분의 사람들은 회사에 투자하기 이전에 거쳐야 할 리서치 단계를 생략한다. 그 이유는 네트워커가 되는 대다수의 사람들이 파트타임 기회만을 찾기 때문이다. 따라서 그들은 사업을 시작하기 위해 500달러 이하나 종종 100달러 이하의 투자를 요청하는 회사에 대해 며칠 또는 몇 주씩 조사할 필요성을 느끼지 않는다. 이제 당신은 왜 그렇게 많은 네트워커들이 성공하지 못 하는지 혹은 왜 그들이 며칠 후나 몇 주 후에 사업에 흥미를 잃어버리는지 알았을 것이다.

리서치를 하라! 리서치는 네트워크마케팅에서 실패와 성공의 경계에서 그 방향을 결정해줄 것이다.

"네트워크마케팅 회사에 가입할 때는 돈 이상의 것을 투자하게 됩니다. 당신은 가장 친한 친구와 친척들에게 당신의 명예를 투자하고 있는 것입니다. 거기에 가치를 매길 수 있겠습니까? 회사에 가입하기 전에 현명한 결정을 내리십시오. 돈은 다시 생길 수 있지만 명예는 한 번 잃으면 되찾을 수 없습니다."


## 회사의 명성 이면의 것을 봄

당신은 취직하기 전, 취직할 회사에 대해 뭔가 알고 싶을 것이다. 사실, 시간과 기회가 있다면 특정 회사에 취직하기로 결정하기 전에 다른 회사 몇 군데를 살펴볼 것이다. 당신의 재능과 열정, 흥미, 필요에 따라 당신은 당신을 채용하려는 고용인에 대한 많은 평가 기준을 가지고 있을 것이다. 결국, 당신은 몇 시간, 몇 년을 그 평가에 사용해 당신이 갖고 있는 구체적인 필요사항을 충족시킬 가능성이 크고 합리적인 제시를 하는 회사를 선택하게 될 것이다. 회사 평가시 중요한 기준은 다음과 같다.

▶ 회사 소유권, 재정 상태, 철학
▶ 경영팀
▶ 상품 / 서비스
▶ 보상플랜


### 회사의 과거를 살펴봄으로써 미래를 예측함

네트워크마케팅 회사가 모두 사업을 계속 한다는 보장은 없지만 재계의 다른 분야의 회사들 또한 사업을 계속 하리라는 보장도 없다. 하지만 회사가 걸어온 자취를 살펴보는 것은 앞으로 나아갈 방향을 예측하는 좋은 방법이 된다. 회사에 가입하기 전에 이 분야에서 살아남은 다른 업체들과 비교할 것을 권한다. 살아남은 그 회사들에 대해 연구하십시오. 그 회사들 중 한 곳에 가입하는 것이 아니라면, 당신이 가입하려는 회사가 그들과 어떤 공통점이 있는지 알아내야 합니다. 그것이 당신에게 회사의 장점과 사업에서 존속할 가능성에 대한 좋은 지침이 될 것입니다."

변호사 제프리는 당신이 네트워크마케팅 회사들을 평가하는 데 도움이 되도록 다음과 같은 것을 제안하고 있다.

▶ 회사에 관해 가능한 한, 많은 정보를 수집하라. 회사가 사업해 온 기간과 분야, 디스트리뷰터 수, 총매출액, 그 외 많은 것을 살펴보라.

▶ 비즈니스 관련 잡지나 특정 회사들에 관한 보고서를 읽는다.

▶ 회사에 관련 있는 사람들과 가능한 한, 많은 대화를 나누어라.

▶ 공정거래위원회(Better Business Bureau)에 연락해 회사에 관해 어떤 소비자 불만사항이 접수되었는지 물어보라.

▶ 회사가 다이렉트 셀링 협회(www.dsa.org)나 국제 다단계 마케팅 협회(www.mlmia.com) 등의 회원사인지 알아보고 공제조합에 가입되어 있는지 확인하라.

▶ 회사의 프로의식 측정을 위해 가능하면 한 개 정도의 사업설명회와 트레이닝 프로그램에 참석하라.

## 적합한 사람들과 이야기를 나눔

회사 가입 결정 전에 회사에 관련된 많은 사람을 만나보는 것이 좋다. 당신의 인터뷰 리스트에는 사업체 소유자, 관리, 매니저, 종업원 그리고 상품과 서비스를 회사에 판매하는 판매상까지도 포함되어 있어야 한다.

만약 그 외의 다른 것을 하지 않는다면, 회사의 운영 방식과 판매 물품, 고객응대 방식 등을 잘 알고 있는 사람들을 만나보는 것도 좋다. 이들은 누구인가? 물론 그 회사의 디스트리뷰터들이다.

여기에 전·현직 디스트리뷰터들에게 물어볼 질문 리스트가 있다.

▶ 왜 이 회사에 가입하기로 결정했나?
▶ 실질적인 수입이 있기 전까지 지출한 돈의 액수는?
▶ 파트타임으로 일하면서 이 기회를 이용해 성공하려는 것이 합리적인 생각인가?
▶ 회사의 트레이닝 프로그램은 얼마나 가치가 있는가?
▶ 이 회사의 상품과 서비스에 대해 좋아하거나 싫어하는 점은 무엇인가?
▶ 회사의 고객 서비스에 대해 몇 점을 주겠는가?
▶ 회사의 가장 좋은 점, 세 가지는 무엇인가?
▶ 회사에 대해 가장 마음에 들지 않는 세 가지는 무엇인가?
▶ 회사의 목표가 무엇이며 그것을 달성하기 위해 회사가 얼마나 지원하고 있는가?
▶ 회사 경영팀의 강점과 약점은 무엇인가?
▶ 보상플랜에 대해 설명해줄 수 있는가?
▶ 상품이나 서비스 가격이 공정하게 또는 경쟁력 있게 매겨져 있는가?

- ▶ 재고품 구매를 강요받았는가?
- ▶ 회사에 대한 당신의 지식과 경험으로 미루어, 이 회사에 재가입하겠는가?

# 회사 소유주에 대해 알아보기

3,000여 개 이상의 네트워크마케팅 회사의 컨설턴트인 마이클 셰필드는 "회사 창업에 최소 25만 달러 이상이 필요하며 사업을 계속 유지하기 위해서는 훨씬 더 많은 돈이 필요합니다"라고 말한다. "네트워크마케팅은 '서서히 부자가 되는' 사업입니다." 그는 이렇게 설명한다. "오늘날의 사업 여건에서 창업하고 경쟁에서 살아남으려면 50만 달러에서 1백만 달러가 필요합니다."

그렇다면 돈은 어디서 나오는가? 당신이 평가하는 회사에 누가 자금을 대는가? 개인인가, 투자자인가, 어떤 조직이나 업체인가? 이 중 몇 가지가 조합된 형태의 소유자가 될 것이다. 중요한 것은 막후의 중요한 실제 인물이 누구인지 그리고 그들의 가치관, 관심, 원칙들이 당신의 그것과 어울리는지 아는 것이다.

당신이 네트워크마케팅 회사를 평가할 때, 다른 어떤 요소보다도 소유주의 마음이 가장 중요할 수 있다. "당신이 네트워크마케팅 회사에 대해 정말로 평가할 수 있는 것은 "소유주의 마음 속에 무엇이 있는가?"라는 것 뿐이다"라고 톰 슈라이터가 말한다. "네트워크마케팅 사업이 힘들어지면 소유주는 돈을 가지고 도망가든가 이를 극복하려고 노력하든가, 둘 중 하나를 택할 것이다." 소유주의 생각을 어떻게 알아낼 것인가? '빅 에이 원'은 다음과 같이 말한다. "쉽지 않은 일이다. 하지만 오랜 경력을 가진 디스트리뷰터나 종업원, 납품업체 사장들에게 물어볼 수 있다." 하지만 당신이 막 시작한 회사에 대해 알아보고 있다면, 그런 질문을 할 오랜 경력의 디스트리뷰터나 종업원은 없을 것이다. 이런 경우에는 소유주가 이전에 일했던 곳이나 소유했던 회사를 알아내어 소유주를 아는 사람에게 질문하라.

## 회사의 재정 상태의 판단

회사의 재정 상태를 판단할 수 있는 최선의 방법은 최근의 재무제표를 보는 것이다. 하지만 회사가 공개하지 않는다면, 관련 서류를 직접 얻기는 쉽지 않을 것이다. 그럴 경우, 당신은 재정적 정보를 인터넷이나 중개업체를 통해 얻을 수 있다.

빌은 다음과 같이 말한다. "여기에 회사를 평가할 수 있는 열쇠가 있습니다. 주식회사는 의무적으로 실적에 관한 기록을 공개해야 합니다. 법이 그렇게 요구합니다. 만약 개인 기업이 당신에게 비슷한 정보를 알려주지 않으려고 한다면, 다른 곳으로 관심을 옮기는 것이 좋습니다. 그들이 무엇을 숨기고 있는 것입니까?"

리서치를 위한 다른 질문들은 다음과 같다.

▶ 회사의 부채 규모는 어느 정도인가?
▶ 회사의 신용도는 양호한가?

이런 질문에 대한 대답은 당신의 회사 가입 여부를 결정하는 데 도움을 줄 것이다.

## 사람들이 알고 있는 회사의 부채가 얼마나 되는지 평가함

불행히도, 주식회사가 아닌 한, 부채 규모를 알 수는 없는 것이다. 그러나 사업자들에게 "대금 결재는 제때 해줍니까?"라고 물어볼 수 있다. 사업자들은 종종 회사의 결재 상황을 확인한다. 회사가 결재 기일을 엄수하지 않는다면, 자금 사정이 넉넉하지 않거나 부채가 많다고 생각하면 된다. 회사가 제때 결재하지 못 한다면, 여러분의 보상금을 제때 줄 수 있을지 한 번 의심해봐야 한다.

## 회사의 정책을 알아야 함

본사의 이익이든 디스트리뷰터에게 지불하는 거액의 보수나 혜택이든 돈은 회사가 존재하거나 여러분이 가입하는 데 충분한 이유가 되지는 않는다. 그것이 '네트워크마케팅'임을 결코 잊지 말라. 여러분은 성공적인 사업을 구축하기 위해 열심히 일할 것이다. 직장이나 전통적 사업에서 일어나는 일과는 다르게, 평생 지속적인 수입을 창출하기 위해 여러분은 네트워크마케팅에서 몇 년 동안은 열심히 일해야 한다. 성공을 원한다면, 열심히 일해야 한다는 것을 결코 오해하지 말라.

그것은 여러분이 열심히 일하도록, 어쩌면 전보다 더 열심히 일하도록 영향을 주는 것에 대해 잠시 생각해보라는 말이 될 것이다. 만일 여러분이 매일 사업을 하고 있는 사람들과 제품과 서비스를 통해 고객에 대해 설레는 마음을 갖는 것이 도움이 되리라 생각하는가? 가장 가능한 일을 여러분이 하기 위해 개인적으로 동기부여를 받는 것은 멋진 일이 아닌가? 여러분의 일이 돈을 능가한다는 것, 그것이 사람들을 보다 나은 삶으로 변화시키는 데 도움이 될 수 있다는 것을 아는 것은 큰 도움이 되지 않겠는가?

우리는 여러분이 그 모든 질문에 대해 "예"라고 대답했으리라 생각한다. 그러므로 일단 회사 소유주가 여러분을 존경하고 칭찬하고 회사를 재정적으로 신뢰할 수 있도록 운영한다는 자신감을 갖도록 하는 사람들이라는 사실을 알게 되면, 여러분은 회사 이념을 살펴봐야 한다.

## 회사의 비전을 알아봄

회사의 사명은 무엇인가? 큰 돈을 버는 것이라면 그 사명은 달성할 수 있겠지만 오래 존속하지는 못 한다. 이 책에서 우리가 인터뷰한 사람들은 하나같이, 그들이 네트워크마케팅에서 열심히 일하는 유일한 동기는 돈이 아니라고 말했다. 그들 대부분은 사업 초기에는 돈 때문이었다고 대답했다. 그러나 일단 돈을 벌기 시작하면서 지속적인 수입을 포함해 예상보다 더 큰 돈을 벌게 되자 돈은 더 이상 열심히 일해야 하는 요인이 아니었다. 네트워크마케팅 리더들은 매일 흥분감과 동기부여를 그들의 사명으로 생각한다.

네트워커들은 회사의 사명에 동조해야 한다. 짐 부르스는 "회사의 사명이 여러분의 원칙과 가치관에 부합하는지 확인해야 합니다" 라고 충고한다. "개인 생활을 향상시키겠다는 의욕은 네트워크마케팅에서 성공을 거두는 데 열쇠가 되며 만일 회사의 사명에 불편을 느낀다면 점차 동기를 잃게 될 것입니다. 감동적인 마음을 갖고 여러분의 가치관과 일치하는 사명을 갖고 있는 회사를 선택하십시오."

## 회사의 정책과 절차를 읽어봄

여러분은 정책과 절차에 의해 운영되는 합법적이고 전문적인 네트워크마케팅 회사를 찾아야 한다. 그러나 회사 가입 전, 규정 내용을 알아야 하며 규정이 마음에 안 들거나 그것에 따를 수 없다면 다른 회사를 찾아야 한다. 뿐만 아니라, 규정이 단순히 잘 나타내 보이기 위한 전시용인지, 회사가 실제로 그것들을 준수하는지 알아보아야 한다. 정책을 실시한 최근의 예를 회사에 부탁하고 후원자에게도 그 예를 보여달라고 부탁한다.

## 네트워크마케팅 사업을 하기 전에 해야 할 질문들

네트워크마케팅 회사를 평가하는 데는 시간과 인내 그리고 끈기가 필요하다. 이 장에서는 여러분이 평가할 수 있도록 철저히 준비시킨다. 조사를 하면서 답을 구해야 할 몇 가지 질문이 여기에 있다:

▶ 회사는 사명을 따르는가, 아니면 돈만 빨리 벌려고 하는가?

▶ 본사 이념은 여러분의 개인적인 이념과 일치하는가?

▶ 회사 소유주와 경영자들에 대해 편안한 느낌을 갖고 있는가?

▶ 회사는 여러분에게, 여러분이 사업에 참여하도록 후원하는 사람들의 삶에 긍정적인 변화를 가져다주는 진정한 기회를 제공하는가?

▶ 여러분은 회사의 장기적인 미래를 낙관하는가?

▶ 일자리를 찾는 경우, 여러분은 이 회사에서 일하겠는가?

▶ 지역의 공정거래위원회(Better Business Bureau)는 이 회사에 대해 해결되지 않은 클레임을 갖고 있는가?

▶ 여러분은 자신의 행동으로 성공했든 못 했든, 그에 대한 개인적 책임을 기꺼이 받아들이겠는가?

▶ 이 회사에서 성공을 거둘 경우, 여러분은 돈으로 살 수 있는 많은 것과 돈으로 살 수 없는 모든 것을 갖겠는가?

### 네트워크마케팅의 이점: 영역에 경계가 없다

재래적인 판매에서는 일정한 지역이 할당된다. 그 지역 안에서 판매해야 하며 절대 영역을 벗어나서는 안 된다. 그런 관계에는 문제와 실망이 뒤따른다. 예를 들면, 큰 고객을 개발해놓았는데 그가 타지역으로 이사를 간다면 그것은 큰 손실이다. 또는 여러분의 지역에서 새로운 사업이 전개되거나 누군가 이사일 경우, 회사는 다른 영업사원을 채용하거나 여러분의 영역을 분할할 수도 있다. 그런 상황에서는 지역 외부에서의 사업 전개에 대한 특별한 혜택이 없으며 모두에게 불리할 뿐이다. 네트워크마케팅에는 지역적인 경계가 없다. 어디든지 여러분의 경계가 될 수 있다는 것은 어떤 지역에서는 경제 사정이 좋을 수도 있고 어떤 지역에서는 좋지 않을 수도 있음을 의미한다. 회사가 좋다면 여러분의 소매영업은 좋을 것이며 추가수입을 올릴 기회도 있을 것이다. 그것은 여러분이 리크루팅하는 노력의 대가를 받음을 의미한다. 어떤 경우든, 여러분은 네트워크마케팅에서 성공을 거둔 것이다.

# 제 6 장
# 회사의 상품과 서비스 평가

• • • • • • • • • • • • • • • • • • • • • • • • • • • • • • • • • •

제6장에서는

▶ 상품과 고객 파악을 알아보고
▶ 판매 가능성에 관련된 이슈를 알아보고
▶ 시장의 현재와 미래에 관한 세부 사항을 살펴보고
▶ 회사의 상품과 서비스 질 평가에 대해 살펴보고
▶ 당신이 필요로 하게 될 훈련을 찾아보고
▶ 상품 배달에 대해 살펴본다

• • • • • • • • • • • • • • • • • • • • • • • • • • • • • • • • • •

**다**음의 말은 우리가 일소해야 할 통념에 관한 것이다. "네트워크마케팅은 수요가 무척 많은 분야이기 때문에 상품은 정말로 중요한 것이다. 목표를 향해 움직이는 사람들로 세일즈 업체를 구성하라. 그들은 어떠한 것도 팔 수 있다!"

네트워크마케팅은 항상 매력적인 상품들을 기반으로 해왔다. 당신이 상품을 선택할 때, 고객들이 큰 관심을 끌만한 것인지, 특별한 것인지 또는 개인적으로 흥미로운 것인지 자문해보아야 한다.

진정한 프로 판매원은 자신의 다운라인을 구축할 수 있는 사람이다. 고객들에게 상품을 판매하고 인생에 있어서 스트레스를 덜 받는 삶을 누리는 사람이다. 그는 자신이 완전히 믿지 않는 어떤 상품도 결코 판매하지 않는다. 이런 유형의 판매원은 누구보다도 고객을 중시하며 이러한 그의 생각을 고객에게 전해줄 수 있다. 이러한 능력은 현재의 네트워크마케팅에서 가장 중요한 것이다. 과거에는 상품의 품질과 판매원의 정직함은 그리 중요하지 않은 것으로 믿었지만 지금은 사업을 성공시키는 데 가장 중요한 사항들이다.

당신은 자신이 판매하는 제품의 소비자가 되어야 하며 정직한 일을 하고 있는 사람이 되어야 한다. 소비자가 됨으로써 자신을 진정한 네트워커로 성공시킬 수 있는 것이다. 당신은 동기부여 녹음테이프를 들으면, 자신의 동기부여 수준을 향상시킬 수 있다. 영양 보조식품을 사용해 당신의 에너지와 전반적인 건강을 개선시킬 수 있다. 또 다른 상품의 소비자가 됨으로써 당신은 자신의 네트워크마케팅 회사가 제공하는, 인생에서 즐길 수 있는 여러 혜택을 더 많이 누리게 된다.

## 당신이 판매하고자 하는 것을 결정함

어떤 제품이나 서비스를 판매할 것인가, 어떤 회사에서 판매할 것인가 등을 결정할 때, 당신은 판매할 제품이 우수하다고 생각하고 싶을 것이다. 여기 테스트해볼 좋은 방법이 있다. 당신은 자신이 판매하는 제품과 서비스를 직접 사용하는가? 아니라면, 당신은 완전히 거기에 매료되지 않은 것이다.

변호사 제프리는 "만약 어떤 상품의 우수한 품질이 입증되거나 사용자의 증언을 통해 혜택 받는 것이 설명될 수 있다면 네트워크마케팅을 통해 판매되는 훌륭한 제품이 됩니다"라고 말한다. 사람들이 제품이나 서비스에 흥미를 가지면 네트워커들은 그들의 열정을 가족과 사회생활을 하며 만나는 사람이나 직장동료들과 나눈다. "세일즈라는 것은 한 친구에서 다른 사람으로 옮겨가는 경우가 많습니다. 그리고 신용이라는 것은 매우 중요합니다"라고 그는 말한다.

## 누구에게 팔 것인지 결정함

누가 이 제품과 서비스를 구매할 고객인가? 그들을 설명해보라. 더

중요한 것은 이들은 당신이 아는 사람들인가, 알기를 원하는 사람들
인가, 아니면 앞으로 알 가능성이 있는 사람들인가?

네트워크마케팅 경력을 갖게 되는 첫 몇 달 동안은 자신의 사업에 대
해 계속 의구심을 갖게 된다. 커미션 수표 액수는 아마도 당신을 사
업에 헌신하도록 할 만큼 인상적인 것이 아닐 수도 있다. 하지만 분
명한 것은 바로 흥미다. 만약 당신이 네트워크마케팅에서 만나는 동
료 디스트리뷰터나 고객들 같은 사람들을 좋아한다면 당신은 이 사
업 분야에서 계속 일할 가능성이 높다. 당신이 흥미를 느끼지 않으면
일은 힘들어지고 의욕도 잃게 된다. 이러한 경우, 당신은 네트워크마
케팅 업계에 오래 머물고 싶지 않을 것이다.

네트워크에 합류하는 대부분은 그들의 삶과 다른 사람의 삶에 변화
를 주고 싶기 때문에 가입한다. 사실, 우리의 목표는 이 세상에 긍정
적인 변화를 가져올 만큼 충분히 많은 개인, 가족, 직업적 삶에 변화
를 주는 것이다. 이러한 행동이 우리가 진정으로 다른 이들의 삶을
변화시키려는 우리의 목표를 항상 숙지하는 사람들에게는 분명히 효
과가 있다.

## 판매 가능성에 대한 숙고

어떤 제품과 서비스를 대표하고 판매할 것인지 결정하는 문제는 네
트워커들이 내려야 할 중요한 결정이다. 상품이나 서비스의 품질과
정직성은 제쳐두더라도 당신은 소비재를 팔고 싶을 것이다. 그러한
방법으로 여러분은 그것을 한 달에 한 번 또는 더 자주 반복적으로
판매할 수 있을 것이다. 반복되는 판매를 하지 못 하면 당신의 커미
션 액수는 너무 적거나 노력한 만큼 충분한 보상을 받을 수 없게 된
다.

당신은 판매해야 할 제품이나 서비스의 가치에 대해 잘 알고 있어야한다. 이상적이지만 노력 없이도 팔리는 제품이나 서비스를 찾아라. 우리는 수백 수천만 명이 애용하는 영양제, 비타민제, 체중 조절 제품의 소비가 가져다주는 가치를 이미 알고 있다.

## 반복적인 구매: 소비 규칙!

"그것은 사람들이 매달 반복적으로 구매하게 될 상품이나 서비스인가?" 당신이 상품이나 서비스에 너무 친숙해지기 전에 위의 질문에 대답하라. 네트워커로서 당신은 매달 또는 수 년 동안 고객들이 계속 구입할 만한 제품을 찾고 있을 것이다. 이러한 제품이나 서비스는 한 번 구입하면 계속 구입해야 한다. 그것들이 보조식품, 체중 조절 제품, 세제, 장거리 서비스, 법적 서비스 그 무엇이라도 말이다. 당신은 매번 고객이 구매할 때마다 커미션을 받게 된다! 고객이 제품이나 서비스를 계속 구매하는 한, 당신은 보수를 받게 된다. 여러분이 더 많이 판매하고 더 많은 고객이 구매할수록 여러분의 소득은 더 늘어난다.

## 상품의 이점이 소비자에게 분명히 나타나는지 평가함

시장조사 기관인 팩츠의 조사에 따르면, 미국 성인의 절반 이상이 다이어트 식품을 구매한다. 미국인들은 매년 다이어트 식품 구매에 70억 달러 이상을 소비한다. 식이요법 상품의 효과는 수백만 명에게 분명히 나타난다. 하지만 이 거대시장을 확장하는 것은 고객들의 지식에 크게 의존한다. 모든 성인이 효소의 가치나 인체에 급격한 변화가 주는 위험성을 이해하는 것은 아니다. 그들이 그에 대한 지식을 가진 후, 훨씬 더 많은 소비자가 다이어트 식품을 사려고 할 것이다.

# 제품이나 서비스의 이점을 확실히 증명할 수 있도록 하라

사람들은 당신이 말하는 것을 반드시 믿는 것은 아니지만 행동하는 것은 믿는다! 당신은 사람들에게 건강식품이 건강에 좋다고 말할 수 있지만 그들은 당신이 그것을 사용해 효험을 봤다는 증거를 믿으려고 할 것이다.

## 인터넷으로 시장을 조사함

수많은 웹사이트가 전 세계의 소비자를 쫓고 있다. 웹사이트를 방문해 통계 수치를 보고 정보를 얻으며 시장에 대한 다양한 분석을 읽을 수 있다.

## 부가적인 시장 요소들을 고려함

시장 규모가 사업을 시작하는 데 있어서 중요한 요소이기는 하지만 전부는 아니다. 궁극적으로 제품과 서비스의 성공과 실패는 다음 항목들을 포함한 부가적 요소에 달려 있다고 볼 수 있다.

▶ 상품 패키지 : 상품과 서비스가 이름, 사이즈, 무게, 색깔, 모양 그리고 냄새를 가지고 있다면 그 냄새까지도 소비자들에게 호소력이 있어야 한다. 그렇지 않다면 그 상품은 구매되지 않는다.

▶ 포지셔닝 : 상품과 서비스는 소비자들의 감성에 호소해야 판매가 잘 된다. 직접적으로 "내가 왜 그 상품이 필요한가?"라고 묻지 않더라도 소비자들은 그들이 정말로 상품을 필요로 하는지 알고 싶어 한다. 우리는 상품과 서비스를 판매하기 위

해 소비자들이 왜 그 상품이 필요한지 설명해주어야 한다.

▶ 타이밍 : 언제, 어디서 상품이나 서비스를 구매할 수 있는가? 인터넷 시대에는 순간적으로 모든 것을 원한다. 만약 그 상품을 구입하기 위해 기다려야 한다면 대부분의 고객은 그 상품을 구입하지 않을 것이다.

▶ 정보 : 상품이나 서비스에 대한 지식이 많은 소비자일수록 구매 전에 많은 질문을 하는 경향이 있다. 웹사이트나 전화로 소비자들에게 전문적이면서도 신속한 대답을 제공하는 것이 중요하다.

▶ 결과 : 서비스는 배달을 필요로 한다. 상품의 가치는 최초의 약속과 일치해야 한다. 사업에 실패한다는 것은 시장에서 고객들이 그 상품을 계속 구매하지 않을 뿐만 아니라 사용하지도 않음을 의미한다.

## 상식을 사용함: 제품이 약속을 지킬 수 있는가?

대부분의 네트워크마케팅 사업은 합법적으로 하고 있다고 주장한다. 이러한 주장들을 무시하고 상식을 사용하라. 어떤 네트워크마케팅 회사는 암 치료법을 발견했다고 주장한다. 그러나 어떻게 소규모 회사가 거대한 제약회사의 도움도 없이 독자적으로 그러한 발견을 할수 있겠는가? 언젠가 암 치료법이 개발되기는 하겠지만 소규모 네트워크 회사가 독자적으로 그러한 제품을 개발하지는 못할 것이다.

"누구나 자기 주장을 할 수는 있지만 상품이 제공하는 진실한 면을 찾으십시오. 그리고 자신에게 그 상품이 판매될 가치가 있는지 물어보십시오."

과장 광고는 네트워크마케팅 이미지를 손상시킬 뿐만 아니라 회사 신용도도 떨어뜨리고 심지어 회사를 붕괴시킬 수도 있다. 상품과 서비스에 대해 사기나 과대 광고를 부추기는 회사나 디스트리뷰터들에게 가까이 하지 않는 것이 좋다.

토드 스미스는 다음과 같이 말한다. "사람들은 약품 대신 안전하고 자연스럽고 효과가 있는 상품을 원한다. 하지만 상품에 대한 주장을 증명해주는 연구가 존재하는가? 효능이 뛰어나다고 하면서 통계나 문서를 제시하지 못하는 경우가 많이 있다. 규모가 어느 정도 있고 공신력 있는 연구기관에서 이루어졌다면 믿을 수 있을 것이다."

## 품질이 최고

네트워크마케팅은 유사품이 많은 분야다. 어떤 회사가 웹사이트를 통해 최신제품을 내놓으면 전 세계에 걸쳐 수십 개의 다른 회사들이 유사품을 개발할 것이다. 그러나 오리지널 상품만이 품질 검사에서 살아남는 경우가 많다. 상품과 서비스의 품질 개선을 위해 투자하지 않는 회사는 피하라. 당신은 상품이나 서비스의 품질이 테스트되고 승인되었는지 확인함으로써 그 품질을 평가할 수 있다.

### 상품이나 서비스가 보증되는 것인지 확인함

소비자들이 상품에 효과가 없고 서비스가 별로 좋지 않아 돈으로 환불해달라고 할 때는 어떻게 하는가? 최상의 네트워크마케팅 회사들은 환불정책을 갖고 있다. 그들의 상품과 서비스는 보증되며 그들은 아무 질문 없이 소비자에게 돈을 돌려준다. 이것이 바로 신용도 높은 회사의 표시이다. 가입하려고 하는 회사가 상품과 서비스에 대해 환불을 보장하는지 확인하라. 문서화된 환불정책이 있는지 알아보라.

## 제품의 안전성을 살펴봄

회사의 경영관리팀에게 "상품이 안전하다는 것을 어떻게 확신할 수 있습니까?"라고 물어보라. 정부나 독립적인 기관들이 상품을 테스트하고 승인했다는 증거를 찾아보라. 건전한 네트워크마케팅 회사는 이러한 정보들을 디스트리뷰터나 소비자에게 자주 제공한다.

## 제품과 서비스에 대해 알기 위해 얼마나 많은 훈련이 필요한가?

당신 자신에게는 상품에 대한 교육 이수과정이 필요하다.

### 온라인으로 훈련을 받음

회사의 상품과 서비스에 대한 세부 사항들을 다루는 웹사이트는 또다른 제품 트레이닝 방법이다. 이러한 트레이닝은 오디오나 비디오 방식을 포함하며 당신은 이것들을 컴퓨터에서 사용할 수 있다. 잠재고객들이 물어볼 질문과 그에 적합한 대답들을 포함한 제품 판매의 시범이 비디오에 녹화된다. 이렇게 녹화된 프리젠테이션은 디스트리뷰터들이 웹사이트에서 반복적으로 배울 수 있도록 한다. 이러한 기술은 트레이닝을 쉽고 재미있게 만든다.

### 차에서 훈련을 받음

녹음테이프 사업은 거의 모든 네트워크마케팅 회사들이 트레이닝 테이프를 제작, 판매하기 때문에 네트워크마케팅 분야를 좋은 시장으로 평가하고 있다. 이러한 테이프들을 프리젠테이션하러 가는 도중 제품 정보를 다시 기억하기 위해 차에서 들을 수 있다.

## 실제로 훈련 받기

아마도 실제 트레이닝에 참석하는 것은 제품이나 서비스에 대해 배울 수 있는 가장 효과적인 방법일 것이다. 전문 트레이너가 제품이나 서비스의 이점에 대해 설명하는 것을 동료들과 함께 교육받는 것만큼 효율적인 것은 없다. 집단교육 방식은 상호작용을 일으켜 학습효과가 큰 유쾌한 교육 방법이다.

## 상품 배달: 여러분의 책임인가?

제품이나 서비스를 판매한 후에 고객은 그것을 어떻게 인수받을 것인가? 좋은 방법은 회사가 직접 수송하는 것이다. 이 방법은 상품 배달 과정에서 발생하는 문제와 배달 계획 시간을 덜어준다. 하지만 일부 회사들은 디스트리뷰터들이 상품을 배달하는 것을 선호한다. 그러한 회사들은 디스트리뷰터들이 직접 운송하는 것이 상품 사용법을 보여주고 고객들에게 추가 구매를 권유하는 기회가 될 것으로 생각한다.

일부 상황에서는 상품의 공급량을 비축해두는 것이 좋을 때도 있다. 특히 상품을 세미나나 대규모 미팅에서 판매할 경우가 그렇다. 이 말은 단지 지나치게 비축해서는 안 된다는 뜻이다. 누구나 판매를 예측할 수 없는 상품을 잔뜩 보유하고 싶지는 않을 것이다.

## 회사에 제품, 서비스, 훈련에 관해 물어볼 질문들

회사의 상품, 서비스, 트레이닝에 관한 질문들이 여기에 있다. 이 질문들은 당신이 한 회사의 디스트리뷰터가 되기 전에 조사해야 할 항목들이다.

▶ 회사의 상품과 서비스가 소매점에서 판매되고 있는가? 다시 말하면, 상품과 서비스를 구매하고자 하는 시장이 있는가,

▶ 회사의 생산라인이 합리적인 수량의 판매가능한 제품들을 포함하고 있는가?

▶ 회사가 사업에 참여하도록 설득시키기 위해 현란한 문구를 사용하거나 사기를 치는가? 회사가 주관하는 사업설명회에서 주장하는 사항들에 대해 실질적으로 시험에 통과했는가?

▶ 회사의 수입과 상품에 대한 주장이 규제기관의 기준과 맞는가? 주장이 사실이라고 보기에 조건이 너무 좋지 않은가?

▶ 회사의 사업이 당신이 후원하는 사람들의 삶에 긍정적인 변화를 가져다줄 진정한 기회를 제공할 것인가?

▶ 회사가 디스트리뷰터들에게 상품과 서비스에 대해 교육시킬, 증명되고 효율적인 트레이닝 프로그램을 가지고 있는가?

▶ 회사가 당신의 투자에 대해 보상하기 전에 많은 상품을 판매할 것을 강요하는가?

## 부정직한 제품을 피함

조만간 어떠한 이유로든 여러 사람에게 사기행각을 벌이는 회사의 제품은 시장에서 살아남지 못할 것이다. 당신은 현명하게 그러한 상황을 피해야 한다. 건강 관련 사기상품을 판매하지 못 하도록 하는 국가협의회는 라벨이나 광고, 광고 문구에 의해 사기 여부를 판별하고 있다. 사기 여부를 판별하는 척도는 다음에 열거하는 항목들이다.

3  상품이 '비밀스런 해결책'이라고 주장하는 경우. '돌파구', '마법 같은', '기적적인 치료', '새로운 발견' 등의 용어를 쓰는 상품은 의심해야 한다.

3  상습적인 사기성 은어나 상품 효과를 설명하기 위해 '해독', '정화', '회춘'과 같은 용어를 쓰는 경우, 이러한 용어는 애매모호해서 그 뜻을 정확히 알기 어렵다. 이러한 단어들은 회사가 상품에 대한 성공을 거두지 못 했을 때도 성공했다고 주장하기 쉽게 만들어준다.

3  상품이 과학적인 인증을 받았다고 말하지만 그 승인기관이 생소한 곳이거나 시기가 지난 것일 때

3  의료기관, 제약회사 그리고 정부가 상품에 대한 정보를 공표하지 않고 있다고 비난할 때

# 돈 벌 기회에 대한 평가

제7장에서는
▶ 보상플랜이 무엇인지 이해하고
▶ 네트워크마케팅의 보상 방식을 알아보고
▶ 주요 보상플랜 간의 차이점을 익히고
▶ 균형된 플랜인지 아닌지 알아보고
▶ 돈 벌 수 있는 기회에 대해 회사에 바르게 물어본다

네트워크마케팅에서는 자신이 받는 보상에 영향을 미칠 수 있으며 보상플랜의 여러 경계 안에서 자신이 받게 될 보상지급률을 결정할 수 있다. 이 장에서는 여러분이 받을 급여가 사업에 투자한 시간과 에너지를 반영하는지 확신하기 위해 보상플랜을 평가하는 방법을 보여준다.

## 보상플랜의 정의

네트워크마케팅에서 디스트리뷰터에게 보상하는 것보다 더 중요한 일은 없다. 전 세계적으로 해마다 수백억 달러가 수천만 명의 판매원에게 지급되고 있다! 지급액을 결정짓는 문서가 바로 보상플랜이다. 이 플랜 속에 네트워커들에 대한 보상 규정이 있다.

네트워커들은 다양한 방식으로 돈을 번다. 주수입은 커미션과 보너스인데 회사에 따라 적용 방식이 다르다. 예를 들어, 네트워커들이 물건을 도매로 사고 소매로 팔아 그 차액을 버는 행위를 허용한 회사

가 있는가 하면, 금지한 회사도 있다. 네트워커가 다운라인의 디스트리뷰터를 후원하면 수수료와 보너스를 벌 수 있는데 그 지급 정도는 회사 정책에 달려 있다. 네트워커들은 일정 수의 디스트리뷰터를 신규 모집하거나 이미 책정된 판매 수입 수준을 충족시킬 때, 보너스를 받게 된다.

대다수의(전부는 아니지만) 보상플랜에서는 디스트리뷰터들이 자기 아래의 여러 다운라인에서 발생된 판매의 일정 비율을 보상받는데 심지어 35%나 받는 경우도 있다. 다운라인은 레벨에 의해 특징지어지는데 각 단계마다 그에 해당하는 지급 비율이 정해져 있다. 예를 들어, 1단계에서 발생한 판매에는 15%의 커미션이 지급되고 2~3단계는 10%, 4~5단계는 각각 5%가 지급될 수 있다. 레벨 깊이와 레벨별 보상 비율은 회사에 따라 다르며 상세한 내용은 해당 회사의 규정 안내서나 지침서에 나온다.

나중에 이 장에서 다뤄질 보상플랜의 경우, 레벨별 보상 비율을 적용하지는 않는다. 대신, 여러 레벨에서 디스트리뷰터에 의해 발생한 전체 판매량에 근거해 보상한다.

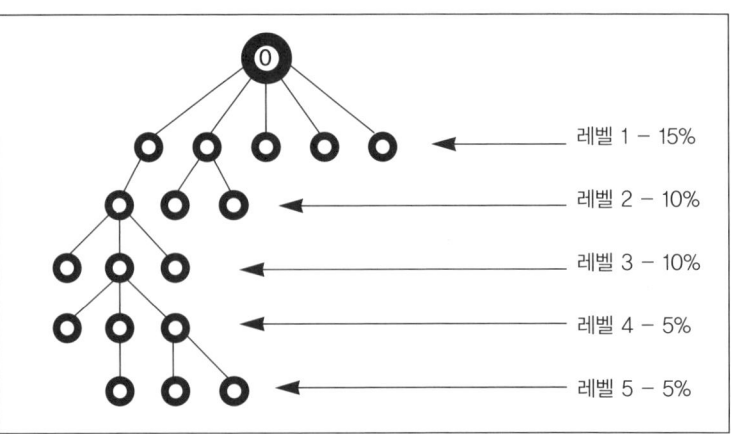

그림8-1:
레벨과 커미션 비율에 의해 정의된 판매 조직

# 급여일이 오늘 같은 적은 한 번도 없었다

근로자라면 누구나 급여일을 손꼽아 기다리지만 네트워커들의 급여일이 봉급쟁이의 그것보다 더욱 신나고 어쩌면 수지맞게 느껴지는 것은 두 가지 차이 때문이다. 첫째, 네트워커들은 직선형 수입과는 대비되는 지속적인 수입을 받는데, 동일한 거래에 대해 몇 배를 받는다. 둘째, 네트워커들은 자신의 판매 결과뿐만 아니라 자신의 판매 조직의 판매 결과에 대해서도 보상받게 된다. 이러한 차이점은 앞으로 나올 부분에서 더욱 상세히 설명될 것이다.

## 차이#1: 네트워커는 동일한 거래에 대해 반복적으로 보상받는다

네트워커들은 소매고객이나 다운라인 디스트리뷰터가 제품이나 서비스를 구매할 때마다 그에 따른 보수를 받게 된다는 것이다. 첫 번째 고객이 다운라인에 가입하면 그 고객을 다시 만나지 못 해도 그 고객이 계속 제품이나 서비스를 구매한다면 여전히 그 구매에 따른 보수를 받게 되는 것이다.

## 차이#2: 네트워커들은 자신의 판매 조직에서 나온 판매 결과에 대한 보수를 받는다

고용인들은 그들이 생산한 결과에 대해서만 보수를 받는다. 하지만 네트워커들은 매달 자신의 판매 결과뿐만 아니라 자신의 다운라인에서 발생한 판매 결과에 대해서도 보상받고 있다! 바로 이 점 때문에 네트워커의 급여일이 매우 멋진 날이 되는 것이다.

렉셀 토드 스미스는 이렇게 말한다. "5년 전에 나는 신규 모집을 그만두었다. 사업을 하면서 나는 고작 44명을 신규 모집했을 뿐이다.

그중 20명은 첫달에 찾아냈다. 44명이 불어나 수만 명이 되었다.

토드는 첫해 30만 달러를 벌었다. 9년 후 총 수입은 1,200만 달러를 상회 한다.

만일 여러분이 매달 5명, 50명 혹은 5만여 명이 투자한 시간에 대한 보수를 받게 된다면 어떨까? 다운라인의 성공은 숫자가 말한다. 판매 조직을 더 많이 모을수록, 더 많이 남을 확률이 높다. 그들 가운데 상당수가 제품이나 서비스를 판매하거나 구매할 경우 여러분은 발생한 수익에 대한 비율을 보상 받게 된다.

## 주요 보상플랜

보상플랜은 수년 전에도 복잡했지만 요즘보다는 더 쉽게 이해될 수 있었다. 그 이유는 요즘 회사들이 복합형 보상플랜을 채택하고 있기 때문이다. 회사들은 2~3개 보상플랜의 최고 장점들을 하나로 결합시키고 있다. 그 결과, 디스트리뷰터들과 회사에 모두 이로운 결과를 가져왔다. 더구나 당국이 네트워크마케팅 업계에 단호한 조치를 취해왔기 때문에 회사들은 논쟁의 여지가 있는 보상플랜은 꺼리고 있다.

네트워크마케팅 회사에 가입하고자 할 때, 다음의 것들을 자주 듣게 된다.

▶ 바이너리 플랜
▶ 유니레벨 플랜
▶ 스테어스텝(계단형) 브레이크어웨이 플랜
▶ 강제 매트릭스 플랜

이 부분에서는 이러한 각각의 플랜과 그 장점 및 단점을 다룰 것이다.

어떠한 보상플랜도 서로 같지 않다. 서로 다른 두 회사가 유니레벨

플랜을 사용할 수 있지만 같은 유니레벨 플랜도 디스트리뷰터에게 보상하는 방식이 크게 다르다. 회사는 그 조직에 맞는 독특한 보상플랜을 만들 수 있고 필요성이나 요구에 따라 그러한 보상플랜을 수정할 수도 있다. 이 책에서 인터뷰한 대다수의 네트워커들은 회사 보상플랜을 처음부터 곧바로 이해한 것은 아니라고 했다. 실제로, 탁월한 네트워크마케팅 컨설턴트인 마이클 셰필드는 이렇게 말한다. "이러한 플랜들은 네트워크마케팅 측면에서 가장 오해받는 부분이다."

여러분 또한 회사의 보상플랜이 처음에는 잘 이해되지 않을 것이다. 하지만 두려워할 필요는 없다. "보상플랜을 처음 보았을 때, 마치 아인슈타인 이론과 주역을 보는 듯했어요. 전혀 이해할 수 없었어요. 그러나 세 명을 신규 가입시키고 그들이 또 세 명을 신규 가입시키도록 도우면서 모두가 사업에서 약간의 비율을 갖게 되리라는 것을 이해하게 되었어요. 타당하게 느껴졌죠"라고 러스는 말한다. "만일 여러분이 이제 막 시작했으면서 보상플랜을 이해하려고 한다면 '분석 마비'를 겪게 되죠. 그 결과, 아무 일도 할 수 없게 되죠."

여러분이 다양한 보상플랜을 인식하고 적어도 그것이 어떻게 작용하는지 이해하는 데 도움이 될 간단한 정보들이 여기에 있다.

# 바이너리 플랜

바이너리란 '2'를 의미한다는 것만 기억한다면, 이 플랜을 쉽게 구분할 수 있다. 여러분이 두 명을 후원하고 그 두 명이 또 다른 두 명을 후원하고 그렇게 계속되는 것이다. 여러분이 후원한 두 명은 프론트라인 즉, 여러분의 첫 번째 단계에 놓일 것이다. 여러분의 다운라인은 이들 두 명 아래에서 자랄 것이다. 이들 각자는 여러분 조직의 '레그'가 되는 것이다. 만약 여러분이 또 다른 사람을 후원한다면, 여러분은 그들을 여러분 조직의 레그 중 어느 한 곳에 두어야 한다. 그리하여 여러분 아래에 매우 많은 레벨이 있을 수 있다. 그림 8-2는 바이너리 플랜이다.

켄 러드는 이 플랜이 "정상적인 환경에서는 매우 훌륭한 보상플랜이다"라고 말한다. 바이너리 플랜은 대체로 디스트리뷰터에게 매주 보상금을 지급하며 일정한 판매 수익을 내야만 그에 따른 보상을 받기 때문에 사람들과 협력해 일하기를 권한다. "신규 모집에 대한 보상이 크기 때문에 많은 사람들이 빠른 시간 내에 큰 돈을 벌 수 있다"라고 켄은 말한다. "그러나 바로 그 점이 이 플랜의 약점이기도 하다. 회사가 네트워크마케팅 시장에서 오래 살아남으려면 제품이나 서비스를 판매해야 한다. 바이너리 방식은 돈을 빨리 벌고자 하는 사람들을 모으며 그런 사람들은 오랫동안 남아 있지 않을 수 있다는 것이다."

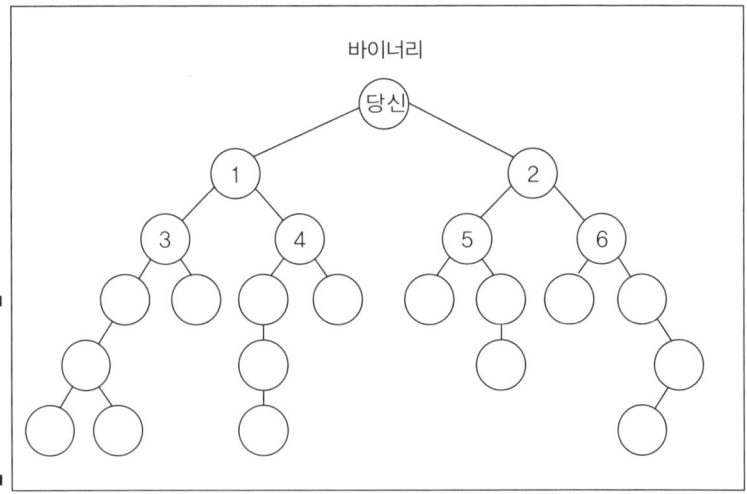

그림8-2:
실제로
사용되는
바이너리
플랜의 그림

## 유니레벨 플랜

바이너리 플랜의 반대 개념이 유니레벨 플랜이다. 유니레벨은 복수

레벨로 보상하는데 각 레벨마다 5%를 적용한다." 대부분의 유니레벨은 7레벨에서 멈추고 만다. 이 플랜에 더 많은 레벨을 둔다면, 회사는 더 많은 돈을 지불해야 하거나 각 레벨마다 더 적은 비율을 적용해야 하기 때문이다.

유니레벨에 있어서 특징적인 것은 판매 조직의 하위 레벨에서도 상위 레벨만큼 벌 수 있다는 것이다. 예를 들어, 각 레벨마다 5%를 적용하듯, 각 레벨마다 커미션 비율이 같을 경우, 그렇다. 일부 유니레벨에서는 한두 레벨에 더 높은 비율을 적용한다(그림 8-3 참조).

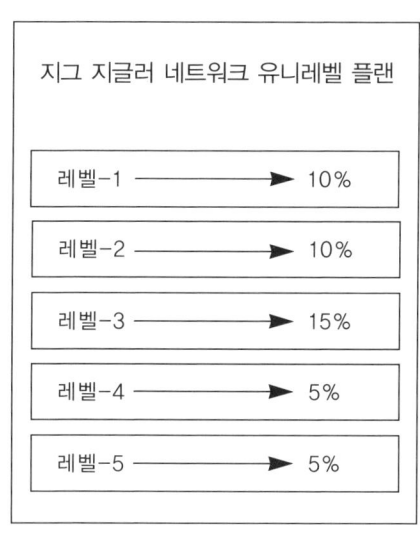

그림8-3:
지그 지글러
네트워크
유니레벨 플랜

유니레벨 방식의 장점은(회사마다 다르지만) 세대 보너스를 지급할 수 있다는 점이다. 다시 말해, 이 방식은 다운라인에 속한 특정그룹이나 세대에 보너스를 지급할 수 있다. 이 방식은 다음과 같이 운용된다. 디렉터로 진급한 후, 아래에 있는(레벨 위치는 문제되지 않는다) 디스트리뷰터를 후원해 그가 디렉터가 되도록 돕는다. 그 디스트리뷰터가 디렉터가 되면 그 디스트리뷰터 아래에 있는 모든 사람이 한 세대가 된다. 이때 여러분은 그 세대의 판매량에 대해 추가 보너스를 받게 되는데 보통 5%가 일반적이다. 이미 여러분은 그 세대에서 자신의 다운라인 5레벨 안에 드는 사람들에 의한 판매 비율을 받는다. 뿐만 아니라 그 세대에 의해 생성된 판매량에 대한 보너스도 받는다.

## 스테어스텝(계단형) 브레이크어웨이 플랜

계단을 오른다고 생각하고 각 계단을 보상플랜의 조직 계층에서 각기 다른 지위라고 가정한다. 맨아래 지위는 판매 이그제큐티브이고 최고 지위는 내셔널 디렉터라고 하자. 각 지위마다 회사로부터 받는 할인 또는 퍼센트 리베이트를 의미하는 비율이 지정되어 있어 그 지위를 가진 디스트리뷰터들이 회사에서 구매한 것에 대한 보상을 받도록 되어 있다. 예를 들어, 그림 8-4에서 판매 이그제큐티브는 제품을 20% 할인가로 살 수 있는 반면, 내셔널 디렉터는 40% 할인가에 살 수 있다. 디스트리뷰터와 그 아랫사람들이 많이 사면 살수록, 그의 지위는 빨리 올라간다. 진급은 디스트리뷰터가 얼마나 많은 레그를—일반적으로 4개 이상 10개 이하 – 자신의 다운라인에 구축하는가와 다운라인의 전체 판매량이 얼마나 되는가에 달려 있다. 디스트리뷰터가 조직 계층의 정점에 이르면 자신의 후원자로부터 '분리(breakaway)'할 권리를 얻는다. 이때 그 디스트리뷰터 아래에 있는 모든 사람은 한 세대로 간주되며 그의 후원자는 그 세대의 그룹 판매량에 대한 보너스를 받게 된다. 후원자는 분리하여 세대를 구성하는 여러 디스트리뷰터를 거느릴 수 있다. 그림 8-4에는 각 세대가 5% 보너스를 지급하는 것으로 나타나 있지만 그 비율은 회사마다 다를 수 있다.

스테어스텝 브레이크어웨이 방식은 두 가지 문제점이 있다. 첫째, '프론트 엔드 부담' 방식으로 디스트리뷰터들이 회사에 가입하기 위해서는 때로 수천 달러나 들여 상당량의 제품을 구매하도록 강요될 수도 있다는 점이다. 하지만 많은 회사들은 당국의 조사를 최소화하고자 초기 물품대금을 1천 달러 이하로 제한하고 있다.

두 번째 문제는 계단의 정점에 있는 디스트리뷰터가 자신 아래에 있는 사람들이 진급되는 것을 별로 좋아하지 않을 수도 있다는 점이다. 빌은 이렇게 설명한다. "나는 개인적으로 내 조직에 레그를 키워서 빠져나가는 것을 보고 싶지 않다." 마이클 셰필드는 일부 회사에서 브레이크어웨이를 하기 전에 계단에서 받는 비율이 같거나 더 큰 브레이크어웨이 비율을 브레이크어웨이에 적용함으로써 이 문제를 해결하고 있다고 지적했다.

네트워크마케팅 분야에서 잘 알려진 여러 회사들이 스테어스텝 브레이크어웨이 방식을 사용하고 있다. 변호사 겸 작가인 제프리 바베너는 이렇게 말한다. "이 방식은 가장 오래되고 탁월한 보상플랜이다."

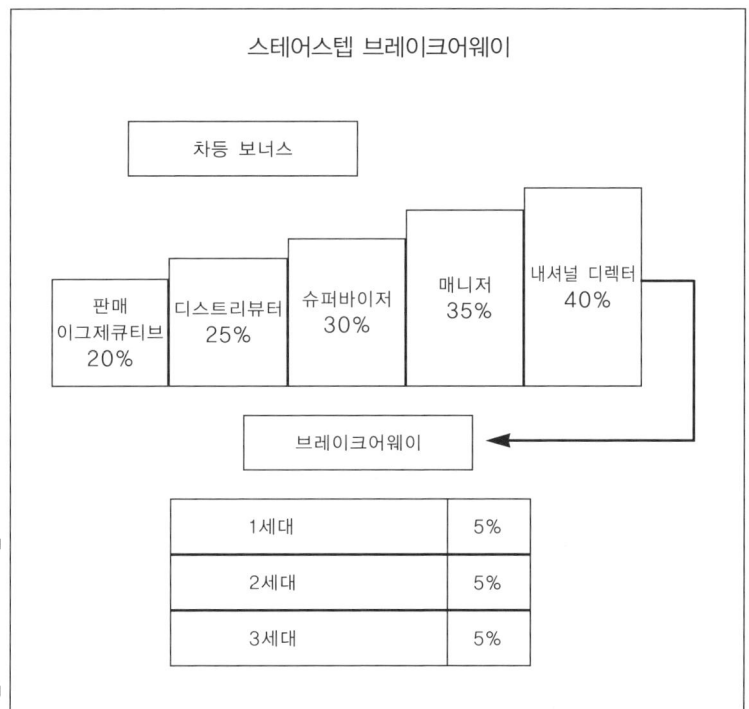

그림8-4:
스테어스텝
브레이크
어웨이 플랜

그러나 마이클 셰필드에 따르면, 많은 신규 회사들이 스테어스텝 브레이크어웨이 방식을 더욱 단순화시키고 보너스 자격요건 또한 낮추고 있다고 한다.

## 강제 매트릭스 플랜

강제 매트릭스 플랜의 목적은 매트릭스 내의 빈자리를 채울 디스트리뷰터를 신규 모집하는 것으로서 자리가 모두 채워지면 또다른 매트릭스를 새롭게 구축하기 시작한다. 예를 들어, 그림 8-5에 보이는 것과 같은 3×5 강제 매트릭스를 구축한다면, 매트릭스 내의 각 자리는 여러분이나 상위 디스트리뷰터들이 새로운 디스트리뷰터를 찾아 나설 수 있는 기회가 되는 것이다. 새로운 디스트리뷰터들이 조직에 가입하면 강제 매트릭스 플랜을 위해 특별제작된 컴퓨터프로그램에 의해 빈 공간에 자동적으로 지정된다.

강제 매트릭스 방식의 지지자들은 판매 조직 내의 다른 회원들이 '스필오버(Spill over)'를 일으켜 그들을 위해 빈자리를 채우도록 도울 가능성을 디스트리뷰터가 기대할 수 있기 때문에 선호한다고 말한다. 다시 말해, 상위 디스트리뷰터가 신규 회원을 모집하면 그들은 하위 디스트리뷰터 아래에 있는 빈자리에 채워진다. 그러나 반대자들은 바로 그 이유 때문에 그 플랜이 잘못되었다고 꼬집는다. 켄 러드는 이렇게 말한다. "디스트리뷰터들은 일단 자신들이 몇 명을 신규 등록시키고 나면 조직에서 알아서 나머지 빈자리를 채워줄 것으로 믿는 경향이 있다. "디스트리뷰터들은 자신들은 아무 일을 하지 않아도 조직이 일해주므로 놀면서 돈을 받을 수 있다고 생각한다."

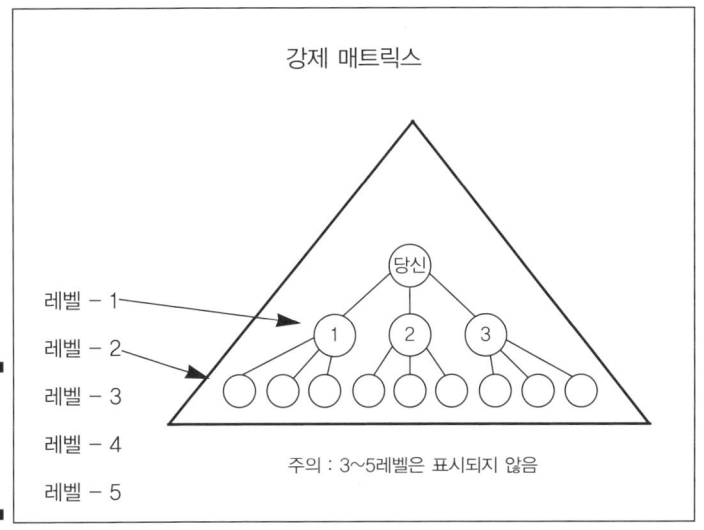

강제 매트릭스

당신

레벨 − 1

레벨 − 2

① ② ③

레벨 − 3

레벨 − 4

주의 : 3~5레벨은 표시되지 않음

레벨 − 5

그림8-5:
3×5 강제
매트릭스
플랜의 보기

## 보상플랜 고려하기

보상플랜에 대해 고려할 때, 다음과 같은 점을 명심한다. 이러한 플랜 가운데 어느 한 가지나 몇 가지의 복합 플랜은 신나고 역동적이고 지속적인 네트워크마케팅 회사를 세우는 데 사용될 수 있다. 여러분이 할 일은 회사에 가입하기 전, 플랜에 관해 질문해 자신의 노력에 대한 정당한 대가를 받을 수 있는지 판단하는 것이다. 그러한 판단을 내리는 가장 손쉬운 방법은 기존의 디스트리뷰터들에게 보상플랜의 장·단점을 물어보는 것이다.

## 균형적인 보상플랜 찾기

켄 러드는 다음과 같이 조언한다. "무엇보다도 보상플랜이 균형적인지 확인해야 한다." 다시 말해, 전임이나 부업 네트워커 모두 재정적으로 성공할 수 있는 기회를 제공해야 하는 것이다.
균형적인 보상플랜은 다음과 같다.

▶ 디스트리뷰터에게 공정하게 보상한다.

▶ 디스트리뷰터들이 조직 내에서 활동적으로 쉽게 남아 있도록 무리 없는 판매량을 할당한다.

▶ 신입 디스트리뷰터에게 보상해주어 빨리 돈을 벌 수 있도록 해준다.

▶ 부업으로 일하는 디스트리뷰터들을 위해 여러 특징을 제공한다.

▶ 경험이 풍부한 전임 디스트리뷰터들이 회사에 계속 충실하도록 보너스와 충분한 비율을 준다.

## 디스트리뷰터에게 공정하게 보상한다

균형적인 보상플랜은 디스트리뷰터에게 공정한 배당을 한다. 무엇이 공정한 배당인가? 이것은 회사가 판매하는 것이 제품인가 아니면 서비스인가에 달려 있으며 각 제품이나 서비스의 실제 비용에 달려 있다. 켄 리드는 이에 대해 포괄적으로 설명했다. "공정한 배당은 회사 총수익의 40~50%를 말합니다.

## 제품 가격치 요구조건을 타당한 범위 내에서 유지한다

네트워크마케팅 회사들은 디스트리뷰터들에게 조직 내에서 활동적인 것으로 인정되기 위한 요건으로 일정 레벨의 월별 제품 가격치를 유지하도록 하고 있다. 비활동적인 디스트리뷰터들은 커미션과 보너스를 받을 수 있는 자격에 미달되기 때문에 이것은 매우 중요한 사안이다.

디스트리뷰터들은 제품 가격치 요건을 충족시키기 위해 소매고객에게 재판매하거나 개인용도로 한 달에 50~150달러 상당의 제품이나 서비스를 소비할 필요가 있다. 그러나 주의할 점이 있다. 제품이나 서비스 가격이 회사가 책정한 제품 가격치와 일치하지 않을 수도 있다. 각 회사는 자사 제품과 서비스에 제품 가격치를 부가하며 간과해서는 안될 점은 커미션이 제품 가격치에 의해 계산되지, 판매량에 의해 계산되지 않는다는 점이다.

## 새로운 디스트리뷰터에게 돈을 빨리 벌도록 돕는다

"플랜은 이제 막 사업을 시작한 사람들에게도 보상하는가?" 켄 러드가 물었다. 그렇지 않다면, 좋은 플랜이 아니다. "네트워크마케팅에서 성공의 열쇠는 신입 디스트리뷰터가 처음 90일 내에 300~500달러를 벌 수 있도록 돕는 것이다." 짧은 시간 안에 그 정도의 돈을 번 사람은 그것을 쉽게 포기하지 않을 것이다. 그 정도의 돈이라면 새로운 집에 세를 들거나 휴가를 위한 저축을 할 수 있어 기본적인 생활을 하기에는 충분한 돈이다. 일단 기본적인 생활비가 해결되면 쉽게 그만둘 수 없다. 좋은 계획은 소매판매와 디스트리뷰터 신규 모집에 대한 보상을 함으로써 이들이 계속 사업을 하도록 하는 것이다.

## 다수의 부업형 디스트리뷰터들이 편안함을 느끼도록 한다

켄 러드는 이렇게 설명한다. "균형적인 플랜은 부업형 희망자들에게도 그에 맞는 적법한 기회를 준다." 초보자와 상사 사이에서 중간을 굳건히 채워주는 부업형 사업자들이 조직의 다수를 차지하기 때문에 그들을 위한 훌륭한 보상이 핵심이다. 따라서 보상플랜은 이들 모두를 행복하게 만드는 특징이 있어야 한다.

## 베테랑 디스트리뷰터들에게 황금 수갑을 채운다

네트워크마케팅 보상플랜에서 잉여수입은 전적으로 회사에 전념해 일하는 전문 네트워커들을 매료시키고 잡아둘 만큼 커야 한다. 전문 네트워커란 전임으로 일하며 다른 사람에게 사업성공법을 가르치는 사람을 말한다. 켄 러드는 이렇게 말한다. "시간이 지나면 전임 네트워커들은 신규 모집할 시간이 모자란다. 다운라인 교육하기도 바빠질 것이다. 따라서 보상플랜이 이러한 사람을 위해 6~7레벨까지 수익의 5~8%를 주는 골격을 갖추는 것이 정말 중요하다." 그에 덧붙여, 플랜이 보너스 기회 및 자동차 납입금이나 담보 납입금 플랜과 같은 또다른 특징을 갖는 것이 중요하다. 그에 못 미치는 어떠한 보상플랜도 전문 네트워커들의 마음을 잡아두기에는 역부족이다. 그런 보상플랜은 좋지 않다.

이상적인 보상플랜은 회사의 연간수익의 일부를 리더들에게 보상해 준다. 비록 1~2%에 불과해도 시간이 지나면 큰 돈이 될 수 있다. 사람들은 그 정도의 보상을 그렇게 쉽사리 포기하지 못 한다. 그렇기 때문에 황금 수갑을 채운다고 하는 것이다.

## 보상플랜 평가하기

네트워크마케팅에 뛰어들면서 보상플랜을 맹목적으로 받아들일 것이라고 생각하지 않는다. 하지만 그와 같은 일이 비일비재하다. 사람들은 제품, 서비스, 직장에서 벗어날 기회 등에 흥분해 보상플랜을 간과한다. 그렇게 하는 것도 실수라고 생각하지만 보상플랜을 잘 알게 될 때까지 네트워크마케팅에 전혀 관여하지 않는 것 역시 실수라고 생각한다.

회사가 공정하고 합리적이라면 좋은 보상플랜을 가졌음에 틀림없기 때문이다.

"대부분은 경험하기 전에는 보상플랜을 제대로 이해하지 못 하는 것 같다"라는 짐 브루스의 말이 옳다고 생각한다. 짐은 미국 중소기업협

회의 사업가다. 그는 계속 이렇게 말했다. "진급하고 보상받고 급여 수표를 보면서 어떻게 그 돈을 받게 되었는지 이해하면서 보상플랜을 이해하게 된다."

짐은 이런 주의를 주었다. "만일 여러분을 신규 모집하려는 사람이 보상플랜에 대해서만 이야기하고 회사의 제품이나 서비스에 대해 거의 말하지 않는다면, 제품이나 서비스가 훌륭한 가치가 있는지, 수입의 기회가 없다면 내가 그 물건을 살 것인지 자문해야 한다. 재정적 보상만을 근거로 주어지는 기회를 조심하라. 고객에게 주어지는 가치에 대해 생각해보라."

회사의 보상플랜을 철저히 분석해야 할 필요가 있지만 궁극적으로 여러분은 신앙의 도약을 통해 디스트리뷰터가 되어야 한다. 우리는 바로 그런 이유 때문에 여러분이 판매하게 될 제품이나 서비스에 대한 확고한 믿음을 가질 것을 강조한다. 만에 하나 약속이나 기대처럼 보상이 이뤄지지 않더라도, 터무니없는 것들을 팔았다고 걱정하며 잠못 이루는 일은 없을 것이다.

# 회사의 보상플랜에 대한 질문

마이크 제비즈와 닉 가사웨이는 보상플랜의 대가로서 지그 지글러 네트워크의 공동경영자이기도 하다. 이들은 회사의 보상플랜이 여러분에게 좋은 것인지 판단하는 데 다음의 질문들이 도움이 된다고 제안한다.

3　사람들을 신규 모집하거나 제품 및 서비스를 구매할 사람을 신규 모집하면 돈을 주는가?

만약, 플랜이 신규 모집한 것만으로도 돈을 준다면, 조심하라! 피라미드일 가능성이 높다. "제품이나 서비스를 구매하지 않을 사람들을 신규 모집하는 것은 참으로 위험한 일이다"라고 마이크는 설명했다. "당국은 그런 거래를 면밀히 살피고 있으며 신속히 개입해 문을 닫게 만들 것이다."

3　개인제품 가격치 50달러를 벌기 위해 100달러를 지출해야 하는 것은 아닌가?

매달 회사 제품이나 서비스 사용에 든 금액을 반영하는 개인제품 가격치(PV)는 회사의 보상플랜에서 자신의 지위를 결정한다. 어느 달에 PV 점수에 미달할 경우, 수입의 전부나 상당 부분을 잃거나 보너스를 전혀 받지 못할 것이다. 회사는 각각의 제품 및 서비스에 각기 다른 가치를 매기고 있다. 보다 명확한 사실을 확인하려면 회사에 물어보아야 한다. 당신은 보너스를 받을 자격에 필요한 충분한 PV를 얻기 위해서 거액을 투자하지는 않을 것이다.

3　투자한 시간과 노력이 수입에 비례하는가?

"이에 대해 실수해서는 안 된다"라고 닉은 충고했다. "다운라인은 성공을 위해 시간과 노력을 들일 준비가 되어 있어야 한다. 생산적인 다운라인은 훈련되고 격려될 필요가 있다. 바로 그것이 후원자의 역할이다. 만약 여러분이 이 역할에 시간을 쓴다면, 재정적인 보상을 받게 되는가?" 이 문제를 기존 디스트리뷰터들과 상의해본다. 여러분의 시간을 투자하는 것이 가치 있는 일인지 그들은 말해줄 것이다.

3　디스트리뷰터가 보상받을 자격을 얻지 못한 경우, 보상플랜은 제품 가격치가 롤업되도록 압축되는가?

다운라인의 디스트리뷰터가 어느 달에 PV가 너무 낮거나 활동하지 않아 커미션을 못 받으면, 여러분이 받게 될 커미션 수표가 그 디스트리뷰터의 판매실적에 대한 여러분의 몫이 포함되지 않은 금액이 될 것이다. 이것은 불공평하다. 그렇지 않은가? 한정된 레벨수의 제품 가격치에 대해서만 커미션을 받으며 그 레벨 중 하나에 판매실적이 전혀 없다면, 그 상황에 대해 아무 영향도 못 미치고 돈을 잃을 것이다. 그러나 어떤 디스트리뷰터도 비활동적인 디스트리뷰터의 판매실적에 대해서는 보상받지 못한다. 실제로, 회사는 비활동 디스트리뷰터의 PV에 대해 지불될 커미션을 그냥 가질 수 있다. 그렇지만 비활동 디스트리뷰터가 있을 경우, 좋은 보상플랜은 자동적으로 압축되어 그 다음 디스트리뷰터를 롤업시킨다. 그렇게 해서 비활동 디스트리뷰터 위에 있는 모든 디스트리뷰터들은 판매실적이 전혀 없었을 레벨에 대한 커미션을 받게 된다. 그 다음 디스트리뷰터의 PV가 이월되어 그 비활동 디스트리뷰터 업라인에 있는 디스트리뷰터들이 그 판매실적에 대한 커미션을 받게 된다. 대체된 PV는 비활동 디스트리뷰터의 PV와 같거나 작을 수도 있고 혹은 클 수도 있다. 그보다 낮더라도 커미션을 전혀 못 받는 것보다 약간의 판매실적에 대해 커미션을 받는 것이 훨씬 낫다. 그보다 높으면 그 달에 한 푼도 못 받는 비활동 디스트리뷰터를 제외하고, 아무도 불평하지 않을 것이다.

마이크는 "판매실적을 압축해 모든 활동적인 사람이 최대한의 보상을 받을 수 있도록 하는 보상플랜을 찾도록 하라"라고 권한다.

3　회사가 얼마나 자주 보상플랜에 특별 인센티브를 넣는가?

"인센티브 플랜은 디스트리뷰터들이 한 해의 특정 기간이나 휴가철 중에 더 많은 제품이나 서비스를 팔도록 장려한다"라고 닉은 말한다. "인센티브 플랜은 또한 비수기에 판매 레벨을 높이는 데 도움이 된다. 회사가 자주 이러한 플랜을 제공하는가?" 회사 임원들에게 물어보면 알 수 있다.

3　조직에서 진급하려면 무엇을 해야 하고 무엇을 이해해야 하는가?

마이크는 진급하기 위해 무엇을 해야 하는지 쉽게 볼 수 있도록 조직도를 그릴 것을 권한다. "다운라인에 얼마나 많은 사람을 필요로 하는가? 진급 기회를 늘리려면 어디에 두어야 하는가? 진급예정표에서 최상부에 오르는 것이 너무 어려워 보인다면 정말 그럴 수 있다. 기존 디스트리뷰터나 경영관리 팀의 임원에게 얼마나 많은 사람이 최상부에 올랐는지 물어본다. 회사가 사업해온 햇수에 비해 그 수가 너무 적다면 다른 곳을 알아보도록 한다.

# 제 3 부
# 성공을 위해
# 서명하고 준비함

Signing Up and Setting Up for Success

제5의 물결                                          리치 테넌트

"딕 포스터는 새로운 네트워크마케팅을 시작해야겠군요.
그 사람은 비전도 있고 추진력도 있으니 한번 부딪쳐 봅시다.

# 제 3 부에서는 · · ·

일단 여러분이 네트워크마케팅에 미래를 걸기로 결심하고 한 회사의 디스트리뷰터가 되었다면, 그 사업에 참여하는 준비과정을 하나하나 철저하게 점검해야 한다. 사업을 취미로 생각하는 사람이 있다면, 다른 곳을 알아보는 것이 좋다!

네트워크마케팅은 법적인 요구조건 및 회계 절차 등과 같은 세부적인 문제에 이르기까지 여러분의 세심한 주의를 요한다. 여러분은 자신의 사업이 사업자등록 규정에 부응하는지 확인해야 한다. 또한 사업을 재정적으로 운영하되 모든 관련 세법에 맞게 해야 한다. 많은 돈을 벌어 세금으로 내버린다는 것은 아무런 의미가 없다. 따라서, 우리는 여러분이 사업 계획을 핵심 고문들과 상의할 것을 제안한다.

사업 초기에 중요한 것은, 여러분이 후원하는 사람들도 마찬가지이지만, 신속하게 출발하는 것이다. 중요한 사실은 네트워크마케팅에 참여하는 많은 사람들이 중단한다는 것이다. 한 달에 수 백 달러를 버는 사람은 오랫동안 사업을 할 가능성이 크다. 그러므로 빨리 시작할 계획을 세워라. 그리고 새로 리크루트한 사람도 빨리 시작할 수 있도록 돕는 방법을 배우는 것이 좋다. 훈련과 준비를 통해 여러분은 그렇게 할 수 있으며 이 부분에서 그 방법을 설명할 것이다.

# 제 8 장
# 사업을 조직적으로 구상함

. . . . . . . . . . . . . . . . . . . . . . . . . . . . . . . . . . . . . . . . . .

제8장에서는

▶ 사업을 사업답게 운영함으로써 그것을 보호하는 것에 대해 살펴보고

▶ 전문적인 고문들과 상담하는 것에 대해 살펴보고

▶ 파트너가 됨: 찬·반 양론을 알아보고

▶ 집에서 시작하는 것에 대해 알아보고

▶ 본사와 업라인으로부터 도움을 받는 것에 대해 알아본다

. . . . . . . . . . . . . . . . . . . . . . . . . . . . . . . . . . . . . . . . . .

**여**러분은 이렇게 말할 것이다. "잠깐, 나는 전에 사업을 해본 적도 없고 사업을 하기 위해 맨 먼저 해야 할 일이 무엇인지도 모른다. 변호사가 필요한 것은 아닐까? 사업자등록을 해야 하는 것은 아닐까? 세무감사를 받게 되는 것은 아닌가? 네트워크마케팅 비즈니스를 시작하는 일에 대해 지금까지 들은 내용은 좋았지만 법적으로는 어떻게 되는 것인가?"

걱정하지 말라. 사업을 운영한다는 것은 그렇게 복잡한 일이 아니다. 그러나 섣부른 결론을 내려서는 안 된다. 업라인이나 회사의 담당부서에 도움을 청하여 담당 변호사나 재정 고문과 상담할 것을 권하는 바이다.

## 네트워크마케팅은 취미로 하는 일이 아니다

네트워크 사업자로서 일 주일에 6시간을 사용하든, 60시간을 사용하든 그 사업을 취미처럼 생각한다면, 그것은 잘못이다. 취미로 돈을 버는 사람이 있는가? 때로 그러한 일이 일어날 수도 있겠지만 네트워

크마케팅에서는 결코 일어나지 않는다. 우리는 모두 취미를 갖고 있다. 취미는 긴장을 풀어주고 삶의 목적을 갖게 해주는 것은 사실이나 취미를 직업으로 생각해서는 안 된다. 취미가 직업으로 여겨진다면, 그것은 더이상 취미가 아니며 세무서에서 여러분에게 그 사실을 통보해줄 것이다.

"여러분이 네트워크마케팅 비즈니스에서 세금 내는 방법을 알아야 할 정도라면 그것은 진정한 비즈니스이다"라고 바베너는 말한다. 여러분이 네트워크마케팅 사업자로서 사업 경비를 인정해줄 것을 요구할 경우, 여러분은 이윤을 창출하는 기업으로서 사업을 운영해야 한다고 세무서(IRS)는 말한다.

결론: 네트워크마케팅 사업자가 되었다면, 사업을 구축하는 활동에 적극 참여해야 한다.

## 합리적인 사업 형태를 선택함

여러분은 자신의 사업을 개인사업체로 운영하거나 법인으로 신고하여 운영할 수 있다. 개인사업체로 준비하는 것은 쉬운 일이지만 법인으로 신고하는 일은 복잡하고 비용도 든다. 그러나 이것은 여러분이 변호사나 회계사와 의논해야 하는 문제다. 사업 형태를 선택하면서 고려해야 할 사항은 개인적인 재정 상태, 세금 관계 및 다른 사업상의 문제들이며 이것은 전문 고문들이 안내해줄 것이다.

대부분의 네트워크마케팅 사업자들은 그들이 많은 돈을 벌기 전인 사업 초기에는, 그 사업을 개인사업으로 운영하였다. 법인 설립 절차와는 다르게 개인사업체를 시작하는 데는 형식적인 절차가 거의 없다. 게다가 개인사업 설립에는 비용이 많이 들지 않는다. 유일한 조건은 개인사업자 등록법에 따르는 것뿐이다. 이러한 사항은 회사 담당자나 업라인이 안내해 줄것이다.

개인사업 형식은 네트워크마케팅 사업자들 가운데 가장 인기 있는 것인 반면, 사업에 대한 책임이 전적으로 자신에게 있다는 것을 이해해야 한다. 이러한 선택에 따르는 위험을 무릅쓰고 여러분은 개인적인 자산과 돈을 여기에 투자하게 된다. 법인으로 신고하게 되면, 법적인 면에서나 세무 관계에서 혜택을 누리는 데 책임이 제한되어 있으며 세금도 별도의 세법에 따르게 된다. 법인사업은 개인의 책임을 최소화한다. 자세한 내용은 복잡하므로 전문 고문들에게 의뢰하여 안내를 받는 것이 바람직하다.

## 파트너와 사업을 함

부부, 부녀, 사위와 며느리, 네트워크마케팅 사업에서는 이외에도 다른 많은 관계를 볼 수 있다. 네트워크마케팅에서는 '동업' 이라는 말을 전통적인 사업에서와는 달리, 느슨한 느낌을 갖고 사용한다. 기본적으로 그것은 두세 명이 함께 사업을 하는 것을 설명하는 용어다. 그 말은 사업의 소유뿐만 아니라 사업에 대한 책임도 동업자가 함께 나눈다는 것을 의미한다. 사업에서 이윤이 발생하면 동업자와 그 돈을 나눈다. 세금을 낼 경우에도 동업자와 비용을 나누어 부담한다. 그러나 모든 동업자가 그런 식으로 일하는 것은 아니다. 적어도 미국 내에는 모든 동업에 적용되는 단 한 가지의 규칙도 없다. 사람들은 법적인 어떤 서류도 제출하지 않고 자신들을 동업자라고 부를 수 있다. 그들은 사업의 비율을 누가 얼마나 소유할 것인지 결정할 수 있으며 이윤을 어떻게 분배하고 세금은 어떻게 부담할 것인지 마음대로 결정한다. 부부의 경우에는 동업이라는 생각을 하지 않는다. 이미 법적으로 구속력이 있는 결혼의 연장이기 때문이다. 그러나 불행하게도 모든 동업이 다 성공을 거두는 것은 아니다. 논쟁이 일어나 동업자끼리 해결하지 못할 때는 이렇게 질문하기 시작한다: 누구의 지분이 얼마나 되고 각자의 책임 소재는 무엇인가? 상황이 그렇게까지 가면, 어떤 견해차도 타협으로 해결하기에는 너무 늦을지도 모른다. 그러므로 법적인 계약에 의해 동업을 하는 것이 바람직하다.

많은 경우에, 동업은 훌륭한 성과를 거두기도 하지만 대부분은 시작한지 얼마 되지 않아 곧 갈라선다. 한 명 이상과 동업을 할 때, 그 관계에서 얻는 장점과 단점이 무엇인지 확인해야 한다. 여기 고려해야 할 중요한 질문과 대답들이 있다.

▶ 동업의 지분을 같은 비율로 했는가, 아니면 한 명이 사업을 주도하는가? 사업을 주도하는 동업자는 여러분이 좋아하지 않는 결정을 내릴 수도 있다. 동업 지분이 같다면, 함께 결정을 내릴 수 있다.

▶ 귀하의 책임은 무엇인가? 그 책임은 동업자의 것과는 다른가? 때로 동업자들은 책임을 나누기도 한다. 예를 들면, 한 명은 영업을, 다른 사람은 마케팅, 또 다른 사람은 업무 등을 관리한다. 누가 사업 전체에 대한 책임이 있는지 알아야 한다.

▶ 이러한 체제에 어울리지 못 하고 관계를 끝내고자 한다면, 어떤 일이 일어나겠는가? 한 동업자가 다른 사람의 지분을 매입하고 손을 떼게 할 수 있는가? 논쟁이 진행되고 있을 경우, 이 문제를 타협적으로 해결하기에는 너무 늦을지도 모른다. 사업을 시작하면서 그 관계를 종결할 때, 어떻게 할 것인지에 관해 결정해두는 것이 바람직한 이유가 여기에 있다.

▶ 똑같은 사업을 다시 시작할 만큼 자유로운가? 다른 대안이 없는 한, 여러분은 자유로울 것이다. 많은 동업 계약에는 경쟁하

지 않는다는 조항이 포함되어 있다. 거듭, 담당 변호사와 함께
이 사실을 확인한다.

동업이란 가족 간에도 미묘한 것이기 때문에 가족끼리 사업을 할 계
획이거나 이미 사업을 하고 있다면 지분에 대해서 주의 깊게 생각해
야 한다.

부부 또는 친구끼리 동업을 한다면, 팀워크가 상당히 중요하다. 나의
친구이자 조언자인 프레드 스미스는 재정적인 문제를 함께 겪어보기
전까지는 속마음을 알 수 없다고 말한다. 그의 말이 옳다고 생각한
다. 내 자신의 경우, 아내와 나는 함께 일하고 있다. 나는 주저하지
않고 아내가 없었다면 현재의 내가 없었을 것이라고 말할 수 있다.
그렇다. 그와 같은 협조가 필요한 것이다.

훌륭한 동업 관계는 심포니 오케스트라와도 같다. 각 연주자들이 자
기가 내고 싶은 소리를 마음대로 낸다면 그것은 화음이 아니라 잡음
이 될 것이다. 그러나 지휘자가 단에 올라서서 지휘봉을 들면 모든
연주자는 준비 자세에 들어간다. 지휘봉을 아래로 내려 연주의 시작
을 알리면 아름다운 음악이 연주된다. 그것이 동업자가 만들어내야
하는 일이다. 두 사람이 함께 일하는 것은 아름다운 음악을 연주하는
것과 같다.

지미와 캐롤 비숍은 암웨이에서 파트너로 일했던 열정적인 부부다.
유쾌한 것을 좋아하는 정열적인 텍사스 출신의 이 두 사람은 네트워
크마케팅이야말로 사업을 성취하고 새로운 관계를 만들어내는 훌륭
한 방법이라고 말한다. 그런 가운데서도 그들은 감정적인 기복을 겪
어왔다. 다행히, 한 사람이 처져 있을 때, 다른 사람은 의욕이 넘쳐
있었으며 그것이 어려운 시기에 서로를 도와온 방법이었다.

## 파트너의 재능을 고려함

네트워크마케팅 사업은 – 다른 사업도 마찬가지겠지만 – 다양한 재능을 필요로 하지만 그러한 모든 재능을 갖추고 사업을 시작하는 사람은 거의 없다. 예를 들어, 판매는 연습을 필요로 한다. 마케팅도 마찬가지다. 사업의 재정적인 면을 이해하는 것도 또 하나의 재능이다. 대부분의 사람들은 한 가지 이상의 이러한 재능을 개발할 필요가 있으며 그것이 동업이 주는 큰 장점이 될 수 있다. 파트너들은 각자의 약점을 보완하기 위해 서로의 능력에 의존할 수 있다.

## 동의하지 않는 것에 동의함

가장 좋은 때라고 하더라도 파트너의 의견이 일치하지 않는 날이 있다. 그것은 인간의 본성이다. 네트워크마케팅은 많은 에너지를 소모하는 사업이다. 사업에 대해 쉽게 들뜨게 된다. 특히 일이 잘 진행되거나 제품이 설득력이 있을 때, 하위 라인이 성장하고 성공을 거둘 때 그리고 수표의 액수가 늘어날 때, 더욱 그렇다. 반대로, 일이 잘못되어 갈 때는 쉽게 실망하게 된다. 그럴 때, 어떤 동업자는 앞으로 사업환경이 호전될 것이므로 성공할 것이라고 하고 다른 동업자는 실패할 것이라고 말한다. 이런 경우, 누가 옳은가? 솔직히, 다른 점이 무엇인가? 동업자들이 의견을 통일하지 않고 서로의 견해차를 고집한다면, 그 사업은 전망이 없다.

그렇다면 어떻게 할 것인가? 동업을 하기 시작한 날부터 여러분은 견해가 다르더라도 상대편의 견해가 맞다면 동의해야 한다. 예를 들어, 여러분이 친구와 동업하기로 했다고 가정하자. 여러분은 하위 라인에 있는 사람들을 후원하고 훈련하는 일에 책임을 지고 동업자는 무대 뒤의 일 즉, 사소한 일들에 대한 책임을 지기로 했다. 여러분은 서로의 책임 분야에 간섭하지 않기로 동의했다. 어느 날, 계획 모임을 갖는 자리에서 동업자가 회사의 재정을 관리하기 위해 새로운 컴퓨터 프로그램을 사고 싶다고 말한다. 당신은 지금 사용하는 것도 별 문제가 없기 때문에 새로운 컴퓨터 프로그램을 구매할 필요가 없다고 생각한다. 그러나 회사 재정을 관리하는 일에는 관여하지 않기로 했기 때문에 그것을 문제삼지 않는다. 여러분은 자신의 의견을 말할 뿐이며 파트너의 뜻을 받아들여야 한다. 여러분은 동의하지 않는 것에 동의하는 것이다.

물론 문제가 항상 그렇게 간단한 것은 아니다. 때로는 동업자가 정책적인 것에 동의하지 않거나 돈을 회사에 재투자하는 방법이라든가 개인적으로 이익금을 빼내가는 시기 등과 같은 중요한 사안에 대해 동의하지 않게 된다. 거듭 말하지만, 동의하지 않는 일에 동의했다면, 여러분은 동업 관계를 위기에서 구해낸 것이다. 여러분이 모두 중요한 문제에 동의할 때까지는 아무 것도 변경시키지 않도록 한다. 그러한 동의의 저변은 여러분이 기꺼이 결정에 따라야 한다는 것이다. 그렇게 할 수 없다면, 결별은 불가피한 일이다.

동업 관계를 구성할 때, 미리 결별의 조건에 합의해두어야 한다. 그렇게 해두면, 가슴 아프고 법적으로 처리해야 할 많은 일을 덜 수 있을 것이다. 우리가 결혼 전의 약속을 믿지 않듯이 사업관계도 반드시 영원한 구속력을 가질 필요는 없으며 죽을 때까지 동업 관계를 유지할 필요도 없다. 사업에서 하강에 대한 계획은 타산적이며 특히 사업 전망을 예측할 수 없을 때, 더욱 그렇다.

## 성공적인 동업의 핵심요소 정의

3  동업자 간의 분명한 이해 : 사업상 누가 어떤 일에 책임을 지는가?

3  서로의 결과와 책임을 받아들임 : 동업이란 한 사람이 늘 다른 사람을 비난하거나 다른 사람의 발을 밟고 있을 때, 결코 유쾌한 것이 아니다.

3  많은 대화 : 동업자는 서로 무엇을 생각하고 계획하고 꿈꾸는지 알 필요가 있다. 여러분이 자신의 사업을 하고 있다면, 많은 말을 할 필요는 없다. 그러나 동업에서는 하고자 하는 일을 하기 전에 동업자에게 설명을 해야 한다.

3  비슷한 가치관과 성품 : 생각이 같은 사람들은 동업에서 성공할 확률이 높다. 서로 다르고 보완적인 기술을 갖고 있는 것은 좋지만 성실한 관계를 형성하기 전에 서로 신뢰하고 좋아할 수 있어야 한다.

훌륭한 동업 관계에서 동업자가 동의하지 않을 때, 그들은 기본적으로 절차에 동의하지 않는 것이지 원칙이나 정책에 동의하지 않는 것이 아니다. 여러분이 동업자에 대해 매우 신중해야 하는 이유는 바로 그런 것이다. 절차에 대해서는 타협을 할 수 있지만 원칙이나 정책은 전혀 다른 문제다. 다른 무엇보다도, 여러분과 동업자는 정책적으로 그리고 원칙적으로 함께 하고 있다는 것을 확인해야 한다. 대부분의 경우, 다른 사소한 문제들은 여러분이 해결해야 한다.

## 집에서 일함

전 세계에 있는 여러 나라에서 수많은 사람들이 집에서 일한다. 그들은 종종, 매일 아침 옷을 입고 출근 전쟁을 치르는 사람들의 선망의 대상이 되기도 한다.

네트워크마케팅은 어디서나 운영할 수 있는 사업이다. 시장 접근은 주로 전화와 인터넷을 통해 이루어지기 때문에 지리적인 제한이 없다. 따라서 근무시간도 가족의 스케줄이나 다른 스케줄에 맞춰 조정할 수 있다. 하고 있는 일에 대해 그들에게 말하고 싶은 대로 말하라. 네트워크마케팅은 그러한 기회를 제공해준다. 특별히 여러분이 근무 환경을 준비할 때, 그렇다.

근무 환경과 일상적인 업무를 수립함으로써 여러분은 사업을 더욱 진지하게 생각하게 된다. 게다가 다른 사람들에게 – 가족, 이웃, 가끔 찾아오는 방문객 그리고 세무서를 잊지 말라 – 여러분이 취미로서가 아닌 진정한 사업으로 이 일을 하고 있다는 것을 알리는 것이다. 매일 일상적인 일을 수립하고 근무 스케줄을 정하고 경비와 수입을 기록하는 것과 같이 사업을 효율적으로 수행하는 데 필요한 도구를 장만하는 일, 그 모든 것은 생산적인 근무 환경에 기여하는 것들이다. 다음은 집에서 근무하는 것에 관해 고려할 몇 가지 요점들이다.

# 일상적인 업무를 수립함

집에서 일할 때, 일상적인 업무를 수립하는 일은 중요하다. 그것은 초보적인 것처럼 보일지 모르지만 일상적인 스케줄에 따를 때, 사무적인 태도를 개발하는 일은 매우 중요하다. 여러분이 집에서 근무를 하는 개인사업을 할 경우, 아무도 여러분을 확인하지 않고 전화를 걸거나 일을 끝내라고 잔소리할 사람도 없으며 도와줄 사람도 없다. 스케줄을 짜서 그대로 생활하라. 그렇게 하는 것은 집에서 일하는 동안 성공을 거두기 위해 자신을 수양하는 가장 좋은 방법이다.

근무 시간을 정하고 나면 그대로 따라야 한다. 오전 9시에 책상 앞에 (혹은 일을 하기로 한 곳이 식탁이라면 식탁에) 앉아 있기로 했다면 정시에 그 자리에 앉아 있도록 한다. 그리고 근무를 마칠 시간이면 끝내도록하라. 신은 우리가 항상 일하도록 창조하지 않았다.

여러분은 자신의 일이 매일 반복된다는 것을 알 것이다. 사업과 제품에 대해 자신을 교육하고 동기를 부여하기 위해 책을 읽고 테이프를 듣는 일, 사람들에게 전화를 걸어 사업에 관심을 갖게 하는 일, 현 고객에게 재구매를 확인하거나 신제품에 대해 말해주는 일, 더 많은 예비고객에게 전화하는 일, 다운라인이나 업라인과의 전화를 통한 3자 간의 회의 진행, 회사의 전화회의에 참석하는 일… 스케줄에 점심 시간과 가끔 휴식을 취하는 것을 빠뜨려서는 안 된다.

휴식 시간을 이용하여 우체국 업무를 본다. 또한 다른 잡무, 예를 들면, 학교에서 아이들을 데려오는 일, 세탁소에 세탁물 맡기는 일, 자동차 오일을 교환하는 일 등도 한다. 집에서 일을 하면 이러한 융통성을 가질 수 있다. 그러나 휴식으로 하루를 다 소비하지 말라. 왜냐하면 사업을 이룩하는 가장 좋은 방법은, 더 많은 예비고객에게 전화를 거는 일이다.

"집을 짓는 데 가장 어려운 부분은 기초를 놓기 위해 흙을 퍼내는 작업입니다"라고 해리슨은 설명한다. "네트워크마케팅도 마찬가지입니다. 어느 곳에서 누구와 함께 시간을 보낼 것인지는 중요한 일입니다. 여러분의 리더가 누구인지 식별하는 방법을 알고 매일 해야 할 일을 계획함으로써 문제를 해결하십시오."

## 스케줄을 정하고 리듬을 타라

내가 세일즈맨으로서 전문적인 경력을 쌓기 시작한 것은 취사도구 분야에서였다. 우리는 단단하고 물이 필요 없는 취사도구를 직접판매 방식으로 팔았다. 처음 2년 반은 정말로 힘들었다. 재정적으로, 우리는 늘 어려웠다. 그때 순회 책임자인 피시 메릴은 내가 참석했던 훈련 모임에서, 전날 몇 시에 일이 끝나든 매일 같은 시간에 출근해야 한다고 격려했다. 그는 이렇게 말했다. "시간을 정해 놓는 것은 중요하지 않습니다. 매일 그 시간을 엄격히 지키는 것이 절대 중요합니다."

집에 오는 시간이 밤 11시나 12시였기 때문에 나는 아침 일찍 일어나야 한다는 생각을 하지 않았다. 다음 날 효율적으로 일을 하려면 충분한 휴식이 필요했기 때문이다. 그러나 그때부터 나는 정확하게 출근 시간을 지켰다.

흥미 있는 것은 아침 9시에 첫 번째 집 문을 두드린 것을 기억하지 못 한다는 것이다. 혹은 두 번째, 세 번째, 네 번째 집도 그렇다. 다섯 번째 집에 가서야 일에

열중하게 되어 여섯 번째 집을 기대하는 것이다.

그전 해에는 성과가 미미하였다. 그러나 업무 진행방법을 약간만 바꾸었는데도 — 메릴이 권고한 전혀 다르고 더욱 확신에 찬 태도로 — 국내에서 7,000명이나 되는 세일즈맨 가운데 2위를 달성하고 회사에서 최고의 승진을 했다. 그 다음 해에는 미국 내에서 가장 보수가 많은 현장 매니저가 되었다.

이러한 성공을 거둘 수 있었던 원인은 나의 일관성이 놀랄 정도로 향상되었다는 것이다. 나는 일 주일의 영업 실적이 상위 20위 안에 들어본 적이 없었으며 한달 실적이 상위 20위 안에 들어본 적도 없었다. 그러나 연말이 되었을 때, 나는 전국에서 2위를 했다. 왜냐하면 한 주도 공친 적이 없었기 때문이다. 매주 영업 실적을 올렸던 것이다.

그러한 결과는 여러분이 스케줄에 따라 훈련을 할 때, 네트워크마케팅에서도 얻어낼 수 있을 것이다.

## 외로움을 극복함

외로움은 재택근무자들 특히, 전에 많은 사람들이 들끓는 환경에서 일하던 사람들이 호소하는 어려움 가운데 하나다. "그러나 네트워크마케팅 사업을 하게 되면 여러분은 자신의 팀이나 세일즈 조직과 더불어 일을 하게 되고 곧 전에 함께 일하던 사람들보다 훨씬 더 긍정적인 사람들과 함께 있다는 것을 알게 됩니다. 그리고 인터넷을 통해 이루어지는 접촉은 무한합니다."

## 여러분이 아직도 직장을 갖고 있음을 다른 사람에게 확신시킴

재택근무가 주는 한 가지 단점은 사람들이 여러분을 실업자로 본다는 것이다. "존, 안녕하세요"라고 친절한 전화가 걸려온다. "우리는 내일 아침 10시에 공항에 가야 하는데 존은 직장에 나가지 않으니 좀 태워줄 수 없을까 해서요."

이때 여러분은 어떻게 하겠는가? 친구를 도와주고 사업에 손해를 본다? 아니면 거절하고 친구의 감정을 상하게 한다? 여러분이 해야 할 첫 번째 일은 친구, 가족 및 친척에게 여러분이 매일 집에 있지만 분명히 직업이 있다는 것을 설명하는 것이다. 근무시간은 오전 9시부터 오후 5시, 6시, 9시 또는 여러분이 정하는 시간까지라고 말한다. 그 시간 동안 여러분은 다른 사람들이 직장에서 바쁘게 일하는 것처럼 똑같이 일한다.

여러분이 낮에 집에 있다는 것을 안 이웃이 커피를 마시러 잠시 들른다든가 그들이 직장에서 돌아올 때까지 아이를 좀 봐달라고 할지도 모른다. 여러분은 그렇게 할 수 없다. 여러분이 집에서 일한다는 것을 빨리 알리면 알릴수록 좋다.

대부분의 재택근무자들은 계속 반복되는 같은 문제에 직면하게 된다. 즉, 친구나 친척들이 여러분을 실업자로 생각한다는 것이다. 내 딸, 줄리 놀만이 내가 발간하는 신문의 기사와 책의 편집인이 되기로 했을 때, 같은 문제에 계속 봉착했다. 그녀는 누가 도움을 부탁하면 성품 탓에 쉽게 거절하지 못 했다. 그 결과, 마감 시간을 맞추기 위해 밤새도록 일할 때도 있었다. 분명한 것은 이러한 상황에서는 건강과 행복 그리고 일의 생산성이 장기적으로 지속되지 못 한다는 것이다. 그것은 그녀에게 도움이 되지 못 했으며 여러분에게도 도움이 되지 못할 것이다.

그렇다면 해결책은 무엇인가? 어떤 사람이 여러분에게 직업이 없기 때문이라는 전제하에 그를 도와주면 고맙겠다고 할 때, 여러분의 대답은 유쾌하고도 친절해야 한다. "아, 그런데 저는 직업이 있거든요. 사실, 개인사업이기 때문에 이제까지 가졌던 직업 중에 제일 좋은 일이죠. 일하는 것이 점점 더 재미있고 돈도 더 많이 벌고 더 많은 사람들을 도와주고 있습니다."

이러한 대답은 또한 여러분이 그 사람을 사업에 참여시킬 수 있는 첫 번째 단계가 된다는 것을 알게 될 것이다. 실제로 그러한 일이 일어나지 않는다 하더라도 여러분에게 직업이 있다는 것을 확고히 하는 데 도움이 될 것이다. 사실상, 그것은 직업 이상의 것이다. 그것은 여러분의 사업이다. 여러분은 집에서 근무를 시작하는 순간부터 이러한 대답을 해야 한다. 여러분이 일을 하고 있다는 소문이 그렇게 빨리 퍼지면 요구 사항들이 많이 줄어드는데 이는 참으로 놀라운 일이다.

여러분이 위기에 처한 친구나 가족을 돕기 위해 사무실에서 자리를 비워야 한다면, 지금도 당연히 그래야 한다. 여러분은 아직도 애정이 많고 염려하고 돌봐주는 친구요, 친척인 것이다. 그러나 구체적인 근무시간을 정하고 매주 일정한 시간을 사업에 투자하는 것은 중요한 일이다. 그렇지 않으면 여러분은 네트워크마케팅 사업에서 성공을 거두고자 할 경우, 의미 있는 특정인이 되어야 할 때, 방황하는 대중이 되고 말 것이다.

나는 많은 습관들을 깨뜨리기 어렵다는 사실을 알고 있다. 한동안 주기적으로 예고도 없이 아침 10시 30분에 찾아와 오래동안 커피를 마시던 이웃은 유쾌하지만 실망할 것이다. 여러분이 스케줄을 짜놓은 후에 처음으로 일어나는 일이다. 그녀를 안으로 들어오게 한 후에 마감 시간이 거의 다 되었으며 15분 간 이야기를 나눌 시간이 있다고 설명한다. 15분이 지나고나서 이렇게 말한다. "미안합니다만 꼭 지키기로 한 약속이 있습니다. 그것을 지키려면 바쁘게 움직여야 합니다." 그런 후에 방문 시간이 다 되었다는 분명한 신호로 자리에서 일어난다. 만약 이웃이나 친척이 다음날도 같은 일을 반복한다면 다음과 같이 말한다. "함께 말씀을 나누는 일은 나도 좋아하지만 사업에 대해서 너무 흥미가 많고 마감에 대해 과중한 책임을 느끼기 때문에 아무래도 오늘 일은 다음으로 미뤄야 하겠습니다. 이렇게 하지요. 다시 만날 수 있는 시간에 전화를 드려서 이렇게 서두르지 않도록 하겠습니다."

물론, 여러분이 항상 일만 할 수 없다는 것을 잘 알고 있다. 나는 우리가 오직 한 길, 한 방향으로만 가기 위해 이 세상에 산다고 믿지 않는다. 여러분은 자신과 가족의 삶에서 다른 것들도 돌봐야 한다. 늘예의바르고 유쾌해야 한다는 것을 기억하라. 이웃과 친구, 친척들은 여러분이 하고 있는 일이 무엇이 그렇게 중요해서 자신과의 약속을 지키려고 하는지 궁금하게 여길 날이 올 것이다. 나는 이러한 접근 방법이 효과가 있을 것으로 믿는다. 나의 딸의 경우가 그랬다.

## 수입과 지출을 기록함

네트워크마케팅은 취미가 아니라 사업이다. 여러분은 그것이 사업이라는 것을 친절한 세금 징수원들에게 증명할 필요가 있다.

수입과 지출을 기록하는 일에 익숙해져라. 수입을 기록하는 일은 지출을 기록하는 일보다 훨씬 쉽다. 한 달에 수만 달러짜리 장려금 수표라 하더라도 한 달에 한 번이며 기껏해야 한 주에 한 번이다. 연말이 되면 여러분의 본사에서는 양식을 보내준다. 그 양식은 여러분이 일 년 동안 벌어들인 총수입을 나타낸다.

수입이 아무리 많든 적든, 과세대상 수입 금액을 가능한 줄이려면 신

중해야 한다. 법적으로 허용된 모든 수입 내역을 잘 보관하고 싶다
면, 매일 지출한 것을 기록하는 습관을 길러야 한다. 일지나 소프트
웨어 프로그램을 사용하고 본사 담당자와 상담해야 한다.

## 본사에 도움을 의뢰함

본사가 기꺼이 여러분을 도와줄 것이며 또 도와줄 수 있다는 것이다.
게다가, 여러분의 상위 라인에도 여러분을 도와줄 사람들이 있다. 이
러한 자원들을 잘 활용하라. 새로운 것을 다시 발명하지 말라. 본사
는 여러분이 성공할 수 있도록 도와줄 시스템을 가지고 있다. 그 시
스템을 활용하라.

그 시스템에는 마케팅 자료, 세일즈 보조자료 및 여러분이 빨리 시작
하고 자신의 사업을 유지하도록 돕기 위한 오디오 및 비디오 테이프
등이 포함되어 있다. 이러한 도구를 사용하는 방법을 모르거나 여러
분의 사업 면모에 대해 확실하지 못할 경우, 본사에 있는 디스트리뷰
터 후원 부서에 전화를 걸거나 상위 라인에 있는 사람들에게 물어본
다. 네트워크마케팅 사업은 사람이 사람을 돕는 사업이다. 여러분 혼
자서는 할 수 없으며 또 여러분이 그렇게 하리라 아무도 기대하지 않
는다. 도움은 어디서든 받을 수 있는 것이며 그것을 활용하는 것은
중요한 일이다.

# 서명을 한 다음에 해야 할 일을 알아둔다

. . . . . . . . . . . . . . . . . . . . . . . . . . . . . . . . . . . . . .

제9장에서는

▶ 새로운 사업과 더불어 뛸 준비를 하고
▶ 스타트(사업을 시작하는 사람들) 키트를 살펴보고
▶ 여러분의 사업에 대한 소문을 퍼뜨리는 것에 대해 알아보고
▶ '꿈을 빼앗아가는 사람들' 을 대하는 자세에 대해 알아본다

. . . . . . . . . . . . . . . . . . . . . . . . . . . . . . . . . . . . . .

**여**러분은 자신의 선택으로 네트워크마케팅 회사를 선택했으며 회사 웹사이트에서 등록 서류를 복사하여 신용카드 번호를 기재하는 등 서류를 작성하고 서명을 한 뒤, 팩스나 우편으로 그 서류를 회사에 제출했다. 이제 여러분은 가슴이 설렌다. 여러분은 일을 시작할 때까지 기다릴 수가 없다. 문제는 디스트리뷰터 지침서와 훈련자료가 포함되어 있는 스타트 키트가 우편으로 도착할 때까지 기다려야 한다는 것이다. 그것은 일 주일 이상 걸릴 것이다. 그 동안 무엇을 할 것인가?

어쩌면 여러분을 리크루드했거나 회사의 웹사이트로 안내해준 후원자가 이미 당신이 사업을 시작하는 데 필요한 일들에 관해 많은 조언을 했을 것이다. 또한 회사의 웹사이트에는 당신이 스타트 키트를 기다리는 동안 시간을 보내는 방법을 설명하는 사이트가 있을지도 모른다. 방망이를 휘둘러 두 번의 기회를 놓쳤다고 해서 걱정할 필요는 없다. 왜냐하면 홈런을 칠 시점에 와 있기 때문이다. 여러 명의 네트워크마케팅 전문가들의 도움으로 스타트 키트를 받기 전과 받은 후

에, 네트워크마케팅 사업을 시작하기 위해 당신이 할 수 있는 일을 말해줄 것이다.

## 사업을 위해 자신과 자신의 환경을 준비함

당신은 자신의 미래를 컨트롤할 자유를 주는 거대하고 활기찬 직업을 가졌으므로 마땅히 가슴 설레야 한다. 여기서 어느 곳으로 나아가고 얼마나 빨리 발전하는가는 전적으로 당신의 결정에 달렸다. 한 달 동안 가외로 사용할 수백 달러를 벌기 위해 계획을 세우든, 가족을 부양하고 은퇴기금을 적립하기 위해 한 주에 수천 달러씩 벌든, 네트워크마케팅은 훌륭한 소득원천이 될 것이다. 거기에는 대답해줄 상사도 없고 세일즈와 마케팅 구역도 없고 사무실 정책도 없고 출퇴근도 없고 월요일 아침 간부회의도 없고 진급의 문이 열리기를 기다릴 필요도 없다. 네트워크마케팅은 여러분이 회사에 가입하기 위해 신청서에 서명하는 순간부터 운동장과 운동할 수 있는 모든 기회를 당신의 발 앞에 펼쳐줄 것이다.

자, 다시 원위치로 내려오라. 당신은 너무나 행복하여 공중에 둥둥 떠다닐 것이다. 자유란 사람을 그렇게 만들어준다. 그러나 네트워크마케팅은 멋지게 보이는 것만큼 그렇게 당신에게 거저 주지 않는다. 많은 돈을 벌 수는 있지만 돈을 버는 것은 두 발을 네트워크마케팅 활동에 굳건히 붙이고 서 있을 때, 가능하다. 당신에게는 더이상 해야 할 일이 무엇이고 언제까지 그 일을 하라고 지시하는 상사도 없다. 당신이 이 새로운 사업에서 성공을 거둔다면, 그 일을 이루어내는 것은 여러분이다.

스타트 키트를 받기 전에 여러분이 해야 할 몇 가지 일들을 보면 다음과 같다:

▶ 목표를 설정한다
▶ 비전을 만든다
▶ 회사의 웹사이트에 익숙해지도록 한다
▶ 네트워크마케팅 기술을 공부하고 숙달시킨다
▶ 주변 환경을 정리한다

## 목표를 통해 성공을 계획함

당신은 사업과 자신의 삶을 위해 인생의 목표를 세웠을 것이다. 목표를 세웠다면, 지금은 그것을 검토하고 다듬고 완성하기 위한 행동계획을 세울 시간이다. 아직 목표를 세우지 않았다면, 서둘러 약 이틀 정도 목표를 세우는 것이 좋다. 일단 스타트 키트가 도착하면, 사업에 관한 세부사항을 파악하는 데 바쁠 것이다. 지금 갖고 있는 시간을 이용하여 여러분의 미래를 종이에 적어 놓는다. 예를 들면, 다음 질문에 대답함으로써 성공에 이르는 길을 상세하게 계획한다.

▶ 나는 자신과 가족을 위해 무엇을 원하는가?
▶ 나의 사업은 내가 원하는 것을 얻도록 어떻게 도와줄 것인가?

종이에 목표를 적은 다음, 단기 목표와 장기 목표를 구분한다. 이 책을 읽는 것은 단기 목표이며 네트워크마케팅에서 수천 명의 세일즈 조직을 만드는 것은 장기 목표이다. 목표를 이루기 위한 작업을 시작하면서 당신은 목표의 종류를 염두에 두어야 한다. 여러분은 수 주 또는 그 이하의 시간을 의미하는 단기 목표를 이루어야 할 시간에 몇 년이 걸릴 수도 있는 장기 목표를 달성하려고 하지는 않을 것이다.

목표를 정한 후에 각각 그 목표를 성취했을 때 얻게 되는 혜택을 열거한다. 심리적으로 이 리스트는 목표를 완수하려는 각오를 강하게 해줄 것이다. 싫다는 느낌이 들거나 어떤 장애에 부딪치더라도, 목표로부터 더 많은 혜택을 받기를 원한다면, 각오한 것을 지키게 될 것이다.

다음에는 여러분과 각 목표를 성취하는 일 사이에 있는 장애물에 대해 알아본다. 여러분의 생애에서 이 목표를 성공적으로 성취하겠다는 권리를 가로막는 것은 무엇인가? 돈이 부족해서인가? 훈련 부족인가? 교육이나 노하우(Know-how)의 부족인가? 어떤 특정한 기술을 개발할 필요가 있는가? 장애물마다 거기에는 해결책이 있다. 시간을 내어 그 해결책들을 생각해보라. 교육을 더 받거나 더 나은 기술이 필요하다면, 그 주제에 관한 책을 읽고 테이프를 듣고 비디오를 보고 세미나에 등록하거나 개인 코치를 고용할 수 있다. 당신이 갖고 있는 장애물에 대한 해결책을 종이에 적는다. 여러분은 그 해결책들을 믿기 시작하게 된다.

마지막으로, 각 목표를 성취하기 위한 행동 계획을 적는다. 여러분은 그 목표를 성취하기 위해 매일, 매주 무엇을 할 것인가?
그 행동 계획을 따르겠다는 각오를 한다. 그렇게 함으로써 여러분의 목표는 달성될 수 있을 것이다.

리 레몬이 네트워크마케팅 조직을 이룩하기 위해 IBM에서 연봉 50,000달러의 일자리를 포기했을 때, 그가 세운 첫 번째 목표는 그가 전에 받았던 수입을 원상복구하는 것이었다. "나는 90일 안에 100명의 디스트리뷰터을 모집하겠다는 계획을 세웠습니다"라고 리는 회상한다. "그런 다음 나는 회사에 가입한 해에 10만 달러를 벌겠다는 두 번째 계획을 세웠습니다." 리는 종이에 목표를 적고 행동 계획을 세우라는 지그의 권고를 어떻게 따랐는지 설명한다. "나는 무엇을 해야 할지 알고 있었습니다. 90일 동안 매일 예비사업자에게 말을 해야 했습니다. 나는 오전 10시와 오후 7시, 하루 두 차례에 걸쳐 설명회를 가졌습니다. 목표를 달성하기 위해 주 당 몇 시간씩 예비고객에게 말을 해야 할지 알고 있었습니다. 낭비할 시간이 없었습니다." 그는 참으로 그랬다. 그는 두 가지 목표를 모두 달성했으며 기대하지 않았던 콘테스트에서 상까지 받았다. "상은 일 년 동안 본사의 승인 아래 링컨이나 캐딜락을 타는 것이었습니다"라고 리는 설명한다. 그러나 그는 차 대신 돈을 요구했다. "우리에게는 곧 태어날 아기가 있었으므로 돈이 필요했습니다." 그 후 12개월 동안 본사는 차값으로 매월 900달러를 그에게 지불했다. "목표를 기록하십시오"라고 리는 말한다. "그것을 성취할 수 있다고 믿기 시작하는 것은 그때입니다. 그것이 첫 번째 단계입니다. 다음은 목표를 달성하기 위해서 해야 할 일을 생각하고 그 일이 실현되도록 하는 것입니다."

목표를 세우는 사람들은 –

▶ 미래를 현실로 가져와 시도함으로써 그 미래에는 뭔가 할 수 있도록 한다.

▶ 시간 사용 계획을 세우지 않으면, 누군가 그들의 시간을 가져 간다는 것을 분명히 이해하고 있다(당신도 여유 시간이 많더 라도 시간 사용 계획을 세워 효율적으로 운영해야 할 것이다).

▶ 휴가를 떠나기 전날은 평일보다 두 배나 많이 일한다. 그 이유 는 다음과 같다: 전날 밤, 그들은 계획을 세우고 우선 순위를 정한다. 하루를 계획하는 일이 생산성에 그토록 많은 영향을 준다면, 계획된 목표는 인생에 얼마나 큰 영향을 줄 것인지 생 각해본다.

▶ 더 많은 돈을 번다. UCLA의 영상 생물학 및 약학대학의 관리 책임자인 데이브 젠슨은 이에 관한 연구를 실시하였다. 이렇

게 목표를 세운 사람들은 월평균 7,411달러를 벌었다는 사실을 알아냈다. 목표 프로그램이 없는 사람들은 월평균 3,397달러를 벌었다. 목표 프로그램을 갖고 있는 사람들은 더 행복하고 건강했으며 가족들과도 더 잘 지냈다.

▶ 자신이 결정한 것에 집중하는 것이 인생에서 참으로 중요하다는 것을 안다. 목표 프로그램은 사람들을 '방황하는 대중'에서 '의미 있는 특정인'으로 변화시킨다.

코니 듀간은 네트워크마케팅 사업에 대한 각오를 목표에 반영하는 것이 중요한 이유를 이렇게 설명한다. "그것은 '아니오'라는 말 때문입니다"라고 그녀는 말한다. "다시 말하면, 그것은 거절입니다. 약 30명에게 말하면, 겨우 3명 정도가 여러분이 판매하는 것에 관심을 가질 것입니다. 27명이 "안 산다"라고 하는 것은 상당한 거절입니다. 이 거절이 사업성공과 밀접한 관계가 있다는 분명한 목표를 갖고 있지 않다면, 당신은 사업을 포기하게 될 것입니다."

## 사업에 대한 비전을 갖는다

인생에서 자신의 역할을 살펴보고 여러분의 비전에 근거하여 방향과 초점을 생각해보는 것은 중요하다. 마찬가지로, 당신은 어느 방향으로 사업이 가고 있는지 이해할 필요가 있다. 당신은 5년, 10년, 20년 후에 어떤 일이 일어날 것으로 보는가? 당신은 이 사업을 어디로 끌고 갈 것인가? 사업의 결과로 당신은 무엇을 성취할 것인가? 이 질문들을 종이에 적되 시간이 가더라도 그것들을 검토하고 수정할 수 있는 곳에 놓아두어야 한다.

사업에 대한 전망을 가짐으로써 당신은 미래를 결정하게 될 것이다. 가고 싶은 장소에 대해 분명한 그림을 갖고 있을 때, 사업에 우선 순위를 매기는 것은 더 쉬워진다.

당신이 다른 사람에게 노를 젓게 한다면, 그들은 당신이 원하는 곳이 아니라 그들이 원하는 곳으로 배를 저어 갈 것이다.

코니 듀간은 그녀가 후원하는 사람들이 사업에 대한 비전을 갖도록 지원하는 일에 많은 시간을 쓰고 있다. "사람들이 동기를 갖도록 도와주는 일은 좋은 일입니다"라고 코니는 말한다. "일단 사업을 시작하면 누군가 당신에게 전화를 걸어 사업정보를 얻는 것을 방해하지는 않습니다. 사업을 시작하면 정보수집이 아니라 동기부여가 중요합니다. 자기 동기부여가 되어 있지 않다면, 그것은 큰 문제입니다. 비전을 기록하는 것은 동기부여에 도움이 됩니다. 그러나 궁극적으로 자기 동기부여는 우리 각자의 내부에서 오기 때문에 남에게 의존할 수 없습니다."

---

### 동기를 노출시킴

왕년의 축구스타이며 수퍼볼에서 우승한 볼티모어 콜츠의 주전선수였던 잭 매트랜드는 네트워크 리더이다. "네트워크마케팅에서 실패하는 가장 큰 원인은 우유부단한 마음입니다"라고 잭은 말한다. "당신은 시시한 사람이 되어서는 안 됩니다. 결심을 해야 합니다. 회사의 제품을 다량으로 구매하는 도매상이 되겠습니까? 아니

면 사업에 흥미를 가지겠습니까?"

사업을 해볼 결심을 했다면, 파트타임으로 하든, 풀타임으로 하든 행동계획이 필요하다고 잭은 말한다. 성공할 것을 전제로 계획을 세우지 않는다면, 결코 성공하지 못할 것이다.

---

## 회사의 웹사이트에 익숙해짐

대부분의 네트워크마케팅 회사들은 회사의 사명, 전망, 제품, 서비스, 보상플랜 및 정책과 절차에 관한 웹사이트를 갖고 있다. 회사 사이트에 들어가 정보를 다운받아 연구하라. 회사의 제품과 서비스에 관해 특별히 주목하라. 그것들의 가치는 무엇인가? 어떤 혜택을 주는가? 다른 회사의 제품이나 서비스와 어떻게 다른가? 누가 이 제품과

서비스를 구매하고 구매하는 이유는 무엇인가? 만족하고 있는 고객들로부터 증언을 듣는다. 여러분이 판매할 제품에 대해 익숙해져라. 그것들을 사서 사용해보라. 그리고 회사의 보상플랜을 깊이 파헤쳐보라. 돈을 벌 수 있는 방법을 알아내고 승진 기준에 대해 공부하라. 이러한 정보의 대부분은 스타트 키트에서 반복되겠지만 키트가 도착할 때까지 이것은 새로운 사업을 가장 잘 이용하는 확실한 방법이 될 것이다.

## 성공적인 네트워크마케팅 사업자의 기술을 익힘

순서적으로 보면, 읽고 듣고 보는 활동은 사업의 리더가 되기 전에는 잘 나타나지 않지만 뛰어난 네트워크마케팅 사업자인 젠 루는 다음과 같이 잘 표현했다: "리더란 독서하는 사람이다" 젠은 텍사스 댈러스에 사는 편모로 1980년에 네트워크 사업에 가입했을 때, 많은 빚을 지고 있었다. 네트워크마케팅에서 그녀가 얻을 수 있는 것이 무엇인지 알고 난 후에 그녀는 250달러를 빌려 스타트 키트를 구입하고 즉시 바쁘게 뛰었다. "책을 읽고 세미나를 듣고 강연을 듣고 비디오를 보고 카세트 테이프를 들을 때마다 나는 거절당하지 않는 여성으로 변모해 갔습니다. 나는 성공적인 네트워크마케팅 사업자로서의 라이프스타일을 원했습니다"라고 그녀는 설명한다. 네트워크 사업에서 20년 이상을 보낸 오늘날, 젠은 행복한 결혼생활을 하는 백만장자로 남편과 함께 콜로라도주 아스펜에서 살고 있다.

이제 다시 학생 신분으로 돌아가 이 책에서 다루고 있는 주제를 계속 공부할 시간이다. 사실상, 네트워크마케팅 사업자로서 당신은 항상 학생이 되어야 한다. 당신은 세일즈, 네트워킹, 텔레마케팅, 목표 설정 등을 위시하여 성공을 위한 많은 기술들이 필요하다. 이 시간을 활용하여 이러한 기술들을 연마하고 스스로 공부하거나 세미나에 참석하도록 해야 한다.

최근 많은 자료들이 제작되어 네트워크마케팅 사업자들이 사업을 시작하는 데 많은 도움이 되고 있다. 다양한 서적, 오디오, 비디오, 카달로그 등이 있다.

## 네트워크마케팅을 공부하는 학생이 됨

훈련 세미나에 참석하고 테이프를 듣는 것은 네트워크 마케팅 사업 성공에 도움이 되는 값진 트레이닝이다. "내가 네트워크에 가입한 후, 미국에서 손꼽히는 트레이너 중의 한 명인 톰 홉킨스를 알게 된 것은 그리 오래된 일이 아닙니다"라고 젠 루는 설명한다. "나는 그의 문하생이 되었습니다. 댈러스에서 지그 지글러의 설교를 듣기 위해 아이 세 명을 강연회에 데리고 갔듯이, 아이들을 그의 세미나에 데리고 갔습니다. 그런데 우연히도 그곳에서 짐 론(또다른 유명한 연사이며 트레이너)을 발견하고 아이들에게 그의 말도 듣게 했습니다. 이들 세 명으로부터 얻은 정보는 오늘의 나를 만들었습니다. "당신이 안될 이유가 무엇인가?" 또 "지금 안될 이유가 무엇인가?"라는 짐의 철학이 거듭 귀에 울렸습니다. 세일즈의 결말을 짓는 톰의 기술은 믿을 수 없을 정도로 내게 도움이 되었습니다. 다른 사람이 꿈을 이루도록 그들을 도와주고 나보다 남들을 먼저 생각하라는 그의 말은 내가 꼭 들어야 할 교훈이었습니다."

## 자신의 근무 환경을 정비함

여러분에게는 일할 장소가 필요하다. 그것은 멋진 곳이어야 할 필요도 없으며 집을 벗어날 필요도 없다. 침실 한편 구석이나 지하실에 있는 책상 하나면 충분하다(그러나 본 장의 뒷부분에 있는 주의사항을 참조한다). 컴퓨터를 설치할 수 있는 곳이면 어디든 이상적인 장소가 될 수 있다.

부엌 식탁에서도 일할 수 있다. 많은 네트워크마케팅 사업자들은 서류, 사무용품, 워크북 및 롤로덱스 등을 박스에 담아 사용하면서 일을 시작했다. 그들은 박스를 이방 저방으로 들고 다니면서 그날 가장 편리한 곳에 사무실을 차려놓는다. 물론 전망 좋은 개인사무실에 큰 책상과 파일 캐비닛이 있으면 좋다. 그러나 그것은 모두 진열장 안에 있는 옷과 같다. 그것들 중 어떤 것도 네트워크마케팅 사업자로 성공하는 데 꼭 필요한 것은 아니다. 일단 성공한 후에 돈이 생기면 그때 사무실을 꾸며도 된다. 사실, 열심히 일해 성공하면,

몇 년 후에는 호화스런 개인사무실이 딸린, 꿈에 그리던 집을 지을 수 있을 것이다. 이미 수많은 네트워크마케팅 사업자들이 그렇게 하였다.

세법에도 신경써야 한다. 네트워크마케팅법과 관련 법규에 대해 광범위하게 집필하고 있는 제프리 바베너 변호사에 따르면 당신의 사무실은 사업 전용으로 사용할 수 있는 공간 – 하나든 여러 개든, 별도의 방이어야 함 – 이어야 한다. 그렇지 않으면, 당신이 사용하고 있는 집의 일부에 대해 사업 경비로 법적인 인정을 받을 수가 없다. 또한 제프리는 통행인, 소음, 전화선, 조명 및 창문 등을 고려할 것을 권한다. 당신의 사무실은 애완동물과 아이들이 잘 드나들지 않는 곳인가? 아침에 출근해 책상 위에 있는 중요한 서류를 아이가 비행기로 접어 날리는 것을 보는 것은 민망한 일이다.

프라이버시는 전화를 사용할 때, 특히 중요하다. 당신은 시간의 대부분을 그렇게 사용할 것이다. 당신은 본사에서 진행하는 전화회의, 상위 라인에 의해 진행되는 훈련 모임과 3자통화를 듣게 될 것이다. 여러분은 상위 라인의 누군가가 예비고객에게 영업하는 것을 듣게 될 것이다. 전화회의는 대개 저녁에 걸려오지만 훈련 모임과 3자통화는 언제든지 걸려올 수 있다.

사무실에서 일한 경험이 있는 사람은 집에서 일하는 것이 힘들 수도 있다. 사무실에서 받던 지원 서비스는 집에서는 받을 수 없기 때문이다. 복사기, 팩스, 레이저프린터, 사무용품이 가득한 캐비닛, 물건을 가져다주는 사람들은 사무실에서 누릴 수 있는 평범한 것이지만 집에서는 상상할 수 없는 일이다. 그러므로 집에서 사업할 때, 몇 가지 기본적인 장비와 사무용품들을 준비해야 한다.

▶ **오디오 테이프 및 비디오 테이프:** 어떤 회사에서는 여러

분이 예비고객에게 우송할 수 있는 테이프들을 제공한다. 스타트 키트에는 이러한 테이프들이 몇 개 들어있겠지만 더 필요할 것이다. 업라인이 당신에게 그것의 주문법을 알려줄 것이다.

▶ **명함과 사무용품:** 업라인이 이러한 것들을 주문하는 방법을 알려줄 것이다.

▶ **달력 :** 예비고객은 물론 업라인과 다운라인 회원과의 전화 약속을 계획한다. 훈련 모임 날짜, 전화회의 등을 기록하는 것을 잊어서는 안 된다. 스타트 키트의 일부인 디스트리뷰터 지침서에는 종종 달력이 들어 있는 경우가 있다. 이를 이용하면 좋다.

▶ **컴퓨터 및 프린터 :** 필수적인 것은 아니지만 없으면 일에 어려움이 많다. 워드프로세서, 연락 관리 데이터베이스 프로그램 등 을 마련해야 한다. 사무실은 물론 여러분의 업라인이나 다운라인에 있는 사람들이 e-메일로 여러분과 연락하기를 원하기 때문에 e-메일 주소는 필수적이다. 사업을 시작하면서 이러한 장비가 마련되어 있지 않다면 가능한 한, 빨리 구입하라.

▶ **팩스 :** 선택 사항이지만 유용한 장비이다. 컴퓨터가 있으면 팩스를 구입하지 않고 팩스 프로그램을 이용하면 된다.

▶ **기타 사무용품 :** 펜, 종이, 스테이플러, 계산기, 파일 폴더 등이 필요하다. 롤로덱스는 ACT와 같은 연락 관리 소프트웨어에 밀려나고 있지만 몇몇 사람들은 전화번호나 이름을 빨리 찾고자 할 때, 롤로덱스를 돌리는 일을 선호하고 있다.

▶ **노트** : 디바이더가 있는 삼공 바인더면 충분하다. 그것은 마케팅 활동, 목표 설정을 기재하고 훈련 모임과 세미나를 하는 동안 필기를 하는 등 다목적으로 사용할 수 있다.

▶ **전화** : 휴대용 전화이면 좋지만 품질은 어느 것이든 상관없다. 전화를 구입하려면, 전화회의와 3자통화를 위해 뮤트 버튼(mute button)과 스피커폰이 장착된 것을 구입하라. 또한 일단 바빠지기 시작하면 헤드세트를 사용하고 싶을 것이므로 사용하기 편리한 전화인지 확인하라. 많은 네트워크마케팅 사업자들은 항상 휴대폰을 들고 다닌다. 그들은 아이들이 음악 레슨을 듣거나 상점에 통화하는 동안에도 업라인이나 다운라인에 있는 사람들은 물론 예비고객과도 통화하기를 원한다. 휴대폰으로 시간 활용을 잘 할 수는 있지만 운전 중에는 사용하지 않는 것이 좋다.

"새로운 네트워크마케팅 사업자들이 갖고 있는 큰 문제는 조직적이지 못 하다는 것입니다"라고 코니 듀간은 설명한다. 사업을 시작하기 전에 사전 준비를 하는 것이 현명하다는 이유는 바로 이 때문이다. "명함도 받지 않고 메모지에 메모도 하지 않고 확인 시스템도 없다면 고객을 관리할 수 없습니다. 이름이나 전화 번호도 없이 고객에게 연락할 수는 없습니다. 결국, 당신은 신용을 잃게 됩니다. 이 사업에서는 슬그머니 넘어갈 구석이 없습니다."

"사업을 시작할 때, 당신은 모든 것을 스스로 하는 방법을 터득해야 한다"라고 디스트리뷰터인 루이스는 말한다. 루이스는 의료업계에서 일했으나 자녀양육 문제 때문에 일을 포기했다. "어느 정도 사업이 진전되면 스스로 데이터를 입력시키거나 서류를 정리하는 것이 좋습니다. 물론, 당신의 자녀가 실력이 된다면 자녀의 도움을 받을 수도 있습니다."

## 집에서 아이들과 함께 일함

자녀들이 아직 어리더라도 엄마들은 집에서 사업을 할 수 있기 때문에 네트워크마케팅 사업에 매력을 느끼고 있다. 아이들과 함께 집에서 일할 방법을 생각하는 엄마들에게 집에 머물 수 있다는 것은 충분한 보상 이상의 것이다. 직업을 갖고 있는 수많은 엄마들과 편모들이 네트워크마케팅에서 그렇게 해왔다. 상위 라인에 있는 사람들에게 물어보라. 기회는 있다. 그들은 그 일에 관해 상담해줄 수 있는 사람들을 알고 있을 것이다. 집에 어린 자녀들이 있는 경우, 그들의 필요사항과 스케줄 가운데서 일할 수 있는 방법을 생각해보라. 이웃에 있는 누군가와 교대로 아이를 돌봐주거나 하루에 한 시간씩 돌봐주는 사람을 고용할 수도 있다. 물론 아빠가 퇴근해 돌볼 수도 있다.

아이들이 좀더 큰 경우에는 그들이 숙제를 하고 좋아하는 장난감을 갖고 놀거나 게임을 하는 동안 또는 교육용 비디오를 보는 동안 일할 수 있다. 휴대폰은 동시에 여러 가지 일을 할 수 있는 가능성을 제공한다.

## 후원자와 대화함

당신의 후원자는 그 자신의 성공이 당신의 성공에 달려 있기 때문에 당신이 활력 있게 사업하기를 원하고 있다. 네트워크마케팅에서 여러분은 결코 혼자가 아니며 그것이 이 사업의 힘이기도 하다. 스타트 키트가 도착하기를 기다리는 동안 후원자의 전화가 없더라도 신경쓰지말라. 후원자에게 당신이 직접 전화를 하라. 당신이 참석할 수 있는 모임이 있는지, 들어야 할 전화회의가 있는지 알아본다. 후원자에게 차 한 잔 하면서 사업에 대해 궁금한 것을 묻고 싶으니 만나달라고 부탁한다. 열성적으로 사업하는 사람에게 후원자들은 적극 지원하기 때문에 당신의 사업 의지를 확실히 보여주어야 한다.

코니 듀간은 이렇게 제언한다. "후원자와 함께 운명공동체가 되는 동업 관계를 구축하라. 후원자를 자신의 사업을 도와주는 조언자로 대하라."

## 회사의 시스템을 이해함

드디어 스타트 키트가 식탁 위에서 개봉되기를 기다리고 있다. 스타트 키트를 받기 전에 당신이 필요한 지식을 습득했으므로 다음 단계의 공부를 해야 한다. 키트를 개봉하면 그 안에는 본사에서 보내온 소개서와 함께 사업진행 방법에 대한 유의사항이 들어 있을 것이다.

"시작하는 방법에 대해 본사의 지침을 따르십시오"라고 코니 듀간은 권고한다. "창의력을 지나치게 발휘하려고 새로운 것을 고안하지 마십시오." 다음은 키트를 받고 난 후에 해야 할 일들이다.

▶ 스타트 키트에 익숙해져라.
▶ 빠른 출발을 위해 부지런히 공부하라.

디스트리뷰터 신청서에 서명을 하고 스타트 키트를 받기까지 당신은 자신이 한 일에 대해 중압감을 느낄 것이다. 그러나 걱정하지 말라. 이러한 느낌은 정상적인 것이다. 당신은 아마도 모르는 것이 너무나 많고 배워야 할 것이 너무나 많다고 생각하기 시작할 것이다. 네트워크마케팅 사업은 함께 일하는 것임을 기억하라. 업라인에는 도와줄 동료들이 있고 본사에는 지원 전담 직원들이 있다. 디스트리뷰터 지침서를 하루밤 사이에 마스터하기를 고대하는 사람은 아무도 없다. 어쩌면 여러분은 실수를 저지른 것이 아닌가 생각할지도 모른다. 이 사업은 여러분에게 맞지 않는 것이라고 말이다. 그것을 '소비자의 후회'라고 부른다. 그런 부정적인 생각들을 마음에서 떨쳐버려라. 네트워크마케팅을 하는 수많은 사람들이 이렇게 말할 수 있을 것이다. "내가 그랬다면 다른 사람들도 그럴 것이다."

## 키트에 익숙해짐

스타트 키트에 포함되어 있는 내용물에 익숙해지는 데 여러 날이 걸릴지도 모르지만 시간을 내어 그것들을 읽는 것이 중요하다. 여기 몇 가지 제언을 하고자 한다.

▶ 자료에 있는 정책이나 절차를 건너뛰지 말라. 여러분은 회사 규정을 알아둘 필요가 있다. 어떤 특정한 규정을 어겼을 경우, 회사로부터 자격을 박탈당할 수도 있다. 자신의 입지를 잘 지

키는 방법을 알아두라.

▶ 별도로 시간을 내어 회사의 보상플랜을 읽어본다. 언제 어떤 방법으로 돈을 지급받는지, 승진을 하기 위해서는 어떤 자격 이 필요한지 알고 있어야 한다.

▶ 제품에 관한 모든 내용을 공부하라. 당신은 제품이나 서비스 를 판매하기 전에 그에 관해 많이 알고 싶을 것이다. 예비고객 이 제품에 대해 물어볼 것으로 예상되는 질문을 생각해보고 그에 대한 답을 알고 있는지 확인한다.

▶ 제품 및 사업설명을 연습한다. 키트에는 당신이 공부할 수 있 는 샘플 대본이 들어 있다. 네트워크마케팅 사업자로서 당신 의 성공은 사업설명을 얼마나 잘 할 수 있는가에 달려 있다.

▶ 지침서를 읽거나 테이프를 보거나 듣는 동안 질문할 내용들 을 목록으로 작성한다. 회사에서는 웹사이트에 자주 질문하 는 내용(FAQ) 섹션을 제공하고 있으므로 이러한 질문들에 대 한 답을 찾을 수 있을 것이다. 답을 찾지 못 했거나 답이 분명하 지 않은 것은 후원자에게 조언을 구하라.

▶ 예비고객에게 제품을 설명하기 전에 모든 제품설명서를 읽는 다. 키트에는 사업에 관한 설명서가 들어 있다. 이러한 설명서 에 스테이플로 여러분의 명함을 찍어 예비고객이 당신에게 연락할 방법을 알 수 있도록 한다.

▶ 키트에 포함되어 있는 오디오나 비디오 훈련 프로그램을 공 부할 시간을 마련한다. 대부분의 회사에서는 이러한 프로그 램을 한두 가지 실시하고 있다.

네트워크마케팅 사업을 하는 사람들에게 항상 필요한 것이 바로 '훈련'이다. 충분한 훈련을 받았다고 할 수 있는 사람은 결코 아무도 없다.

## 빠른 출발 계획과 더불어 시작함

스타트 키트에는 당신이 사업을 빨리 하도록 도와주는 프로그램이 들어 있다. 이 프로그램은 퀵 스타트 플랜, 점프 스타트 플랜, 패스트 트랙 플랜 또는 다른 많은 타이틀로 부를 수도 있다. 이 프로그램을 찾아 읽고 끝까지 올바른 길을 따라가도록 한다.

예를 들면, ZZN(Zig Ziglar Network) 사업자들의 지침서에 수록되어 있는 패스트 스타트 액션 플랜의 요약 버전을 보기로 한다.

▶ 자신의 라이프스타일이나 생활을 향상시킬 방법을 찾고자 하는 20명의 명단을 작성한다

▶ 통합 메시지 전달 서비스에 서명을 하면 훈련, 제품개발 및 당신이 사는 지역에서의 모임에 관한 최신정보를 받을 수 있다.

▶ 소책자, 비디오 등의 마케팅 도구와 명함, 문구들을 주문한다.

▶ 당신의 지역에서 개최되는 사업설명회와 전화회의 또는 후원자와 개별적으로 갖는 모임에 참석한다.

▶ 두 개의 설명회를 주관하여 당신이나 당신의 후원자가 회사의 제품과 서비스 또는 사업에 관해 설명하도록 한다. 이 설명회는 전화로 하거나 집에서 형식을 갖추어 할 수도 있다.

▶ 파티 라이트 기프츠는 새로운 디스트리뷰터가 스타트 키트를 받고 사업의 추진력을 얻기 위해 여섯 번의 홈 파티를 하도록 추천하고 있다. "우리는 새로운 컨설턴트가 처음 여섯 번의 설명회를 가질 수 있도록 밀접한 관계를 유지합니다"라고 루이스 아드리안은 설명한다. "그때가 사업이 상승하기 시작하는 때이며 우리의 컨설턴트들이 성공을 위해 자신을 준비하는 방법을 터득하는 때입니다. 그들은 그 설명회를 갖고나서부터 돈을 벌기 시작할 것입니다."

▶ 간단하고 사용하기 쉬운 사업설명회 자료에 대해 공부한다. 발표 연습을 하고 후원자가 그것을 어떻게 사용하는지 지켜본다.

"게임의 제목은 '복제'입니다"라고 존 밀러는 설명한다. "이것은 원숭이가 보고 행동하는 것과 같은 사업입니다." 네트워크마케팅 용어로, 여러분은 '복제'라는 말이 후원자가 이끄는 대로 따르거나 성공을 위해 회사가 입증한 시스템을 따르는 행동이라는 것을 기억할 것이다. 새로운 발명품을 만들어내지 말라. 그저 이미 사업에서 성공을 거둔 사람들의 행위와 노력을 복제하면 된다.

## 소문을 냄

여러분의 사업을 누구에겐가 말하라! "말하기 시작하라!"라고 코니 듀간은 말한다. "결국, 그것은 여러분이 돈을 벌게 되는 구전 광고인 것입니다."

친구에게 전화를 걸라. 거리에 나가 이웃에게 이야기를 하라. 인터넷에 접속하여 아는 사람들에게 e-메일을 보내라. 슈퍼마켓 카운터에 앉아 있거나 여러분에게 물건을 파는 사람에게 말을 걸라. 샘솟는 에너지를 여러분의 새로운 사업을 알리는 데 사용하라.

"네트워크마케팅은 사업을 키우는 것이 관건입니다"라고 존 밀러는 말한다. "어쩌면 지금부터 6일 혹은 6주 후에 여러분은 여러분의 사업에 대해 더 듣고 싶어 하는 누군가의 친구가 되어 있을 것입니다. 그것은 여러분의 관계로 인해 그들이 사업에 대해 문을 열 것이기 때문입니다."

제품과 사업에 대해 필요한 것을 다 알고 있다는 생각이 들지 않더라도, 현실세계로 뛰어들어 여러분이 하는 일을 사람들에게 알려라. 이들 가운데 몇 명은 여러분의 사업에 가담할지도 모르며 적어도 제품이나 서비스를 사용하는 고객은 될 수 있을 것이다.

사업에 대해 처음 사람에게 말하는 순간, 당신은 성공의 길을 걷기 시작하는 것이다. 즉시 또는 1~2주 동안 영업실적을 올리지 못 해도 여러분은 사업의 길에 서 있는 것이다. 회사에서 성공을 위해 마련한 시스템을 꾸준히 따른다면, 최초의 영업은 실현될 것이며 뒤따라 많은 실적이 발생할 것이다.

---

### 다른 사람의 성공에 대해 책임 짐

노련한 네트워크마케팅 사업가인 단 가옵은 그가 후원하는 사람들에게 소개하는 그 자신의 퀵 스타트 프로그램을 갖고 있다.

"네트워킹이란 늘 다른 사람을 돕는 사업입니다"라고 그는 말한다. "다른 사람들을 지키기보다는 이끌어줌으로써 그들의 성공에 대해 책임을 질 때, 성공은 훨씬 빨리 이루어집니다." 여기에 단이 그의 파트너를 이끈 방법이 숨어있다.

"우리는 게임 플랜을 만듭니다. 나는 자신에게 묻습니다. "어디에 있고 싶은가?" 혹은 "홈 비즈니스에서 찾고 있는 것이 무엇인가?" 그런 다음 우리에게 필요한 것은 6~10명의 고객을 찾는 것이며 우리가 하고 있는 사업에서 파트너가 될 가능성이 있는 6~10명을 만나 면담을 하는 것입니다."

단은 "도움이 필요한 곳을 수정하면서" 진행 상황을 월별로 체크하고 있다. 그는 사업에 대해 각오를 하지 않는 사람은 결코 파트너로 서명을 하지 않는다. 그는 사람들의 행동을 보고 그들의 결심 여부를 가려낼 수 있다. 사업설명회와 훈련 모임에 참석하고 회사에서 제작한 오디오 테이프를 들으며 회사의 웹사이트를 연구하는 사람은 각오가 되어 있는 사람이다. 이들은 지그가 말하는 바와 같이 '제품을 사용하는 사람들'이다.

## "진담이 아니죠?"

더 진행하기 전에 우리는 당신에게, 당신이 네트워크마케팅 회사에 가입한다는 말을 듣기가 무섭게 당신을 괴롭히는 소위, '꿈을 빼앗아 가는 사람들'에 대해 경고해야겠다. 당신은 아마도 그러한 사람들을 만났을 것이다. 왜냐하면 우리보다도 그런 사람들이 더 많기 때문이다. 그들은 사악하지 않으며 좋은 의도를 갖고 있다. 그들은 당신에게 네트워크마케팅 회사에 가입하지 말라고 충고할 것이다. 그들은 비웃을 것이다. "오, 진담이 아니죠?" 그들은 당신이 농담을 한다고 생각하며 그렇게 말할 것이다. 당신이 소신을 굽히지 않는다면, 그들은 더욱 강경하게 나올 것이다. "그것들은 모두 피라미드입니다. 당신이 하는 일은 결국 돈을 잃는 일입니다. 그렇게 어리석지는 않죠?" 그래도 당신이 충고를 듣지 않는다면, 그들은 비웃기 시작할 것이다.

리 레몬은 그러한 수법들을 잘 알고 있다. 1991년, IBM을 사직하고 장거리 전화 서비스를 판매하는 네트워크 마케팅에 가입했을 때, 몇몇 친구들은 그가 제 정신이 아니라고 생각했다. 연봉 50,000달러에, 13년의 경력을 무엇과 바꾸겠다는 것인가? "전화 맨이 오시는구먼." 친구들은 그에게 빈정거렸다. 그러나 그러한 농담도 오래 가지 않았다. 네트워크마케팅 전업 사업가로 뛴 지 2년 만에 리는 IBM에서 받던 봉급의 두 배를 벌게 되었다. 그러자 그는 텍사스주 댈러스 남쪽에 있는 마을의 한 저택으로 이사하였다. 오늘날 리의 친구들은 그를 보면 이렇게 말한다. "대단한 사람이 오는구먼."

리는 그 일을 이제 웃어 넘긴다. "돈을 벌기 전에는 내가 하는 일에 낙인이 찍혀 있었죠. 그러나 이제 친구들은 상황을 알고 있습니다. 네트워크마케팅 사업자로서 2~5년만 일한다면, 당신이 다른 사람을 위해 30~40년 동안 일하면서 번 돈보다 더 많은 돈을 벌 수 있습니다."

네트워크마케팅 사업자로 성공한 후에도 꿈을 빼앗아가는 사람들은 계속 당신을 겨냥할 것이다. 콜린 제이드는 어린 딸과 함께 집에 있기 위해 다니던 직장을 그만두고 캐나다에 사업 기반을 둔 회사에서 파트타임 네트워크마케팅 사업자로 일하고 있다. 그 회사의 독립사업자들은 홈 파티를 열어 미식가를 위한 상품과 요리기구들을 판매한다. "전문직업인들보다 많은 돈을 번다는 것은 대단한 일이다"라고 말하는 콜린은 아직도 사람들에게 다가갈 때, 직업에 대해 겸허한 자세를 지닌다고 한다. "그들은 집에서 홈 파티를 열어 물건을 파는 여자의 일이 '진정한 사업'이 될 수 없다고 생각하지만 누구의 말에도 흔들리지 않습니다. 저는 제가 하는 일을 좋아합니다." 콜린은 계속 말한다. "저는 그들보다 더 많이 법니다. 저는 제가 하는 일이 직업이 될 수 있느냐는 질문에 개의치 않습니다. 누군가 정말 부정적인 태도를 보인다면, 저는 제가 받는 수당을 보여주고 주 당 몇 시간 일하고 가족과 함께 있으면서도 그만한 돈을 벌고 있다고 설명해줍니다. 그들은 대부분 저에게 명함을 달라고 합니다." 콜린은 회사가 제시하는 보상플랜에서 최고의 직급에 올랐다.

"네트워크마케팅에 대해 회의적인 사람들은 늘 있게 마련입니다"라고 플로리다주에서 웨이터로 일하다가 네트워크마케팅 사업자로 전환한 제프 로베르티는 말한다. 21살이 되었을 때, 그는 연 100,000달러 이상을 벌었다. "나는 언제나 내 꿈과 목표를 생각하고 있으며 부정적인 생각을 하지 않았습니다. 사람들이 네트워크마케팅과 그것이 그들의 삶에 미칠 수 있는 것에 대해 교육을 받는다면 회의론자들은 줄어들 것입니다. 네트워크마케팅은 전 세계적으로 매우 성공적인 경제모델로 성장해왔으며 오늘날 과거 어느 때보다도 더 많이 받아들여지고 있습니다." 그렇다! 꿈을 빼앗아가려는 사람들에게 그것을 말해주도록 하라!

우리는 종종 누군가 퍼레이드를 벌이는 날, 어떤 사람들이 비가 오기

를 바라는 이유가 무엇일까 궁금하게 여긴다. 하지만 그것은 용기가 없는 사람들이 하는 짓이다. 그 이유가 무엇일까? 첫째, 많은 경우에 비판적인 사람들이나 꿈을 빼앗아가는 사람들은 여기저기서 조금씩 들은 정보를 갖고 이렇게 말한다. "모든 거래가 다 나쁜 일이야." 다음과 같은 이야기가 생각난다. 한 아이가 방과 후에 할아버지 댁을 방문하면 늘 할아버지의 코고는 소리만 들을 뿐이었다. 아이는 조용히 그리고 조심스럽게 림버거 치즈를 할아버지의 콧수염에 발랐다. 잠에서 깨었을 때, 그는 머리를 긁적이며 이렇게 말했다. "뭔가 좋지 않은 냄새가 나는데 - 소파에서 나는 냄새일 거야." 다른 방으로 들어가자 냄새가 따라왔다. 잠시 후에 할아버지는 이렇게 말했다. "온 세상이 온통 냄새투성이군."

불행히도 네트워크마케팅 사업을 했다가 실패한 사람들이 있다. 이러한 사람들을 예로 들어 부정적인 사람들은 이 사업을 부정적인 시각에서 비판한다. 그런 사람들에 대해 관대해지도록 하라. 그들은 당신의 동정심이 필요한 사람들이다. 당신이 신경쓸 필요도 없고 그들이 신세한탄하는 것을 들어줄 필요도 없다.

많은 사람들이 네트워크마케팅에 대해 그토록 비판적인 두 번째 이유는 진심으로 당신을 걱정하기 때문일 것이다. 그러나 그것은 잘못된 걱정이다. 그들은 자신이 네트워크마케팅에 뛰어들어 성공할 수 없다는 것을 알기 때문에 여러분도 자연히 그러한 과정을 밟아 성공할 수 없을 것이라고 생각하는 것이다.

이러한 상황을 어떻게 다룰 것인가? 먼저 그들의 생각에 동의하라고 권고하고 싶다. "맞아. 자네 생각이 맞을지도 몰라. 좋은 사업이 아닐 수도 있지. 그러나 내가 보기에는 괜찮은데, 그리고 난 이미 사인을 했거든. 그러나 아직 많은 일을 한 것은 아니니까 다음 모임에 자네가 함께 가주거나 내 후원자를 함께 만나 자네가 걱정하는 것을 그에게 말해준다면 참으로 고맙겠네. 잘 들어보게. 만일 좋은 것이 아니라면 그 일을 하고 싶지 않네."

"난 시간낭비하고 싶지 않네. 그리고 자네가 시간낭비하는 것도 보고 싶지 않아"라면서 그가 낡은 변명으로 여러분의 청을 거절한다고 해도 놀라지 말라. 이러한 사람이 참으로 여러분의 친구이거나 생각이 트인 사람이라면(어떤 사람들은 생각이 너무 편협하여 동시에 두 눈으로 열쇠 구멍을 통해 사물을 보려 한다) 여러분과 함께 갈 것이며 "그것은 생각처럼 나쁜 것이 아니라… 사실은 참으로 좋다"라는 이유를 여러분에게 말해줄 것이다.

이 특별한 방법이 효과가 없다면, 모든 사람은 자신의 견해를 주장할 자격이 있지만 아무도 잘못된 사실을 주장할 권리가 없다는 사실을 상기시켜야 한다. 그러므로 당신은 당신의 신념에 따라 사실을 받아들이고 다음과 같이 말할 수 있어야 한다. "당신의 견해는 잘 정돈되어 있는 것 같지만 나는 여러 의견을 들을 만큼 편견이 없는 사람이기 때문에 몇 가지 사실에 내 의견의 근거를 두고 있습니다. 그것은 내가 한 일 중에서 가장 현명한 일 같습니다. 모든 사실들을 다 들어본 다음에 당신의 견해가 어떻게 변할지 모르니, 일단 한번 들어 보는 것이 어떻겠습니까? 나는 어린아이들이 셋이나 있는 젊은 어머니와 이야기를 나누었는데 그녀는 사업을 한 지 6개월 밖에 안 되었지만 아이들과 함께 시간을 보낼 수 있을 뿐만 아니라 훨씬 더 나은 방법으로 그들을 돌볼 수 있게 되었다. 그것을 보면 모든 것이 다 나쁘다고만 할 수 없다. 게다가, 그들은 사업을 한 후로 휴직이라는 것이 없었다. 내가 들은 바로는 일반 회사에서는 휴직이라는 것이 정규적으로 일어나는 일인 것 같습니다."

그들의 마음을 사실로서 열어주도록 하라. 그러나 당신의 태도는 당신의 것이며 당신이 지켜야 할 것이라는 사실을 항상 기억하라. 당신은 말하는 실패는 사건이지 사람이 아니다. 어제는 지난밤에 종결되었고 오늘은 새로운 날이라는 것을 기억함으로써 그렇게 할 수 있다. 그동안 계속 테이프를 듣고 책을 읽고 모임에 참석하고 당신의 후원자와 상위 라인에 있는 사람들 가운데 사업을 잘 하는 다른 사람의 말을 듣도록 한다. 첫날 모든 대답을 다 얻을 수는 없지만 시간이 지나면 그것들을 얻게 될 것이다. 당신의 후원자와 상위 라인에 있는 다른 사람은 이 시점에서 당신이 필요로 하는 대답을 가지고 있을 것이다. 아무 것도 모르면서 주장만 강한 사람의 말은 듣지 말라. 사실상 그들은 일반적으로 '무지와 버금가는 확신'으로 자신을 나타낸다.

우리는 네트워크마케팅에서 많은 사람들이 떠나는 것에 대해 논의했다. 사업을 시작하는 데 많은 돈이 들지 않기 때문에 사람들은 자신이 포기하는 것이 무엇인지도 모르고 투자한 것을 버리고 떠나가 버린다. 이들은 결코 진정한 시작을 해본 사람들이 아니다. 그들은 흥미를 잃었거나 가족이나 친구들로 인해 용기를 잃은 사람들이다. 이직률로부터 자신을 지켜라. 자신의 미래에 대해 긍정적인 자세를 가지고 네트워크마케팅에 남아 있도록 하라. 즉시 출발하는 것은 어쩌면 중단하는 것을 방어하는 가장 좋은 방법인지도 모른다.

## 회의론자들은 "이 사업을 지지하는 사회적 후원이 없다"라고 말한다

한두 해 전에 몇 명의 대학 교수들과 네트워크마케팅 책임자들이 대학에서 네트워크마케팅에 관한 주제를 대학 과목으로 가르치는 문제를 논의하기 위해 텍사스 대학-엘파소(UTEP)에 모인 적이 있었다. "대학 교수들은 회의적이고 신중했다"라고 UTEP의 경영학과 학장이며 오랫동안 네트워크마케팅을 대학에서 가르칠 것을 제안해온 프랭크 호이 박사는 회상한다. 그들은 대학에서 네트워크마케팅에 관한 주제를 대학 과정으로 가르친다는 것에 대해 혹은 그것이 그만한 가치가 있느냐 하는 것에 대해 확신을 갖지 못 했다.

회의는 대학 교수들을 교육시키는 데 도움이 되었다. 한 명 이상이 머지않은 장래에 그들의 대학에서 네트워크

마케팅을 가르치겠다는 입장을 보였다. 그러나 대부분은 베일리 대학에서 온 경영학 부교수의 견해와 같았다. "그는 네트워크마케팅을 사람들로 하여금 망상에 사로잡히게 하는 사이비 종교집단으로 생각하였다…"라고 레이 백바이 박사는 말한다. "그러나 그들에게는 밀어주는 힘이 없습니다." 레이 박사는 UTEP 대회에서 네트워크마케팅 사업자들과 모임을 갖고 난 후에 그의 생각이 바뀌었다고 말했다. 네트워크마케팅이 주는 이익과 이 사업에 참여하는 회사와 개인들이 거두는 성공에 대해 더 많은 것을 공부하고 난 이후에 그는 네트워크마케팅 주제에 관해 더 많은 연구를 하게 되었다.

# 제 10 장
# 다운라인에 있는 사람들을 후원하고
# 훈련하고 동기를 부여함

제10장에서는
▶ 강한 다운라인의 중요성을 인식하고
▶ 다운라인으로서 적합한 후보자를 선정하고
▶ 디스트리뷰터들을 훈련하기 위해 시간과 자원을 투자하고
▶ 디스트리뷰터들에게 동기를 부여하는 방법들을 찾아본다

네트워크마케팅이 매력을 끄는 한 가지 특징은 자신의 사업을 스스로 통제할 수 있다는 것이다. 상사든 종업원이든 아무도 당신에게 이것은 할 수 있다 혹은 할 수 없다고 말하지 않는다. 아무도 당신을 해고하거나, 전근을 보내거나, 일을 더 해라, 덜 해라 할 수 없다. 당신의 사업영역이 바뀌거나 줄어들거나 여러분의 생산라인을 빼앗아 동료에게 줄 수도 없다. 예외적인 본사의 규칙이나 규정이 아니면 모든 권한은 당신에게 주어져 있다. 밤이든 낮이든 당신이 일하는 시간, 당신이 사용하는 마케팅 도구, 당신이 판매하는 제품 믹스, 당신이 후원하는 사람들 그리고 그들을 훈련하는 시기와 방법, 이 모든 것이 당신에게 달려있다. 주의해야 할 것은 오직 하나뿐이다. 그것은 궁극적인 사업의 성공이 당신에게 달려 있다는 것이다.

그러나 그 주의 사항도 적절한 것은 아니다. 왜냐하면 네트워크마케팅은 다운라인과 업라인이 서로 이상적인 상호작용을 하도록 되어 있기 때문이다. 그것이 이 사업이 가지고 있는 또 다른 매력적인 특징의 하나다.

네트워크마케팅 전문 용어로 다운라인이란 당신이 후원하기로 한 디스트리뷰터들로 구성되어 있다. 이들은 당신 팀의 구성원들이며 당신의 판매 조직을 구성하는 사람들이다. 다운라인은 수평적으로 '레그'를 구성하고 수직적으로는 단계를 구성한다. 당신은 하위 조직에 있는 사람들의 활동에 근거하여 지속적인 수입을 얻을 수 있다. 업라인은 당신 위에 위치한 사람들로 구성되어 있다. 당신의 업라인은 당신과 당신의 다운라인의 활동에 근거하여 지속적인 수입을 올릴 수 있다.

디스트리뷰터를 후원한다는 것은 그 디스트리뷰터를 훈련하고 지원한다는 것을 의미한다. 후원자란 복제 사업을 하는 사람들이다. 그들은 디스트리뷰터들에게 네트워크마케팅 사업자로서 성공하기 위해 해야 할 일과 성취해야 할 일들을 보여준다. 디스트리뷰터가 이 사업에 열의를 보이면 그들을 코치하고, 충고하고, 가르치고, 격려함으로써 그들 자신의 다운라인을 조직하는 것을 도와주어야 한다.

당신이 성공할 수 있도록 업라인이 헌신적으로 도울 때, 다운라인에 있는 사람들을 후원하고, 훈련하고, 동기를 부여하는 당신의 능력도 향상될 것이다. 그러나 때로, 지병에 의한 건강문제와 흥미 부족 그리고 개성의 불일치로 인해 업라인이 효과가 없을 때도 있다. 그러한 상황은 불행한 것이지만 당신은 그러한 상황에 대비해야 한다. 당신이 본 장에서 다루는 아이디어와 제안을 따른다면 그러한 준비를 갖추게 될 것이다.

## 다운라인을 키우는 것이 중요한 세 가지 이유

네트워크마케팅에서 다운라인 또는 판매 조직은 당신의 사업에서 심장과도 같은 것이다. 사업에 대한 흥분, 활력 그리고 행동은 하위 라인으로부터 나온다. 그와 마찬가지로 돈도 그렇다. 하위 그룹은 당신

을 부자로 만들어 줄 수도 있다. 게다가 하위 그룹은 해를 거듭할수
록 당신에게 만족과 흡족함을 줄 것이다. 여기 다운라인을 키워야 하
는 일의 중요성을 몇 가지 제언한다.

▶ **다운라인은 지속적인 수입과 결과적인 부의 열쇠가 된다.** 당
신의 하위 라인에 있는 디스트리뷰터들이 새로운 디스트리뷰
터를 리크루팅하고 제품과 서비스를 판매함으로써 수입을 창
출할 때 당신은 커미션(장려금)을 받게 된다. 다운라인이 생
산적일수록 당신은 더 많은 돈을 벌게 된다. 또한 다운라인에
있는 사람들이 많을수록 당신의 수입도 다양해진다.

▶ **자신의 판매만으로 수입을 올리는 영업사원보다는, 다운라인
은 당신에게 안정된 복합적인 수입원을 마련해준다.** 성공적
인 사업자인 젠 루는 이렇게 말한다. "나는 자신이 할 수 있는
것의 100%보다는 조금씩 일하는 많은 사람들의 10%를 원합
니다."

▶ **다운라인은 시너지를 만들어내고 시너지는 추진력을 창출한
다.** "그것은 위대한 능력을 만들어내는 공식입니다"라고 네
트워크마케팅 사업자 제임스 데이비스는 말한다. "두 사람 이
상의 두뇌가 공동의 목표를 향해 함께 일하는 것은 참으로 놀
라운 힘입니다." 당신에게 그러한 사람들이 수십 명, 수백 명,
심지어 수천 명이 사업을 함께 하고, 제품과 서비스를 판매한
다면 당신의 사업은 고속으로 내닫고, 수입과 안전은 복합적
으로 늘어날 것이다.

▶ **다운라인과 더불어 당신은 OPT(other people's time),
즉 다른 사람의 시간을 갖게 된다.** 당신은 아마도
OPM(other people's money)–다른 사람의 돈–이라는 말을

들어본 적이 있을 것이다. 다운라인은 무엇보다도 가치 있는, 다른 사람의 시간이라는 이익을 당신에게 줄 것이다. "당신이 주당 7내지 10시간씩 일하는 100명의 사람들을 다운라인에 두었을 때…" 제임스는 계속한다. "당신은 주당 700내자 1,000시간의 노력에 해당하는 수입을 올리는 것이다. '그것은 참으로 놀라운 일이다.'"

젠 루는 이러한 현상을 SWIS(Sales While I Sleep)-내가 자고 있는 동안 이루어지는 영업-이라고 부른다. "내가 잠자고, 먹고, 휴가를 즐기는 동안 수입은 계속해서 들어옵니다"라고 그녀는 설명한다. "이러한 보상을 수확한다는 것은 환상적인 일입니다."

## 다운라인으로 리크루트할 사람을 결정함

상위권에 있는 네트워크마케팅 사업자들은 당신에게 다음과 같이 말해줄 것이다. 하위 라인으로 디스트리뷰터를 리크루팅할 때 사람을 미리 판단하지 말라. "나는 평범한 사람들이 나와 함께 3개월이나 6개월쯤 일을 하고 나서 비범한 사람이 되는 것을 보아왔다"라고 젠 루는 설명한다. "사업을 이룩하기 위해 리크루트하고 후원하는 것은 당신이 아니라 그들이 리크루트하고 후원하는 사람들인 것이다."

그 충고는 일리가 있지만 젠과 다른 리더들은 다음 두 편에 걸쳐 설명하듯이, 다른 사람들보다 어떤 특정한 형태의 사람들에게 더 끌린다는 사실을 시인한다.

## 다운라인으로 일할 훌륭한 후보자를 가려냄

당신의 생산라인은 다른 사람들보다도 특정한 직종에서, 당신이 찾고 있는 후보자가 될 자격을 갖춘, 어떤 특정한 타입의 사람들에게 더 적합할지도 모른다. 예를 들면, 교사들은 사람들 앞에서 또는 홈파티에서 제품을 설명하는 데 적합할 것이며 반면, 의사와 지압사를 위시하여 의료업에 종사하는 사람들은 영양제를 판매하는 데 더 흥미가 있을 것이다.

제임스 데이비스는 하루의 대부분을 컴퓨터 앞에 앉아 인터넷몰에서 수천 종의 제품을 팔고 있다. 그러나 그가 전문적으로 하는 일은 소기업주들을 위해 온라인 대출을 알선하는 것이다. 고객들이 그의 사업을 위해 수많은 후보자들을 모아주는 일이 자연스럽게 일어난다. "나는 너무 바빠서 시간이 없어 쩔쩔매는 성공적인 전문사업가들을 찾습니다"라고 제임스는 말한다. "나는 그들이 네트워크마케팅이 제공하는 자유로운 시간을 좋아하게 될 것이라고 생각합니다. 나는 특별히 일을 중단하면 수입도 끊기는 세일즈 전문가들을 찾고 있습니다. 부동산이나 보험대리인처럼 나도 네트워크마케팅을 하기 전에는 대가를 받고 일하는 부동산중개인이었습니다. 그래서 나는 이 후보자들을 이 사업으로 끌어들일 수 있을 것이라고 생각했습니다."

젠 루는 특정한 직종보다는 개인적인 특성에 더 관심이 있다. 그녀는 이렇게 말한다. "나는 손가락을 사용하는 실리적인 사람들을 좋아합니다. 청각이 있어 말을 많이 하는 사람들, 운동 감각이 있어 깊은 감정을 느끼는 사람들, 마찬가지로 큰 그림을 볼 수 있는 시각을 가진 사람들을 나는 좋아합니다" 젠은 후보자들을 찾을 때, 두문자어인 STEAM을 염두에 둔다. 그것은 그녀가 영업할 사람(salespeople), 교사/훈련시킬 사람(teachers/trainers), 열성적인 사람들(enthusiastic people), 긍정적인 태도를 지닌 사람들(attitudes), 돈을 원하는 사람들(money people)을 찾는 데 도움이 되었다. 돈을 원하는 사람들이란 부업 수입을 원하는 사람들을 의미한다.

당신이 만나는 사람은 모두, 사업에서 예비후보자들이다. 그들 모두에게 당신이 하는 일을 알리는데 주저해서는 안 된다. 당신이 경험 많은 네트워크마케팅 사업자라 하더라도 모든 사람에게 사업에 대한 말을 해야 한다. 관심이 없는 사람들은 당신에게 그 사실을 곧 알려 올 것이다.

## '영향력' 있는 사람을 찾음

어떤 사람들은 그들이 지닌 기술과 개성 또는 상황으로 인해 조직에 가입한지 수 일 또는 수 주도 안되어 네트워크마케팅에서 깜짝 놀라게 할 일을 만들어낼 수 있다. 제품에 대해 청중을 사로잡는 설명을 하기 시작하는 당당한 수완가, 자신만만한 사람들, 혹은 별 노력을 하지 않고도 판매를 체결하는 천부적인 능력을 지닌 사람들은 디스트리뷰터의 지침서를 다 읽기도 전에 다운라인을 구축하기 시작한다. 매주 그들의 사이트를 찾는 수백만 방문객의 시선을 끄는 웹의 대가들은 준비를 하거나 도움이 없이도 멋진 영업을 시작하는 위치에 서게 된다. 잠재력을 지니고 있는 세력가들은 빨리 활동을 시작하여 자신의 조직을 기록적인 시간 안에 이룩할 수 있는 능력을 갖고 있기 때문에 매력적인 사람으로 취급받고 있다.

"대부분의 네트워크 사업자들이 중요한 사업자의 절반 이상으로부터 수입의 큰 몫을 얻는다"라고 제임스 데이비스는 설명한다. 그러나 그는 그러한 중요한 사업자를 찾는 일은 예측할 수 없다고 주의를 준다. 사람들은 '수완가 사업자'라는 글씨가 쓰인 띠를 두르고 어슬렁거리지 않는다. 우선 사람들을 리크루팅한 다음에 수완가들이 스스로 자신을 밝히게 해야 한다.

가끔 큰 다운라인 지도자들이 다운라인 전체를 끌고 다른 회사로 옮겨가는 경우가 있다. 아마도 그들은 더 나은 보상플랜에 대한 새로운

기회를 찾고 있는 것이다. 아니면 그들은 본사와 불화를 일으켰는지도 모른다. 당신이 그러한 큰 다운라인을 받는 위치에 있다면 좋은 것처럼 보일 수 있지만 다음과 같은 사실을 염두에 두어야 한다. 돌아서 들어온 것은 돌아서 나간다. "나는 많은 사람들이 그들의 네트워크에 큰 기회를 가져다줄 사람들을 리크루트하려고 했던 것을 안다"라고 젠 루는 말한다. "그러나 나는 그런 사람들을 원하지 않습니다. 그들이 그 조직에서 자신의 다운라인을 옮긴다면, 그들은 내 조직에서도 그렇게 할 것입니다. 한 달에 수백 명을 잃는다는 것은 너무나 고통스러운 일일 겁니다."

재정적인 독립을 위해 다운라인을 넓게 키우고, 안전을 위해 넓고 깊게 키움으로써 자신을 보호하라. 달리 말하면, 여러분의 하위 라인에 여러 개의 레그를 키우고 단계도 깊게 키우라. 오직 하나의 레그만 키웠다든지 여러 개의 레그를 키웠지만 깊이가 한 두 단계라면 그것은 조직에 위험한 일이다. 여러분의 큰 수입원이 일을 중단한다면 어떻게 하겠는가? 여러분의 굵직한 사업자 몇 명이 떨어져 나가 다른 회사에 가입한다면 어떻게 하겠는가? 사업을 키우는 일을 처음부터 다시 시작해야 할 것이다.

## 디스트리뷰터가 빛을 발하도록 훈련함

제임스 데이비스는 디스트리뷰터를 리크루팅하는 일은, 예비사업자가 리더가 될 모든 징조를 보인다 하더라도, 그것은 마치 다이아몬드를 캐는 일과 같다고 지적한다. "당신이, 그리 멀지 않은 곳에 있는 다이아몬드 광산에 가서 다이아몬드를 찾고자 한다면, 그저 광산에서 다이아몬드를 줍는 것이 아니다"라고 제임스는 말한다. "당신은 여러 시간 동안, 아니면 며칠 동안 땅을 파야 할 것이며, 흙과 돌을 뒤진 다음에 운이 좋으면 다이아몬드를 찾을 수도 있다. 그렇더라도, 그것을 빛내려면 열심히 갈고 닦아야 한다." 다시 말해, 모든 디스트리뷰터는 훈련을 받을 필요가 있다는 것이다 .

"다운라인에 디스트리뷰터를 리크루팅할 때 당신의 일은 시작되는 것이다"라고 캐롤 비숍은 말한다. "당신은 사업자를 훈련시켜 당신이 하고 있는 일을 복제시켜야 한다. 그들을 인도하고, 지도하고 가르쳐야 한다. 하나의 팀(TEAM)이 되도록 하기 위해 사업자들을 훈련시켜야 한다. 그것은 '모든 사람이 함께 더 많은 것을 성취한다'는 것을 의미한다. 이 사업에서 돈을 많이 벌 수 있는 유일한 방법은 그것이며 또한 많은 흥미를 느낄 수 있는 길이기도 하다."

다음에 이어지는 몇 편의 내용들은 디스트리뷰터들이 성공할 수 있도록 그들을 훈련시키는 시스템을 다룰 것이다.

## 성공을 위해 지그의 황금률 철학을 소개함

"당신이 다른 사람을 도와 그들이 원하는 것을 얻게 해준다면, 당신은 인생에서 원하는 모든 것을 얻게 될 것이다."

그 철학에 따라 생활하고 일하는 사람은 그것이 강력한 힘과 기회를 준다는 것을 알 것이며, 그들은 다른 사람들도 같은 철학을 따르도록 훈련할 것이다. 네트워크마케팅 사업자들은, 특히 그 철학이 모든 네트워크마케팅 조직을 축약해 놓은 것이기 때문에 그것을 받아들인다. 디스트리뷰터와 소매 고객뿐만 아니라, 다른 사람을 도와줌으로써 네트워크마케팅 사업자는 성공을 거둘 수 있다. 당신 혼자서 네트워크마케팅 사업을 할 수는 없다. 할 수 없는 첫째 이유, 혼자서 많은 사람을 접촉할 수 없다. 둘째, 많은 돈을 벌 수 없다. 그리고 셋째, 외롭다. 여러 사람을 리크루팅할 때 그들에게 골든 룰을 소개하라. 그렇게 할 때, 당신은 그들이 목표를 달성하도록 돕겠다는 각오를 하게 되며, 당신도 자연히 자신의 목표를 달성하지 않을 수 없게 된다.

"우리는 사람들에게 자신에게서 눈을 돌려 다른 사람에게 초점을 맞추라고 가르칩니다"라고 지미는 말한다. "우리는 회사에서 스타가 되기를 원하는 것이 아니라 스타를 키워내는 사람들이 되기를 원합니다. 동료 사업자들에게 초점을 맞춤으로써 우리는 그들이 인생에서 원하는 것이 무엇이며, 더 크고 훌륭한 무엇인가를 향해 손을 뻗칠 수 있게 하는 요인이 무엇인지 알아냅니다. 그런 다음, 의도적으로 그들이 자신의 꿈을 향해 일하도록 돕습니다. 꿈을 가지고 있는 사람들은 그들이 원하는 것을 위해 싸웁니다. 우리가 자신의 꿈이 아니라, 사업자들과 그들의 꿈에 초점을 맞출 때, 우리의 팀 멤버들은 함께 나아가며, 사업에 대해 흥분된 마음을 갖고, 추진력을 키우며, 일이 움직이기 시작합니다."

캐롤은 이렇게 말한다. "일단 팀원들이 서로를 돌보게 되면 당신의 조직은 목표를 달성한다는 소문이 나돌게 되고 조직은 스스로 성장하기 시작합니다. 그런 팀을 정지시킬 수는 없습니다."

지그 지글러의 황금률에 관한 얘기라면, 그것이 젠 루에게 적용된 것보다 더 나은 경우를 아는 사람은 아무도 없다. 이혼녀로서 세 아이를 키우는 어머니, 젠은 백만장자가 되겠다는 꿈을 가지고 있었다. 1980년대 초 어느 일요일에 그녀는 지그 지글러의 설교를 듣기 위해 텍사스주 달라스에 있는 교회를 방문했다. 젠은 이렇게 말한다. "그날 아침 지그가 말한 것이 오늘 내가 백만장자가 된 이유입니다. 그가 "다른 사람들이 원하는 것을 얻을 수 있도록 그들을 도와주기만 한다면 당신은 인생에서 당신이 원하는 모든 것을 얻을 수 있습니다"라고 말했을 때, 나는 그 당시 내가 원하는 것을 얻고자 했던 나의 뜻을 돌려 다른 사람들이 그들의 꿈을 성취할 수 있도록 돕는 일에 초점을 맞추었습니다. 그것은 적중했습니다. 나는 지그의 철학에 대한 산 증인입니다."

## 그들 모두가 제품 사용자가 되게 함

당신은 제품을 구매하거나 사용하지도 않으면서 판매만 하려고 하는 사람을 위선자라고 부를 것이다. 네트워크마케팅에서 위선자는 고슴도치 등에 있는 가시와도 같다. 그들은 당신을 한두 번은 찌를 것이다. 그러나 그들이 보여주는 행실은 당신을 그들에게서 멀리 도망치게 만든다. 그들은 사람들에게 자신의 진심을 알리려고 애쓰지만 자신도 기꺼이 하지 않는 것을 사람들에게 설득하는 일이란 거의 불가능하다는 것을 알게 된다.

그러므로, 네트워크마케팅에서 지도자가 되려면 당신과 디스트리뷰터들은 각자 제품을 사용하는 사람이 되어야 한다. 그것은 당신이 디스트리뷰터를 훈련하기 전에 먼저 회사에서 판매하는 제품과 서비스를 구매하여 사용해야 한다는 것을 의미한다. 영양제품들이 주는 건강의 혜택을 경험하라. 회사에서 제공하는 장거리 서비스나 설비들을 사용함으로써 절약할 수 있는 것을 몸소 확인하라. 제품의 질이나 서비스의 효능에 대한 개인적인 경험을 가지고 말할 준비를 갖추라. 제품과 서비스가 어떻게 사용되는지 개인적으로 이해함으로써 당신은 더욱 신뢰할 수 있는 사람이 된다. 그렇게 되면 당신은 모범으로 감동을 주고 경험으로 훈련하게 된다.

당신이 회사에서 제공하는 훈련 자료들을 공부하고 있다는 것을 디스트리뷰터들에게 보여주는 것은 중요한 일이다. 당신의 사업, 제품과 서비스 그리고 그것을 설명하는 방법에 관한 모든 것을 익혀두라. 회사와 회사 내에 있는 다른 지도자들이 후원하는 모임에 참석하라. 열중하라. 자신을 나타내 보이라. 그렇게 할 때 당신은 네트워크마케팅과 당신의 회사에 대해 훌륭한 모든 것을 홍보하는 움직이는 게시판이 될 것이다. 그런 일이 일어날 때 당신의 행동은 스스로 생명력을 갖게 된다. 당신은 사람들이 단순히 리더와 친해지고 싶다는 이유로 그들을 당신의 조직으로 끌어들이기 시작할 것이다. 당신은 당신의 조직에 가입하고 당신으로부터 훈련받기를 원하는 사람들과 만나는 일로 바쁜 시간을 보낼 것이다. 그들은 당신과 같이 되고 싶어할 것이기 때문에 제품을 사용하는 사람이 되라고 하면, 그렇게 할 것이다.

애티커스 킬로프(Atticus Killough)는 1990년대 중반, 텍사스주 댈러스에서 취미 삼아 네트워크마케팅 사업을 시작했으나 몇 년 동안은 한 달에 겨우 수백 달러를 벌었을 뿐이었다. 그 이유는 그가 제품을 사용하는 사람이 아니었기 때문이다. 그에게는 그를 훈련시키는 강력한 업라인의 후원이 없었으므로 효율적일 수가 없었다. 더구나 그는 네트워크마케팅을 한 번도 해보지 않은 사람들로부터 비관적인 말을 듣는데 많은 시간을 보냈다고 말한다. 자신이 성공하지 못했으면서 다운라인을 성공시키기 위해 디스트리뷰터를 훈련시키는 것은 생산적이지 못하다. 결국 그는 회사에 달라붙어 '칸막이 안에 갇힌 죄수'가 되었던 것이다.

많은 연구 끝에 그는 돌파구를 찾았다. 그는 이렇게 말한다. "나는 진지하게 오디오테이프를 들었다. 네트워크마케팅 분야의 모든 권위자를 위시하여 교육적이고 동기를 부여해 주는 테이프들을 꾸준히 듣기 시작했을 때, 돌파구가 열렸다. 이 사업을 운영하는 방법에 대한 나의 사고 방식을 변화시킨 것은 바로 그것이었다. 다른 사람에게 적용시키기 전에 나 자신에게 먼저 적용시켜야 했다. 모든 긍정적인 태도니 뭐니 하는 것은 무의미한 종교 의식과 같은 것이라고 생각했었다. 그러나 내가 그것을 머리 속에 주입시켰을 때, 네트워크마케팅 사업은 변모되었으며, 내가 다른 사람을 돕도록 해주었다." 애티커스는 2000년 말, 6자리 수의 수입을 올릴 수 있었다.

## 훈련 스케줄을 정함

디스트리뷰터를 리크루트하는 즉시, 당신과 업라인의 다른 회원들이 그들을 어떻게 훈련시킬 것인지 설명해준다. 훈련 스케줄을 정하고 모든 훈련 모임에 참석해야 하는 일의 중요성을 강조한다. 디스트리뷰터를 일 대 일로 훈련할 것인지, 한 번에 여러 사람을 모아놓고 할 것인지, 대면해서 할 것인지 아니면 전화로 할 것인지 당신이 결정할 수 있다. 디스트리뷰터를 훈련하는 데 필요한 모임의 횟수는 모임 시간, 그들이 갖고 있는 배경, 관심, 그들의 협조 및 판매되는 제품이나 서비스의 복잡성에 달려 있다.

훈련 프로그램의 목적은, 네트워크마케팅 분야에서 널리 통용되고 있는 용어로 복제를 위한 것이다. 당신은 새로운 디스트리뷰터가 당신이나 다른 디스트리뷰터가 하고 있는 것을 복제하여 그들도 성공을 거둘 수 있기를 원할 것이다.

 레이 게바우어(Ray Gebauer)는 훈련 과정에서 복제를 해내는 것만으로는 충분하지 않다고 말한다.
"우리가 진정으로 원하는 것은 사람들이 커다란 그림을 볼 수 있고, 스스로 믿기 시작하며 자력으로 성공할 수 있도록 힘을 불어넣어 주는 것입니다."

처음 갖는 두 번 정도의 훈련 모임에서 우리는 그들의 꿈과 목표가 무엇인지 알아내고 그것들을 종이에 적게 합니다. 그런 다음 우리는 그들이 사업과 제품에 대해 알게 되는 즉시, 일을 시작할 준비를 갖추도록 하기 위해 그들이 할 수 있는 몇 가지 일을 전해줍니다. 그 계획에는 명함과 사무용품을 주문하는 일, 소책자나 오디오 테이프 등과 같은 마케팅에 필요한 도구들을 주문하고 가능한 한 빨리 본사에서 후원하는 훈련 모임에 참석하게 하는 것 등이 포함되어 있습니다. 우리는 또한 그들에게 사업자 지침서를 읽게 하고, 매일 30분씩 자료를 읽고 매일 테이프 하나를 듣게 하였습니다.

"둘째 주에, 우리는 사업자들에게 사업을 계속 진행하여 조직 안에서 성공에 이르는 사다리에 오르고 싶은지 묻습니다. 물론 그들은 원합니다. 그러면 우리는 보상플랜이 어떻게 시행되는지 성공에 이르는 각기 다른 레벨에 자격을 갖추려면 어떻게 해야 하는지를 설명해 줍니다.

"다음에, 우리는 그들이 쉽게 시작할 수 있는 고객을 식별하도록 도와줍니다. 우리는 그들에게 접촉할 수 있는 200명의 명단을 작성하도록 도와주지만 그 이름을 한번에 다 적도록 하지는 않습니다. 우리는 그들이 기억을 상기시키도록 도와주는 역할을 하며 시간이 지나면 그들은 200명의 명단을 갖게 됩니다. 그런 다음 그 명단 가운데서 20명을 선정하여 그들에게 보여주고 그들을 접촉하는 방법과 할 말을 알려줍니다. 우리는 그들이 계속해서 명단을 추가할 수 있는 방법을 알려 주어 항상 전화를 걸 수 있는 사람이 있도록 해 줍니다.

여러분의 웜 마켓(warm market)에는 당신이 아는 사람이나 당신을 아는 사람이 포함된다. 가족, 친구, 이웃 등 당신과 관련이 있는 모든 사람이 여기에 해당된다. 웜 마켓에 포함되지 않는 사람은 콜드 마켓(cold market)이다.

"우리는 새로운 사업자가 예비고객에게 사업에 대해 말할 때, 무슨 말을 해야 할지 모를 것이라고 생각하기 때문에 할 말을 알려줍니다. 우리는 통화를 하면서 그들을 위해 예비고객에게 전화를 겁니다.(이 것을 '3자통화'라고 부른다) 사업자는 우리를 새로운 사업의 동업자라고 소개시켜 주며 우리는 그때부터 그들과 이야기를 나눕니다. 기본적으로 우리는 사업자들에게 전화 대본을 공부하게 하여 그들이 예비 고객과 통화를 할 때 편안하게 대화하게 합니다. 우리는 세일즈 설명을 하지 않습니다.
그렇게 할 필요가 없다고 생각합니다. 우리는 커다란 열의를 갖고 사업을 설명합니다. 예비고객에게 우리와 합류할 의사가 있는지 묻습니다. 그런 다음 예비고객이 질문할 때까지 기다립니다. 질문에 대답하는 일은 쉽고 또한 흥미 있는 일입니다.

이렇게 대화를 나누는 동안 우리는 사업자에게 전화 에티켓과 전화를 효율적으로 사용하는 방법을 가르칩니다. 예비고객이 "예, 합류하고 싶습니다"라고 말하면 그 사람을 승선시킵니다. 그 사람이 관심이 없다고 하면, 우리는 리스트에 있는 다음 번호를 눌러 같은 일을 처음부터 반복합니다.

"몇 주 후에 우리의 사업자는 혼자서 일할 준비가 되어 있습니다. 그러나 그들은 언제라도 도움이 필요할 때, 전화를 걸어 약속을 하면 됩니다. 우리는 즐거운 마음으로 일합니다. 우리의 사업자들을 맥빠지게 할 수는 없습니다. 왜냐하면 그 대가가 우리에게 계속 돌아오기 때문입니다."

## 장기적인 안목에서 디스트리뷰터에게 동기를 부여함

당신의 디스트리뷰터가 사업을 구축하기 위해 계속해서 열심히 일하도록 격려하는 가장 좋은 방법은 당신이 사업에 대해 열정을 갖고 일하는 것이다. 불행하게도, 그들이 오랫동안 일하겠다는 각오를 하게 하는 것만으로는 충분하지 않다. 네트워크마케팅 회사에 가입하는 것은 쉬운 일로서 거의 누구나 다 할 수 있지만 반대로 그만두는 일 또한 쉽다. 바로 그것이 당신이 그들의 지도자로서 어려운 시기에 그들과 긴밀한 관계를 유지해야 하는 이유다. 그들은 네트워크마케팅 사업자가 되기로 한 자신과 자신의 결심에 대해 좋은 느낌을 가질 필요가 있다. 그들은 또한 결과를 볼 필요가 있다. 이 편에서는 당신의 하위 라인에 있는 회원들이 오랫동안 남아 있도록 용기를 북돋아주는 몇 가지 방법을 제시할 것이다.

# 수입으로 동기를 부여함

당신의 디스트리뷰터들이 가능한 한 빨리 영업 실적을 올리거나 새로운 다른 디스트리뷰터를 후원하도록 돕는다. 가장 쉬운 방법은 3자통화 방법을 사용하는 것이다. 이러한 통화를 통해 당신이 접촉하는 사람은 대개 당신이 후원하는 디스트리뷰터의 웜 마켓에 있는 사람들이다. 이 사람들 가운데 하나쯤은 제품을 구매하거나 사업에 참여할 가능성이 있다. 새로운 디스트리뷰터에게 최초의 판매가 이루어지거나, 최초로 그에게 후원하는 디스트리뷰터가 생기는 것보다 가슴 설레는 일은 없다. 할 수 있는 모든 힘을 다해 초기 단계에서 그러한 일이 생기도록 하라.

디스트리뷰터가 빠른 시간 내에 돈을 벌도록 돕기 위해 그리고 사업자의 다운라인의 깊이를 더하기 위한 전략으로 지도자들은 종종 그들이 개인적으로 리크루트한 사람을 다운라인에 심어주는 경우 가 있다. 이 리크루트로 인해, 아마도 10~20년 이상 디스트리뷰터가 벌게 될 돈은 계산하지 않더라도, 이 행위는 그 디스트리뷰터에게 엄청난 자신감을 줄 것이다. "나는 사람들을 나의 모든 1단계 지도자 아래에다 심어주었습니다"라고 젠 루는 설명한다. "그것은 그들에게 참으로 큰 선물이라는 것을 알게 되었습니다. 누군가 나를 위해 그렇게 해 주었으면 좋겠네요." 젠은 그녀의 다운라인에 있는 사람들을 살펴보고 새로 리크루트한 사람을 그들 아래에 넣어주기 전에 제품을 판매할 수 있는 사람을 찾는다고 설명한다. "나는 적어도 월간 300달러어치의 제품을 판매할 수 있는 사람을 찾습니다. 그것은 그리 많은 것이 아닙니다. 그들이 제품을 판매한다면, 나는 다음과 같은 대화를 나눕니다. "안녕하세요? 저는 젠 루예요. 오늘은 운이 좋으시군요. 우리 제품을 판매하실 수 있다는 것을 알았어요. 사업을 시작해보고 우리 조직에서 리더가 되어보고 싶지 않으세요?" 그런 다음 나는 이 일의 가능성을 쫙 펼쳐 보이죠. 믿으세요. 효과가 있습니다. 나는 이

러한 전략으로 범세계적인 네트워크마케팅 사업에서 가장 훌륭한 리
더들을 갖게 되었습니다."

 네트워크마케팅 사업을 시작한지 30일 이내에 비록 적은 액수라 하
더라도 돈을 버는 디스트리뷰터는 떨어져 나가지 않을 것이다. 네트
워크마케팅 사업자가 되는 대부분의 사람들은 수 백만 달러를 벌려
고 하지 않는다. 그들이 벌고 싶어하는 돈은 자동차 할부금이나 집세
를 내고 가족과 즐길 수 있는 여유돈이다. 업무를 시작한 첫 달에 어
쩌면 그들은 50~100달러 정도를 받게 될지도 모른다. 그것이 그들
이 보아야 할 큰 그림의 전부일 수도 있다. 매달 400~800달러를 벌
고자 한다면 처음으로 받은 머니는 그들로 하여금 그 사업을 계속할
수 있도록 하는 동기를 부여해줄 것이다.

## 사명감을 통해 동기를 부여함

디스트리뷰터가 계속해서 사업하도록 동기를 부여하기 위해서는, 그
들에게 회사나 회사의 제품과 서비스 이상의 것을 판매해야 하는 일
이 중요하다. "효과를 낼 수 있는 유일한 것은 사명감에 관한 것을 판
매하는 것이다"라고 레이 게바우어는 말한다.

"자신이 합리적인 동기를 가진 사람들 가운데 속해 있다는 것을 알
고, 자신을 영웅처럼 생각할 수 있는 사명감을 빨리 가질수록 그리고
사업에 대해 설레는 마음을 가질 때, 그들이 사업을 하겠다는 각오를
하게 하는 좋은 기회가 될 것입니다. 회사의 사명에 대해 특별한 각
오를 하지 않는 한, 사람들에게 서명을 하게 하는 것만으로는 크게
도움이 되지 못합니다."
오늘날, 역사상 전례가 없을 만큼 사람들이 자신의 일을 의미 있는
것으로 생각하고 싶어한다. 더 이상 직장에 흥미를 갖는 사람은 별로
없다. 그들은 다른 사람의 삶에 변화를 가져다주기를 바란다. 그것은

어쩌면 자신의 삶, 가족의 삶 그리고 분명 고객의 삶일 것이다.

### 네트워크마케팅의 이점 : 훈련은 사업의 핵심임

재래적인 사업을 하는 사업주나 경영자들은 나에게 이런 질문을 한다. "직원들을 훈련시켜 놓고 그들을 잃는다면, 그게 뭡니까?" 실제 재래적인 사업에서는 직원들을 잘 훈련시키고 개발해 놓으면 그들이 독립하여 자신의 회사를 차리기 때문에 그들을 잃을 가능성이 높다. 그러나 네트워크마케팅에서는 그렇지 않다. 다운라인에 있는 사람들을 잘 훈련하고, 개발하고, 도와줄수록 그들은 이미 자신의 사업을 구축하고 있기 때문에, 여러분과

함께 머물 가능성이 커진다.
결론: 사람들을 훈련하고 격려할수록 그들은 여러분과 함께 머물 가능성이 높다.
네트워크마케팅에서 훈련할 수 있는 기회는 많다. 네트워크마케팅 회사들이 종종 지역적인 또는 전국적인 훈련 프로그램을 후원한다. 개별 리더들은 자신의 다운라인을 훈련하고 개발하는 데 많은 시간을 투자하고 있다.

## 칭찬으로 동기를 부여함

정신병 의사인 알프레드 애들러는 디스트리뷰터들을 칭찬할 때 "당신은 그들에게 희망을 주는 것이며, 희망은 모든 변화의 기본적인 특성이 된다"라고 말한다.

우리는 모두 내일은 오늘보다 나을 것이라고 생각하지만, 그렇지 않을 경우 적어도 오늘만큼은 될 것을 바란다. 저술가인 존 맥스웰은 이렇게 말한다. "현재 희망이 있다면, 미래에는 힘이 있다." 디스트리뷰터를 칭찬할 때, 당신은 그들에게 희망을 주는 것이며, 그것은 네트워크 사업에서 놀랄만한 일이 일어나게 하는 것이기도 하다.

지금부터 훌륭한 발견자가 되라. 다른 사람에게서, 혹은 다른 상황 가운데서 좋은 것을 찾아내는 것을 습관으로 만들라. 좋은 것을 찾아내면, 그것을 말로 표현하는 것을 잊지 말라. 당신이 좋아하는 것을 사람들에게 말하라. 그들과 함께 목표를 설정하는데 그들이 갖고 있는 야망에 감복했다면, 그 사실을 말하라. 그들이 처음으로 사업 설명하는 것을 들었다면 무엇이 좋았는지 말하라. 사업자가 의심이나 실망에 빠져 있다면, 좋은 점을 찾아내어 그것을 그들에게 전하라. 그 결과에 놀랄 것이다. 우선, 당신의 동료들은 격려와 칭찬에 감사할 것이다. 그러나 또한 당신의 태도가 더 좋은 쪽으로 바뀔 것이다.

더그의 말에 따르면, 네트워크마케팅 사업에서 가장 중요한 말은 "나는 너를 믿는다"라는 것이다. "당신의 다운라인에게 동기를 부여하려면, 당신은 그들의 믿음 시스템을 구축해야 합니다. 당신의 사업자들은 이 사업에서 성공할 수 있다는 것을 알아야 하며 그들의 지도자로서 당신은 그들 내부에 단단한 믿음을 갖게 해야 합니다. 지속적인 격려와 칭찬을 통해서 그렇게 할 수 있습니다."

## 다운라인에 있는 사람들에게 동기를 부여할 수 있는 다음과 같은 여섯 가지 아이디어를 제안한다

트레이너인 더그 파이어바우는 다운라인에 있는 사람들에게 동기 부여할 수 있는 다음과 같은 여섯 가지 아이디어를 제안한다.

3  여러분의 사업자를 대중 앞에서 인정하라. 함께 일하는 사업자들과 회의 전화를 하거나 그룹에게 e-메일로 메시지를 보낼 때, 사업을 시작하기 위해 비록 작은 노력을 했더라도 다른 사업자들에게 그에 대한 칭찬을 전하라. 사업자와 일 대 일로 일하라. 개인적으로 관심을 갖는 것은 동기를 주는 요인이 된다. 사람들은 그것을 보람으로 여기게 되고, 이것은 그들로 하여금 조직에 무언가 가치 있는 일을 기여한다는 느낌을 갖게 한다.

3  접근하기 쉬운 인물이 되라. 이 사업을 하고 있는 많은 수퍼스타들은 접근하기 쉽지 않다. 여러분이 전화나 e-mail로 접근할 수 있는 지도자는 사업자들 가운데서 자신감을 갖게 해준다. 사업자들을 위해 특별한 행사를 준비하라. 지그 지글러, 짐 론, 또는 네트워크마케팅 사업자들에게 중요한 말을 해주는 다른 사람들의 강연을 들을 수 있는 티켓을 산다. 이러한 행사에 지도자들과 함께 참여한다. 그러한 일은 믿을 수 없을 만큼 놀라운 유대 관계를 경험하게 해준다. 언제든 그룹이 함께 모일 때면, 조직의 승리를 축하할 수 있는 일을 하라. 직접 모여서 할 수 없으면 모든 사람이 전화로 할 수 있게 하라.

3  직접 쓴 쪽지를 보낸다. 다음과 같은 말을 적어보낸다. "나는 당신을 믿는다" 또는, "당신은 최고가 될 것이다" 감사 카드에 메모를 적어 사업자들에게 보낸다. 오늘날 손으로 직접 쓴 쪽지는 받아보기 힘들기 때문에 그러한 것을 받게 되면 그것은 정말 사적이며, 그들에게 직접 보내진 것이라는 사실을 알게 된다.

3  개인적으로 오디오테이프에 녹음한다. 10분짜리 카세트 테이프를 구해서 메시지를 녹음하여 사업자에게 보낸다. 사업자에게, 그가 이룩한 업적을 여러분이 자랑스럽게 여기고 있다는 것과, 그에게 얼마나 감사하고 있는지 알아주기를 바란다고 말한다. 그런 다음 지그의 책에서 적당한 구절을 골라 테이프에 녹음한다. 녹음을 하기 전에, "이것은 당신에게 꼭 필요하다고 생각되는 말입니다"라는 말을 한다. 여러분의 사업자는 그 테이프를 반복해서 들을 것이다. 그것은 그저 동기를 부여하는 것이 아니라 믿음을 키워주는 요인이 된다.

당신은 다른 많은 아이디어를 사용하여 팀에게 동기를 부여할 수 있다. 어떤 일을 하더라도 진지해야 한다. 또한 사업자들이 재능을 발휘하도록 돕기 위해 칭찬과 동기를 부여하는 말을 사용한다. 더그는 이렇게 말한다. "모든 사람에게는 위안 지대라는 것이 있으며, 당신은 그들이 그곳에 안주하기를 원하지 않을 것입니다. 무언가 잘한 일에 대해 칭찬해 주는 것은 그들이 다음 단계로 움직여 나가도록 동기를 부여해 주는 것입니다."

# 제 4 부
# 당신이 사업을 이루는 데 도움이 되는 세일즈 및 마케팅 기술들

## Sales and Marketing Skills to Help You Build Your Business

제5의 물결                                    리치 테넌트

나는 지난 2년 동안 주 80시간 이상씩 네트워크마케팅 사업을 해왔는데 아무 지장도 없었소. 그렇지 않았다면, 마누라가, 마누라 이름이 뭐더라···

## 제 4 부에서는 …

네트워크마케팅은 세일즈 비즈니스가 아니라 인간 관계 비즈니스라는 것을 이해해야 한다. 인간 관계를 구축하고 유지하는 일에 초점을 맞추는 사람은 이 일에서 성공하는 사람들이다. 네트워크마케팅에서 매주 새로운 백만장자가 탄생하지만 인간 관계를 구축하지 않고 적법한 사업에서 성공하는 사람은 없다. 매달 가외로 소액을 벌기 원하든, 많은 돈을 벌겠다는 계획을 세우고 있든, 언제나 좋은 인간관계를 이룩해야 한다.

좋은 인간관계를 구축해야 제품과 서비스를 구매할 사람이든, 사업에 가담할 사람이든, 당신은 고객을 유치할 수 있다. 전화나 우편, 인터넷, 직접 만나는 모임, 또는 고객과 접촉할 수 있는 다양한 매체를 사용할 수 있다. 우리는 본 책자의 이 부분에서 전문적인 네트워크마케팅 사업자들이 어떻게 그러한 일들을 하는지 다루게 된다.

고객은 시간을 내어 그들과 관계를 이룩한 네트워크마케팅 사업자들에게 오래도록 충실한 관계를 유지할 것이다. 사업에서 충실한 고객보다 가치 있는 것은 없다.

# 고객을 잘 알아둔다

네트워크마케팅 비즈니스에서 고객을 확보하여 관리하는 방법을 알아내기 전에 고객에 대한 몇 가지 기본 원리를 조사할 필요가 있다. 여러 가지 이유로 인해 모든 사람이 다 당신의 고객이 되는 것이 아니므로, 올바른 곳에서 그들을 찾아내야 한다. 당신이 예비고객을 식별하고, 그들을 사업에 유치하고, 계속 제품을 구매하도록 하는 방법을 빨리 알아낼수록, 당신은 만족스럽고, 이익을 창출하는 네트워크마케팅 비즈니스를 빨리 구축할 수 있다.

## 네트워크마케팅 사업자로서 가장 가치 있는 자산을 결정함

대여섯 명의 네트워크마케팅 사업자들에게 "네트워크마케팅 사업자로서 가장 가치 있는 자산이 무엇입니까?"라고 물어보라. 대답도 각양각색일 것이다. 그들의 대답은 다음 가운데 하나일 것이다.

▶ 나의 개성이다. 나는 외향적인 사람이다.
▶ 나의 인내력이다. 나는 결코 포기하지 않는다.

▶ 나의 태도다. 나는 항상 긍정적이다.

▶ 나의 세일즈 기술이다. 나는 종결에 강한 사람이다.

▶ 나의 제품이다. 제품이 너무 훌륭하다.

▶ 나의 마케팅 자료들이다. 사람들이 그것을 좋아한다.

이 모든 것이 가치 있는 자산들이기는 하지만, 그것을 다 합치더라도 만족스럽고 이익을 창출하는 사업이 되는 것은 아니다. 만족스럽고 이익을 창출하는 사업이란 네트워크마케팅 사업자로서 여러분이 성취해야 할 목표이기도 하다. 그러므로, 어떤 사업에서도 가장 가치 있는 자산이 고객이라는 것을 이해하는 것은 중요한 일이다. 이윤이란 마케팅 자료, 세일즈 기술, 인내심, 혹은 사업이나 사업주의 다른 속성에 의해 창출되는 것이 아니다. 또한 이러한 속성들로부터 장기적인 만족을 얻는 것도 아니다. 오직 고객을 통해서만 이윤이 창출되고 만족을 얻을 수 있다.

그러한 이유 때문에 당신은 사업에서 누가 고객인지 이해할 필요가 있다. 네트워크마케팅 사업자로서 당신에게는 두 종류의 고객이 있다. 소매 고객 즉, 제품과 서비스를 구매하는 사람들과, 다운라인에 있는 고객들, 즉 자신의 사업을 이룩하기 위해 당신의 조직 안에 있는 디스트리뷰터들이다. 우리는 이 장에서 두 종류의 고객 모두에 대해서 배우게 된다.

## 고객 확보

고객을 확보하는 것이 왜 그렇게 중요한지 이해 하기.

사업을 하는 유일한 이유는 고객을 확보하여 그들이 꾸준한 구매를 하도록 관리하는 것이다. 물론, 이윤도 남기고 싶고, 성취해야 할 사명도 있겠지만, 다른 누구에게 무엇인가를 판매하고 그 일이 반복되도록 하지 않는다면, 사업에서는 아무 일도 일어나지 않았다고 말한다. 그것을 고객 확보라고 한다.

불행하게도, 많은 네트워크마케팅 사업자들이 상당한 시간을 고객을 확보하는 일이 아닌 다른 일에 보내고 있다. 그들은 바쁘기만 하고 아무런 성과도 없는 일. 즉, 전에 물어본 적이 있는 질문을 다시 묻는 일, 제품 설명에 관한 자료를 반복해서 계속 읽는 일, 서류 작성, 전화하기, 사무실 청소 등과 같은 일에 시간을 보내고 있다. 시간은 흐르지만 그들은 고객 기반을 확보하지 못 했거나, 했더라도 영양가 없는 고객일 뿐이다.

네트워크마케팅 실정을 잘 아는 사업자들은 영양가 있는 고객 기반(소매 고객과 다운라인 디스트리뷰터로 이루어진)은 지속적인 수입이 생기게 하고, 지속적인 수입은 재정적인 자유와 안정을 가져다준다는 것을 이해하고 있다. 게다가, 실정을 잘 아는 사업자들은 사업을 팔아 넘기고 은퇴하거나 다른 사업을 구상할 때, 지속적인 수입을 가져다주는 영양가 있는 고객 기반이야말로 높은 가격을 받을 수 있다는 것을 잘 알고 있다.

"고객이 없다면, 사업도 없는 것입니다" "당신의 고객은 곧 당신의 사업입니다." "네트워크마케팅 사업자들은 제품이 곧 사업이라고 말하지만 그렇지 않습니다"라고 제임스는 말한다. "사람들이 좋아하고 사고 싶어 하는 훌륭한 제품이 있어야 하고, 영업을 했을 때 대가를 지불해주는 좋은 회사가 배후에 있어야 하지만, 고객 기반을 확보하기 전에는 아무 것도 갖고 있는 것이 아닙니다. 팔을 걷어붙이고 고객을 돌보아야 합니다. 그들이 갖고 있는 문제를 해결해주고 질문에 대답하십시오. 누군가 그들을 돌보고 있다는 느낌을 갖게 하십시오. 당신에게 고객이 생길 때 사업은 탄생합니다. 그것이 바로 가치 있는 그 무엇입니다."

# 고객을 확인함

누가 고객인가? 네트워크마케팅은 여러 종류의 고객을 유치한다. 그들은 모두 당신에게, 당신의 생각에 의한 취급 방법이 아니라, 그들이 원하는 대로 취급해줄 것을 요구한다. 그들에 대해 연구하고 그들이 좋아하고 싫어하는 것을 알아두라. 다른 사람이 원하는 것을 얻도록 도와주기만 한다면 당신은 인생에서 필요한 모든 것을 얻게 된다는 것을 기억하라. 그러한 접근 방법을 따르면 당신은 영구적인 고객기반을 구축하게 될 것이다.

철학적으로 보면, 고객의 계층별 분류는 다음과 같다.

- ▶ 본인
- ▶ 가족고객
- ▶ 회원고객
- ▶ 예비고객
- ▶ 1차구매 고객
- ▶ 장기고객

다음에서는 각 형태의 고객에 대해 언급할 것이다.

## 가장 확실한 고객 : 본인

네트워크마케팅 비즈니스에서는 본인이 가장 중요한 고객이다. 만일 사업이 당신에게 아무런 소용도 되지 않고, 행복하게 만들어주지 못하고, 꿈을 성취시키지 못하고, 마땅히 벌어야 할 돈을 벌도록 도와주지 못하고, 자신이 사고 싶은 제품이나 서비스를 판매하지 못한다면, 그 사업에 무슨 이익이 있겠는가? 당신이 그 사업에서 만족을 얻지 못한다면, 어떻게 다른 고객이 만족을 얻겠는가? 만족하지 못하는 고객은 조만간 당신 곁을 떠날 것이다. 거기에는 당신도 포함된다. 당신이 자신의 사업에 만족하지 못하는 고객이라면 어떻게 예비 고객에게 긍정적인 느낌을 전해줄 수 있겠는가? 믿음은 성공에 있어 필수적인 전제 조건이다.

## 가족고객

고객을 등급별로 정렬해 놓았을 때, 당신 바로 뒤에는 가족이 있다. 가족은 사업에 직접 관여하지 않는다 하더라도 사업에 대한 정보를 알아둘 자격이 있다. 사업은 그들도 만족하게 해주어야 한다. 사업이 가족의 필요 사항을 충족시키지 못 한다면, 그 사업은 결국 어려움을 겪게 될 것이며, 사업을 운영하는 사람은 가정에서 환영받지 못 하는 손님이 되어버릴지도 모른다.

네트워크마케팅은 함께 일하고 싶어하는 가족에게는 축복이 된다. 대부분의 네트워크마케팅 조직에는 디스트리뷰터로 활동하는 가족 구성원들이 포함되어 있다. 어쩌면 부인이 새로운 사업을 시작할 수도 있다. 아내가 하는 사업이 잘 되는 것을 보면 남편도 그 사업에 관여하게 될 것이다.

많은 부부들이 네트워크마케팅 사업에 전념하기 위해 그들이 쌓아온 경력을 포기하면서 직장을 그만두기도 한다. 그들은 부모는 물론, 고모, 삼촌까지도 참여케 한다. 자녀들을 사업에 초대하여 머지않아 그것은 가족 사업이 되기도 한다. 가족 고객에게 정보를 꾸준히 전해주는 데는, 그들을 사업에 참여시키는 것보다 좋은 방법이 없다. 게다가, 통상적으로 생겨나는 일을 한 가지 더 들자면, 가족은 더 가까워지고 서로 지지하게 된다는 것이다. 상황이 방해받거나 변동 사항이 생길 경우, 대신 일을 해줄 수 있으며, 서로 전화를 걸어 잠정적으로 일을 해 주는 가운데 활동이 계속되게 해준다.

## 회원고객

회원고객이란 당신과 함께 일하는 사람들이다. 디스트리뷰터라고 부르는 다운라인에 있는 회원들이 회원고객이다. 사업이 그들이 하고 있는 일이나 삶에 좋은 느낌을 주지 못 한다면, 그들은 사업에 오랫동안 남아 있지 못한다. 세일즈 용어로, 그들이 얻는 이익은 대가보다 많아야 한다. 그렇지 않으면 그들은 시간과 돈을 다른 곳에 투자할 것이다.

다운라인이란 용어는 여러분의 판매 조직을 의미한다. 디스트리뷰터를 리크루트하여 후원할 때(즉, 훈련할 때) 그들은 당신 다운라인의 회원이 된다.

당신은 다운라인에 있는 고객들에게, 특히 처음 사업을 시작할 때, 많은 시간이 소요된다는 것을 알려주어야 한다. 그들은 자신의 디스트리뷰터를 찾아내어 그들을 후원하는 방법을 포함하여, 사업 운영에 대해 당신이 알고 있는 것을 알아야 한다. 그들은 또한 비즈니스의 제품과 서비스 그리고 그것을 마케팅하고 판매하는 방법을 알아야 한다.

디스트리뷰터들은 고객으로서 당신의 가치 있는 자산이기 때문에 그들을 돕기 위해 투자한 시간은 그만한 가치가 있다. 당신은 장차 이들이 해내는 영업으로부터 그리고 그들의 다운라인에 있는 각 사람이 해내는 영업으로부터 지속적인 수입을 얻게 된다. 한 사람을 다운라인에 있는 회원으로 후원할 때 당신은 큰 책임을 지게 되는 것이다. 디스트리뷰터들이 가지고 있는 동기가 무엇이고 그들의 목표와 인생의 염원이 무엇인지 모른다면, 당신은 그들을 성공하도록 도울 수 없다. 성공하지 못 한다면, 그들은 탈락할 것이며, 당신은 시간과 돈을 들여 그들을 훈련시켰으나 거의 또는 전혀 아무 것도 얻지 못하는 결과를 가져오고 만다. 디스트리뷰터들과 친해지고 네트워크마케팅 활동으로부터 그들이 원하는 것을 얻도록 도와주어라. 이는 그것이 만족과 이윤을 가져다주는 네트워크 조직을 구축하는 유일한 방법이기 때문이다.

## 예비고객

네트워크마케팅에는 두 종류의 예비고객이 있다.

> ▶**소매 고객:** 당신이 판매하는 제품과 서비스를 소비한다. 적어도 처음에 그들이 갖는 관심사는 매월 당신의 제품과 서비스를 사용하느냐 하는 것이다.

> ▶**다운라인 디스트리뷰터들**은 자신의 사업을 구축하는 데 관심을 갖고 있다.

디스트리뷰터들은 실제로 동시에 두 고객이 된다. 첫째, 그들은 다운라인 고객으로서 당신의 지시에 의지하여 자신의 사업을 구축한다. 둘째, 그들은 당신 회사가 판매하는 제품과 서비스에 대한 고객이며 판매인이다. 그들은 몸소 제품과 서비스를 사용해야 하지만 자신의 고객에게 제품과 서비스를 판매한다. 디스트리뷰터로서 그들은 회사에서 제품을 도매가로 구매하여 소매가로 판매한다.

소매 고객들은 여러 달 동안 제품과 서비스를 구매한 후에 디스트리뷰터가 되기로 결심하기도 한다. 그들은 이미 제품의 가치를 알고 있기 때문에 쉽게 성공을 거둘 가능성이 크다. 또한 가족이나 가까운 친구들에게 제품을 사용하면서 누리는 혜택에 대해서도 말했을지도 모른다. 결국 그들은 열성적으로 그리고 효과적으로 제품을 알리고 판매할 수 있다.

네트워크마케팅 사업자들이 늘 지니고 있어야 하는 책임은 이런 두 종류의 고객을 찾아내는 일이다. 여기서 네트워크마케팅 사업자들이 신중하게 예비고객 명단을 작성해야 한다. 네트워크마케팅 사업을 시작하는 일이나 회사의 제품과 서비스 구매에 관심이 있는 사람이라면 누구든 예비고객 명단에 추가될 수 있다. 예비고객들은 사업이나 그 제품과 서비스가 어떻게 그들에게 유익함을 주는지 알아야 한다. 누구든 네트워크마케팅 회사나 새로운 제품에 대해 듣는다고 해서 바로 다 고객이 되는 것은 아니다.

네트워크마케팅 사업자는 항상 그들의 경쟁자에 대해 기억해야 한다. 다른 네트워크마케팅 사업자들도 마치 여러 소매상들이 같은 고객을 놓고 경쟁하듯이, 당신이 관심을 갖고 있는 예비고객에게 관심을 갖고 있을지도 모른다. 예비고객과 자신이 먼저 접촉했다고 경쟁자가 그 고객과 접촉하지 말라는 법은 없다. 어쩌면 경쟁자는 그 고객에게 제품의 샘플을 주었을 가능성도 있다.

자신에게 항상 다음과 같은 질문을 하라. "나의 예비고객이 생각할 때, 내가 경쟁자보다 제품의 효용에 대해 잘 설명하고 그들에게 더 큰 관심을 보인다고 말할 수 있는가?" 그렇지 않다면, 그들은 당신의 예비고객이 아니며, 당신은 그들에게 분명 '요주의 인물'이 되고 만다.

## 1차구매 고객

1차구매 고객은 가장 큰 기회를 제시한다. 그 이유는 적절한 서비스와 개인적인 관심으로 그들과 좋은 관계를 이룩할 수 있으며 장기고객과 친구가 될 수 있기 때문이다. 최초 구매자에게 당신의 사업이 어떻게 그들의 요구와 필요를 충족시켜 주고, 당신이 어떻게 돌보아줄 수 있는지를 보여줄 때, 그들은 당신의 영원한 고객이 될 것이며,

친구와 가족들에게 당신과 함께 사업을 하도록 권유할 것이다. 당신이 고객에게 올바른 서비스를 한다면, '하찮은' 또는 별볼일 없는 세일이란 없다는 이유가 거기에 있다.

## 장기고객

가장 작은 자가 아니라 가장 마지막까지 남는 자가 장기고객이다. 전업이든, 파트 타임이든, 꾸준히 일하는 디스트리뷰터가 장기고객이다. 그들은 당신에 대해, 자신에 대해 그리고 자신의 고객에 대한 책임을 다한다. 당신과 여러분이 하고 있는 사업에 변함 없이 충실하고, 경쟁자가 아니라 오직 당신에게서 제품과 서비스를 구매하는 소매 고객이 장기고객이다. 사업이 이윤을 창출하는 관점에서 볼 때, 장기고객은 분명 당신에게 가장 가치 있는 사람들이며, 그들과의 관계 수립에 역점을 두어야 하는 이유가 거기에 있는 것이다.

장기고객은 때로 친구나 믿을 수 있는 절친한 사람이 될 수도 있다. 특히 당신과 함께 사업을 하여 이익을 누렸을 때 그렇다. 당신은 사업을 구축하는 데 필요한 도움을 얻기 위해 그들에게 의지하게 되며, 그들은 대개 기꺼이 도와 줄 것이다. 네트워크마케팅에서는 그렇게 하는 것이 자신의 사업을 구축할 수 있다. 그러나, 장기고객은 하루 밤 사이에 만들어지는 것이 아니다. 장기고객이 되기까지는 그들에게 기꺼이 봉사하고, 사소한 일에 관심을 갖고, 그들이 소망하는 것을 염려해 주는 노력이 필요하다. 그들이 중요하다는 것을 느끼게 하라. 그들은 실제로 중요하다. 1차고객보다 더 많은 장기고객을 확보할 때, 당신은 친구를 갖고 있다는 면에서 그리고 재정적인 면에서 부유한 사람이 되는 길에 서 있는 것이다.

# 최고의 고객에게 최고의 경험을 선사하라

고객 기반의 가치를 이해하고, 그러한 기반을 당신 스스로 만들 수 있다는 것을 이해할 때, 그리고 그 고객들을 평가하여 그에 따라 적절히 대우할 때, 사업은 참으로 가슴 설레고 수익성 있는 것이 된다. 어떤 고객은 다른 고객보다 더 협조적이고, 이해심이 있고, 충실하다. 그들이 갖고 있는 차이점을 분류할 수 있는 능력은 중요한 것이다. 그래야만 당신은 사업에 필요한 올바른 고객을 육성하는 방법을 결정할 수 있게 된다.

### 고객의 잠재력

네트워크마케팅 사업자로서, 당신은 가족 고객, 회원 고객, 예비 고객, 장기 고객 또는 그 어떤 고객이든 간에 고객의 잠재력을 간과하거나 과소평가해서는 안 된다. 제품이나 서비스만 판매할 뿐, 사업 기회까지 판매하지 않는 재래 사업자와는 달리 당신은 그 모두를 판매한다. 당신이 네트워크마케팅 사업을 하겠다고 선언한 이래로 처음부터 당신에게서 서비스를 구매해온 장기 고객이 어느 날 전화를 걸어 이렇게 말할지도 모른다. "나도 그 사업을 하고 싶은 데 시작하도록 도와주시겠습니까?" 이런 두 가지 기회는 네트워크마케팅 사업자들에게 놀라운 혜택을 준다. 재래적인 사업자들처럼 당신도 돈을 들여 고객을 유치하지만, 오직 소매로 제품을 구매하는 소비자만을 찾는 재래 사업자와는 달리, 당신은 제품의 품질을 확인하고 네트워크마케팅 사업이 제공하는 수입과 안전을 인정하여 디스트리뷰터가 될 수 있는 사람을 찾는다. 그것은 참으로 가슴 설레는 일이다.

## 고객의 등급은 각기 특권을 갖고 있다

바다와 바트라는 두 명의 소매 고객이 있다고 가정하자. 그들은 모두 3년 동안 당신에게서 제품을 구매하여 왔다. 바다는 제품 구입에 매월 평균 100달러를 사용한다. 그는 호감이 가는 사람이다. 그는 친구들을 소개하고 가끔 다운라인에 사업자를 리크루트하는데 도움을 주기도 한다. 회사에서 신제품을 출시할 때마다 바다에게 전화를 하면 그는 그 제품을 구매했다. 그는 모든 제품을 최소한 한 번은 사용해 본다. 얼마나 멋진 고객인가! 공휴일이면 늘 그를 식사에 초대하고 선물까지 준다.

반면 바트는 마지못해 한 달에 110달러를 쓴다. 바트의 경우를 보면, 마치 그 사람 때문에 돈을 버는 듯한 느낌이다. 바트가 전화를 걸면,

움찔해진다. 그는 한 달에 한 번은 제품 구매를 위해 전화를 하지만, 한 달에 두 번은 불평을 하기 위해 한다. 제품이 떨어지면 종종 당신의 비용으로 다음 날에라도 구매한 것이 배달되도록 신청한다.

신제품이 나와 그에게 전화를 걸면 늘 비싸다는 말부터 하고 가격을 깎아 주지 않으면 제품을 구매하지 않기 때문에 제품 소개하는 일을 주저하게 된다. 여러 차례 사람을 소개해 줄 것을 부탁했지만 한 번도 해준 적이 없었다. 바트는 한 달에 110달러를 쓰기는 하지만 개인적으로는 당신의 진을 빼고, 재정적으로는 사업의 진을 뺀다. 바트에게 시간을 쓰지 않아도 되었다면, 그는 바다와 같은 좋은 다른 고객에게 더 많은 것을 판매할 수 있었을 것이다. 바트가 쓰는 가외의 10달러는 결국 아무런 가치도 없는 것이다. 그는 당신에게 돈을 쓰게 만든다. 특별히 당신의 비용으로 다음날까지 제품을 배달시켜야 하는 경우가 그렇다. 공휴일에 다른 고객들과 더불어 바트를 식사에 초대하게 된다. 선물을 받을 자격이 없는데도 그에게 선물까지 준다.

바트를 식사에 초대한 이유를 묻는다면 당신은 이렇게 대답할 것이다. "바트 같은 사람이 내 다운라인에 있는 것이 좋지는 않지만 누군가 조직에 가입하겠다고 하면 어떤 사람인지 모르지 않습니까? 그러나 그 사람도 내 고객이니 모든 고객은 동등하게 대해야 하지 않겠습니까?"

모든 고객을 동등하게 대해야 한다고요?
"물론이죠. 다들 그렇게 하지 않습니까?"라고 되물을 것이다.
"아니오. 그렇지 않습니다. 당신은 그렇게 해서는 안 됩니다"

물론 모든 사람을 동등하게 대해야 한다는 것은 법이 요구하는 조항이기는 하지만 그것은 인간으로서의 기본 권리를 보호하기 위한 것이다. 식사 초대나 선물, 또는 안부 카드 같은 것은 기본 권리가 아니

다. 중요한 사실은 한 명의 고객에게 해주는 것을 모든 고객에게 해
줄 필요는 없다는 것이다. 최고의 고객에게는 최고의 경험을 선사해
야 한다는 것을 명심한다 .

어느 항공사든 대부분의 주요 항공사의 비행기를 타보면 이 문제를
곧 이해할 수 있다. 자주 탑승하는 승객은 특별한 대우를 받고, 일등
석으로 바뀌어가며 대우의 질도 달라진다. 일등석에서는 더 특별한
대우를 받게 된다. 항공사들은 – 오늘날 다른 많은 사업에서도 마찬
가지지만 – 어떤 고객은 다른 고객보다 더 가치가 있으며 그에 상응
하는 대우를 받을 자격이 있다는 것을 알고 있다.

이것은 워싱턴주 야키마에 있는 네트워크마케팅 사업자인 단 가웁이
굳이 배울 필요도 없었던 교훈이다. "나는 늘 고객을 파악하여 알아
두는 일을 잘해 왔습니다. 그들이 구매한 내용을 잘 기록해 둡니다.
고객이 2,500달러 상당의 물건을 구매한다면 그들에게는 평생 10%
의 할인 혜택을 줍니다. 한 번에 250달러 어치의 제품을 구매한다면
즉시 10%의 할인을 해줍니다. 이것은 회사의 정책이 아니라 나의 정
책입니다." 고객이 구매하는 내역을 기록해 둠으로써 댄은 그의 개인
적인 정책이 성과를 거두었다. 가장 많은 것을 구매하는 고객에게 그
는 가장 많은 것을 되돌려주며 그렇게 하면 그들은 계속 더 많은 것
을 사게 된다.

## 고객이 항상 옳은 것은 아니다

여러분은 "고객이란 항상 옳다고 배웠는데요"라고 말할 수도 있다.
우리는 재래적인 비즈니스에서 이러한 말을 수도 없이 들었다. 고객
이 제품 여섯 개를 포장해달라고 하면 여섯 개로 포장해 팔아야 하
고, 고객이 화요일에 서비스를 받고 싶다고 하면 화요일에 서비스를
해주어야 한다. 그렇지 않으면 당신은 잘못된 것이며 고객만이 옳은

것이다. 적어도 우리가 들어온 얘기는 그런 것이다.

그러나 제품을 여섯 개의 꾸러미로 팔 수도 없고, 그렇게 팔고 싶지도 않다면 어떻게 되는가? 화요일에는 일을 하지 않기 때문에 수요일에만 문을 열게 된다면 어떻게 하겠는가? 당신에게도 그런 권리가 있지 않은가?

당연히 당신에게도 그런 권리가 있다. 당신은 남을 위해 사업을 하는 것이 아니라 목표를 달성하고 이윤을 내기 위해 사업을 하는 것이다. 최소한 사업을 하면서 하고 있는 일에 만족을 느껴야 한다. 이러한 목표는 모든 사람에게 모든 것을 다 해주면서 이루어지지는 않는다. 특별히 네트워크마케팅 사업을 만족스럽고 이윤을 내는 것으로 만들고자 한다면 당신은 절대 그렇게 해서는 안 된다. 바로 이러한 이유 때문에 올바른 고객을 유치해야 한다.

당신의 사업에 바다 같은 고객보다 바트 같은 고객이 많다고 가정해 보라. 옳지 못한 많은 고객들이 당신이 사업을 하면서 누릴 수 있는 재미를 다 빼앗아 버릴 것이다. 외관상으로는 돈도 벌고 뭔가 사업이 잘 되는 것처럼 보이지만, 결국은 불만을 느끼게 되어 사업을 지탱할 수 없게 된다. 어떤 대가를 치르더라도 사업을 그만두고 싶어할 것이다.

"예비고객과 이야기를 나누면서 나는 이렇게 말합니다. "어떻게 도와 드릴까요?" 나는 세일즈맨이 아니고 문제를 해결해 주는 사람입니다"라고 단 가웁은 설명한다. "나는 예비고객의 문제를 듣고 내가 서비스 매니저로서, 고객관리 매니저로서, 시간을 투자하는 것이 우리 모두에게 그만한 가치가 있는지 확인하고 싶습니다. 나는 내가 판매하는 제품이 꼭 필요한지 확인하고 싶습니다. 어느 고객과 더불어 사업을 했는데 나중에 그 고객이 내가 원하는 사람이 아니라는 것이

밝혀지면 나는 그들의 사업에 감사하다는 말을 하고, 그들에게 다른 사람과 사업을 한다면 더 좋을 것이라고 말합니다. 이것은 대 화의 문을 열어줄 것이며 불편한 관계를 쌍방이 만족하는 것으로 전환시킬 것입니다."

한 가지 좋은 소식은, 어떤 고객은 다른 고객보다 더 가치가 있으며 또 어떤 사람은 다른 사람보다 당신의 사업에 더 적합하다는 것을 깨달음으로써, 당신은 모든 사람을 똑같이 대우하려는 시도를 중단할 수 있다는 것이다. 당신에게 바트 같은 고객이 있다면, 그에게 음식 제공을 중단할 수도 있다. 당신은 자신을 무례한 사람으로 만들지 않으면서, 바트에게 그의 방식이 아니라 여러분의 방식대로 사업을 하도록 권유할 수 있다. 그렇게 되면 바트는 올바른 고객이 되든가, 자신의 입지를 지키면서 다른 곳으로 가버릴 것이다. 어떤 결과가 나오든, 당신은 바트와 더불어 낭비하는 시간을 중단하고 더 많은 시간을 더 가치 있는 고객과 더불어 보낼 수 있을 것이다. 또한 여러분의 사업을 더욱 만족스럽고 가치 있는 것으로 만들어 줄 새로운 고객을 찾는 데 보낼 시간도 갖게 될 것이다.

가장 가치 있는 고객이란 당신의 사업에 적절한 고객을 말한다. 그들은 가정에서 그들이 해야 할 일을 하고, 미팅에 참석하고, 예비고객에게 그들의 사업에 관한 것을 매일 이야기하는 디스트리뷰터들이다. 그들은 제품과 서비스에 대해 호감을 갖고 있기 때문에 기꺼이 돈을 쓰는 소매 고객들이다. 그들은 또한 당신의 시간을 고려해준다. 일단 이러한 고객이 어디 있는지 알아내고, 그들을 유치하여 당신의 사업에 충실한 고객이 되도록 관리해야 한다. 이렇게 하면 당신은 당신의 사업을 방해하고, 당신의 만족과 이익은 말할 것도 없고, 모든 기쁨을 빼앗아가는 그릇된 고객들을 제거하거나 적어도 최소화할 수 있을 것이다.

## 제 12 장

# 고객의 가치를 결정함

· · · · · · · · · · · · · · · · · · · · · · · · · · · · · · · · · · ·

고객의 가치는 얼마나 될까? 좋은 질문이다.

네트워크마케팅 사업이든 다른 사업이든, 사업을 경영하는 모든 사람들은 이에 대한 답을 알아야 한다. 고객이 얼마만한 가치를 갖고 있는지 모른다면, 어떻게 한 고객이 다른 고객보다 더 가치가 있는지 알 수 있겠는가? 불행하게도, 많은 경영주들이 그에 대한 답을 모르고 있지만, 네트워크마케팅 사업자는 반드시 알아야 한다.

고객의 가치를 모르고서는, 당신이 그 고객 때문에 돈을 벌지, 손해를 볼지 알 수 없다. 예를 들어, 새로운 고객을 유치하는 데 25달러의 경비가 들었다면, 당신은 그 고객의 구매를 통해 언제 그 돈이 회수될 것인지 알아야 한다. 그 시점까지, 현재 당신은 돈을 잃은 것이다. 그 고객이 당신에게 10달러의 커미션을 받게 하고, 그 후로 다시 제품을 구매하지 않았다면, 당신은 영원히 15달러를 잃은 것이다. 당신은 그 고객이 다시 돌아와 한두 번 더 커미션을 받을 수 있게 해 주기를 바랄 것이다. 물론, 고객의 첫 번째 구매에서 50달러의 커미션이 발생했다면 당신은 돈을 번 것이다. 만약 이 고객으로부터 매달 50달러를 벌고 그 고객이 5~10년 또는 그 이상 계속 당신으로부터 제품을 구매한다면, 당신은 가치 있는 사업의 자산을 얻은 것이다.

고객은 현금보다 더 가치가 있다는 것을 기억하라. 또한 그들이 원하는 것을 얻을 수 있도록 도와주기만 한다면 당신은 인생에서 원하는 모든 것을 얻을 수 있다는 것을 기억하라. 당신이 판매하는 제품이 필요한 것을 충족시킨다면, 그 고객의 가치는 무한할 것이다. 그들이 당신에게 줄 리드만 가지고도 엄청난 가치가 있을 것이다.

### 만족스러운 고객은 돈 이상의 것을 제공한다

여러 해 전, 내가 신참 세일즈맨으로 아주 튼튼하고 물이 필요치 않은 조리기구를 막 판매하기 시작했을 때 우리는 사우스캐롤라이나주 랭카스터에 살고 있었다. 내가 우체국장의 아내인 윌 헨드릭스를 만난 것은 행운이었다. 그녀는 우리의 제품 한 세트를 30년 이상 소유하고 있었는데 매일 그것으로 요리를 하였으며 마을에서 가장 훌륭한 요리사로 소문이 자자했다. 그녀는 그 조리기구 세트를 무척 아꼈으며, 한번은 내가 그녀의 집에서 디너 파티를 하도록 허락하였다. 그녀는 여덟 부부를 초대했는데 모두 참석했다. 나는 조리 기구의 내구성과 평생토록 쓸 수 있다는 제품의 품질을 증명하기 위해 내가 가지고 있는 새 것이 아니라 그녀의 것으로 요리를 하였다. 그날 밤 나는 영업을 하기 위해 많은 말을 하지 않았다. 사실은, 헨드릭스 부인이 영업을 하였다.

만족스러운 한 고객의 결과로 여덟 부부가 제품을 구매하였다. 그 후 2년 동안 세일즈가 슬럼프에 빠질 때면 나는 차를 몰아 헨드릭스 부인을 찾아갔다. 그녀는 나를 양자로 삼아 아들처럼 대했다. 그녀를 방문하기만 하면 그녀는 꼭, '바로 어제' 또는 '바로 오늘' 특별 요리를 만들었다면서 얼마나 맛이 있는지 모두 조리기구 덕분이라고 소란을 피워댔다. 그곳을 떠날 때면 나는 늘 새롭게 충전되어 있었으며 슬럼프에서 벗어나기도 했다. 결론적으로, 그 고객은 매우 값진 자산이었다. 당신의 고객 가운데 만족을 얻은 고객이 있다면 그들도 당신에게 같은 일을 해줄 수 있다. 그들은 당신에게 동기를 부여해주고 다른 사람에게 제품을 판매할 수 있도록 리드를 제공해줄 것이다.

## 투자 대상으로 고객의 잠재력을 결정함

고객 확보를 사업에서의 투자 대상으로 보는 것은 좋은 생각이다. 고객을 위해 기꺼이 얼마를 지불하느냐 하는 것은 고객의 가치와 관련이 있어야 한다. 고객 가운데 어떤 사람은 디스트리뷰터가 될 것이고, 그래서 그들의 가치는 더욱 크게 여겨지는 반면, 고객의 평생 가치(다음편 참고)는 소매 고객이 얼마나 가치가 있는지를 보여준다. 가령 한 고객이 당신에게 월 평균 25달러의 커미션을 받게 해 준다면, 당신은 기꺼이 그 고객을 위해 25, 50, 100달러 또는 그 이상을 사용하겠는가? 한 고객이 60개월 이상 월평균 25달러의 커미션을 발생시킨다는 것을 안다면(1,500달러 가량 됨) 당신은 그 고객을 얻기 위해 기꺼이 100달러 이상을 투자하겠는가? 거기에는 훌륭한 투자

가치가 있다. 물론, 당신은 이러한 결정을 당신의 업라인과 상의해야 한다.

## 소매고객의 극대화된 평생가치

어떤 네트워크마케팅 사업자 – 또는 어떤 사업주 – 라도 고객으로부터 받는 가장 큰 선물은 소개다. 고객들이 당신과 당신의 제품을 소개할 때, 그들은 당신과 더불어 사업하는 것을 만족하게 생각할 뿐 아니라, 기꺼이 당신을 보증한다고 말하는 것이다. 당신은 이 고객을 당신과 사업을 위한 치어리더라고 생각할 수도 있을 것이다. 그들은 가족, 친구, 동료 및 그들이 만나는 사람들 가운데 당신이 판매하는 것에 관심을 기울이는 사람들에게 경험을 전하고 싶어한다. 치어리더 고객들은 종종 예비고객을 소개하여 당신이 굳이 제품을 판매하지 않아도 되게 한다. 예비 고객들은 당신에게 전화를 걸어 제품을 구매하며 당신이 할 일은 주문서를 작성하는 것뿐이다 .

그러나 너무 자신감을 갖거나 앞으로의 일을 가정하지 않도록 하라. 적어도 언제든 판매를 할 수 있도록 준비하라. 예비 고객들에게 몇 가지 자세한 내용을 전해주고, 그를 소개한 사람이 그에게 제품이 주는 놀라운 혜택에 대해 말했는지 묻는다. 그런 다음 당신은 이렇게 물을 수 있다. "그래 친구가 찾은 똑같은 만족을 찾고 있는 것 같군요." 아마도 그는 그렇다고 대답할 것이다. 그가 그렇다고 대답하면 영업은 체결되는 것이다.

그래서 각 고객이 연간 몇 건의 소개를 해줄 것인가? 대답은 변수에 따라 다양할 것이다. 첫째, 당신은 얼마나 잘 하고 있는가? 고객을 잘 관리하고 있는가? 그들의 문제를 해결해주고 좋은 느낌을 갖게 해주는가? 치어리더 고객을 만들고 있는가? 만약 그렇게 하고 있다면, 당신은 부탁을 하지 않아도 상당수의 소개를 받을 것이다. 그러나 현재의 고객이 자발적으로 예비고객을 소개하지 않는다면, 같은 혜택을 향유할 만한 친구나 가족이 있는지 묻는다.

그러나 어떤 고객들은 당신이 아무리 주의를 기울여주고, 또 그들이 서비스와 제품을 좋아한다 하더라도, 치어리더가 되려고 하지 않는다. 이 고객들은 치어리더가 되는 것을 사양한다. 그들에게는 소개를 해 달라는 약간의 격려가 필요할 것이다. 당신이 부탁하기만 한다면, 그들은 소개를 할 것이다. 재정적인 보상이나 무료로 상품을 주는 것과 같은 인센티브를 제안한다면, 그들은 종종 새로운 고객을 찾는 일에 반드시 도움을 줄 것이다 .

## 고객을 디스트리뷰터로 만드는 일

지금쯤, 네트워크마케팅에서 일어나는 일에 대해 당신은 많은 것을 계산하고, 추측하고, 계획할 수 있다는 것이 분명해졌어야 한다. 그러나 종이에 숫자를 적고 그럴듯한 말을 한다고 해서 반드시 그렇게 되는 것은 아니다. 실제적인 문제는 당신이 고객과 더불어 일을 잘 해내고 그들과 오랫동안 잘 지낸다면 그들이  다른 사람들을 소개할 것이라는 것이다. 고객이 받는 혜택과 그들이 제품을 구입함으로써 얻게 되는 당신의 혜택을 더하기 시작할 때, 당신은 쌍방이 모두에게 유리한 상황을 만들고 있는 것이다.

진정한 혜택은 고객이 디스트리뷰터가 될 때 온다. 그것이 바로 훌륭한 고객 서비스와 훌륭한 제품을 갖고 있어야 하는 비결이다. 그것이 사업을 이룩하는 방법이며, 조직을 구축하고, 지속적인 수입, 재정적인 안정 및 다른 많은 것들을 얻게 되는 방법이다. 나는 우수한 고객을 갖는 것과 그들이 원하는 적절한 시기에 그들을 사업에 참여시키는 일의 중요성을 결코 과장해서 말할 수는 없다.

고객 가운데는 자녀와 손자들을 둔 연로한 사람들도 있다. 많은 경우, 60~70대(또는 그 이상)가 된 사람들이 조직에 가입하여 고객우대 할인혜택을 받을 뿐만 아니라 가족에게 할인된 가격으로 제품을 공급할 수도 있다. 자녀와 손자들과 더불어 일하는 것이 얼마나 재미있는지 알게 되면 많은 사람들이 다른 사람을 쉽게 네트워크에 가입시킨다. 가능성은 끝이 없다. 소매 영업이 반복되는 사업을 구축하는 일의 중요성이 거기에 있다.

네트워크마케팅에서 가장 훌륭하게 성공을 거두고, 많은 수입을 올리는 사람들을 보면 제품을 소매하고, 사람들을 리크루트하고 다운라인을 구축한다. 그런 다음, 다시 고객의 평생가치 차트를 작성한다. 이번에는 다운라인에 있는 고객이나 디스트리뷰터의 숫자를 사용한다.

# 제 13 장
# 예비사업자를 찾는 기술

● ● ● ● ● ● ● ● ● ● ● ● ● ● ● ● ● ● ● ● ● ● ● ● ● ● ● ● ●

제13장에서는

▶ 데이터베이스를 이용하여 예비고객과 고객에 관한 정보를 저장하고

▶ 웜 마켓과 콜드 마켓을 가동하여 가장 훌륭한 예비고객을 찾아내고

▶ 사업의 기회를 판매하고

▶ 예비고객을 찾아내는 빠른 방법을 따라가보고

▶ 다양한 통신수단을 이용하여 예비고객과 접촉해보고

▶ 회사를 전문가답게 대표하는 것에 대해 알아본다

● ● ● ● ● ● ● ● ● ● ● ● ● ● ● ● ● ● ● ● ● ● ● ● ● ● ● ● ●

**새**로운 네트워크마케팅 사업자들은 다른 디스트리뷰터와 소매 고객을 찾아내기 시작할 때까지 으레 사업에 대해 흥분하기 마련이다. 지금까지 당신은 교과서적인 모든 것들을 배웠다. 당신은 직업으로서의 일을 평가하고, 자신과 가장 잘 맞는 회사에 자신을 맞춰보고, 일할 장소를 정리하고, 시간을 내어 당신의 사명과 또한 회사의 제품과 가치에 대해 공부했다. 이제는 돈을 벌어야 할 시간이다. 그것은 디스트리뷰터와 고객을 유치해야 한다는 것을 의미한다. 당신은 문득, 그리고 처음으로 이 새로운 사업에 대해 두려움을 느낀다.

"내가 어떻게 성공적으로 고객을 찾아낼 것인가?… 어떻게 디스트리뷰터를 얻는가? 소매 고객을 어디서 찾는가?… 누구한테 물어볼까?… 뭐라고 말할까?"

걱정하지 말라. 우리는 그 대부분의 문제에 대한 답을 가지고 있다. 본 장에서는 제품과 서비스를 구매하는 일은 물론 사업에까지 참여시킬 사람을 찾는 방법을 제시할 것이다. 당신이 오프라인(인

터넷 밖에서)에서 찾든, 온라인(인터넷을 사용함)에서 찾든, 본 장에서는 도움을 받을 수 있는 방법이 많다는 것을 알게 될 것이다.

네트워크마케팅 제국을 건설하고자 하는 당신의 열의가 두려움으로 인해 순식간에 무너지지 않게 하라. 열의가 식지 않도록 잘 보호하는 것은 참으로 중요한 일이다. 당신은 FEAR(두려움)라는 두 문자어를 기억함으로써 그렇게 할 수 있다. FEAR란 사실로 드러나게 될 거짓 증거(False Evidence Appearing Real – FEAR는 이 말의 첫 글자를 따서 만든 단어임)라는 의미를 갖고 있다. 사업을 위해 예비고객을 찾아내야 할 시각에 네트워크마케팅 사업자의 생각에 두려움을 갖게 하는 문제는 별로 없다. 사업을 전개하기 위해 다음 단계를 밟고 싶어하는 것은 당연한 일이다. 그러나 여러분이 올바른 회사를 택했다면, 질문에 대한 답은 이미 있는 것이다. 회사에서는 훈련 프로그램과, 지도자들과 업라인을 통해 당신에게 예비고객을 찾아내는 방법을 가르쳐 줄 것이다. 그 시스템을 따르면, 두려움은 곧 사라지게 될 것이다.

## 중요한 일부터 먼저: 예비고객을 찾기 위해 데이터베이스를 마련함

예비고객을 찾아내기 전에, 데이터베이스를 마련하여 예비 디스트리뷰터와 고객에 관한 관련 자료를 기록한다. 그 전까지 당신은 사업을 전개하기 위해 이 단계를 밟을 준비가 되어 있지 않은 것이다. 네트워크마케팅 사업자들은 으레 회사에 가입하는 순간부터 함께 사업을 하거나 또는 제품이나 서비스를 구매할 사람들의 명단을 메모하기 시작한다. 그러나 네트워크마케팅 사업자들이 예비고객을 찾기 시작할 때가 되면, 그 명단은 사라져버리거나 어디서도 찾을 수 없게 된다. 설상가상으로, 네트워크마케팅 사업자들은 그 일을 계속 한다는 것이다. 즉, 종이쪽지나 쇼핑백, 영수증, 냅킨 등에다 간단히 메모를 한다. 절대로 그래서는 안 된다. 그것은 당신이 원하는 것도 아니다. 당신에게는 손으로 기록하든 컴퓨터로 하든 데이터베이스를 가지고 있어야 한다.

데이터베이스는 마케팅 프로그램의 기초가 된다. 데이터베이스가 없다면 혼란만 야기될 뿐이며, 더 나쁜 것은 디스트리뷰터와 고객을 유치하고 관리할 수 있는 많은 기회를 놓친다는 것이다.

데이터베이스를 사용하여 예비 디스트리뷰터와 고객에 관한 다음과 같은 정보들을 기록한다. 이름, 주소, e-메일 주소, 전화번호 및 이 예비고객과 이전에 나눈 대화를 메모해둔다. 각 리드의 출처를 기록해 두는 일은 늘 도움이 된다. 이 고객을 어떻게 찾았는가? 또는 그 고객이 당신을 어떻게 찾았는가?

여러분은 컴퓨터 소매점이나 인터넷에서 데이터베이스 소프트웨어 프로그램을 구할 수 있다. 이 프로그램은 데이터를 자동으로 저장하고 수정하며 쉽게 접할 수 있다. 만약 컴퓨터를 사용하지 않는다면, 3 × 5 사이즈 인덱스 카드를 사용하여 데이터베이스를 만들 수 있다. 카드는 용기에 저장하거나 고무줄로 묶어둔다. 날짜별로 카드에 색인을 달아 어떤 날짜의 것이라도, 어떤 예비고객이 후속조치가 필요한지 빨리 결정할 수 있다. 예비고객을 고객으로 전환시킨 뒤에는 그 데이터를 다른 색의 카드에 옮겨 당신의 고객을 쉽게 식별할 수 있도록 한다. 이 방법만이 당신이 누가 누구인지 그리고 예비고객을 찾아내는 데 해야 할 일이 무엇인지 기록할 수 있는 유일한 방법이다.

데이터베이스를 컴퓨터에 보관하면 사업 전개가 훨씬 쉬워진다. 수백 명의 예비 고객에 관한 데이터베이스를 처리하는 데 그리 오랜 시간이 걸리지 않는다. 물론 컴퓨터가 나오기 전에는 사람들이 손으로 작성했지만, 많은 양의 데이터베이스를 그렇게 하는 것은 귀찮은 일이다. 그러나 컴퓨터와 함께 데이터베이스 소프트웨어는 혼란을 덜어주고, 예비 고객을 찾아내는 일을 합리적으로 하도록 해준다.

## 지금 두 가지 사항을 결정함

예비 고객을 찾는 일을 시작하기 전에, 당신은 먼저 어디서 무엇을 찾을 것인지에 대해 결정을 해야 한다. 먼저 어디서 디스트리뷰터와 소매 고객을 찾을 것인가? 가족이나 친구를 만나거나 이웃을 찾아다니며 애원하겠는가? 아니면 리드(고객출처)를 얻어내기 위해 광고를 내겠는가? 그런 다음 이 예비 고객에게 무엇을 팔겠는가? 소매 제품이나 서비스를 권하는 일부터 시작하겠는가? 아니면 먼저 사업의 기회를 판매하는 일부터 하겠는가? 여기서는 당신을 위해 이러한 결정까지 내려주지는 않지만 적어도 당신이 결정해야 할 내용을 분명하게 해주고, 그 최종 결정은 당신에게 맡긴다.

언제든 결정을 해야 할 일은 생기지만, 어떻게 해야 할지 그 방법을 모를 때, 당신은 우선 상위 라인에 있는 후원자에게 연락을 해야 한다. 후원자는 어떤 방법을 권하는가? 그는 어디서 디스트리뷰터나 고객을 찾는가? 당신과 비슷한 기술을 지니고 같은 시간을 사용하겠다고 각오한 다른 디스트리뷰터는 어떻게 하고 있는가? 또한 보상 플랜도 고려하라. 어떤 플랜은 제품을 판매하는 것이 다른 사람을 후원하는 것보다 더 흥미를 끄는 경우도 있다. 결정을 내리기 전에, 상위 라인에 있는 사람들의 도움을 받아 당신이 선택할 것을 평가하도록 하라.

## 먼저 고객을 찾아야 할 곳을 결정함

웜 마켓 대 콜드 마켓: 어느 쪽 마켓을 먼저 시도하겠는가? 아니면 동시에 두 가지를 다 시도하겠는가?

웜 마켓은 당신이 아는 사람이나 당신을 아는 사람들로 구성되어 있다. 가족, 친구, 이웃 그리고 누구든 그들이 소개하는 사람들은 웜 마켓을 구성한다. 반면, 콜드 마켓은 모르는 사람과 아는 사람으로 구성되어 있다.

예비 고객을 찾는 일은 자칫 낙담하기 쉬우므로, 어느 쪽을 선택하느냐 하는 것은 중요하며, 어느 쪽 마켓에서 성공을 거두든 그것은 전적으로 그 마켓을 대하는 당신의 태도에 달려 있다. 모르는 사람을 만나는 일을 싫어한다면, 당신은 콜드 콜링을 좋아하지 않는 것이다. 즉, 구매 리스트를 가지고 텔레마케팅을 하거나 가정이나 사무실을 직접 찾아다니는 것을 말한다. 어떤 사람들은 콜드 콜링은 사업을 시작하기 위한 방법으로는 고달픈 일이라고 한다.

반대로, 가족과 친구에게 접근하기보다 모르는 사람에게서 고객을 찾고자 한다면, 그들 가운데 많은 사람을 고객으로 전환시키지는 못할 것이다. 어디서 시작해야 할지 모르든, 또는 어느 마켓이나 괜찮다고 여기든, 다양한 방법을 좋아할 경우, 양쪽 마켓에서 찾도록 한다.

"웜 마켓이 제일 좋습니다." 플로리다주에 있는 MLM대학의 설립자며 상위권에 있는 많은 사업자들을 훈련시키는 힐튼 존슨은 말한다. "이 분야에서 성공하기를 원한다면, 당신은 영구적인 웜 마켓이 필요합니다. 신뢰를 쌓고, 사람들을 당신 사업에 유치함으로써 웜 마켓을 확장시키십시오. 네트워크마케팅 사업에 참여하는 대다수의 사람들이 제품이나 서비스에 대한 경험 때문에 그렇게 하고 있습니다. 그들의 삶이나 그들이 알고 있는 사람들의 삶을 변화시킨 것은 대개 그런 것입니다.

네트워크마케팅 트레이너인 더그 파이어바우는 반대 의견을 갖고 있다. 그는 콜드 마켓에 정수기를 판매하여 성공적인 사업을 구축했다. "나는 내 시간의 90%를 그 곳에 썼습니다"라고 그는 설명한다. "나는 모르는 사람에게 하루종일 전화를 할 수 있습니다."

결론: 정답은 없다. 그것은 개인적인 결정일 뿐이다. 각 마켓에 대한 찬반을 평가하고, 또한 이 마켓들에 대한 당신의 생각을 평가한 후에 당신에게 가장 적합한 결정을 내리면 된다.

---

### 뒷마당에서 금광을 발견했다면 누구와 먼저 나누겠는가?

워싱턴주 벨레부에 거주하는 레이 게바우어는 만약 당신이 뒤 마당에서 금광을 발견했는데 그 금을 다 사용할 수 없기 때문에 대부분을 누구에겐가 팔아야 한다면, 먼저 누구에게 기회를 주겠느냐고 묻는다. 신문에 낸 광고를 보고 응답하는 낯선 사람에게 주겠는가? 아니면 여러분을 알고 좋아하는 사람에게 주겠는가? "나는 먼저 가족과 친구에게 줄 것을 제안합니다"라고 영양 제품을 판매하는 게바우어는 말한다. "그들에게 받을 마음이 없다면, 다른 사람에게 줄 것입니다. 그러나 기회는 먼저 그들에게 줍니다. 그들에게 팔 수 없다면, 낯선 사람에게 팔 수 있느냐고 묻고 싶습니다. 가족이나 친구에게 팔고 싶지 않다면, 당신은 잘못된 회사에 속해 있거나 회사를 믿지 않는 것입니다. 당신은 믿어야 합니다. 먼저 웜 마켓에 판매한 후에 차츰 성공을 거두면서 콜드 마켓으로 옮겨갈 수 있습니다."

---

## 먼저 판매할 것을 결정함

소매와 후원: 어느 쪽이 더 좋은가? 물론 동시에 두 가지를 다 할 수도 있겠지만 먼저 우리가 말하는 것을 들어 보라. 우선 제품과 서비스를 판매하고 그 다음에 사업의 기회를 판매하여 일석이조의 효과를 누릴 수 있을 것이다. 때로, 제품과 서비스를 사용해 본 후에 소매 고객이 당신에게 이렇게 말할 수도 있다. "이 제품이 너무 좋은데

요… 어떻게 하면 나도 이 사업을 할 수 있을까요?" 그쯤 되면 당신은 사업의 기회를 판매할 필요가 없게 된다. 주문은 이미 당신의 수중에 있는 것이다. 그들에게 사인만 하게 하면 된다.

가장 훌륭한 성공을 향유하고, 방대한 조직을 구축하고, 지속적인 수입을 창출하고, 꾸준히 많은 돈을 버는 사람들은 단지 디스트리뷰터들만 후원하여 그렇게 하지는 않는다고, 경험이 많은 사업자들은 말한다. 그들은 제품과 서비스를 열정적으로 또한 성공적으로 판매하여 그러한 결과를 거두는 것이다. 당신도 같은 방법을 택하도록 제안하는 바이다.

지난 수 년 동안, 48세의 레이 게바우어는 디스트리뷰터로 '수 백만 달러'를 벌었다. 게바우어는 이렇게 설명한다. "그 수입의 80%는 다른 사람을 전혀 후원한 적은 없지만, 우리의 제품을 사랑하게 된 사람들로부터 벌어들인 것입니다. 이들 가운데 어떤 사람들은 지금부터 6개월이나 1년 또는 2년 후에 다음과 같이 말할 것입니다. "나도 이 물건을 팔 수 있겠는데요. 이것은 정말로 내 인생을 변화시켰습니다." 어떤 사람들은 3, 4일만에 그런 말을 합니다. 그러나 요점은, 대부분의 돈을 단지 다른 사람을 후원해주는 것으로 벌지 않는다는 것입니다. 물론 후원하는 일은 중요하지만 당신도 스스로 제품을 판매해야 한다는 것입니다."

네트워크마케팅 사업자로서 성공하기 위해, 당신은 네트워크마케팅이 제공하는 모든 것을 얻기 위해 합리적이면서 올바르게 일해야 한다. 다시 말하면, 제품을 판매하는 일에 박차를 가하기 전에 제품을 사용하는 사람이 되어야 한다. 목표를 세워놓았다는 것과 모임에 참석하고, 디스트리뷰터 지침서를 공부하고, 무엇보다도 중요한 것은 회사의 제품과 서비스를 사용한다는 것을 사람들에게 보여주어라.

디스트리뷰터로 영양 제품을 판매하는 렉셀 토드 스미스는 1999년에 2백 만 달러 이상을 벌었다. 그는 사업의 기회가 아니라 제품 판매에 역점을 둔 결과로 그 일을 해 낼 수 있었다고 말한다. "긍정적인 방법으로 삶에 영향을 주는 제품이 있다면, 사람들은 당신이 하는 사업에서 어떻게 그들도 돈을 벌 수 있는지 알게 됩니다. 따라서 나는 사업이 아니라 제품을 판매하도록 제안합니다. 네트워크마케팅에는 지난 여러 해 동안 너무나 많은 '사업의 기회'가 있었습니다. 이제 그러한 세월은 거의 지나갔습니다. 사람들은 제품의 가치를 확인한 후에 그들이 참여할 곳으로 움직일 것입니다."

사람들이 항상 사업의 기회나 제 2의 직업을 찾는 것은 아니다. 직업을 바꾸는 것에 늘 관심을 갖고 있는 것이 아니며, 관심을 갖고 있다고 해도 네트워크마케팅을 생각할 가능성은 희박하다. 그러나 사람들은 매일 제품과 서비스를 구매한다. 그들에게 제품과 서비스를 판매하면서 사업에 대한 흥미를 유발시킬 수 있다. 일단 돈 버는 방법을 깨닫게 되면 그들은 사업에 가담하고 싶어할 것이다. 그 시점에 이르면 당신은 그들을 후원할 기회를 갖게 된다.

후원한다는 것은 디스트리뷰터를 리크루트하고 조언한다는 것이다. 종종 제품과 서비스를 판매하는 가운데 먼저 디스트리뷰터들을 찾아낸 다음, 그들에게 사업을 성공적으로 할 수 있는 방법을 가르쳐라. 이들은 당신의 다운라인에 포함된다.

누구든 당신이 후원하는 사람은 소매 고객이 되어야 한다. 그렇지 않다면, 간혹 예외의 경우가 있기는 하지만, 그들이 사업에 성공할 확률은 희박하거나 전혀 없다. 그들 스스로 제품이나 서비스가 주는 이점을 체험하지 않는다면, 그에 대한 믿음은 매우 적을 것이다.

네트워크마케팅 사업자로서 성공할 수 있는 가장 빠른 길은 모범을

보이는 것이다. 네트워크마케팅에서는 그것을 '복제' 라고 부른다. 판매란 감정전이(感情轉移)로서, 만약 당신이 제품에 대한 경험에 근거하여, 당신이 느끼는 것을 새로운 디스트리뷰터에게 느끼게 할 수 있다면, 그들도 그러한 느낌을 갖고자 할 것이며, 당신이 받은 혜택을 받고 싶어할 것이다. 사람들은 당신이 행동하는 것을 보고 그대로 할 것이다. 만약 당신이 제품을 사용하고 있으며, 제품이나 서비스가 훌륭하고 돈을 벌게 해준다는 것을 믿는다면 당신의 고객과 사업자들은 당신을 믿고 그대로 따라할 것이다. 당신이 목표를 세운다면, 사업자들은 목표를 세우는 일의 가치를 알게 될 것이다. 성공적인 네트워크마케팅 사업자들은 모범으로 사업을 이끌어야 하며 사업자로서 당신은 항상 모범을 보여야 한다.

제품을 판매하느냐 또는 후원을 하느냐 하는 일 중 어느 것에 역점을 두어야 할 것인가. 후원을 한다는 것은 제품과 서비스를 판매할 때보다 훨씬 더 진지한 각오를 해야 한다(물론 제품과 서비스를 판매하는 일의 가치를 감소시키는 것은 아니다). 후원자로서, 당신은 디스트리뷰터가 성공하도록 해야 한다. 디스트리뷰터들은 특히, 사업을 처음 시작할 때, 당신의 안내와 코치를 기대한다. 그들이 제품과 서비스의 가치는 물론 사업에서 돈 버는 방법까지 이해하도록 도와주어야 한다. 사기가 저하되어 있을 때, 그들은 자신을 붙들어주기 위함 것이다. 의기가 앙양할 때, 그들이 계속 걸어갈 수 있도록 당신은 그들을 도와주어야 한다.

제품과 서비스를 구매하려는 디스트리뷰터를 후원하는 것은 쌍방에게 가장 좋은 일이다. 당신은 예비고객을 찾는 노력을 극대화할 수 있으며 디스트리뷰터에게 사업을 올바르게 하는 방법을 가르치게 된다.

## 후원에는 책임이 수반된다

네트워크마케팅 사업자들은 때로 디스트리뷰터에게 사인을 하게 하고, 그들로부터 돈을 벌었을 때, 디스트리뷰터를 후원했다고 생각하려는 경향이 있다. "난 지난 밤에 한 사람을 후원했어요"라고 흥분된 어조로 말한다. 그런가? 노련한 마케팅 사업자들은 후원이란 것이 한 두 시간에 일어나는 일이 아니라는 것을 잘 알고 있다. 후원이란 사업자와 더불어 일을 하거나 관계를 이룩하는데 여러 주 또는 여러 달이 걸린다. 그것은 신뢰에 대한 전제 조건이며, 장기적인 관계에 있어서 고정적인 요인이기도 하다.

네트워크마케팅 사업을 구축할 때, 처음에는 한 명이나 두 명의 디스트리뷰터를 후원하라. 미팅이나 훈련 모임에 참석하는지, 또는 예비고객 명단을 작성하는지 확인하면서 개인적인 관심을 나타내 보일 수 있다. 그들은 스스로 제품을 사용할 것이며, 그들이 하는 일과 제품이 주는 혜택과 재정적인 기회의 관점에서 제품과 사업의 기회를 판매할 것이다.

당신은 그들이 다른 사람을 후원하여 똑같은 일을 하게 하도록 도울 수 있다.

3. 당신은 다른 사람에게 중요한 무엇인가를 하도록 도와주고, 동시에 자신의 재정적인 복리에 무엇인가 기여한다는 것을 느낀다.

3. 만약 당신이 누군가를 사업에 참여시켰는데 그가 다시 사업을 잘 하는 다른 사람을 참여시켰다면, 당신이 직접 후원한 사람은 자기의 노력을 새롭게 평가할 것이다. 당신은 계속 그에게 열의를 갖게 되고, 그를 사업에 붙들어 두겠다는 확신을 가질 것이다.

다른 사람이 원하는 것을 얻을 수 있도록 도와주기만 한다면 당신은 인생에서 당신이 원하는 모든 것을 얻을 수 있다는 철학을 기억하라.

## 성공에 이르는 열쇠

사업자로, 건강과 영양제품을 판매하는 토드 스미스는 네트워크마케팅에서 빠르게 성공할 수 있었던 개인적인 방법을 이렇게 말한다.

1. 기본적인 것을 찾아낸다.
   어떤 것들은 정확하게 반복될 경우, 큰 결과를 낳는다. 그것들은 어떠한 것들인가? 물어보라.

2. 기본적인 것을 행하는 방법을 찾아낸다.
   업라인에게 물어보라. 리더들에게 물어보라. 가장 성공적인 네트워크마케팅 사업자에게 물어보라.

3. 나가서 그 일들을 행하라. 그 일을 할 때, 더 잘할 수 있도록 하라.
   당신이 해야 할 대부분의 일은 실제 훈련이다. 실험을 해야 한다. 당신의 개성에 맞는 것을 알아내라. 편안한 마음을 갖고 즐거움을 누려라. 만일 그 일이 재미가 없거나 별다른 흥미를 느끼지 못 한다면, 당신은 오래 지속하지 못 한다.

# 예비고객을 찾기 위해 빠른 방법을 택함

훌륭한 네트워크마케팅 회사들은 디스트리뷰터들에게 패스트 트랙 프로그램(Fast Track Program)을 제공한다. 회사마다 이 프로그램에 대해 다른 명칭을 갖고 있지만, 모든 명칭이 뜻하는 것은 이 활동 플랜을 따르는 디스트리뷰터는 사업을 구축하는 일에 있어서 빠르고도 성공적인 출발을 할 수 있다는 것이다. 다음과 같은 방법을 제안한다.

1. 웜 마켓(warm market)을 확인한다.
2. 소개를 부탁한다.
3. 리드(고객)의 출처를 찾아낸다.
4. 예비고객에게 연락한다.

이 방법들은 사업 전개를 위해 증명된 것들이다. 네트워크마케팅 사업을 빨리 구축하는 다른 방법들도 있으니, 특별히 후원자들이 추천하는 것이라면 반드시 탐사해봐야 한다.

당신이 주말이나 일 주일에 이틀 정도만 파트타임으로 사업을 한다면 일은 더 복잡해진다. 예비 고객에게 전화를 걸어도 통화를 할 수 없을지 모른다. 그러므로, 모든 마케팅 자료 즉, 명함, 편지지, 소책자, 테이프 및 웹사이트 등에 연락처를 포함시키도록 한다. 예비고객이 당신과 쉽게 연락할 수 있게 하라. 18장과 19장에서는 예비고객에게 연락을 취하고, 그들에게 제품을 판매하는 방법에 관한 정보를 제공할 것이다.

## 웜 마켓을 확인한다

웜 마켓을 확인하는 것은 행동플랜에서 첫 번째 단계의 하나다. 당신은 종이를 꺼내놓고 앉아서, 주소록을 펼치거나 컴퓨터에서 데이터베이스를 클릭하여 당신이 아는 사람들의 명단을 작성하고 주소와 전화번호를 적으라는 권고를 받을 것이다. 당신의 목표: 100명의 명단.

이러한 요청이 처음에는 부담스럽게 들릴지도 모른다. 저녁까지 또는 주말까지 명단을 작성하라고 하면, 그것은 부담이 된다. 명단은 충분한 시간을 갖고, 예를 들면, 약 한 달이나 그 이상 걸려서 작성하도록 한다. 당신이 네트워크마케팅 사업을 시작하는 데 필요한 사람은 10여 명 정도면 된다. 당신의 열의가 뜨겁다면, 오늘 10명 정도의 명단을 갖고 시작하는 것은 다음 달에 100명의 명단을 갖고 시작하는 것보다 분명 나은 일이다. 승리할 수 있는 방법을 택하라. 지금 중요한 것은 무엇인가?

웜 리스트(warm list)에 있는 사람을 미리 평가하여 "그는 관심이 없을 거야" 또는 "그 여자는 아냐, 이미 크게 성공했거든"이라고 말하는 것은 실수일 수도 있다. 어쨌든 사람들의 이름을 적고 연락을 취하라. 당신은 누가 당신의 새로운 사업이나 제품과 서비스에 관심을 갖고 있는지에 대해 놀랄 것이다. 관심이 없다 하더라도, 그들은 당신이 접촉할 만한 사람을 알고 있을 것이다.

## 소개를 부탁한다

레이 게바우어는 이렇게 말한다. "네트워크마케팅에서 재미있는 일은 아직 누가 당신의 가족이고 친구인지 모른다는 것이다. 그들은 당신에게 누군가를 소개할 것이며, 소개받은 사람은 당신에게 많은 돈을 벌게 해 줄 수도 있다." 당신은 삼촌에게 새로운 사업에 대해 말한다. 당신의 말을 듣고 난 삼촌은 관심이 없다고 한다. 당신이 할 수 있는 일은 두 가지다. 삼촌에게 감사를 표하고 이야기를 중단하든가 아니면 감사를 표하고 소개를 부탁하는 일이다. 삼촌은 진정으로 당신을 도와주고 싶어하기 때문에 그의 '영향권' 내에 있는 사람들, 즉 친구, 이웃, 직장동료들을 생각해보고 한두 명은 알려줄 것이다.

소개란 웜 마켓의 확장이다. 삼촌의 친구에게 전화를 걸 때, 당신은 완전히 낯선 사람이 아니다. 통화를 하는 사람이 모두 삼촌을 안다. 그런 관계라면 당신의 사업 또는 제품과 서비스를 설명할 입장은 충분히 된다. 운이 좋다면, 삼촌의 친구에게 판매를 성공시킬 수도 있을 것이다.

반대의 경우, 삼촌의 친구가 거절했다고 가정하자. 당신은 어떻게 하겠는가? 고맙다는 말을 하고 소개를 부탁할 것이다. 결코 소개를 부탁하는 일을 잊지 말라. 그렇게 할 때마다 당신은 다른 사람의 영향권을 타진하는 것이다. 일주일 동안 다섯 사람이 거절을 했지만 모두 한 사람씩 소개를 했다면 다음 주에는 연락할 사람이 다섯 명이 더 생긴 것이다. 그리고 지금까지 당신은 한 푼의 돈도 쓰지 않았다. 소개는 공짜로 받은 것이다. 소개를 받는 일을 계속하라. 언젠가는 제품과 서비스를 구매할 사람 뿐만 아니라 조직에 가담하기를 원하는 사람도 찾게 될 것이다.

소개를 받게 되면, 가능한 한, 빨리 연락을 취하라. 그 이유는 이렇다. 당신 생각에도 수많은 변화가 일어날 수 있다. 만약 10, 15, 20명 이상의 예비고객 명단을 갖고 있으면, 누구에게 먼저 전화를 걸지 명단이 적힌 카드를 뒤지게 된다. 그러면서 명단이 추가되면, 혼란이 일어난다. 그렇게 되면 재미있는 일이 일어난다. 이름을 뒤적이다 보면, 무슨 이유인지 각 이름에 대한 흥미를 잃게 된다. 삼촌이 오늘 리드(고객 출처)를 주었을 경우, 인력으로 가능하다면, 오늘 전화를 걸거나 찾아가 본다. 삼촌이 흥분된 마음으로 기꺼이 당신에게 이름을 전하고자 했던 뜻이 당신 내부에서도 생겨날 것이다. 예비고객에게 접촉하여 당신의 뜻을 빨리 전할수록, 예비고객은 고객이 될 가능성이 높다. 네트워크마케팅 경력을 쌓아가는 동안 이 방법을 따른다면, 확신하건대, 나중에 전화를 하겠다는 생각으로 계속 명단만 추가하는 것보다는 훨씬 좋은 결과를 가져올 것이다.

| 웜 마켓에서 확인할 수 있는, 당신이 아는 사람들 | | |
|---|---|---|
| 당신이 100명을 모른다고 할 경우에 대비하여, 우리가 당신을 도와줄 수 있다. | | |
| 직계가족 | 먼 친척 | 이웃 |
| 직장동료 | 교회 회원 | 회계사 |
| 이발소 / 미장원 | 변호사 | 고객 / 단골 |
| 조경사 | 탁아소 직원 | 계약자 |
| 의사 | 치과의사 | 정원사 |
| 체육관 코치 | 식품점 주인 | 주유소 판매원 |
| 보험판매원 | 집주인 | 인테리어업자 |
| 금고 직원 | 도서관 직원 | 운동코치 |
| 집배원 | 애완동물 관리사 | 주식중개인 |
| 판매원 | 세입자 | 교사 |
| 전선 수리공 | 수의사 | 동물원 직원 |

나의 친구, 존 사바가 말한 바와 같이, "시작할 때 반드시 위대한 사람일 필요는 없지만 위대한 사람이 되기 위해 시작해야 한다." 시작이 빠르고 확인이 빠를수록, 당신이 더욱 위대해질 가능성도 빨라진다.

## 리드(고객 출처: 顧客出處)를 찾아낸다

웜 마켓을 확인하고 확장하는 일과 더불어, 당신의 업라인에 있는 사람들은 훌륭한 리드가 되어야 한다. 여러분의 업라인에 있는 후원자가 성공한 사람이라면 그는 자신에게 들어오는 리드를 다 소화하지 못할 것이다. 이러한 리드에 당신이 관심이 있다는 것을 알게 하라. 그러나 그것들이 공짜로 당신에게 올 것이라고 기대하지 말라. 리드를 얻는 것은 비용이 드는 일이므로 업라인에 있는 사람들은 당신에게 리드 당 소액의 비용을 청구할지도 모른다.

몇 개의 리드가 필요할 것인지, 숫자에 너무 연연하기 전에 사업에 전념할 수 있는 시간을 계산하라. 사업을 파트타임으로 하고 있다면, 당신은 웜 마켓에서 충분한 리드를 얻어낼 수 있을 것이다. 특별히 소개를 부탁하는 일을 기억한다면 말이다. 반면, 당신의 웜 마켓은 당신이 사업에 전념할 만큼 명단이 많지 않거나, 충분히 빨리 확장할 수 없을 것이다.

리드는 일정 기간 동안 '뜨겁지만' 일단 '차가워' 지고 나면, 결코 그 흥미를 회복할 수 없다. 리드는 시기적절한 방법으로 처리하라. 왜냐하면 무더기로 쌓여있는 리드는 일시적으로 기분은 좋게 하지만 돈을 낭비하는 것이기도 하다. 리드는 빨리 사용해야 한다. 그 리드는 당신이 뛰어난 성공을 하도록 해주는 티켓이 될 수도 있기 때문이다.

## 예비고객에게 연락한다

당신은 어떤 방법으로든 예비 고객을 만나야 한다. 당신은 사업과, 제품 또는 서비스를 설명해야 한다. 예비 고객은 당신이 무엇을 판매하는지 알아야 하고, 질문하고, 당신과의 교류를 구축하고, 사업에 참여해야 할 것인지를 결정해야 한다.

가장 좋은 방법은 대면하여 만나는 것이지만 그렇게 하는 것이 늘 가능한 것만은 아니다. 네트워크마케팅 사업자로서 당신의 세일즈 영역에는 경계가 없다. 당신은 캘리포니아에 살고 있는데, 예비 고객은 펜실배니아에 살고 있을 경우, 개인적으로 결코 만날 수 없을지도 모른다. 당신이 웜 마켓을 추적해야 하는 또 다른 이유가 바로 이것이다. 지리적인 여건과 다른 상황으로 인해 친척이나 친구와 더불어 자리를 같이 할 수 없다 하더라도, 적어도 당신은 이미 서로를 알고 있는 것이다. 두 사람 사이에는 이미 친밀한 관계가 존재하는 것이며, 그것은 고객을 찾아내는 당신의 노력에 유리한 점으로 작용할 수 있다.

당신과 예비 고객이 같은 도시에 살고 있다 하더라도, 처음에는 만나는 일이 가능하지 않을 수도 있다. 더욱이, 당신이 사업에 대해 확고한 신념을 갖고, 영업 자료를 보지 않고도 제품과 서비스에 대한 질문에 답할 수 있을 때까지 당신은 사람을 직접 만나고 싶어하지 않을 것이다.

여기에 예비고객과 접촉할 수 있는 몇 가지 대안들이 있다.

## 전화

예비고객을 찾는다는 광고를 낸 후, 전화벨이 울릴 것이며(아무튼 그렇게 되기를 바라는 바이다) 낯선 사람은 당신에게 사업에 참여하는 방법에 관한 정보를 물을 것이다. 아니면 여러분은 웹 마켓에서 얻어낸, 예비고객 명단을 갖고 있을 것이며 그들에게 연락을 취하는 가장 편리한 방법은 전화를 거는 것이다.

어쨌든, 당신은 처음 몇 번은 고객과 전화하는 것을 부담스럽게 여길 것이다. 그것은 마치 처음 데이트를 하기 위해 전화를 하거나, 당신이 전화를 받는 것과도 같다. 심장은 멈출 듯하고, 말은 더듬거리고, 무슨 말을 해야 할지 모르며 상대편이 무슨 질문을 할지 알수가 없다. 그러나 이러한 긴장은 잠시며, 머지않아 당신은 질문과 대답을 할 수 있게 되고, 프로처럼 이러한 전화를 처리하게 된다. 당신은 쉽게 웃고 신속하게 친분 관계를 이룩하고 자신있게 프리젠테이션도 할 수 있게 된다. 많은 성공에 접할수록 성공은 쉬워진다.

당신은 전화가 곧 네트워크마케팅 사업에서 가장 친한 친구라는 사실을 발견할 것이다. 그것은 당신이 전해야 할 말을 빠르고 저렴하게 전해준다. 게다가, 그것은 예비고객에게 즉각적인 만족감을 갖게 해준다. 어떤 예비 고객들은 즉시 사업을 시작할 준비가 되어 있다. 아마도 그들은 당신에게 전화를 하기 전에 집에서 어느 정도 공부도 했을 것이다. 아니면 네트워크마케팅 회사에 가입할 생각을 하고 있던 차에 당신이 갑자기 전화를 건 것이다. 이러한 상황에서 해야 할 일은 몇 가지 질문에 대답을 하고, 예비 사업자는 전화로 서명을 하는 것이다. 어떤 예비 사업자들은 개인적으로 만나거나 모임에 참석할 때까지 기다리기보다는 당장 사업을 시작하고 싶어한다.

개인, 가족, 그리고 직업적인 생활에서 사람들과 접촉하는 일은 당신에게 1,000마일 이상 떨어져 있는 곳에 있는 사람도 가능한 고객으로 만들 수 있는 웜 마켓을 제공해 준다. 이러한 경우에, 당신의 후원자가 고객과 대화를 나누어 유익한 결과를 만들어낼 만큼 충분한 경험이 있다면, 그가 일을 처리하도록 조정할 것을 권유한다.

먼저, 당신이 웜 프로스펙트(친구나 가족)에게 전화를 걸어 당신이 새로운 사업을 하고 있다는 것과 그 사업에 대해 지대한 관심을 갖고 있다는 것을 간단히 말한다. 그러나 대답할 수 없는 질문이 있을 것에 대비하여, 당신은 자신과 후원자 그리고 친구가 전화로 함께 대화를 나누는 시간을 계획하고 싶어한다. 그러한 방법으로 당신은 상위라인에 있는 사람들의 경험과 전문 지식을 이용하는 것이며, 또한 친구에게는 당신이 사업에 대해 열의를 갖고 있다는 것을 알리는 것이다. 당신은 또한 친구에게 이 사업이 당신에게 너무 중요하기 때문에, 부정확하거나 불충분한 정보를 전해주고 싶지 않다고 말한다. 그러한 이유로, 사업에 성공한 사람 가운데서 질문에 답해줄 수 있는 사람을 데려왔다고 말한다.

이러한 방법을 사용하는 데는 많은 이점이 따른다. 당신은 성공적인 네트워크마케팅 사업자가 그와 같은 상황을 다루는 대화를 들음으로써 값진 훈련을 받게 된다. 그것은 다시 당신으로 하여금 하위 라인에 있는 사람들을 빨리 훈련시킬 수 있는 위치에 서게 해 준다. 우선 이러한 대화가 오고가는 동안 당신이 할 수 있는 가장 좋은 일은 앉아서, 대화 내용을 듣고 메모하는 것이다. 당신의 후원자로 하여금 이러한 상황을 다루는 방법을 보여주게 한다. 몇 번의 통화가 있고 난 후에, 당신의 후원자는 그가 듣는 가운데 전화 대화를 이끌어 나가도록 권유할 것이다. 통화가 끝나고 나면, 당신은 후원자와 함께 통화의 특정 부분에 대해 토론할 수 있다. 이러한 과정을 거쳐 당신은 곧 단독으로 대화를 할 준비를 갖추게 된다.

## 팩스

팩스는 당신이 고객을 찾을 때 잠수함과 같은 역할을 한다. 그것은 갑자기 나타난다. 팩스는 전화만큼 방해를 하지 않으면서 훌륭한 가교 역할을 한다. 한 장의 종이로 당신은 예비 고객의 주의를 끌 수 있다. 예비 고객은 관심을 갖고 당신에게 연락을 할 수도 있으며, 정보를 집어 던져버릴 수도 있다. 당신은 번호가 찍히는 자신의 팩스를 사용할 수도 있으며, 이 일을 대행해 주는 다른 팩스를 사용할 수도 있다. 팩스를 보낼 때, 메시지는 간단하게 하고 관심 있는 예비 고객이 당신에게 연락을 취할 수 있도록 당신의 이름과 연락처를 포함시킨다.

## 우편

예비 고객이 광고를 보고 또는 소개를 통해 당신에게 전화를 걸어 사업에 대한 정보를 요청했다고 가정하자.
당신은 가능한 한 빨리 그 전화 요청에 답변해 주고 싶은데, 이 예비 고객은 정보를 직접 보거나 듣고 싶어한다. 답변 전화를 걸기 전에, 당신은 봉투에 주소를 적어 예비 고객에게 회사를 소개하는 소책자나 오디오 또는 비디오 테이프를 보낼 수 있다. 팩스 온 디맨드 번호와 웹 주소도 보낸다. 우편물을 보낸 후에 예비 고객에게 전화를 걸어 우편물을 보냈다고 말한다.

어떤 디스트리뷰터들은 빠른 우편이나 특급 우편을 고집한다. 그것은 꼭 시행해야 하는 판결문과도 같은 것이다. 우편 요금은 싼 것이 아니지만 예비 고객이 이미 구매 의사를 보였다면 추가 비용은 그만한 가치가 있다.

 회사에서 제작하는 오디오 테이프와 비디오 테이프는 항상 비치하여 적절한 때에 우편이나 인편으로 보낼 수 있게 한다. 모든 네트워크 마케팅 회사들은 이러한 테이프를 제작하므로 이것들과 다른 마케팅 자료들을 구입하는 방법을 회사에서 알려줄 것이다.

## e-메일

당신은 예비 고객이 여러분만큼 바쁜 사람이라 전화로 연락하는 일도 힘들다고 생각할 수 있다. 바로 그것이 우편, 팩스, 그리고 가능하면 e-메일을 사용하는 이유다.

e-메일은 인터넷을 이용한 가장 간단한 마케팅 형태다. 당신은 판촉에 관한 편지를 쓸 수 있으며 - 업라인에 있는 사람으로부터 이미 입증된 판촉물을 빌려올 수도 있다 - 마우스를 한 번 클릭하는 것으로 전 세계에 있는 무수한 사람들에게 제품, 서비스 및 사업에 관한 정보를 전해줄 수 있다. 당신이 보낸 메시지에 관심이 있는 사람들은 질문과 함께 응답을 보내올 것이며, 그것은 또 다른 대화로 이어질 것이다. 이것은 사람들을 교육하고 가려내는 데 좋은 방법이 된다. 당신은 곧 누가 진정으로 관심이 있고 없는지 알게 된다.

 네트워크마케팅은 인간 관계의 기반 위에 구축되는 사업이다. e-메일에 너무 의존하지 말라. e-메일은 콜드 형태의 통신 수단이다. 예비 고객을 추려내고, 앞으로 전진해 나가는 데 관심이 있는 사람을 식별해내기 위해 사용하라. e-메일은 관계를 구축할 수 있는 기회를 찾도록 도와주지만 관계를 더 확고히 하기 위해서는 더 친근한 형태의 통신 수단을 활용해야 한다. 예비 사업자들에게 전화를 걸어라.

 사업 촉진을 위해 팩스, 우편, e-메일 또는 웹사이트를 사용할 때, 반드시 다음과 같은 질문을 포함시킨다: "연락을 드릴 수 있는 가장 좋은 날과 시간이 언제입니까?" 또는 "연락은 우편, 전화, 팩스 또는 e-메일 중에서 어느 것이 편하십니까?" 그들이 선호하는 것을 데이터베이스에 기록해둔다.

## 회사를 대표하는 훌륭한 특사가 됨

사업을 시작하는 초기 단계부터 당신은 올바른 품격이나 태도를 지녀야 한다. 예비 고객이 지금 당장 제품이나 서비스를 구매하거나 하위 라인에 가입하는 일에 관심을 갖고 있지는 않을 것이다. 그러나 상황은 변하며, 예비 고객들이 구매를 원하거나 사업에 관심을 갖게 될 때, 다시 당신에게 연락을 취하는 데 편안한 마음을 갖기를 원할 것이다. 그들이 편안한 마음을 갖느냐의 여부는 당신이 처음에 그들을 어떻게 대했느냐에 달려 있다. 그들은 제품이나 서비스가 필요 없다거나 사업에 관심이 없다고 말할 수도 있다. 이때 만약 당신이 그들을 부정적으로 또는 빈정거리는 투로 대했다면, 그들은 결코 당신을 잊지 않을 것이며, 당신은 영업할 기회를 놓쳐버린 것일 수도 있다. 그 대신, 예비 고객에게 다음과 같은 방법을 시도해보라. 제품에 관한 내용을 강조하고, 그들에게 그것이 필요하다는 당신의 관심을 나타내 보여라. 영업을 체결하기 위해 말하려고 하지 말고 고객의 말을 들어라. 그들이 당신의 제의를 거절하면 점잖게 물러나고 상황이 변하면 당신에게 연락을 하도록 제안한다. 이러한 영업 방법을 취한다면, 그들은 다시 당신에게 연락을 취할 것이다. 여기에서 우리는 당신이 회사를 대표하는 훌륭한 특사가 되는 방법을 논의할 것이다.

## 다른 사람들에게 이렇게 하라

사업에 관심이 있는 예비사업자를 찾을 때, 모두가 당신의 열의에 반응을 보이는 것은 아니다. 그것은 가족과 친구도 마찬가지다. 그렇다고 그들이 적대감을 가질 것인가? 당신이 감정 상할 일을 했다면, 그럴 것이다. 이 시점에서 기억해야 할 훌륭한 말씀 한 가지는 다음과 같은 것이다. "다른 사람이 당신을 대접해주기 바라는 대로 그들을 대접하라."

다음 지침은, 당신을 자기중심적이고 이기적인 사람으로 보이지 않게 하고, 함께 이야기를 나누는 사람에게 유익함을 가져다주는 독특한 사업의 기회를 전하고 싶어 하는 사람으로 보이게 해줄 것이다.

▶ 당신이나 당신의 사업을 잘못 전해지지 않게 하라. 사업을 소개할 의도로 사람을 접할 때, 당신이 하고 있는 일을 말하라. 만나려는 의도를 디너 파티 이면에 숨기거나 흥을 즐기기 위한 우정으로 가장하지 말라.

▶ 예비 고객이 관심이 없다고 말할 때, 다음 사항을 잊지 말라. 미소지으며, 소개를 부탁하라. 특별히 질문을 받기 전에는 사업에 대해 아무 말도 하지 말라.

▶ 주제넘게 나서거나 무례하게 굴지 말라. 끈기를 보이는 것은 좋지만 불쾌하게 행동해서는 안 된다. 사업에 대해 말할 기회를 달라고 부탁할 때, 예비 고객이 빈정거리거나 듣기도 전에 당신의 사업을 얕잡아본다 하더라도 보복할 계획을 세우지 말

라. 나중에 이 예비 고객은 어떤 경험으로 인해 당신의 문을 두
드리고 사업에 참여할 기회를 부탁할지도 모른다.

▶ 상식적인 예절을 깨뜨리지 말라. 절대로 전화나 팩스, 인터
넷으로 사람을 괴롭히지 말라. 사업에 대해 자부심을 갖고
솔직하게 말하라. "이 사업을 통해(혹은 제품이나 서비스를
통해) 어떤 혜택을 얻을 수 있는지 잠시 말씀드려도 되겠습
니까?"

## 거절을 긍정적으로 다루어라

웜 마켓이든 콜드 마켓이든 예비 고객은 당신을 개인적으로 거절하
지는 않는다. 그들은 단순히 제품이든, 서비스든 또는 사업의 기회
든, 사업 제의를 거절하는 것 뿐이다. 그들은 다른 많은 사람들도 같
은 방법으로 거절했을 것이다. 그것을 개인적인 거절로 받아들이지
말라. 다음 사항들을 염두에 두라.

▶ 예비 고객은 적어도 즉각적으로 모든 것은 다 말하지 않는다.
정말로 당신의 제품과 서비스를 좋아하고, 사업 참여에 관심
을 갖고 있지만, 어떤 이유에서인지 그들은 당신에게 그것에
대해 말할 수 없거나, 말할 준비가 되어있지 않다. 강요하지 말
고 장차 이루어질 영업을 위해 문을 열어두어라.

▶ 개성은 서로 다른 것이며 단순히 개성의 차이 때문에 예비 고
객이 당신의 사업 제의를 거절했을 것이다.

▶ 사람들이 거칠고 야비해도 대개의 경우, 당신의 감정을 상하
도록 하기 위해 그렇게 하는 것이 아니다. 그들의 감정이 상했
기 때문에 그렇게 행동하는 것이다. 그들이 어떤 태도를 보이

든 정중하게 행동하라. 당신의 친절이 그들의 결정을 바꾸어, 당신의 다운라인 가운데 가장 뛰어난 회원이 될지 누가 아는 가.

예비 고객이 당신을 개인적으로 거절하지 않는다는 것을 기억하라. 그는 여러분의 직업적인 제의를 거절하고 있을 뿐이다. 이 점을 분명히 하라. 그래야 당신은 자신감과 자아에 대한 영향을 갖고 그 자리를 떠나 다음을 향해 나갈 수 있다.

사업을 시작한지 2, 3년이 지나 당신의 조직에는 수백 명 또는 수천 명의 디스트리뷰터가 있다고 가정하자. 사업을 시작할 때, 당신을 거절했던 사람을 거리에서 만났는데 그가, "내가 너무 오랫동안 기다린 것 같군요. 당신은 이미 좋은 사람들을 많이 갖고 있군요"라고 말해도 놀라지 말라. 뭔가 하고 싶지 않은 사람들은 하지 않는 일에 대해 온갖 변명을 다 늘어놓는다는 것을 기억하라. 이름을 남기고 싶어하는 야망을 가진 사람들은 그렇게 할 수 있는 방법을 찾는다. 이러한 사람들을 계속 찾아내라.

## 네트워크마케팅의 장점: 서툴지만 마스터할 수 있다

네트워크마케팅 사업을 하면서 당신은 무엇이든 할 가치가 있는 것은 서툴더라도 그것을 잘 할 수 있을 때까지, 계속할 가치가 있다는 것을 기억해야 한다. 이것은 인생의 어떤 단계에서도 참된 말이다. 처음부터 전문가로 시작하는 사람은 아무도 없다. 네트워크마케팅 사업이 좋다고 하는 것은 당신이 처음으로 시도한 세일즈 프리젠테이션은, 솔직히 말하면 전문가의 수준에는 미흡하다는 점이다. 두 번, 세 번째의 프리젠테이션도 그럴 것이다. 대여섯 번의 프리젠테이션을 할 때쯤이면, 당신은 자신감과 함께 효율성과 성공으로 향하는 속도가 살아난다. 그러나 먼저 당신이 이해해야 할 것은, 그 일을 잘 하기 위해서는 서툴더라도 계속해야 한다는 것이다.

어느 일요일에 한 젊은 어머니가 네 명의 자녀를 데리고 교회에 왔는데, 그들이 나의 주목을 끌었다. 그들은 작은 계단에 서 있었는데 인형처럼 예뻤으며, 옷도 나무랄 데 없었다. 그 어머니는 2년 전쯤, 무엇이든 할 가치가 있는 일은 서툴더라도 그 일을 잘 할 때까지 계속할

가치가 있다는 나의 말을 들었을 때, 실망했다고 설명했다. 처음에는 바느질하는 일을 거절했었다. 그녀의 모친은 훌륭한 재봉사였지만, 젊은 여성의 처음 시도는 솔직히 말해 비참했다. 두 번째, 세 번째도 마찬가지였다. 그러나 2년 후에, 니만 말커스가 보아도 쇼윈도에 세우고 싶어했을 만한 의상을 입은 네 명의 어린 여자아이들이 내 앞에 서 있었다. 그렇다. 당신은 무엇이라도 할 가치가 있는 일은 서툴더라도 계속해야 한다는 것을 이해해야 한다.

재래적인 비즈니스에서는 일을 서툴게 처리할 기회가 주어지지 않지만, 네트워크마케팅에서는 모든 승자들이 그런 방법으로 시작했다. 그들이 처음으로 했던 프리젠테이션은 유리처럼 매끄럽지도 않았으며, 오늘날 그들이 하고 있는 전문가다운 프리젠테이션처럼 효과가 있는 것도 아니었다. 그러나 이들이 서툴더라도 시작하지 않았더라면 업계에서 거물이 되지 못 했을 것이다. 언젠가 당신은 서툴게 시작한 일의 중요성을 충분히 이해하게 될 것이다.

# 제 14 장
# 예비사업자가 "예"라고 말할 때, "아자"를 외쳐라

제14장에서는

▶ 모든 사람에게 "예"라고 말할 기회를 주고
▶ "아니오"라는 대답을 미래의 "예"라는 대답으로 간주하고
▶ 계속적인 확인이 어떻게 더 많은 "예"라는 대답을 이끌어 낼 수 있는지 이해하고
▶ 테크닉이 확인하는 일을 돕고
▶ 도움을 요청함으로써 "예"라는 대답을 얻어낸다

네트워크마케팅 사업자로서 당신은 예비고객이나 디스트리뷰터가 "예"라고 말하는 순간을 소중하게 여길 것이다. 당신은 그들에게 제품이나 서비스를 구매하고 싶은지 또는 당신의 도움으로 그들 자신의 사업을 구축하고 싶은지를 묻고 그들은 "예"라고 대답한다.

여러분이 "예"라는 말을 들을 때, 그것을 축하하고 기념해야 할 사건으로 만들라. 배우자에게 키스하고 아이들을 안아주고 개에게 비스킷을 주고 "아자"를 외쳐라.

"예"라는 말을 들을 때, 그 순간들을 축하하는 것은 심리적으로 중요한 목적을 갖게 해준다. 그것은 당신이 일을 잘 해냈다는 것을 확인하는 것일 뿐 아니라 네트워크마케팅 사업자로서 성공할 수 있는 기술과 능력을 갖고 있다는 것을 상기시켜주는 것이기도 하다. 그것은 당신의 믿음 체계를 강화하고 희망의 저수지를 채워주고 다시 한 번 전화를 걸고 다음 문을 두드리고 다음 회의전화를 위해 다이얼을 돌

리거나 다운라인에 있는 사람들을 위해 전화회의를 진행하도록 준비
시킨다.

판매를 확인하기 위해 다시 전화를 거는 것은 분명 이점이 있다. 당
신은 이미 출발하기 시작한 추진력을 계속 유지할 수 있다. 그뿐 아
니라, 당신의 자신감은 더 높아졌으며, 흥분과 열의는 더 커지고, 미
소는 더 넓어지고, 사람들에게 접근할 때, 더 친절해진다. 이것은 당
신이 그 추진력을 유지시키는 과정에 있는 것이다. 이때가 결코 편안
히 쉬는 가운데 커피나 들면서 성공에 대해 미소를 지을 때는 아니
다. 격언은 다음과 같이 권유한다. "쇠는 달궈졌을 때 두드려라." 거
기에 나는, 쇠를 뜨겁게 유지시키려면 계속 두드려야 한다는 말을 덧
붙이고 싶다. 만약 당신이 문제를 해결할 수 있는 적절한 제품을 갖
고 있고, 사람들을 유익하게 할 적절한 사업을 갖고 있다면, 당신의
목표는 항상 더 많은 전화를 걸고 더 많은 영업을 하는 것이어야 한다.

그 결과, 더 많은 사람들이 여러분의 제품과 사업으로부터 혜택을 받
고, 당신의 가족이 추가 영업으로부터 혜택을 받는다. 그것은 참으로
양쪽이 다 유리한 상황이므로, 판매가 이루어지고 나면 즉시 다른 판
매를 위한 전화를 걸어 또 다른 판매를 체결하도록 하라.

### 승리에 대한 축하는 결코 시들지 않는다

"어떤 사람이 "예"라고 말할 때, 그것은 대단한 성취감을 느끼게 합니다." 하고 나올라 맥도날드는 설명한다. 그녀는 알 것이다. 나올라는 남부 아일랜드에 있는 탁월한 네트워크마케팅 사업자다. 1995년 네트워크마케팅에 가입한 이래로 나올라는 고객을 유치해 왔으며 그녀의 다운라인은 500명이 넘는다. 그녀는 회사의 최고 직급을 향해 나아갈 뿐이다. 그러나 경험이 많은 대부분의 네트워크 사업자들처럼 나올라는 고객으로부터 "예"라는 말을 들을 때, 아직도 그 순간을 축하한다.

"이 순간 여러분은 좋은 느낌을 갖게 됩니다. 시간을 내서 감사를 표하십시오. 그것은 사업을 구축하기 위해 열심히 일했다는 것을 의미하기 때문입니다"라고 나올라는 설명한다.

우리는 네트워크마케팅 사업자로서, 당신의 귀에 예스라는 말이 반

복해서 들리기를 바라며, 이 장은 반복이 반복을 낳는다는 것을 보여줄 것이다. 성공적인 네트워크마케팅 사업을 구축하는 일은 예비 사업자를 계속 확인할 것을 요구한다. 반복해서 말하지만, 처음으로 판매를 시도했을 때, 예스라는 말을 듣는다는 것은, 이 장에서 설명하는 바와 같이 그러한 일이 일어나기는 하지만 드문 일이다. 그 대신, 당신은 네트워크마케팅이 숫자 게임이라는 것을 알게 될 것이다(즉, 방망이를 휘두르는 숫자가 많을수록, 홈런을 칠 확률도 높다는 것을 의미한다). 당신이 "예"라는 말을 듣고 싶다면, 열심히 게임을 해야 한다. 다음은 몇 가지 규칙이다.

네트워크마케팅에서 확인은 성공으로 이어진다. 마케팅 기술을 연마하기 전에 당신은 이 사실을 마음에 간직해야 한다.

## 어떤 사람들은 당신에게 "예"라고 말할 때를 기다리고 있다

한 현명한 세일즈 트레이너는 이렇게 말한 적이 있다. "예비사업자에 대해 결코 추측하지 말라."

이 충고를 따르는 데는 약간의 실습이 요구된다. 특히, 웜 마켓, 즉 당신이 아는 사람에게 사업을 소개할 준비를 할 때 그렇다. "삼촌은 네트워크마케팅을 소개하기에는 돈이 너무 많아… 사촌인 신시아는 교육을 너무 많이 받아서 결코 이런 일을 하려고 하지 않을 거야… 이웃에 사는 빌은 너무 바쁘고… 친구 조 앤은 빈정거리기를 잘 하니까 날 비웃을 거야."

반대로 생각하라. 삼촌이 돈이 많은 것은 좋은 기회를 보면 빨리 행동하기 때문이다. 사촌 신시아는 상아탑을 벗어날 길을 찾고 있다. 빌이 바쁜 이유는 짧은 시간에 많은 일을 처리하는 기술이 있기 때문이며 그는 늘 새로운 사업에 관심을 갖고 있다. 조 앤은 직장도 좋아하지 않고, 사장도 좋아하지 않고, 출퇴근도 좋아하지 않으며 그녀가 정말로 즐길 수 있는 사업을 찾고 있다.

누구에겐가 당신의 사업을 설명하고 제품이나 서비스를 소개하기 전에 시간과 장소를 신중하게 선택하라. 친구가 마감 시간에 만나자고 한다면, 마감 시간이 지날 때까지 기다렸다가 그에게 여러분의 보상 플랜을 보아달라고 부탁한다.

"많은 사람들이 그저 무엇인가를 찾고 있습니다"라고 멜린다 릴리는 말한다. "그들은 행복하지 않거나, 직업이 없거나, 더 많은 돈이 필요하거나, 더 융통성 있는 라이프스타일을 원합니다…그들에게 당신이 하고 있는 일이 재미도 있고 돈도 버는 반면 일은 간단하다는 것을 보여주고, 그들이 성공할 수 있도록 당신이 도와주겠다고 설명한다면, "예"라고 대답하지 않을 사람이 어디 있겠습니까?"

## "아니오"라는 모든 대답은 "예"에 접근하는 단계다

다른 현명한 세일즈 트레이너는 이렇게 말했다. "어떤 사람이 당신에게 "아니오"라고 말해도 낙담하지 마십시오. 누군가 "예"라고 말할 사람에게 한발짝 더 가까이 다가가는 것입니다."

성공적인 네트워크마케팅 사업자들은 모든 예비 사업자들이 "예"라고 말할 것을 기대하지만, 그들은 대부분의 사람들이 "아니오"라고 말할 것이라는 사실에 대비한다.

플로리다주에서 MLM대학을 운영하는 세일즈 트레이너, 힐튼 존슨은 숫자 게임에 대해 너무나 잘 알고 있으며, 누구 못지않게 잘 보여줄 수 있다. 문제는 그를 위시하여 어느 누구도 몇 사람만에 "예"가 나오는지 정확하게 말할 수 없다는 것이다. 그것은 어쩌면 당신 자신이 해결해야 할 문제인지도 모른다. 그러나 우리는 이 정도는 알고 있다: 결과적인 숫자는 당신이 갖고 있는 기술의 정도, 인내심 그리고 소망에 달려 있다.

캐롤 비숍은 세일즈 전략의 일부로 캐치프레이즈를 즐겨 사용한다. 그녀는 열정적으로 모든 프리젠테이션을 전하며 그녀의 열의만 갖고도 세일을 종결짓는다. 그러나 그녀는 숫자 게임을 하고 있으므로 시간을 낼 틈이 없다는 것을 결코 잊지 않는다. 결정을 내리지 못하는 예비 사업자를 만날 때 그녀는 농담 삼아 다음과 같은 말을 하여 압박으로부터 벗어나게 해준다. "예스라고 하든지 노라고 하든지 빨리 말하세요. 난 가야 해요." 그리고 나서 그녀가 웃으면 예비 고객도 웃고, 상의할 일이 있으면 곧 다음 단계로 들어간다. 캐롤은 현명하게도 자신의 개성을 자신의 사업에 사용한다.

## 리드를 반복해서 사용함

숫자 게임에서 당신이 원치 않는 것은 리드가 없어지는 것이다. 그것은 당신이 제품과 서비스 또는 사업에 대해 말할 사람이 필요하다는 것을 의미한다. 당신은 숫자 게임이 네트워크마케팅이 인간 관계의 사업이라는 사실을 훼손한다고 생각해서는 안 된다. 숫자 게임은 단지 당신과 관계를 구축하는 데 누가 관심이 있고 없는지 파악하는 방법으로 쓰일 뿐이다. 어떤 사람은 제품이나 서비스를 구매하고 싶어 할 것이고, 어떤 사람은 사업에 참여하고 싶어할 것이며 어떤 사람은 두 가지를 다 원할 것이다. 그러나 많은 사람들이 당신이 판매하는 것을 원치 않겠지만, 걱정할 것 없다. 그러한 사람들을 가려내고 그들에게 시간 투자하는 일을 중단할 때까지 당신은 네트워크마케팅 사업자로서 큰 발전이 없을 것이다. 숫자 게임을 하는 것은 시간을 소진하는 일이며, 특히 하는 방법을 모를 때 많은 비용이 들 수도 있다. 숫자 게임에서 성공을 거두는 열쇠는 꾸준한 확인이다.

너무나 많은 네트워크 사업자들이 – 종종 가정(assumption)으로 인해 – 예비 고객에게 한 번 접근하고, 거절당하고 나면 다시는 그 고객에게 접근하지 않는다. 오호! 그것은 숫자 게임에서 승자들이 사용하는 방법이 아니다. 늘 예비 고객에 대한 염려를 갖게 하는 확인 행동은 전체 세일즈 노력에 있어서 중요한 전략이 된다.

호주 출신인 내 친구, 존 네빈은 여러 해 전, 파트타임 우유배달을 하는 도중, 월드 북 엔사이클로피디아(세계대백과사전)를 판매하는 시간제 일을 하게 되었다. 어느 날 저녁, 그는 영어를 거의 못 하는 독일인 부부를 방문했다. 그들은 40세가 훨씬 넘었을 때 아기를 갖게 되었으며 50세가 되었을 때 그들은 부모라고 하기보다는 조부모 같았다. 존은 저녁 9시 이후에 이들을 방문했으며, 제품을 판매하고 그 집을 떠난 것은 자정이 넘어서였다. 그가 떠날 때, 어머니는 존의 어깨에 손을 얹고 목 안쪽에서 나오는 엉터리 영어로 이렇게 말했다. "젊은이, 이 책이 우리 아들에게 도움이 될 것이라는 댁의 말을 우리가 이해할 때까지 머물러 주어서 고맙소… 고맙소, 고맙소, 고맙소."

그 이야기를 들었을 때, 나는 그 끈기에 대해 더 좋은 말이 있음을 이해했다. 그것은 '믿음'이라는 말이다. 당신이 판매하는 제품이나 제공하는 사업 기회가 예비 사업자에게 지대한 혜택을 줄 수 있다는 것을 정말로 믿는다면, 당신은 끈기를 가질 것이다. 당신은 기쁜 마음으로 그리고 전문가답게, 그러나 올바른 동기로 그 일을 하게 될 것이다. 그것이 바로 변화를 가져오는 요인이다.

# 내키지 않을 때에라도 확인하라

네트워크마케팅에서, 확인은 헤비 히터 즉 많은 돈을 벌게 하는 사람과 투자를 낭비만 하게 하는 나머지를 분리시켜준다. 끈기 있고 지속적인 확인만이 숫자 게임에서 승리할 수 있는 방법이다. 사실상, 확인하지 않는 것은 마케팅 예산에서 돈의 가치를 알아내지 않는 것이다. 그러한 경우에, 마케팅 비용을 사용해야 할 것인지 자신에게 물어 보라.

대부분의 경우, 사람들은 사업의 기회를 반복해서 보고, 적어도 두번, 대개 그 이상, 들을 때까지 어떤 것(특히 투자)에 대해서도 결정을 내리지 않는다. 여러 번 보고 듣고 나서야 그들은 시간을 내어 그것에 대해 고려하고, 깊이 생각하고, 다른 사람과 논의하는 등등의 일을 하고싶어 한다. 마케팅 격언을 보면 예비 사업자들은 구매 결정을 내리기까지 일곱 번의 접촉을 받아야 한다고 한다. 일곱 번! 애석하게도, 대부분의 네트워크 사업자들은 예비 고객으로부터 처음 거절당한 후에 바로 포기해 버린다. 그 때가 포기할 때는 아니다. 예비 사업자들은 전에 없이 바쁘고 이전 어느 때보다도 선택해야 할 일들이 많아졌다. 그들이 당신에게 유리하도록 결정을 내리기를 원한다면, 당신은 그 일을 위해 노력해야 한다. 당신은 내키지 않을 때에라도 확인해야 한다.

## 반복은 관계를 굳건히 해준다

경험이 많은 네트워크 사업자들은 예비 고객을 고객이나 디스트리뷰터로 전환시키기 전에 그들과의 관계를 굳게 하는 일의 중요성을 잘 이해한다. 반복해서 예비 고객을 확인하는 일은 관계를 굳건히 하는데 가장 좋은 방법이다. 예비 사업자가, "난 확실하게 관심이 없으니다시는 연락하지 마시오"라고 말하지 않는 한, 당신은 그 예비 고객을 확인하는 일을 계속해야 한다. 전화로 또는 직접 대면하여 예비 고객과 대화를 나눌 경우, 그가, "관심이 없습니다." 또는, "지금 현재는 별 흥미가 없는데요." 또는, "생각을 해보아야겠어요"라고 말한다면, 당신은 이렇게 말할 수 있다. "생각에 변화가 일어날 경우에 대비해서 가끔 확인을 해도 되겠습니까?" 이러한 상황에서 예비 고객은 예스라고 말할 가능성이 높다.

한 달에 한 두 번, 혹은 그 이상, 당신의 고객을 확인하라. 기억하라: 일곱 번을! 일곱 번을 접촉한 후에도 제품을 구매하지는 않았지만 정보를 그만 보내라는 요청을 하지 않았다면,(간혹 요청하는 사람도 있지만 대부분은 요청하지 않음) 계속 확인하라. 당신은 언제 예비 고객의 상황이 바뀌어서, 그들이 사업을 할 준비가 되고, 당신이 말하거나 보낸 자료들이 언제 제품이나 서비스의 구매를 자극하는 요인이 될지 모른다.

네트워크마케팅 트레이너인 더그 파이어바우는 이렇게 말한다. "당신이 진정으로 사람을 돌보는 방법을 보여주고, 그들의 관심을 당신의 관심보다 우선적으로 생각하고, 그들에게 가치 있는 정보를 보내준다면, 그들은 계속 당신에게 돌아올 것이다. 그 이유는 무엇일까? 그것은 당신이 제품이나 사업 기회 이상의 가치를 그들에게 보여주었기 때문이다. 당신은 관계를 구축한 것이다.

## 확인은 불만의 씨앗을 알아냄

"당신이 새로운 사업자를 리크루팅하든, 제품을 판매하든, 가장 중요한 것은 예비 사업자의 불만의 씨앗을 찾아내는 것입니다." 그렇게 할 수 있는 유일한 방법은 예비 고객이 "예"라고 말하거나 "난 관심이 없으니, 더이상 연락하지 마시오"라고 말할 때까지 계속 확인하는 것이다

"사람들은 우리가 아니라, 그들이 갖고 있는 어떤 이유로 인해 구매를 합니다"라고 잭은 말한다. "우리가 그 이유를 항상 아는 것은 아닙니다. 그것이 바로 네트워크마케팅 사업에서 당신 자신을 문제 해결사로 생각해야 하는 이유입니다. 당신은 돈을 더 벌 필요를 느끼지 않는데, 내가 필요하다는 이유로 예비 고객에게 제품을 구매하라고 한다면, 나는 예비 고객의 필요 사항을 찾아내지 못할 것입니다. 그러나 내가 당신의 등이 아파 고생하는 것을 알아내고, 그 고통을 덜어줄 방법을 보여줄 수 있다면, 예비 고객은 건강 프로그램으로 치료를 받을 수 있는 좋은 기회를 갖게 되며 치료를 받고 나서 예비 고객은 내 제품을 구매할 것입니다."

## 확인은 다른 감정을 자극함

"이건 직장보다 좋습니다"라고 예비 고객에게 사업에 대해 말하지만 사실 예비 고객은 그의 직장을 좋아한다. "이 제품은 많은 시간을 절약해 줄 것입니다"라고 예비 고객에게 말한다. 물론 그녀에게 시간은 중요한 것이기는 하나 그녀의 생활에서 중요한 문제는 그것이 아니다. 예비 고객의 진정한 필요사항을 알아내는 것만큼 중요한 것은 그의 관심을 사로잡는 감정을 자극하는 것이다.

시간을 절약하는 것은 예비 고객을 자극하지 못할지도 모른다. 그러나 하와이에서 보내는 엽서로 보여주면, 감정을 자극할 것이다. "난 늘 하와이에 가고 싶었는데"라고 예비 고객은 자신에게 말한다. "하지만 내 월급으로는 도저히 갈 방법이 없어." 됐다! 엽서는 예비 고객을 낙원으로 데려다줄 티켓으로서의 사업 설명을 요구하는 단추를 누르게 한 것이다.

모든 사람이 원하는 것은 다 같다: 행복, 건강, 번영, 안정과 친구, 마음의 평화, 좋은 가족 관계 및 희망 등이다. 이러한 소망들은 각각 다

양한 감정을 불러낸다. 예비 고객을 확인할 때, 당신의 제품, 서비스 및 사업이 이러한 소망들을 이룰 수 있게 해주는지를 보여준다.

## 확인은 효과가 있음

확인에 관한 결론을 내리자면, 예비 고객은 당신의 메시지를 거듭해서 들을 필요가 있다는 것이다. "그들의 삶에서 무엇인가 변화가 일고 있습니다"라고 디스트리뷰터인 나울라 맥도날드는 말한다.

"전에 당신이 접촉할 때는 늘 준비가 되어 있지 않더니 갑자기 준비가 되어 있다는 것입니다. 중요한 것은 계속해서 그들에게 편지를 보내고, 이따금씩 방문을 하고, 제품에 관한 최근 자료를 보내주고, 가장 최근에 받은 커미션 기록을 복사해서 보내주고, 친구로부터의 증언을 보내주는 것입니다. 자신에 관한 이야기를 반복해서 들려주십시오. 당신은 결코 그들을 포기할 수 없습니다."

성공적인 네트워크마케팅 사업자의 자세란 그런 것이어야 한다. 그들은 확인이 효과가 있다는 것을 알기 때문에 그렇게 한다.

확인이 가치 있는 일이기는 하지만 경험에 비추어 보면, 단단히 각오한 네트워크 사업자만이 그렇게 한다는 것을 알 수 있다. 왜 그런가? 우선 그렇게 하는 데는 훈련이 필요하다. 당신은 확인 활동을 이행하는 일을 기억해야 한다.

둘째, 그것은 인내를 요구한다. 많은 네트워크 사업자들이, 내일이 아닌 오늘, 모든 일이 이루어지기를 바란다. 성공적인 네트워크 사업자들은 관계 구축에 시간이 걸린다는 것을 이해하고 있으며, 그들은 기꺼이 숫자 게임을 계속한다.

## 확인은 성공의 열쇠다

"네트워크마케팅 사업에서 성공하는 방법을 이해하는 데 3년 이상이 걸렸습니다"라고 네트워크 사업자인 프레드 랠리는 말한다. "그것은 한 가지로 요약됩니다. 즉 예비 고객과, 새로운 고객과, 사업자들이 내 제품 판매 라인에 처음으로 소개된 후에, 그들을 확인하는 내 능력과 결심입니다. 그것을 알아내는 데 왜 그렇게 오래 걸립니까? 하고 당신은 물을지 모릅니다. 아주 간단합니다. 나의 트레이너와 조언자 모두 확인하는 방법을 몰랐습니다."

세일즈 과정에서 연구 결과를 보면 세일즈의 80%는 다섯 번에서 열 두 번째 접촉 사이에서 일어난다. 첫 번째 접촉에서 세일즈가 이루어지는 것은 겨우 2%이고, 두 번째에서 3%, 세 번째에서 5% 그리고 네 번째에서 10%였다.

"그러한 사실을 안다면, 확인하는 방법을 아는 것이 좋다고 생각하지 않습니까?" 하고 프레드는 묻는다. "당신은 처음 소개를 하던 때부터 예비 사업자가 더 이상 자료를 보내지 말라고 할 때까지 그에게 당신의 메시지를 반복해서 보내야 합니다. 너무 철저한 것처럼 보이지만, 당신이 예비 고객에게 정보를 보내주지 않는다면 누가 보내겠습니까? 장담하건대, 예비 고객이 구매를 해야 할 그 시각에 누군가 거기에 있다면 그가 판매를 할 것이며 당신은 계속 고객과 함께 머물러 있지 못했으므로 판매를 놓치고 말았을 것입니다."

만약 당신이, "난 그럴 시간이 없는데요"라고 말한다면, 프레드는 이렇게 말할 것이다 "그래도 반드시 그렇게 해야 합니다."

## 여섯 가지 확인 기술

당신이 제공하는 것을 예비 고객이 다시 한 번 살펴보도록 점잖게 운을 띄우는 여섯 가지 확인 기술을 소개한다.

▶ **편지를 보내라.** 전화를 받거나 모임에 참석하기 위해 시간을 내어준 것에 감사하다는 뜻을 전하는 간단한 메시지를 적는다. 명함도 동봉한다.

▶ **엽서를 사용하라.** 네트워크마케팅 사업자들은 즐겨 엽서를 사용하는 데, 그것은 가격이 저렴하고 예비 고객에게 다른 방법으로 당신을 상기시켜 주는 역할을 하기 때문이다.

▶ **e-메일을 보내라.** 현명한 마케팅 사업자는 예비 고객과 고객에게 e-메일 주소를 묻는다. 이 주소를 데이터베이스나 카드 파일에 보관한다. 메시지는 간략하게 요점만 적는다.

▶ **오디오 또는 비디오테이프를 보내라.** 네트워크마케팅 회사들

은 특별히 확인을 목적으로 하는 여러가지 마케팅 테이프를 제작한다. 당신이 보낸 우편물을 읽지 않았거나 전화에 응답하지 않은 예비 고객이라 하더라도 테이프는 쉽게 듣거나 볼 것이다. 당신이 알고 있는 그 다음 일은, 예비 고객으로부터 제품이나 사업 제의에 관해 더 많은 것을 알고 싶다는 전화를 받는 것이다. 그러한 일은 항상 일어나지만 확인하는 네트워크 사업자에게만 일어난다.

▶ **소책자를 사용하라.** 제품과 사업에 관한 정보를 보고, 만지고, 읽고, 다시 읽는 일을 좋아하는 예비 사업자는 우편이나 아니면 개인이 직접 집이나 사무실을 방문하여 전해주는 소책자를 감사하는 마음으로 받을 것이다.

▶ **전화를 걸라.** 이따금 예비 사업자에게 다시 전화를 걸어 다음과 같이 말하라. "내가 오늘 저녁 확인을 하기 위해, 귀하의 이름과 전화 번호를 달력에 적어놓았습니다. 나는 그저 귀하께서 제품과 사업에 대해 더 듣고 싶으신지 알기 위해 확인하는 것입니다." 그들이 아직도 관심이 없다면, 다시 한 번 연락을 해도 괜찮겠느냐는 허락을 받는다.

당신은 이러한 확인 테크닉 가운데 하나를 같은 예비 고객에게 한 번 이상 사용할 수 있지만 그 사용 범위를 넓혀 일정 기간 사용할 수 있도록 한다. 6개월 내에 적어도 일곱 번, 예비 고객을 확인할 계획을 세운다.

일곱 번의 접촉을 하고도 아직 "아니오"라는 대답을 듣는다 해서 그것이 연락을 취할 목적을 잃었다는 의미는 아니다. 왜 당신은 "아니오"라는 대답을 듣는 것인가? 만약 예비 고객이 당신에게, "나는 사업에 대해 절대로 관심이 없습니다. 앞으로도 절대 없을 것입니다"라고 말한다면, 당신은 당분간 그것을 "아니오"로 받아들여야 한다. 그러나 1~2년 안에 많은 변화가 일어날 수 있다.

그러나 만약 예비 고객이 "나를 그렇게 자주 생각해 주는 것은 감사하지만 아직 관심이 없습니다. 다른 것을 생각하기 전에 먼저 처리해야 할 몇 가지 가족 문제가 있습니다"라고 했다면, 그것은 부드러운 거절이 된다. 그런 경우에는, 매 4개월에서 6개월마다 예스든 노든 확고한 답을 들을 때까지 그 예비 사업자를 계속 확인하라.

누군가 "아니오"라고 할 때 실망하지 말라. 당신이 제의하는 것에 모든 사람이 관심을 갖는 것이 아님을 기억하라. 그래도 괜찮다. 당신이 해야 할 일은 현재 누가 관심이 있는지 또는 장차 관심을 가질 것인지 알아낸 다음 그들과의 관계를 구축하는 것이다. 사람들이 노라고 할 때 당신을 거절하는 것은 아니다. 그들은 다만, "그것들(제품과 사업)은 내게 맞는 것이 아닙니다"라고 말하는 것이다.

멜린다 릴리는 한 특정한 예비 사업자를 사업자로 전환시키기 위해 여러 달 동안 어떻게 했는지를 기억한다. "나는 그녀가 관심을 갖고 있다는 것을 알았습니다"라고 멜린다는 설명한다. "그녀는 먼저 남편에게 말해야 한다고 했지만 그는 출타 중이었다. 또한 가족 중에 아픈 사람이 있었으므로 시기가 좋지 않았다. 나는 계속 확인을 했으며 결국 그녀는 사업에 가담하기로 결정했다. 그러나 그녀가 하는 모든 일은 실패로 끝났습니다. 영업 실적을 올리지도 못했고, 새로운 사업자를 후원하지도 못했습니다. 그 대신 그녀는 포기하거나 사업에 대해 결코 부정적인 말을 하지 않았습니다. 나는 계속 그녀를 격려하고 긍정적인 태도를 축하해 주었습니다. 사업을 시작한지 일 년이 지난 후에, 일은 움직이기 시작했으며, 이제 그녀는 사람들을 후원하고 그 사람들이 다시 다른 사람을 후원합니다." 이와 같이, 예비 고객으로 하여금 결정을 내리게 하는데는 시간이 걸리며, 결정을 내린 후에도 새로운 사업자가 이익을 내기 위해 움직일 때까지는 시간이 더 걸린다. "네트워크마케팅 사업은 대단한 인내심을 필요로 합니다. 사업을 구축하는 데는 시간이 걸립니다. 3~5명으로 시작하여 그들이 다시 3~5명을 후원하게 하십시오"라고 말한다. "열쇠는 확인입니다."

## 도움을 요청하는 것은 확인하는 또 다른 방법임

"아니오"라고 말할지도 모르는 많은 사람들이 도움을 요청할 경우, "예"라고 말할 것이다. 멜린다 릴리는 새로운 목표를 세우기로 결정했을 때, 이러한 교훈을 배웠다.

멜린다는 이렇게 설명한다. "이 목표를 달성하기 위해, 나는 6주에 12,000달러 상당의 제품을 팔아야 했습니다. 일단 목표가 분명해지자, 전에 나의 제의를 거절했던 회사와 내 명단에 있는 1년 이상 된 사람들을 위시해서, 나는 내가 아는 모든 사람에게 전화를 걸기로 했습니다. 나는 그들에게 연락을 하고 목표를 말했습니다. 그들의 도움이 필요하다고 설명했습니다. 나는 사람들에게 내가 어떤 목표로 일하고 있는지를 알게 하고, 그들에게 도움을 요청했을 때, 종종 그들은 기꺼이 도움을 준다는 것을 알아냈습니다." 멜린다의 이야기는, "예비사업자를 포기하지 말라"는 것을 또 다른 방법으로 말하는 것이기도 하다.

멜린다 릴리는 구체적인 목표를 가지고 사람을 접촉할 때, 그들은 당신의 목소리에서 이전에 말했을 때보다 더 흥분되고 긴박한 느낌을 받게 되리라는 것을 지적한다. 새로운 목소리의 톤은 전에는 "아니오"라고 했던 말을 "예"라고 말하게 해준다.

# 확인은 포기하지 않게 함

네트워크마케팅에서는 "예"라는 말보다 더 듣기 좋은 것이 없다. 그러나 그 말을 듣기 위해서는 당신이 생각하는 것보다 훨씬 많은 인내가 필요하다. 당신이 가능하다고 생각하는 것보다 더 많은 확인이 필요하고 많은 거절이 요구된다.

모든 뛰어난 네트워크 사업자들은 확인만이 "예"라는 대답을 듣는 비결이라고 말해줄 것이다. 그것은 당신이 생애 동안 연마하고 연습해야 할 기술이다. 직업인답고 전문가답게 확인하는 것은 이 장에서 설명하는 바와 같이, 당신이 포기하는 일을 삼가하게끔 한다.

확인을 통해 그리고 포기하지 않음으로써 많은 예비 고객들이 결국은 "예"라고 말할 것이다. "아자"라고 외치는 것을 잊지 말라.

---

### 네트워크마케팅과 세일즈에서 중요한 것은 '작은 세일'과 같은 것이 없다는 것을 이해하는 일이다

여기에 한 예가 있다. 결혼 25주년을 위해 아내는 나에게 아름다운 커프스 링크 한 세트를 주었다. 1971년에는 프렌치 커프스를 착용하지 않음으로 나는 아름다운 커프스 링크를 착용하고 있는 셔츠를 찾았지만 운이 없었다. 아이오와로 여행을 하면서 나는 흰 양복도 찾고 있었다. 흰 양복을 입고 있는 한 신사가 포트 매디슨에 있는 글래스고 옷가게에서 그것을 구했다고 말해주었다.

나는 다음 날 그곳으로 가서 양복과 다른 몇 가지 용품을 산 다음 그 가게 주인이자 매니저인 도일 호이어에게 프렌치 커프스를 착용할 수 있는 셔츠가 있느냐고 물었다. 그는 즉시, "노, 그러나 구해 드릴 수 있습니다"라고 대답했다. 나는 셔츠를 주문했다.

한 달 후쯤, 도일이 전화를 걸어 셔츠를 받았는지, 또 마음에 드는지를 물었다. 나의 대답은 열렬했다. "좋다마다요." 도일 호이어가 내게 가졌던 관심과 나를 위해 프렌치 커프스 셔츠를 구하느라 염려했던 것 때문에 나는 그의 단골 고객이 되었을 뿐 아니라 다른 많은 사람을 그에게 소개해 주었다. 내가, 나의 졸저, 세일즈 클로징의 비결에서는 물론, 세미나를 할 때, 그를 예로 든 결과로 인

해 사업에서 얼마나 많은 돈을 벌었는지 우리 둘 다 정확히 알 길은 없지만 줄잡아 수 십 만 달러의 가치가 있었다고 자신있게 말할 수 있다. 만일 도일 호이어가 나를 위해 여분의 일을 더 해주고, 프렌치 커프스 셔츠를 구해주지 않았더라면, 그는 그만큼의 돈을 벌지 못했을 것이며, 나는 그 훌륭한 서비스를 받지 못했을 것이다.

메시지: 고객을 대할 때 그가 이제까지 없었던 가장 큰 고객인 것처럼 대하라. 만일 당신의 소매 고객이 당신이 판매하는 제품으로 행복해 한다면, 그들은 친구들에게 제품을 소개할 뿐 아니라, 당신의 하위 라인에 가입하고 싶어할 것이며 그의 가치는 믿을 수 없을 만큼 클 것이다.

고객이 당신에게 쓰는 돈의 금액이 고객의 가치를 평가하는 유일한 요인은 아니지만 출발하기에 좋은 요인이 된다. 다른 중요한 요인으로는 고객에게 말하는 당신의 능력, 고객의 개성과 일치할 수 있는 능력, 고객에 대한 열의가 있는 반면, 고객 쪽에서는 당신과 당신의 사업에 대한 열의가 포함된다.

# 고객을 유치하기 위한 가장 좋은 방법을 결정함

∙∙∙∙∙∙∙∙∙∙∙∙∙∙∙∙∙∙∙∙∙∙∙∙∙∙∙∙∙∙∙∙∙∙∙∙∙∙∙∙∙∙∙∙∙

제15장에서는

▶ 개인적인 마케팅플랜과 노트를 알아보고
▶ 고객을 유치하는 데 도움이 되는 마케팅 도구의 사용에 대해 살펴보고
▶ 예비사업자를 개인적으로 만나본다

∙∙∙∙∙∙∙∙∙∙∙∙∙∙∙∙∙∙∙∙∙∙∙∙∙∙∙∙∙∙∙∙∙∙∙∙∙∙∙∙∙∙∙∙∙

**몇** 명의 고객을 유치해보자. 이제 다운라인을 구축하고 제품과 서비스를 판매하기 위해 사업에 착수하여 어떻게 고객을 유치할 것인가를 생각해야 할 때다. 그것이 마케팅의 전부다.

대부분의 사람들이 마케팅 즉, 리드를 고객으로 전환시키는 문제에 대한 생각으로 초조해 한다. 마케팅 경험이 부족한 사람에게, 이것은 어떤 사업을 하더라도 가장 위협적인 문제의 하나가 된다. 사람들은 이렇게 말한다. "나는 못할 것 같은데요" 또는 "그 일을 어떻게 하지요?", "내가 할 수 있을까요?" "비용은 얼마나 들까요?" 두려움이 그 흉한 팔을 당신의 어깨에 얹고 일을 중단케 하려는 때가 바로 그 때인 것이다.

그러나 여기를 보라. 당신은 할 수 있다. 당신이 지금 그렇게 할 수 있는 자질이 있다고 주장한다면, 우리는 당신이 그 일을 할 수 있다고 확신한다. 이렇게 말해보라.

"나는 내가 하는 네트워크마케팅에서 마케팅 전문가가 될 것이다." 종종 자신에게 이러한 능력을 상기시켜라. 그렇다면 마케팅에 아무

런 배경도 없는 당신이 마케팅 전문가가 될 수 있다는 것을 우리가 어떻게 그토록 자신할 수 있는가?

네트워크마케팅에서 성공하는 방법은 리드를 얻어내어 그들을 고객으로 전환시키는 오직 하나뿐이다. 이 때문에 사업의 정도란 없다. 마케팅을 효과적으로 하기 위해 특별한 기술이 필요하거나 특별한 교육을 받아야 하는 것은 아니다. 당신은 대면하여 나누는 대화, 전화, e-메일, 웹사이트, 홈 파티 및 마케팅 활동비용이 저렴한 다양한 방법들을 사용할 수 있다.

재래적인 사업도 그렇게 재력이 있는 것이 아니다. 그들이 항상 마케팅 프로그램에서 여러 가지 호화스러운 것들을 사용할 수는 없다. 그들은 종종 할 수 없이 제품과 서비스를 판매하기 위해 비싼 텔레비전 광고를 해야 하며, 그때마다 거의 수 백만 달러를 들여 일류 광고 회사가 이 일을 처리하게 한다. 아니면 그들은 광고물을 인쇄하거나, 라디오 광고를 내거나, 국가에서 운영하는 게시판을 사용하거나 비용이 많이 드는 다른 방법들을 사용해야 한다.

그러나 네트워크마케팅은 그렇지 않다. 네트워크마케팅 회사에 가입하기 위해 처음에 약간의 투자를 한 후에 당신은 거의 또는 전혀 돈을 들이지 않고 리드를 얻어내거나 고객을 유치하기 시작할 수 있다. 또한, 소개에 의해 사업을 전개하고자 한다면, 마케팅에 많은 돈을 들일 필요가 없다.

당신이 네트워크마케팅 비즈니스에서 마케팅 전문가가 될 수 있을 것이라고 확신하는 또 다른 이유가 있다. 당신이 마케팅에 관해 이해하기 쉽고 적용하기 쉬운 방법을 추천하는 장을 공부하기 시작했기 때문이다.

# 개인적인 마케팅플랜을 개발함

모든 성공적인 마케팅 사업자들이 알고 있듯이, 당신이 즐겨 사용하는 마케팅 활동, 기술 및 행사는 매우 중요한 일이다. 어떤 다양한 방법을 사용하느냐 하는 것은 당신에게 달려 있기 때문에 당신이 별로 좋아하지 않거나, 숙달할 뜻이 없는 것은 사용할 필요가 없을 것이다. 당신이 즐겨 사용하는 활동이 포함되어 있는 개인적인 마케팅플랜을 개발하고, 그런 다음에 당신이 선택한 활동을 노트에 기록하는 것이 중요한 이유가 바로 거기에 있다. 그렇지 않으면, 당신은 네트워크마케팅 사업자라는 것이 매일 두려울 것이다. 당신이 사업의 마케팅 목적을 위해 일할 수 없다면, 성공은 당신을 비껴갈 것이다.

## 당신이 즐기는 마케팅 활동을 선택함

네트워크마케팅 사업자들이 통상적으로 사용하는 활동에는 다음과 같은 것들이 포함된다.

- ▶ 홈 미팅, 홈 파티 및 식사
- ▶ 전화회의
- ▶ 텔레마케팅
- ▶ 3자통화
- ▶ 공개 사업설명회
- ▶ 대면하는 네트워킹 행사
- ▶ 샘플 또는 제품 나누어주기
- ▶ 대중에게 사업을 설명함
- ▶ 시사회, 박람회 및 전시회
- ▶ 편지와 엽서
- ▶ e-메일 보내기와 웹사이트 참조하기

위에 열거한 목록 가운데서 당신이 개인 마케팅 플랜에 포함시키고 싶은 활동들을 택한다. 특별한 기술이나 경험이 요구되는 활동은 없다. 일단 어떤 활동을 사용할 것인지 알고 난 다음, 당신이 가입하고자 하는 네트워크마케팅 회사에서 이 활동들을 효과적으로 사용하고 있는지 확인하다.

디스트리뷰터에게 즐겨 하지도 않고 받아들일 수도 없는 활동을 하도록 요구하거나, 사용하고 싶지 않은 마케팅 활동에 전적으로 의존하는 네트워크마케팅 회사에는 가입하지 말라.

## 마케팅 노트를 사용함

더 진행하기 전에 개인 마케팅 플랜 노트를 작성하기 시작한다. 이 노트를 마케팅 활동에 전력을 다해 사용하라. 노트 앞장에 다음과 같은 헤드라인을 써둔다.

> __월 __일(작성하는 날)부터 __월 __일까지(90일 이후의 날짜)
> 사업을 이룩하기 위해 사용할 마케팅 활동들

헤드라인 아래에는 90일 동안 사용할 최대한 여섯 가지 활동을 열거한다. 너무 많이 적지 말라. 결국 당신에게 가장 적합한 것은 두 세 가지라는 것을 알게 될 것이다.

다음, 한 가지 활동에 노트 한 장씩 할애한다. 만약 당신이 홈 미팅, 우편, 대중 강연을 활동으로 정했다면 이 활동들 하나 하나에 노트 한 페이지씩 할애한다. 이 페이지들과 당신이 적어놓은 메모들을 사용하여 진행 상황을 쉽게 적도록 한다. 당신이 한 일과, 그 일을 한 시각과, 결과를 적는다. 또한 다음에는 다른 방법으로 하겠다는 것도 기록해 둔다.

이러한 메모를 기록하는 것은 특별한 기술은 아니지만, 그렇게 하는 데는 몇 가지 이유가 있다. 첫째, 어떤 활동이든 그것을 완수하기 위해 취해야 할 조치를 상기시킨다. 둘째, 그것은 당신이 하는 일을 상세히 기록하는 방법이다. 셋째, 앞으로 다르게 해야 할 일이 무엇인지를 상기시키는 역할을 한다.

한 페이지를 더 만들어 '아이디어'라는 제목을 붙인다. 사실상, 이 페이지는 노트의 전부가 될지도 모른다. 이 페이지는 업라인에 있거나 다운라인에 있는 디스트리뷰터로부터 얻은 아이디어를 기록해두는 데 사용한다. 전화, 회사가 주최하는 전화회의, 또는 지역이나 전국적인 미팅에서 디스트리뷰터와 함께 하게 될 때 당신은 종종 좋은 아이디어를 듣게 된다. 노트에 기록해두지 않으면, 오래 기억하지 못할 것이다.

개인 마케팅플랜과 관계가 있는 모든 정보는 이 노트에 기록한다. 당신이 하는 일들을 몇 달만 기록하고 나면 이 노트는 사업을 운영하는 데 값진 도구가 될 것이다.

개인 마케팅플랜을 개발하는 것에 관해 마지막으로 한 가지만 더 말한다. '결코'라는 말을 결코 하지 말라. 당신이 언젠가 사람들 앞에서서 네트워크마케팅 사업에 관해 말할 수 있을 것이라고 오늘은 믿지 못할 것이다. 오늘 당신은 회사에서 판매하는 제품과 서비스에 대해 친구에게 말하는 것을 불편하게 여길지도 모른다. 그러나 내일이 올 때마다 놀라운 일로 가득 차 있다. 어느 날 당신은 처음에 거부했던 마케팅 활동을 사용할 준비를 갖추고 벌떡 일어날지도 모른다. 그때가 되면 당신은 개인 마케팅플랜을 수정하고 확대해야 한다는 것을 알게 될 것이다.

## 마케팅 도구를 살펴봄

네트워크마케팅 회사의 스타트업 패키지는 이러한 많은 도구들을 제 공하고 설명해준다. 이 패키지는 회사에 가입하는 즉시 디스트리뷰 터에게 보내진다. 스타트업 패키지에 이 도구들에 대한 설명이 없다 면, 전화회의나 직접 대면하는 훈련 프로그램에서 설명될 것이다.

가장 보편적인 도구에는 소책자, 카세트 테이프, 비디오 테이프, CD, 전화 대본, 명함과 사무용품, 네트워크 와이드 전화 서비스 그리고 웹사이트가 포함된다. 여기에서 이 도구들을 논의할 것이다.

이 모든 도구들은 네트워크마케팅 사업자들이 고객을 유치하고 보유 하는 일을 강화한다. 그러나 도구들은 그것을 사용하는 유의사항이 없다면 가치가 없다. 당신은 네트워크마케팅 회사에 근무하는 실무 자들이나 상위 라인에 있는 회원들에게 이 도구들을 사용하는 방법 을 알려주도록 요구해야 한다. 고객을 유치하고 보유하기 위해 이 도 구들을 함께 사용하는 것도 기대해야 한다. 예를 들면, 처음으로 예 비 고객에게 전화를 걸었을 때, 무슨 말을 해야 할지 모르기 때문에, 회사에서 제공하는 텔레마케팅 대본에 의존하게 된다. 전화로 대화 하는 동안 당신은 예비 사업자에게 당신의 웹사이트를 방문하도록 권유한다. 이러한 경험을 준비해둠으로써 당신은 그 자리에서 판매 를 체결할 수 있을 것이다.

당신은 네트워킹 파티에서 처음으로 예비 고객을 만나게 될지도 모 른다. 거기서 당신은 명함, 소책자, 카세트 테이프 등을 건네주면서 웹사이트에 방문하도록 권할 수 있다. 그런 다음, 전화로 예비 고객 을 확인하고 추가 질문에 대답하며 판매를 체결한다.

사람은 들은 것은 곧 잊는다. 그러나 그것을 보게 되면 다시 기억한다. 듣고 보고 행동할 때, 우리는 이해하고 결과에 필요한 조치를 취한다. 그 세 가지 모두는 필요하다. 사람의 음성이 지니고 있는 따스함과 진지함과 애정은, 눈으로 바라보는 시선과, 그에 수반되는 행동과 더불어 네트워크마케팅에서 당신에게 놀랄만한 결과를 가져다줄 것이다.

## 소책자

시각적인 것을 좋아하는 사람은 구매하기 전에, 제품 사진과 같은 인쇄물을 봐야 할 필요가 있다. 그들은 제품이 어떤 작용을 하는지(그 특성), 어떤 역할(이익)을 하는지 설명서를 읽고 싶어한다. 그들은 사업의 핵심을 알고 싶어하며, 당신으로부터 자세한 내용을 듣는 것만으로는 만족하지 않는다. 그와 같이 마케팅 소책자는 세일즈 과정에서 매우 유용한 도구다. 어떤 사람들은 기억을 강화시키기 위해 즐겨 소책자를 거듭 살펴본다.

### 소책자를 사용함

제품과 서비스는 물론 사업도 설명하기 위해 소책자를 사용하는 몇 가지 방법을 제안하고자 한다. 대부분의 마케팅 회사에는 디스트리뷰터들이 사용할 수 있는 여러 가지 소책자들이 있다. 신준팔구, 당신은 회사에서 이 소책자들을 사야 할 것이다.

3　소책자를 통해 세일이 체결되는 경우가 드물다는 것을 기억하라. 그것은 기껏 보조자료일 뿐이다. 소책자는 현재 거래중인 고객에게, 특별히 신제품이나 서비스를 소개할 때 보낸다. 다음과 같은 메모를 첨부하라. "신제품을 좋아하실 것 같은데, 하나 주문해 드릴까요?"

3　소책자는 주문할 때만 보내라. 어떤 마케팅 사업자들은 입수한 우편 리스트에 있는 사람에게 소책자를 보낸다. 그것은 큰 실수다. 대부분의 사람들은 우편물을 뜯어보지도 않는다.

3　소책자는 대면하여 미팅을 가질 때 사진을 보여주거나 자세한 내용을 강조하기 위해 사용한다. 소책자를 갖고 있다는 이유로 마구 주지 않도록 한다.

예비 사업자가 소책자를 보고 싶은 마음이 들도록 한 다음, 그 책을 다 보도록 도와준다. 흥미를 갖는 것처럼 보이면, 소책자를 주고, 그렇지 않으면 돈을 절약하리.

3　소책자에 명함을 붙이거나, 소책자 뒤에다 이름, 주소, 전화 번호와 팩스 번호, e-메일 주소와 웹사이트를 스탬프로 찍거나 인쇄하여 예비 사업자가 보고 연락을 취할 수 있게 한다.

3　소책자에 지나치게 의존하지 말라. 어떤 예비 고객들은 구매 결정을 하기 전에 소책자를 보고싶어 한다. 그러나, 다른 많은 사람들은 그저 소책자가 있기 때문에 가져간다. 집에서 소책자를 받게 되면 쓰레기통에 집어던진다. 그들이 쓰레기통에 집어던지는 것은 당신의 돈이다.

3　소책자를 지팡이처럼 사용하지 말라. 어떤 사람들은 사업에 성공하려면 소책자가 있어야 한다고 생각한다. 그것은 사실이 아니다.

## 카세트 테이프, 비디오 테이프 및 CD

카세트 테이프, 비디오 테이프 및 CD는 제품, 서비스 그리고 사업에 관해 흥미를 유발시키는 데 편리하게 사용된다. 많은 사람들이 출퇴근을 하면서 카세트 테이프나 CD를 듣는다. 반면 비디오 테이프는 시각적인 것을 좋아하는 사람에게 인기가 높다. 그것은 더 알고 싶은 소망을 불러일으킨다. 당신의 회사에서 제공하는 스타트업 키트에는 적어도 한 개의 카세트 테이프나 CD 그리고 한 개의 비디오 테이프가 들어 있을 것이다. 당신은 이러한 마케팅 자료들을 추가로 구매할 수 있으며 늘 이것들을 비치해 두어야 한다.

## 전화 대본

마케팅을 목적으로 전화를 사용하고 싶지 않다면, 네트워크마케팅 회사에서 일하는 것을 재고할 필요가 있다. 그렇다고 그것이 모든 사업을 전화로 시작한다는 말은 아니고, 어떤 점에서는 거의 모든 판매에서 전화를 사용한다는 것이다. 바로 그러한 이유 때문에 당신의 네트워크 마케팅 회사에서는 전화 대본 샘플이 들어있는 텔레마케팅 워크북을 당신에게 전해주는 것이다.

네트워크마케팅 회사에서는 샘플 대본을 다양한 목적으로 사용한다. 예를 들면, 어떤 대본은 특정 제품이나 제품 라인을 판매하기 위해 마련되었다. 다른 대본은 사람들을 당신의 집이나 공공 모임에 초대하는 데 사용할 수 있다. 또 다른 대본은 핵심적인 텔레마케팅 즉, 낯선 사람에게 전화를 걸어 사업에 관해 알아보도록 초대하는 것이다. 이 대본들 가운데 몇 가지는 사용하지 않는다 하더라도 그것들을 공부해 두는 것은 좋은 생각일 것이다. 당신은 이 대본들을 수정하여 e-메일 메시지는 물론 대면하는 미팅에서 사용할 수 있게 한다.

## 명함과 편지지

명함은 상공회의소 행사와 같은 네트워킹 미팅에서 매우 유용하게 사용되는 도구다. 잘 디자인된 명함과 편지지는 어떤 직업에 있어서 그 전문성을 더해준다. 네트워크마케팅은 때로 사업으로서 경시 당하는 경향이 있으므로 이러한 도구들은 특히, 서면으로 된 문서를 보고 싶어하는 고객들과 자칭 예비 사업자들에게 그 적법성을 더해준다. 대부분의 네트워크마케팅 회사들은 인쇄업자와 협의하여 승인된 명함이나 편지지를 디스트리뷰터에게 팔도록 한다.

## 웹사이트

오늘날 웹사이트 없는 네트워크마케팅 회사는 상상하기 힘들다. 사이트는 밤낮 어느 때든 고객과 디스트리뷰터에게, 예를 들면, 제품을 주문하고 양식을 다운로드하는 것과 같은 서비스를 제공하는 일은 물론 예비 사업자에게 정보를 보내주는 데 특히 유용하다. 명함과 편지지에 웹사이트 주소를 넣을 수 있으며 e-메일, 우편, 전화 및 다른 통신수단을 써서 예비 고객에게 판촉할 수 있다.

많은 네트워크마케팅 회사들은 자동 복제(셀프 듀플리케이팅)사이트를 제공하여 디스트리뷰터들이 자신의 사진과 연락처를 넣어 개인 사이트로 만들 수 있게 한다. 예비 고객과 전화로 대화를 나누면서 당신은 그에게 웹사이트에 접속하도록 권유할 수 있다. 그런 다음 당신은 전화로 제품이나 사업의 여러 가지 특징과 이점을 지적할 수 있다. 웹사이트에 관한 더 많은 정보는 15장을 참조한다.

# 가능한 빨리 대면하도록 함

사업을 구축하는 초기 단계에서, 마케팅 도구를 사용하는 방법을 알아내고 마케팅에 사용할 연장을 갈고 다듬을 때, 가능한 한 빨리 예비 사업자 앞에 나서도록 하라. 낯선 사람에게 전화로 사업을 판매한다는 것은 쉬운 일이 아니다. 낯선 사람에게 전화로 비타민과 미네랄, 옷, 화장품, 장거리 서비스, 정보 또는 다른 제품이나 서비스를 판매하는 것도 쉬운 일이 아니다. 한 가지 예외가 있다면 체중을 줄이는 제품일 것이다. 사람들은 체중을 줄이는 일에 필사적이므로 그들은 이 '마술약'으로 살을 뺄 수 있다는 소망을 갖고 이 제품들을 구입할 것이다. 그러나 물론, 모든 유명한 네트워크마케팅 회사들이 알고 있듯이, 실제로 마술약과 같은 것은 없다.

당신이 특별히 일을 막 시작하여 세일즈 경험이 많지 않을 때, 세일즈를 종결하는 가장 좋은 방법은 판매 분위기에서 예비 고객을 대면하여 만나는 것이다. 당신은 효과적인 판매 분위기를 만들기 위해 다음과 같은 두 가지 마케팅 활동을 사용할 수 있으며 그것을 사용하는 방법을 설명하고자 한다.

## 예비 사업자를 가정으로 초대함

사람들이 가장 많이 이용하는 홈 미팅은 네트워크마케팅이 시작된 이래로 계속되어 왔다. 그러나 불행하게도, 이 활동으로 인해 많은 사람들이 네트워크마케팅에 등을 돌렸다. 이 테크닉을 남용함으로써 지나치게 열심인 네트워크마케팅 사업자들은 사업의 명성에 오명을 남겼다. 그것은 오늘날 이 사업이 아직도 극복하려고 애쓰는 모습이기도 하다. 그 일이 일어나는 과정을 보면 다음과 같다.

한 친구가 전화를 걸어 저녁 식사에 초대를 했다. "무슨 일인가?" 하고 물으면, 종종 이런 대답을 듣게 된다. "옛 친구들을 불러 새로운 친구들과 사귀게 하려고 모이려는 거야. 오겠는가?" 물론, 당신은 초대에 속임수가 있었다거나 뭔가 미비한 점이 있었다는 것을 식사가 끝나고 나자 갑자기 텔레비전이 켜지더니 비디오가 상영되고, 그 날 저녁이 네트워크마케팅 개념의 '사업설명회'로 변해 버렸을 때에야 알게 되었다. 그 결과, 당신은 불쾌해졌고 배신감을 느꼈으며, 우정 에는 금이 가고 네트워크마케팅은 손상을 입게 되었다.

홈 미팅 또는 파티는 가격이 저렴하고, 즐겁게 보낼 수 있고, 또한 효 과적인 마케팅 활동이 될 수 있기 때문에 어떤 사업자들은 계속하려 하지만 이 얼마나 난처한 일인가. 프레젠테이션에 대해 긴장할 때, 집에서 한다는 것은 얼마나 편한 일인가. 당신은 배경 음악으로 당신 이 좋아하는 음악을 선택하여 틀어놓을 수 있다. 커피와 준비하기 편 한 음식을 대접할 수 있다. 잘만 활용된다면, 홈 미팅은 종종 놀라운 결과를 가져오기도 한다. 그것은 사업 의도를 숨기지 않고, "우리가 새로운 사업을 시작했으니 와서 보게. 자네한테 소개하고 싶네"라고 솔직히 말한다면, 긍정적이고 효과적인 경험이 될 수 있을 것이다.

많은 네트워크마케팅 회사들이 오늘 날 거의 이러한 모임에 의존하 고 있다. 가정의 비품, 주방 제품 및 실내 장식품들은 홈 파티 분위기 에서 성공을 거두고 있다. 다른 마케팅 사업자들은 건강 제품, 체중 감량 프로그램, 휴가 계획 및 사업 기회를 가정에서 판매한다. 이 간 단한 마케팅 활동은 꼭 성공을 거두겠다는 전대적인 마케팅 통찰력 과 같은 것을 요구하지 않는다.

홈 행사를 추진하는 것은 - 그러한 목적으로 갖는 거의 모든 다른 네 트워크마케팅 행사들도 마찬가지겠지만 - 잠정 고객이나 예비 사업 자의 명단 작성으로부터 시작된다. 여기에서 당신의 웜 마켓, 100명 의 리스트가 작성되기 시작한다. 이 명단에 있는 사람들은 당신을 알 고, 원한다면, 당신을 좋아하고 신뢰하는 것이다. 이 명단이 그토록 가치 있는 것은 그 때문이다. 이제는 그들에게 전화를 걸어, 한 번에 한 사람씩 또는 소규모로 가정에 초대할 때이다. 당신은 이 활동을 즐길 뿐 아니라 그것을 잘해 나간다는 것을 알게 될 것이다.

 업라인에 있는 후원자나 사람들을 미팅에 초청하는 일은 초기 가정 미팅을 잘 치르는 데 도움이 될 것이다.

홈 마케팅 사업을 활용하라. 성공을 거둔 많은 네트워크마케팅 사업자들이 사업을 시작하는 데는 그것이 가장 좋은 방법이라고 말한다.

---

### 가족과 친구를 초대하는 방법

"나는 친구에게 전화를 걸어 이렇게 말합니다. '자네는 나와 오래된 친구일세. 난 자네 의견을 존중하지. 내가 사업을 평가하는 데 자네가 도움을 주었으면 하네. 솔직하게 말해주면 좋겠네.' 그것이 가족과 친구를 직접 만나는 방법입니다" 하고 그는 설명한다. "나는 그들에게 아무 것도 사달라고 부탁하지 않습니다. 나는 그들의 피드백을 듣기 원합니다. 나는 그것을 좋아한다던가, 좋아하지 않는다던가, 가부간의 대답을 해 줍니다. 어떤 대답을 하던 우리의 우정에는 변함이 없습니다."

가족과 친구가 당신에게 관심이 있고 당신의 복리를 염

려한다면, 그들은 함께 앉아 기꺼이 당신의 사업을 평가해 줄 것이다. 당신은 이 방법이 트릭이 아닌가 하고 생각할 경우, 즉 잭은 실재로 피드백에 관심이 있었던 것이 아니고 사람들이 사업에 참여하기를 바란 것이 아닌가 하고 생각한다면 그것은 잘못이다. 네트워크 마케팅은 인간 관계 비즈니스다. 성공적인 네트워크 마케팅 사업자들은 누군가를 트릭으로 사업에 가입시키는 일은 결코 이루어지지 않는다는 것을 잘 알고 있다. 네트워크마케팅을 진지하게 생각하지 않는다면 성공을 거둘 수 없다.

---

## 예비사업자들을 공개 사업설명회에 초대함

네트워크마케팅 사업을 시작하는 또 한 가지 좋은 방법은, 음악과 감동적인 연설, 제품을 증명하는 말, 회사 제품을 매혹적으로 전시해놓은 완벽한 공개 사업설명회다. 이러한 행사는 대개 매주 호텔에서 열리는데 그 목적은 현재의 디스트리뷰터와 그들이 초청하는 손님―디스트리뷰터의 예비사업자를 유치하는 것이다. 모임에서는 디스트리뷰터는 물론 예비사업자에게 정보를 제공하고 사업에 대한 흥미를 유발하기 위한 것이다. 공개 사업 설명회는 육십 분에서 구십 분 정도 진행되지만 개인적인 질문과 등록절차로 인해 상당한 시간이 걸릴 수도 있다.

공개 사업설명회는 다음과 같은 몇 가지 이유로 효과적이다.

▶ 회사의 이야기를 전하는 것이 아직 불안하게 느껴지거나 프레젠테이션을 하기 전에 더 많은 제품 정보가 필요한 디스트리뷰터는 추가 교육 모임에 참석한다.

▶ 종종, 공개 사업 설명회가 끝나면 디스트리뷰터들을 위한 훈련 모임이 이어진다. 예비사업자들은 디스트리뷰터가 되기 전에는 훈련 모임에 초대되지 않는다.

▶ 이러한 모임이 갖는 중요한 특징은 네트워킹과 친목 도모다. 새로운 디스트리뷰터는 경험이 많은 디스트리뷰터들과 어울리게 되고 여러 가지 아이디어와 테크닉을 얻는 반면, 디스트리뷰터의 초기 단계에서 필요로 하는 격려도 받게 된다.

▶ 모임에 참석하는 많은 사람들은 대개의 경우, 제품과 사업에 대해 열의를 갖게 된다. 열의는 손님은 물론 디스트리뷰터에게까지 확산된다.

▶ 어떤 디스트리뷰터는 리쿠르팅을 오직 공개 사업 설명회에 의존하기도 한다. 그들은 친구와 함께 있을 때 판매하는 것에 대해 편안한 마음을 갖는다.

공개 사업설명회에서 다른 디스트리뷰터를 훈련하는 데 많은 시간을 사용하는 경험이 많은 디스트리뷰터는 회사의 개요를 알리기 위해 간단한 프레젠테이션을 한다. 다른 디스트리뷰터들은 회사의 제품과 서비스에 대한 그들의 경험을 전한다. 네트워크마케팅 회사가 우수한 제품을 판매할 때, 그 제품은 종종 긍정적인 결과를 낳는다. 체중 감소, 관절염 제거, 정력 증강, 저 콜레스테롤 수치, 수면 개선, 더 나은 외모 그리고 더 많은 자신감 등이 이 모임에서 논의된 보편적인 결과들이다.

많은 경우에 사례 발표는 생기와 활기가 넘치며, 간혹 사람들의 눈물을 흘리게도 한다. 그것은 이 이야기들이 성의가 없거나 각색된 것이라는 의미가 아니다(간혹 그런 경우도 있다). 관절염으로 오랫동안 고생한 사람이 몇 주간 완전 천연제품을 사용한 후에 상태가 좋아졌다고 상상해보라. 또는 평생토록 체중과 씨름을 하다가, 식욕을 떨어뜨리고 칼로리를 연소시키는 제품의 도움을(마술이 아니라 도움이라고 말하는 것에 유의하라) 받는 사람을 상상해보라.

이것은 실제로 있는 결과들이며 사람들이 그에 대해 이야기할 때, 그들이 흥분하고 있다는 것을 알 것이다. 이 1차적인 경험은 모임에서 디스트리뷰터 뿐 아니라 그곳에 온 손님들에게도 동기를 준다. 체중관리에 문제가 있는 모든 사람들은 갑자기 회사 제품을 구매하고 싶어한다. 그들은 가능한 빨리 주문을 하게 된다.

미팅이 끝나기 전에 손님들은 그들을 모임에 초대한 디스트리뷰터와 자리를 함께 하라는 권고를 받는다. 당신이 그 디스트리뷰터라면 판매를 체결하기에 그보다 좋은 시간은 결코 없을 것이다. 미팅은 여러분을 위해 많은 일을 해주었다. 즉, 예비 고객의 주의를 끌어주었으며, 필요한 정보를 제공해주고, 사례 발표를 통해 제품을 확인해주기까지 했다. 방안 어느 곳에서든 손님들은 디스트리뷰터와 이야기를 나누고, 주머니에서 수첩을 꺼내며, 새로운 디스트리뷰터들이 등록을 한다. 판매 환경이 이보다 더 좋을 수는 없다. 당신이 초대한 고객은 흥분하고, 동기를 부여받고, 디스트리뷰터가 되든, 제품과 서비스를 사용하는 고객이 되든, 당신과 함께 할 준비가 되어 있는 것이다.

편안한 마음으로 있어라. 모임이 끝난 후에 당신이 고객과 함께 있을

때, 여러분의 업라인에 있는 누군가가 아니면 방안에 있는 다른 디스트리뷰터가 당신이 어떤 말을 해야 할지 알려줄 것이다.

사업설명회에 손님을 초대하는 방법에 대한 숀의 설명은 오직 진지한 자세로 전달되었을 때만 효과가 있다. 만일 회사의 사업 설명회가 사람들에게 제품과 서비스를 구매하거나 디스트리뷰터로 사업에 참여하도록 강요하는 식의 것이라면 이 초대를 통해 당신이 얻는 것은 친구와 예비 고객을 잃는 것뿐이다.

네트워크마케팅이란 인간 관계의 사업이다. 속임수는 통하지 않는다. 예비 고객이 당신을 불신하는 순간, 당신은 판매를 잃은 것이다. 친구 또한 잃은 것이다.

---

### 공개 사업설명회의 가치

대부분의 네트워크 마케팅 회사들이 활용하는 공개 사업 설명회에는 하나의 과학이 있다고 말한다. 그는 "당신은 이 모임에서 많은 에너지가 필요합니다. 경쾌한 음악, 적절한 조명, 회사 제품에 대해 마음에서 우러나는 말을 할 수 있는 사람들. 이것은 사기가 아닙니다"라고 강조한다. "모두가 그처럼 흥분하는 장소에 참석한 고객은 심장이 뛰는 것을 느끼게 마련입니다. 회사나 디스트리뷰터가 카세트 테이프나 소책자만 가지고 그렇듯, 고도로 동기를 부여하는 느낌을 만들어낼 수는 없습니다."

손님들을 이러한 모임에 참석시키는 비결은 무엇인가?

숀은 "비결이란 없습니다"라고 설명한다. "사람들에게 전화를 걸어 구체적인 질문을 하고 바람직하지 못한 상황을 파헤침으로써 통화를 마칩니다. 이 사람이 추가로 버는 돈이나 남는 시간을 어떻게 할 것인지 알아낸 다음에 그들에게 이렇게 말합니다. "내가 드린 질문에 대한 대답에 근거하여, 2단계 인터뷰를 받을 자격이 있는 것 같습니다. 화요일 저녁에 짧은 프로그램을 하나 계획하고 있는데 그 자리에서 만나 인터뷰를 종결지었으면 좋겠습니다…"

우리는 사람을 그런 방법으로 훈련할 수 있습니다. 그렇게 하는 것이 얼굴을 맞대고 하는 프리젠테이션보다 훨씬 쉽습니다. 미팅에서 예비사업자를 찾는 방법을 가르치는 일은 어려운 일이 아닙니다."

## 제 16 장

# 마케팅 활동 101

**앞**장에서 이야기한 것처럼 제품과 사업을 1 대 1로 마케팅 하는데 불편함을 느낄지도 모른다. 아마도 그것은 시간이 조금 더 필요해서, 또는 단순히 많은 사람들을 만나는 것을 좋아하지 않는다든지, 사람들을 만나는 것 자체가 많은 시간을 소모하는 활동이라고 생각해서일 수 있다. 이유가 무엇이든 간에 일부 네트워커들은 여러 사람을 만나지 않아도 되는 마케팅 활동을 선호한다.

다음의 섹션들은 마케팅플랜에 대해 훌륭한 결정을 내리는 데 도움이 될 것이다. 우리는 이러한 마케팅 활동의 성공률에 대해 특별하게 주장하지 않으며 가장 좋은 활동 대안이라고 소개하지도 않는다. 그리 복잡하지 않은 마케팅 활동 가운데 몇 개를 선별해 보다 나은 결정을 하도록 제공한 것이다.

## 신문과 잡지에 광고하기

네트워크마케팅 활동을 시작했을 때, 사업 촉진을 위해 광고를 하고자 한다면, 지역의 작은 신문사나 잡지사의 지면을 이용하라고 권한다. 그러나 솔직히 광고가 사업을 구축하는 최선의 방법은 아니다. 돈을 지출하기 전에 이 문제에 대해 업라인들과 상의하라. 전에 한 번도 광고를 낸 적이 없다면, 광고를 싣는 것이 보기보다 쉬운 일은 아니다. 혼자 광고활동을 진행하려고 시도하지 말라. 업라인에 있는 사람들의 도움을 받아서 회사의 지침을 따르도록 해야 한다.

# 전화를 사용하라

텔레마케팅에 관해서는 의견이 분분하다. 몇몇 네트워커들은 그 방법을 좋아하지만 다른 사람들은 싫어한다. 그러나 우리는 사업을 하기 위해 전화를 사용하지 않고 성공한 사람을 만난 적이 없다.

## 텔레마케팅의 장•단점

대부분의 마케팅 활동처럼 전화를 사용하는 방법도 장단점이 있다.

다음은 텔레마케팅의 장점들이다.

▶ 비용이 거의 들지 않는다. 대부분 당신의 지역 사람들에게 전화하기 때문에 텔레마케팅을 사용하는 것이 경제적이다.

▶ 반응하는 시간이 빠르다. 전화를 받는 사람들은 관심 있는 사람과 관심 없는 사람으로 나누어진다. 그들과 이야기를 나눌 때, 관심 여부를 알게 되고 반응을 기다려야 할 필요가 없다.

▶ 빨리 진행할 수 있다. 손가락으로 전화번호를 빨리 누르는 만큼 많은 전화를 할 수 있다.

▶ 스케줄을 조정할 수 있다. 편한 시간에 전화를 할 수 있지만 다른 사람들의 식사시간은 삼가하라. 오전 8시 이전이나 밤 9시 이후도 피해야 한다. 상식적으로 생각하라. 당신이라면 그 시간에 걸려온 전화를 받겠는가?

▶ 반복적이다. 회사나 업라인에 있는 사람들은 텔레마케팅 대본을 제공해줄 수 있다. 그에 대해 알고 나면 당신은 그것을

반복해서 사용할 것이다. 이름과 전화번호 리스트를 구해 전화 거는 일을 시작하라! 전화를 하면서 단순히 대본을 따라 읽지 않도록 주의하라. 대본이 익숙해질 때까지 연습한 후, 자주 쓰는 말로 바꾸어라.

다음은 텔레마케팅의 단점이다.

▶ 연결이 잘 안 될 수 있다. 오늘날 발신자 추적장치와 음성 메시지 때문에 당신에게 이야기하고 싶어하지 않는 사람들은 전화를 피할 수 있다.

▶ 듣는 것은 보는 것만 못하다. 사람들은 물건을 사거나 그 기능에 대해 알기 위해 만지고 느끼는 것을 좋아한다. 전화로 그 점을 납득시키는 것은 힘들 수도 있다.

▶ 쉽게 거절당한다. 얼굴을 마주보는 대화에서 거절하지 못할 사람들도 전화로는 거절하기 쉽다.

하지만 일부 디스트리뷰터들은 텔레마케팅 방법을 결코 터득하지 못하거나 그 방법을 좋아하지 않는다. "텔레마케팅은 관계를 쉽게 수립시켜주는 방법이 아닙니다. 그것은 사람들과의 접촉보다는 기술적인 면에 초점이 맞추어져 있습니다. 그래서 어떤 사람들은 그 방법을 피합니다"라고 존 밀러가 말한다. 존은 훌륭한 텔레마케팅 기술을 가지고 있지 않거나 특히 그러한 방법을 좋아하지 않는 네트워커들이 텔레마케팅 대본에 의지할 필요가 있다고 말한다. "

네트워크마케팅 회사들이 텔레마케팅 대본을 제공하기도 하지만 그들 모두가 효과적인 것은 아니다. 전화 사용에 편안함을 느끼지 못할 경우 더욱 그렇다. 만약 당신의 회사가 좋은 텔레마케팅 대본을 가지고 있지 않다면 어떻게 해야 하는가? 노련한 디스트리뷰터를 찾으라. 그가 당신의 기술을 보충할 대본을 만드는 것을 도울 것이며 효과적인 결과를 가져오도록 도울 것이다.

다양한 의견을 얻을 수 있다는 것은 네트워크마케팅의 매력적인 특징 중 하나이다. 한 네트워커가 어떤 방법이 효율적이지 않다고 말한다면 또 다른 네트워커는 그 방법이 아주 효과적이라고 말할 것이다.

물론, 몇몇 사람들은 웜 마켓에서 일하는 것을 좋아하지 않는다. 그들은 친구나 가족들에게 사업적으로 접근하고 싶어하지 않는 것이다. 힐튼은 다음과 같이 말한다. "그러한 경우에는 성공하기 위해 동시에 다른 마케팅 활동들을 해야 합니다. 텔레마케팅을 하면서 광고, 가정에서의 회의 스케줄을 잡는 것, 사람들을 사업 설명회로 데려가는 것, 소개를 부탁하는 것 그리고 e-메일 사용을 동시에 해야 합니다. 이 모든 것들을 해낼 수만 있다면 이 활동들은 성공에 기여할 것입니다."

실패에 대한 두려움이 성공에 대한 열망보다 강하다는 것을 기억하라. 그러므로 프레젠테이션을 할 때 예비 고객에게 회사에 가입하지 않음으로써 잃게 되는 것들에 대해 지적하는 것을 잊지 말라. 예를 들어 다음과 같이 말하라. "나는 언젠가는 당신이 '가입을 했더라면 좋았을 것'이라든지 '그 때 가입해서 잘됐다'라고 말하게 될 것이라는 것을 압니다. 가입하십시오. 그러면 당신과 가족, 당신과 관련된 모든 사람들이 이익을 얻게 됩니다. 가입하지 않으면 누구에게도 이익이 돌아가지 않게 됩니다."

## 텔레마케팅 에티켓

전화로 다른 사람에게 이야기를 할 때는 그 사람의 시간과 프라이버시를 침해하고 있다는 것을 기억하라. 전화라는 기술을 남용해서는 안된다. 네트워크마케팅의 명성에 더 이상 해가 가서는 안되기 때문이다. 다음의 지침들을 따르기 바란다.

▶ 상식을 사용하라. 공손하게 통화하라.

▶ 통화에 대한 허락을 받는 것이 좋다. "지금 통화하실 수 있습니까?"라고 물어보라.

▶ 오전 8시 이전이나 오후 9시 이후에 전화하지 말라.

▶ 저녁 식사시간이나 휴일에 전화하지 말라.

▶ 결코 논쟁하지 말라. 하지만 상대편이 함부로 말하는 것도 허용하지 말라. 그들에게 감사하다고 말하고 전화를 끊어라.

▶ 다른 종류의 마케팅 방법과 마찬가지로 텔레마케팅도 관계수립에 관한 것이다. 예비 고객의 관점을 수용하라.

▶ 유동적으로 행동하라. 만약 상대편이 원하면 정보를 e-메일로 보내는 것을 제안하라. 또는 사업설명회에 초청하거나 웹사이트를 보여 주어라. 몇몇 예비 고객들은 전화로 이야기하는 것을 좋아하지 않을 것이다.

네트워커들이 사용하는 다른 많은 기술과 다르게 텔레마케팅은 하루종일 할 수 있는 일이 아니다. 성공적인 디스트리뷰터들은 모두 텔레마케팅을 파트타임으로 한다.

## "DM을 받으셨습니다."

DM은 사람들의 반응을 얻기 위해 편지, 엽서, 팜플렛을 보내는 과정을 말한다. 이것은 웜 마켓과 콜드 마켓을 포함해 많은 수의 사람들에게 다가갈 수 있는 기회를 제공한다. 인쇄물들과 함께, 또는 인쇄물들 대신 당신은 테이프나 비디오 테이프, 상품 샘플들을 우편으로 보낼 수 있다. DM을 보내는 방법은 당신이 접근하고자 하는 많은 사람들의 이름과 주소, 봉투와 그 안에 들어갈 내용물들을 필요로 한다. 내용물들이란 당신이 판매하고자 하는 것들을 보여주는 편지나 테이프 같은 것이다. 물론 당신은 우표도 필요할 것이며 봉투를 채운 후 우체국에 가져갈 일손도 필요할 것이다. DM은 다음과 같은 장·단점이 있다.

## DM의 장점

▶ 많은 사람들에게 빠르게 접근한다. DM을 사용하면 수천 명의 사람들이 같은 날, 또는 몇 일 차이로 당신이 보낸 우편물을 볼 수 있다. 이것은 당신의 광고 메시지를 빠르게 전파시키는 방법이다. 텔레마케팅은 이에 비해 한 번에 한 사람에게만 접근할 수 있는 방법이다.

▶ 다른 사람의 생활을 침해하지 않는다. DM은 누구도 방해하지 않고 우체통에 도착한다. 우편물을 받은 사람이 자의로 봉투나 패키지를 열 때, 녹음 테이프나 비디오 테이프를 틀어볼 때, 또는 상품 샘플을 사용해 볼 때 메시지가 전달된다.

▶ 만질 수 있는 아이템을 전달한다. 전화로 설명하는 것을 듣기보다는 보고 만지는 것을 좋아하는 사람들은 DM을 통해 읽어보고 제안에 대해 생각할 기회를 가지게 된다. 전화보다는 DM에 보다 빠르게 그리고 더 우호적으로 반응할 것이다. 제품 샘플을 전달해서 사람들이 사용하도록 하면 그들은 상품을 주문하기 위해 즉시 전화를 걸지도 모른다.

▶ 흥미를 유발한다. 잘 쓰여진 편지나 생각을 일으키는 팜플렛, 금방 사람들의 반응을 일으키는 상품은 특정한 사람들의 관

심을 끄는 유일한 방법일 수도 있다. 당신이 누구한테 전화해
야 할지 모를 때, 중간에 전화를 연결해 주지 않아서 상대방에
게 전화를 걸 수 없을 때, 또는 단순히 아무도 전화를 받지 않
을 때, DM이 해결책이 될 수 있다. 더 나아가 DM을 받은 사
람이 당신에게 전화를 할 지도 모르는 일이다.

▶ 시간을 절약한다. 오늘날 사람들은 어느 때보다 바쁘다. 전화
　를 받는 사람이 당신과 통화를 하고 싶다 해도 전화로 이야기
　할 상황이 아닐 수 있다. DM은 개인적인 시간을 방해하지 않
　으면서 메시지를 전달해 준다.

## DM의 단점

전문가가 필요하다. DM을 성공적으로 사용하기란 쉽지 않은 일이
다. 전문가들은 DM의 세세한 부분을 공부하고 테스트하는 데 몇 년
을 보낸다. 말을 시작할 때, 적합한 단어를 고르는 것에서부터 편지
에 특정한 문구를 포함시키는 것, 엽서나 팜플렛에 적당한 색상을 고
르는 것 등, 이 모든 결정들이 DM의 성패를 좌우할 수 있다. DM에
대해 정확히 알고 있지 않다면 회사 내에서 그 분야에 대해 지식이
많은 사람과 친해져라.

▶ 항상 메시지가 전해지는 것은 아니다. 많은 사람들이 DM을
　정크 메일로 생각한다. DM을 받는 사람들이 당신이 보낸 패
　키지를 열고자 하는 마음이 있어야 한다. 만약 그들이 당신의
　제안에 어떠한 관심도 없거나 봉투나 엽서의 모양새를 좋아
　하지 않는다면 당신이 보낸 메일은 휴지통에 버려질 것이다.

▶ 비용이 들며, 가끔은 아주 많은 비용이 필요하다. 수십 통의
　우편을 한 번에 보내는 경우, 매우 많은 비용이 들어간다. 만

약 DM을 받는 사람들이 그것을 열어보지 않는 경우, 비용은 배가될 것이다. 그러므로 마켓을 샘플 조사해본 후, DM 방법을 사용하라.

## 훌륭한 메일링 리스트를 만든다

메일링 리스트는 당신이 제안하는 것과 맞아야 하며 새로운 목록이어야 한다. 감동적이며 창의적이고 비싼 메일링 내용물을 만들 수는 있지만 만약 그것을 잘못되거나 기간이 오래된, 또는 이전에 여러 번 사용했던 리스트의 사람들에게 보낸다면 결과는 끔찍할 것이다. 이 경우 당신은 DM에 쏟아부은 모든 돈을 낭비해버린 꼴이 된다.

DM 전문가들은 리스트 브로커나 잡지, 출판사에서 질 좋은 리스트를 빌리는 데 돈을 지불하는 것이 중요하다는 사실을 알고 있다. 업라인에 있는 사람들에게 리스트를 빌릴 좋은 소스를 추천해달라고 요청하라. 리스트를 빌리지 않은 경우에는 직접 리스트를 작성하는 데 돈을 쓰게 된다. 자신이 직접 리스트를 작성하는 것이 누군가에게 목록을 빌리는 경우보다 더 효과적이다. 문제는 비용과 시간이 많이 든다는 점이다.

당신은 신문, 잡지 그리고 다른 종류의 매체에 광고를 함으로써 목록을 작성할 수 있다. 이 방법은 두 단계의 활동을 포함한다.

1. 지역 신문이나 전국적으로 발행되는 발행물에 안내 광고를 실어서 관심이 있는 사람들이 당신의 무료 전화번호로 무료 정보를 문의하도록 하라. 당신은 무료 보고서나 팜플렛, 비디오 테이프를 제공할 수도 있다. 전화를 거는 사람들의 이름과 주소, 전화번호를 요구하라.
2. 보내기로 약속한 물건들을 메일로 보내라.

직업을 잃는다든지 더 많은 돈이 필요하게 되면 사람들은 당신의 제안에 더 수용적인 태도를 취하게 된다. 물론 당신의 리스트가 좋아야 한다. 만약 메일을 보내는 50~100명으로부터 몇 개의 반응도 얻지 못하면 당신의 리스트는 부실한 것이다. 또는 당신의 제안 자체가 좋지 않은 경우일 수 있다. 인내심은 DM에서 꼭 필요한 요소이다. 한 번 메일을 보냈을 때, 사람들은 관심을 보이지 않을 수 있지만 메일을 보내는 횟수를 늘리고 제안을 개선해 나감에 따라 반응은 더 늘어날 것이다.

## 훌륭한 제안을 발송함

왜 모든 과정을 처음부터 시작하려 하는가? 업라인에 있는 사람들이나 당신의 회사에 있는 사람들이 DM을 성공적으로 사용한 경험이 있을 것이다. 도움을 청해서 그 제안을 사용하라. 많은 네트워크마케팅 회사들이 그 효과가 증명된 다이렉트 메일 내용을 트레이닝 프로그램에서 제공한다. 만약 당신이 다이렉트 메일 방법을 사용하기로 마음먹었다면 이러한 것들을 사용해야 한다.

당신이 훌륭한 제안 내용과 좋은 리스트를 가지고 있다면 DM을 사용하는 방법이 성공할 확률이 높아진다. 많은 네트워커들은 한 주에 100통의 메일을 보내는 것이 좋은 생각이라고 한다. 평균적으로 한 주에 보내는 100통의 메일은 대여섯 명의 고객을 유치할 수 있다. 반면, 좋은 제안을 훌륭한 리스트 상의 사람들에게 메일로 보내면 한 주에 10명에서 20명까지 고객 유발이 될 수 있는 것이다. 이러한 수치는 파트타임으로 일하는 네트워커가 한 주에 다룰 수 있는 최대한의 고객 수일지도 모른다.

DM은 당신의 예비 고객을 웹사이트로 방문하게 하는 촉매제가 될 수 있다.

DM을 사용하는 정도는 많은 요소에 의해 결정된다. 우선은 당신이 그 방법을 선호하느냐에 달려 있다. 당신이 이 마케팅 방법을 좋아한 다면 반드시 사용하라. 하지만 편지를 보내고 전화기 옆에서 응답이 오기를 기다릴 수 없다면 다른 네트워크마케팅 활동들을 해야 한다. 그렇지 않으면 당신의 네트워크마케팅 경력은 오래가지 못할 것이다.

## 큰소리로 솔직하게 가능한 모든 장소에서 말하라

우리는 당신이 다음과 같이 말하리라고 추측한다. "아, 저는 절대로 못합니다. 사람들 앞에 서서 낯선 사람들에게 말을 걸 수 없습니다. 내가 세상에서 가장 하기 싫은 일이 연설하는 것입니다. 만약 그런 것을 해야 한다면 네트워크마케팅을 하지 않겠습니다. 많은 사람들 앞에서 말하라고 하면 무서워서 죽을 것 같습니다."

이것은 당연한 반응이다. 그러나 우리는 당신이 다른 사람들 앞에 서서 이야기를 할 수 있다고 생각하며 언젠가 한 번은 여기서 다루어진 아이디어들을 검토할 것이라고 본다. 많은 조직들이 당신이 하는 말을 듣고 싶어하며 우리는 약간의 용기와 연습만으로 청중 앞에서 이야기하는 데 익숙해지는 방법을 보여줄 것이다.

당신이 연단에 올라서서 수많은 군중 앞에서 연설하는 것을 즐기지 않을 것이라고 단정하지 말라. 몇 달, 또는 일 년 동안 훌륭한 네트워크마케팅 회사에서 일한 후에 당신은 연설하는 법을 훈련받게 될 것이다. 그런 후에 당신은 결코 연단에서 내려오고 싶어하지 않을지도 모른다!

대중 연설 기술을 배우고 연습하라고 권한다. 당신이 대중 앞에서 연설하는 데 대한 두려움을 가지고 있을지도 모르지만 다음을 기억하라. 청중 앞에서 약간 초조하고 불안해질 수도 있다. 경험은 그러한 증상을 없애는 방법을 터득하도록 해줄 것이다.

## 무대 위에서 편안함을 느낌

청중 앞에서 연설하는 데 필요한 간단한 조언들은 다음과 같다.

◆ 준비를 철저히 하라.
◆ 노트를 보고 생각들을 떠올릴 수 있도록 메모장을 준비하라. 그러나 이야기 할 때, 이것을 읽어서는 안 된다.
◆ 우호적인 표정을 한 사람들의 눈을 바라보라. 몇 초 동안 친근한 인상을 한 사람을 바라보다가 다음 몇 초 동안 또 다른 친근한 표정의 사람을 바라보라. 이러한 방법을 사용하면 기본적으로는 당신은 집단이 아닌 한 사람에게 말하는 것이 된다.
◆ 실질적으로 청중들은 모두 당신을 지원한다. 몇몇은 심지어 당신을 위해 기도까지 할 것이다. 대부분의 사람들이 이미 당신의 처지가 되어 본 적이 있으므로 당신에게 공감하는 사람들이 많을 것이다.
◆ 모든 사람들이 처음에는 무대를 무서워한다는 점을 기억하라. 위대한 연설가 중 일부는 대중 앞에서 말하는 것이 숙달되기까지 여러 번 그러한 기회를 가져야 했다.
◆ 당신은 자신을 위해 연설하는 것이 아니라 청중들에게 정보를 주기 위한 것이란 사실을 명심하라.
◆ 당신이 말한 것을 녹음한 카세트 테이프를 분석할 수 있는 시간을 가져라. 이 과정에서 처음에는 잘한 부분에 집중하고 그 다음에는 부족한 부분을 어떻게 개선해 나갈 것인지를 집중적으로 분석하라.

# e-메일이 도착했습니다

e-메일은 인터넷에서 마케팅을 하는 가장 단순한 형태이다. 당신은 광고를 만들어 실을 수도 있으며 더 나은 방법을 쓰려면 이미 그 효과가 입증된 광고를 업라인에서 빌려오면 된다. 마우스로 한 번만 클릭하면 당신은 제품, 서비스, 사업에 대해 전 세계에 있는 수많은 사람들에게 알려줄 수 있다. 당신이 보낸 메시지에 흥미가 있는 사람들은 더 많은 정보를 부탁하는 질문들을 해올 것이다. 이것은 당신의 예비 고객들을 교육시키고 분류하는 좋은 방법이다. 당신은 빠른 시일 내에 누가 관심이 있으며 누가 흥미없어 하는지 가려낼 수 있게 된다.

네트워크마케팅은 인간 관계 위에 구축되는 사업이다. 이메일에만 너무 많이 의존해서는 안 된다. e-메일은 인간적인 정이 느껴지지 않는 의사소통 방식이다. 당신의 사업에 누가 관심있어 하는지 예비 고객을 분류해낼 때만 이메일을 사용하라. e-메일은 당신이 관계를 구축할 기회를 찾아내는 데 도움을 준다. 그러나 더 깊은 관계를 유지하려면 더 따뜻한 형태의 의사소통 방식을 써야 할 것이다. 수화기를 들어서 그들에게 전화하라!

## 스팸 메일을 사용해서는 안 된다

인터넷을 사용해 본 경험이 있다면, 스팸에 대해 알 것이다. 스팸이라는 것은 부탁받지 않은 e-메일을 보내는 행위를 말한다. 남에게 폐를 끼치게 되는 이 방법은 인터넷상에서 에티켓을 전혀 중시하지 않는 사람들이 사용한다. 만약 아직까지 스팸의 모든 부작용을 깨닫지 못 했다면, 기억하라. 스팸 메일을 사용하는 것은 시간낭비이며 당신의 신용도를 위험에 빠뜨릴 것이며 당신 회사의 신용도에도 손상이 가게 될 것이다. 우리는 절대 그 방법을 쓰지 말라고 권한다.

## 당신은 합법적인 e-메일을 보내야 한다

네트워크마케팅 광고를 위해 합법적인 방법으로 e-메일을 사용하는 수가 있다. 예를 들어, 당신은 당신을 아는 사람들에게 그들이 용납하는 한 메시지를 보낼 수 있다. 자신을 '네트워크마케팅 상습자' 라고 묘사하는 킬로우는 그의 주소록에 올라있는 친구, 가족, 사업 동료들에게 최신의 네트워크마케팅 소식들을 종종 보낸다고 말한다.

그는 이렇게 설명한다. "나는 사람들에게 사업에 참여하라고 요청하지 않습니다. 또한 물건을 판매하려고도 하지 않습니다. 내가 새로운 사업 기회를 발견했을 때, '안녕하십니까, 친구 형제들, 최근에 내가 발견한 훌륭한 사업에 대해 관심이 있을지도 모른다는 생각에 이런 메일을 보냅니다' 라는 메시지를 보냅니다. 나는 사업에 관하여 설명을 약간 하고 웹사이트 주소를 알려줍니다. 그것이 내가 전하는 메시지의 전부입니다. 내가 제시한 사업에 대해 알아보고 싶은 사람은 웹사이트를 방문해 볼 것이고 사업에 관심이 없는 사람은 내 메시지를 삭제합니다. 몇몇 사람들은 나에게 답장을 하지만 대부분은 그렇지 않습니다. 아무도 신경 쓰지 않는 것 같고, 만약 그들이 신경 쓰여 한다면 나는 더 이상 메시지를 보내지 않을 것입니다."

당신은 또한 메시지를 받기로 한 사람들에게나 당신에게 먼저 e-메일을 보낸 사람들에게 e-메일을 보낼 수 있다. 그들은 당신이 제공하는 뉴스레터나 무료 보고서 또는 흥미있는 일간과 주간의 메시지에 자신들의 e-메일 주소를 남겨놨을지도 모른다. 당신의 웹사이트에서 이러한 모든 기회들을 활용하라. 광고 기술과 예산에 따라 당신은 전 세계에 퍼져 있는 수십만 명의 사람들을 포함한 e-메일 리스트를 만들 수 있다. 이러한 사람들이 당신에게 메시지를 보내주기를 요청할 때, 이는 매우 특별한 기회이다.

이러한 기회를 사용하여 인터넷상에서 친구를 만들어라. 당신의 웹사이트에 가입한 사람들의 흥미를 알아내라. 질문을 하고 답장을 보내도록 요청하라. 만약 당신이 생각을 불러일으키는 메시지를 제공한다면 많은 사람들이 결국에는 당신과 사업에 관해 더 많은 것을 알고 싶어하게 될 것이다. 그들이 질문을 하기 시작하면 당신은 기대수치를 더 높여 구매자를 찾아낼 수도 있다. 그러나 너무 빨리 움직이거나 독자들을 이용하게 되면 인터넷 서비스 제공자가 당신의 서비스를 금지시키는 순간, 가입자들을 잃게 될 것이다.

## 모든 네트워커를 위한 웹사이트

### 회사가 제공하는 자동응답 웹사이트

대부분의 네트워크마케팅 회사들이 디스트리뷰터들에게 자동응답 웹사이트들을 제공한다. 이것들은 공식적인 회사 웹사이트의 모조품들이다. 자동응답 웹사이트는 네트워크마케팅 회사가 온라인상의 정보 흐름을 통제할 수 있도록 해준다. 공식적인 회사 사이트의 모조품이 아닌 것은 금지함으로써 그 회사는 온라인상의 정보가 정확하다는 것을 확인할 수 있다.

이러한 웹사이트들은 24시간 내내 고객을 유치한다. 사람과 달리 웹사이트는 항상 똑같아 보이며 같은 소리를 내고 기술적인 혼란이 있는 경우만 제외하고는 매일 완벽한 프리젠테이션을 제공한다.

웹사이트들은 사람의 개입 없이 전자상거래를 도모하며 수입을 창출해 낸다. 많은 사이트들이 신용카드를 통한 가입비 지불을 허용한다. 매일 아침 일어났을 때, 웹사이트가 당신이 자고 있는 동안 밤 새 수백 달러를 벌었다고 상상해보라! 이것은 소설이 아니다. 오늘날 많은 네트워크마케팅 기업에서 일어나고 있는 일이다.

## 일반적인 웹사이트

일반적인 웹사이트들은 예상 디스트리뷰터들을 끌어모으며 자동적으로 활동들을 계획하는 데 쓰일 수 있다. 하지만 회사가 제공하는 웹사이트들과는 달리, 일반적인 사이트들은 특정한 사업을 추진하도록 디자인되어 있지는 않다. 대신, 사업을 소유할 기회를 광고하며 사업 기회를 찾고는 있지만 특정한 사업 분야를 염두에 두지 않은 예비 고객들을 끌어모을 수 있다.

일단 예비 고객이 일반적 웹사이트를 방문하면 그들은 이름과 e-메일 주소를 쓰도록 요청받을 것이다. 당신은 이 자료를 통해 그들에게 특정한 사업 기회와 상품과 서비스에 관한 정보를 보낼 수 있다. 이러한 메시지들은 예비 고객이 당신의 사업에 가입하든지 정보를 그만 보내라고 요청할 때까지 전송될 것이다.

"자신의 개인적 정보를 제공하는 사람들은 앞으로 고객이 될 가능성이 높다"

# 제 17 장
# "하지만 나는 판매원이 되고 싶지 않습니다!"

제17장에서는
▶ 이웃들과의 수다와 판매를 비교해보고
▶ 명예로운 직업으로서의 판매직을 살펴보고
▶ 판매를 하나의 과정으로 보고
▶ 판매원으로서 다른 역할을 해본다

**밤**에 아이들을 침대에 눕히면서 아이들의 귀에 대고 "엄마는 네가 이 다음에 커서 훌륭한 판매원이 되었으면 좋겠단다" 라고 말하는 엄마는 거의 없을 것이다.

세일즈 직종은 마땅히 받아야 할 좋은 평가를 받지 못 하고 있다. 무엇인가를 팔지 않고서는 살아가기가 거의 불가능하다는 것을 생각하면 얼마나 창피한 일인가. 사실, 모든 사람들이 판매를 한다. 아이들은 기저귀를 사용할 때부터 판매라는 활동을 시작한다. 그들은 자신의 필요사항과 욕구를 자식을 이기지 못 하는 부모에게 판매한다. 십대들은 자신을 좋은 대학에 팔고 직업인들은 고용인에게 자신을 판매하게 된다. 성인들은 항상 판매 활동을 한다. 그들은 새로운 아이디어들을 그들의 배우자에게 건네 준다. 예를 들면, 네트워크마케팅 회사에 가입하는 것 같은 아이디어들 말이다. 자신들의 아이들에게 양치질을 해야 하는 이유를 판매한다.

판매라는 것은 우리 삶의 자연스러운 부분이며 우리들 대부분이 아주 거기에 능숙한 것이 사실이다. 세계에서 가장 위대한 직종인 판매는 생계를 유지하는 수단으로 쓰일 때만 문제가 되는 것이다. 갑자기 공포가 엄습해오며 네트워크마케팅이라는 주제에 대해서도 판매라는 생각 때문에 사람들은 냉담한 반응을 보이게 된다. 이제는 판매라는 활동에 조금 더 다가갈 때이며 이 장에서 우리는 기본적인 세일즈 방법들을 다룰 것이다.

## 세상에서 가장 명예로운 직종 중 하나인 판매

때때로 직업 인터뷰에서 인터뷰를 하는 사람은 "저는 당신이 어떤 것이라도 다 팔 수 있는 것으로 알고 있습니다"라고 말한다. 그러면 나는 재빨리 "아닙니다. 절대로 그렇지 않습니다. 당신이 이야기하는 것은 사기꾼이겠죠"라고 대답한다. 사기꾼이란 것은 도덕적, 윤리적 가치를 가지지 않은 사람을 의미하며 그는 효과적인 판매 화술을 가지고 있고 당신을 선한 눈과 환한 미소를 가지고 쳐다본다. 그리고는 당신에게 그가 판매하고 있는 것이 아주 엉망인 물건일지라도 무엇보다도 훌륭하다고 말할 것이다. 전문적인 판매원은 경력을 쌓아 가는 사람이며 같은 사람들에게 같은 회사에서 계속해서 많은 양의 물건을 판매한다. 이러한 타입의 사람은 자신이 품질을 완전히 믿지 않으면 어떤 것도 판매하려고 하지 않는다.

이 점을 명확히 하기 위해 내가 세일즈 트레이닝 시간에 여러 번 사용한 약간의 교육 과정이 여기에 있다. .

내가 청중에게 처음 하는 질문은 "여러분 중 얼마나 많은 사람이 아주 좋은 상품을 판매합니까?"라는 것이다. 강연장의 많은 사람들이 손을 든다.
두 번째 질문은 "여러분 중 얼마나 많은 사람이 정말로 훌륭한 상품을 판매합니까?"이다. 또 많은 사람들이 손을 든다.

세 번째 질문은 "여러분 중 얼마나 많은 사람이 문제를 해결해주는 상품을 팝니까?"이다. 또다시 사람들이 손을 든다.

네 번째 질문은 "문제를 해결해주는 상품을 판매했을 때, 여러분 중 얼마나 많은 사람이 마땅히 이익을 볼만하다고 생각합니까?"이다. 또 사람들이 손을 든다.

다섯 번째 질문은 "여러분 중 얼마나 많은 사람들이 두 가지 문제를 푸는 두 가지 상품을 팔았을 때, 이익을 두 배로 볼 가치가 있다고 생각합니까?"이다. 사람들이 또 손을 든다.

그리고 나서 나는 웃으며 "오해하지 마십시오. 나는 여러분이 어떤 말을 하도록 강제로 유도하는 것이 아닙니다. 하지만 여러분이 말하는 것은 '많은 사람들의 문제를 해결해 줄수록, 더 많은 이익을 얻는 것이 당연하다'는 것입니다."

여섯 번째 질문이다. "여러분 중 얼마나 많은 사람이 일년 이상 판매를 해 왔습니까?" 많은 사람들이 손을 든다.

일곱 번째 질문이다. "여러분 중 얼마나 많은 사람이 세일즈 직종을 가진 이래로 벌어들인 수입을 고스란히 가지고 있습니까?" 이번엔 아무도 손을 들지 않는다.

여덟 번째 질문이다. "그러면 여러분 중 얼마나 많은 사람들의 고객이 당신이 한 해, 두 해 전, 다섯 해 전 또는 10년 전에 팔았던 물건을 지금도 사용하면서 그것으로부터 이익을 보고 있습니까?" 또 많은 사람들이 손을 든다.

그리고 나서 무엇보다도 중요한 질문을 한다. "그렇다면 누가 이익을 보는 것입니까? 판매원입니까, 고객입니까?" 많은 사람들이 "고객입니다"라고 대답한다. 그제서야 나는 마지막 질문을 한다. "그렇다면 판매라는 과정이 누군가를 대상으로 하는 활동입니까, 아니면 누군가를 위해서 하는 활동입니까?"라고 묻는다. 요점은 전해졌다. 판매는 명예로운 직종이다.

나는 자주 우리가 사람들이 행동을 취하도록 설득하는 훈련을 받기 때문에 다른 어떤 직종보다도 높은 도덕적 기준을 갖는 것이 세일즈하는 사람에게 중요하다고 말한다. 우리는 사람들이 가장 이익을 보는 행동을 하도록 예비 고객들을 설득하는 훈련을 받아야 한다. 만약 당신이 지속적인 네트워크마케팅 사업을 구축하고 지속적인 많은 수입을 벌어들이고 싶다면 이 개념을 매우 심각하게 받아들여야 하며 정직하게 판매해야 한다.

## 판매는 트레이닝을 필요로 한다

우리가 이 책에서 몇 번 언급한 것처럼 트레이닝은 판매 기술을 고양시키므로 트레이닝을 받아야 한다. 제니퍼 하퍼는 기계공학 학위를 받고 대학을 졸업했다. 그녀는 보험회사에서 엔지니어 고문으로 7년을 일한 후에 한 워크숍에 가입했다. 그녀는 다음과 같이 설명한다. "여러분이 엔지니어에 대해 무엇을 알고 있는지 모르지만 그 직종이 그리 흥미 있는 것은 아닙니다. 우리는 아주 논리적이고 침착하며 이성적인 생각을 갖고 있으며 그러한 자질들은 세일즈를 할 때 그다지 도움이 되지 않습니다. 내가 처음 네트워크마케팅을 시작했을 때 난 속으로 이렇게 말했습니다. '여기 이 물건을 사야하는 이유가 있다. 하나, 둘, 셋. 여기 카탈로그가 있다. 지금 주문하라!'"

이 방법은 그리 힘들지 않았다. 그리고 제니퍼는 네트워커들이 세일즈 트레이닝을 빨리 받는 가장 좋은 두 가지 방법을 발견해냈다.

▶ **스폰서로부터** : "무엇보다도 나의 스폰서는 나에게 내가 가지고 있지 않던 대인관계 기술을 가르쳤습니다. 나는 그녀가 하는 것을 보았으며 그녀가 자연스럽게 한다는 것을 배웠습니다. 예를 들어, 상품을 판매하기 위해 어떻게 대화를 시작하는지 보았습니다. 나는 그녀가 다른 사람에게 상품이나 사업 기회를 판매하려고 시도하지 않는다는 것을 알았습니다. 그러나 그녀는 따뜻한 성격으로 사람들에게 주문을 받는 방법을 갖고 있었습니다. 그녀가 활동할 때 나는 그것을 지켜보았으며 그것이 바로 내게 부족한 것이 무엇인지 알아내는 방법이었습니다"라고 제니퍼는 말한다.

▶ **테이프로부터** : 제니퍼는 다음과 같이 말한다. "내가 프리젠테이션을 하러 집을 떠나자마자 차에 있는 카세트 플레이어에 테이프를 집어넣고 듣습니다. 테이프는 훈련 내용을 제공할 뿐 아니라 내가 도착지까지 가는 동안 나를 고취시켜주기도 합니다!" 대부분의 회사들이 트레이닝을 위해 테이프를 많이 사용한다.

## 판매는 준비를 필요로 한다

판매하는 법을 알기 전이라고 해도 판매할 준비는 해야 한다.
캐시는 회사의 세일즈 프리젠테이션을 연구하고 즉시 프리젠테이션을 하기 시작했다. "행동에 옮기는 것이 중요합니다. 나가서 계속 과정을 반복하십시오. 당신이 해나가는 프리젠테이션 하나하나가 다음 프리젠테이션을 위한 좋은 준비입니다" 결국 캐시는 처음 여섯 달 동안 19명을 모집했다. "매우 힘들었습니다. 하지만 이왕 시작했으니 크게 성공하고 싶었습니다"라고 그녀는 말한다.

코니는 다음과 같이 설명한다. "나는 판매에 대해 교육을 받기로 마음먹었다. 나는 지칠 줄 모르고 책을 읽었습니다. 전화회의를 통해 다른 사람들이 판매하는 방법을 배웠으며 리더십 세미나에 참석했습니다. 점점 나는 내 자신만의 전략을 세우기 시작했으며 그것이 바로 내가 다른 사람들에게 이 분야에서 경력을 쌓으려고 할 때 준비하도록 권고하는 방법입니다. 당신이 자신의 약점을 안다면 – 예를 들어 자신이 내성적인 사람이거나 침묵을 깨고 대화를 시작하는 방법을 모를 때 – 필요한 것을 배울 준비를 하십시오.

"성공을 위해 준비하라. 그러면 당신이 하는 모든 것에서 성공을 거둘 것이다." 이것은 토드 스미스의 철학이다. "사람들이 당신이 하는 일이 성공적이라는 것을 알 때 함께 일하고 싶어할 것입니다."

## 판매는 하나의 사건이 아니라 과정이다

판매는 단순히 고객을 상대로 하는 것이 아니라 고객과 함께, 또는 고객을 위해서 하는 일이다. 세일즈 과정은 간단하다. 누구라도 그것을 배울 수 있으며 당신은 이미 그것을 사용하고 있을 가능성도 많다. 그것은 고객에게 질문을 해서 무엇이 필요한 지를 알아내는 작업이다. 질문을 많이 할수록 더 많은 것을 알아낼 수 있다. 필요한 것들을 더 많이 알아낼수록 더 많은 판매를 할 수 있게 되는 것이다!
과정은 다음과 같다.

> **신뢰를 쌓아라.**
> **고객이 필요로 하는 것을 알아내라.**
> **제품의 장점을 알려라.**
> **행동을 취해 판매를 마무리하라.**

### 신뢰를 쌓음

판매를 이런 관점에서 보라 : 당신은 상품이나 서비스를 판매하고 있는 것이 아니라 인간 관계를 판매하고 있는 것이다. 고객이 원하는 것은 모두 같다. 당신과 회사가 그들의 문제를 해결해줄 수 있다고 믿고 안심하는 것이다.

"당신은 상품과 서비스를 넘어선 가치를 고객에게 줌으로써 관계를 수립합니다"라고 트레이너인 더그 파이어바우는 설명한다. "무엇인가를 판매하려고 시도하기 전에 그들에게 그것이 삶을 더 낫게 만들어 줄 것이라는 정보를 주십시오. 다운라인이나 소매 고객의 기반은 당신이 사람들과 쌓아놓은 관계입니다. 모든 리더들이 이러한 원칙을 알고 있습니다. 중요한 것은 사람들이 상품이나 서비스에 대해 생각하는 것만큼 당신에 대해 어떻게 느끼느냐 하는 것입니다. 이익보다 상대방을 우선시하여 판매를 넘어선 가치를 보여주십시오. 관계를 개별적인 것으로 만들어서 단골 고객들을 만들어 낼 수 있습니다."

당신의 주위에는 열정적이고, 하고자 하는 욕망이 가득하며 다른 사람에게 관심을 갖고 있는 사람들이 많다. 네트워크마케팅의 이점 중 하나는 후원하는 각 사람이 당신이 아는 사람보다도 더 많은 사람들을 알게 될 것이라는 점이다. 또한 당신은 그들이 당신보다 더 열심히 일하고 더 빨리 성공하며 당신이 구축한 그룹보다 더 큰 그룹을 구축하기를 진실로 바란다는 것이다. 이유는 매우 간단하다. 그것은 그들이 당신의 조직을 구축하고 있기 때문이다. 그들은 당신을 위해서 일하는 것이 아니라 당신과 함께 일하는 것이다. 결과적으로 당신이 그들의 그룹을 구축하고 있다면 그들 역시 당신의 사업을 구축하고 있는 것이다. 당신이 즐기는 그들과의 관계는 당신 삶의 모든 부분에 큰 변화를 가져다 줄 것이다.

우리가 따라야 할 중요하면서도 간단한 인간관계에 대한 충고에는 어떠한 것들이 있는가?

1. 다른 사람들이 존경할 수 있으며 다른 사람들을 절대 경시하지 않는 타입의 사람이 되라.

2. 메리 케이 애쉬가 말하듯이 모든 사람은 목에 보이지는 않지만 다음과 같은 글이 적힌 표시를 달고 다닌다는 것을 염두에 두어라. "나 자신이 중요하다는 것을 느끼게 해주세요." 이러한 점을 기억해 사람들의 이름을 부르면서 적당한 기회가 올 때마다 그들에게 진정한 칭찬 한마디를 해줌으로써 그들이 중요하다는 것을 느끼게 할 수 있다.

3. 만약 인생에서 친구를 찾고자 한다면 그 수는 적으리라는 것을 유의하라. 인생에서 다른 사람의 친구가 되고자 한다면 그러한 사람은 얼마든지 찾을 수 있을 것이다. 이는 행한대로 되돌아오기 때문이다.

4. 네트워크마케팅에서의 성공의 기본 원칙을 기억하라. 즉, 다른 사람들이 원하는 것을 얻도록 도와주기만 하면 당신은 인생에서 원하는 모든 것을 가질 수 있다.

5. 네트워크 리더들을 살펴보라. 그들이 다른 사람들을 어떻게 다루는지 그리고 그들이 어떻게 훌륭한 발견자와 격려하는 사람이 되어서 다른 사람들을 중요하게 느끼게 하는지 그 방법을 관찰하라

6. 숙녀들로부터 배워라. 여성들은 남성보다 훨씬 더 관계를 중요시 여긴다. 그들이 다른 사람들과 어떻게 상호교류를 하는지 살펴보라.

## 고객이 필요로 하는 것을 알아냄

판매에 있어서 더 많은 물품을 판매하고 주문 취소 건수를 줄이고 싶다면, 감정적인 논리를 이용하는 것이 중요하다. 오직 감정만을 이용한다면 많은 사람에게 제품을 판매할 수 있을지는 몰라도 취소율이 높을 것이다. 그들이 집으로 돌아가면 배우자들은 사업을 그만 두도

록 한다거나 상품 주문을 취소하도록 설득할 것이다. 판매를 할 때 순전히 논리만 내세운다면 사람들은 행동을 취하려 하지 않을 것이며 결과적으로 거의 아무 일도 일어나지 않을 것이다. 감정과 논리를 결합하면 계속 더 많은 양을 판매할 수 있게 된다.

인간은 기본적으로 감정적인 존재라는 것을 기억하라. 예를 들어 비행기 승무원이 승객들에게 안전벨트를 착용하라고 말하면 거기에 이론을 제기하는 사람은 아무도 없다. 사람들은 그저 안전벨트를 맬 뿐, 그에 대해 이의를 제기하지 않는다. 하지만 처음에 자동차 안전벨트 착용법이 시행되었을 때, 모든 사람들이 매우 기분나빠 했으며 불평했다. 비행기에서 안전벨트를 맨 후 비행기가 3만 피트 상공에서 추락한다면 안전벨트는 아무 소용이 없을 것이다. 그러나 안전벨트를 매고 있는 동안 자동차가 충돌한다면 살아남을 뿐 아니라 중상을 입지 않을 가능성이 3배까지 늘어난다. 그러므로 사람들이 판매하는 물건에 관심을 갖고 흥분하도록 만들어야 한다. 실화, 예시, 일화들, 개인적 경험 등이 사람들을 관심 있게 만들 수 있다.

판매에 있어 질문을 할 때, 논리를 사용하라. 예비 고객에게 우호적인 카운셀러, 의사, 목사처럼 접근해 부드럽게 대화하고 사실을 알아내는 질문으로 그들의 현재 상태와 바라는 것을 알아내라. 그들의 대답을 알고 난 후에 제품이나 사업 기회가 그들의 문제에 해결책이 될 수 있는지 설명할 수 있다. 이러한 방법으로 예비 고객을 감정적으로 연루시키지만 그들이 행동을 취하도록 하기 위해선 논리적으로 설득해야 되는 것이다. 그러한 방법의 판매를 하면 고객은 처음에 구입한 후 집에 돌아가서 그들의 배우자나 가족들이 물어볼 지도 모르는 질문들에 대답할 준비가 되어 있을 것이다.

질문을 함으로써 당신은 사람들이 필요로 하는 것에 대해 쉽게 이야기하도록 격려할 수 있다. 네트워크마케팅 사업에서는 부족한 점과

흥미를 만족시켜주기 위한 방법이 아주 많습니다. 나는 사람들에게 그들의 직업에 대해 물어봅니다. 많은 사람들이 풀타임으로 일하고 있으며 파트타임으로 일하고 싶어합니다. 나는 그들의 개인적인 성장과 다른 사람들을 돕는 일에 대한 관심도 알아봅니다. 그들의 가족에 대해 질문하면 많은 것을 알게 됩니다. 가족에 대해 이야기할 때 사람들은 인생에 대한 진정한 열망을 함께 나누기 때문입니다. 판매에 있어 성공을 거두려면 예비 고객의 생활에 대해 알아야 합니다."

우리는 자주 상품이나 사업 기회를 우리 입장에서 판매하려고 합니다. 하지만 고객들은 우리가 제시하는 이유에 대해 관심을 보이지 않습니다. 그들은 자신의 이유에 신경을 씁니다. 당신의 입장에서 판매를 해서는 안 됩니다. 고객의 입장에서 판매하십시오. 그들에게 원하는 것을 어떻게 성취할 수 있는지 보여주십시오. 그러면 그 보답으로 그들은 당신이 원하는 것을 얻도록 도와줄 것입니다."

브라이언은 고객이 필요로 하는 것을 알아내기 위해 구체적으로 대답할 수 있는 질문들을 해야 한다고 강조한다. 구체적으로 대답할 수 있는 질문이란 "예" 혹은 "아니오"로 대답할 수 있는 질문의 반대되는 개념으로 고객들이 이야기를 하도록 만드는 것이다. 여기 두 가지 예가 있다.

> ▶ "짐, 요즘 뭐하고 지내요?"
> ▶ "메리, 가족과 더 많은 시간을 보내고 싶어한다고 들었어요. 왜 그렇게 하지 못하는 거죠?"

디스트리뷰터 코니 듀간은 사람들에게 귀기울이라고 말한다. "만약 당신이 귀기울여 들으면 사람들은 몸무게를 줄이고 싶다든지, 치아에 관한 문제라든지, 더 많은 돈을 필요로 한다든지, 또는 여행을 더 많이 하고 싶다는 등의 희망사항을 이야기할 것이다. 관심을 가지면 올바른 해결책을 제시할 수 있을 것이다.

## 상품이 주는 혜택을 판매함

고객이 필요로 하는 것을 알고 난 후에는 상품, 서비스 또는 사업을 소개할 수 있다. 당신이 판매하는 것의 이점이 사람들이 말하는 문제를 어떻게 해결할 것인지를 증명하고 설명해줄 때이다.

판매과정 중 이 단계에서 당신은 사람들에게 판매인 같다는 인상을 줄 수 있다. 예비 고객이나 고객들이 당신이 제시하는 기회에 관심을 보이지 않을 수도 있다. 하지만 코니 듀간은 그것이 피하기 쉬운 실수라고 말한다. 그녀는 다음과 같이 설명한다. "듣고 주의를 기울이십시오. 대답할 때를 기다렸다가 기회가 오면 그때 말하십시오. 만약 어떤 사람이 나에게 애완동물, 세균이 관련된 질병 또는 몸무게 때문에 문제를 겪고 있다고 말하면, 나는 이렇게 대답할 것입니다. '내가 다니는 회사에서는 특히 그런 문제를 해결해주는 최신 상품을 판매하고 있는데 거기에 대해 알고 싶으세요?'"

### 제품, 서비스, 또는 사업의 가치를 설명함

플라나간은 판매활동을 예비 고객과 고객들에게 혜택과 가치, 이점에 관해 의사 소통하는 것이라고 말한다. 그는 '특징, 기능, 혜택' 기술을 판매 과정 중 '상품이나 사업의 이점 설득시키기' 과정을 가르치는 데 사용한다. 그는 다음과 같이 말한다.

특징이라는 것은 상품의 부분, 특성, 특질입니다. 만약 트레이닝에 관련된 물품을 판다고 가정해 보면 이 상품의 특성은 CD 형태를 가지게 된다든지 배우는 사람을 위한 지침서와 함께 판매될 것이라는 점입니다.

기능은 특징이 하는 일을 설명합니다. CD는 구매자가 차나 CD 플레이어가 있는 곳에서 트레이닝 관련 내용을 들을 수 있도록 합니다. 배우는 사람을 위한 지침서는 구매자가 인쇄된 형태로 되어 있는 트레이닝을 따라갈 수 있도록 돕습니다.

혜택이라는 것은 특징과 기능을 사용함으로써 오는 가치나 이점을 말합니다. CD는 편리함과 품질을 제공합니다. 배우는 사람을 위한 지침서는 트레이닝 정보를 강화해 다시 생각나게 하고 실행할 수 있도록 합니다.

혜택은 고객이 상품을 구매하는 이유이므로 판매 과정에서 가장 중요한 단계입니다.

코니는 계속 이렇게 이야기한다. "무조건 예비 고객에게 정보를 전해줄 것이 아니라 허락을 구하십시오. 이것은 일상적인 대화에서도 마찬가지입니다. 상대편이 제품에 대해 이야기해보라고 하면 그들은 그 상품에 관심 있다는 것입니다. 당신은 이제 그들에게 상품이나 사업기회에 대해 아주 상세하게 설명할 수 있습니다. 또는 그들을 전화회의에 참여하게 한다든지 정보가 더 많이 저장되어있는 웹사이트를 보여줄 수도 있습니다. 이것은 판매가 아니라 인간적인 활동입니다."

## 판매를 마무리함으로써 행동을 취함

세일즈 과정의 마지막 단계는 주문 요청이다. 만약 고객이 "사겠어요. 여기 주문서가 있습니다"라고 판매를 종결지어 준다면 좋은 일이다. 때로 그런 상황이 벌어지기도 하지만 대개의 경우 고객에게 구입하도록 요청해야 한다. 그리고 종종 여러 번 요청해야 할 것이다.

캐시 스미스는 이렇게 말한다. "사람들은 바쁩니다. 그래서 그들에게 계속 상기시켜 구입하기 쉽도록 만드는 것이 중요합니다. 고객들은 계속해서 당신의 제품을 구입하고 싶어합니다. 하지만 당신이 그들에게 요청해야 하는 것이죠."

필자가 다이렉트 세일의 세계에 발을 들여놓았을 때, 처음 배운 것 중 하나가 "빨리 끝마치고 자주 끝마치고 늦게 끝마쳐라"라고 하는 것이었다. 이 충고의 일부분은 좋지만 다음과 같은 것을 기억해야 한다. 만약 구매를 이유로 하여 혜택을 보여주기도 전에 주문 하라고, 요청함으로써 판매를 종결하려 한다면 '나는 나를 위해 일한다. 나는 당신에게 판매하여 이익을 챙기고 싶다' 라는 식의 태도로 강매하는 판매원이 되는 것이다. 이러한 경우, 예비 고객들은 모두 거절할 것이다.

예비 고객이 한 번 거절하면, 당신과 예비 고객 사이에는 보이지 않는 하나의 장벽을 쌓게 되는 것이다. 주문을 하도록 요청하는 적절한 때는 예비 고객이 투자를 했을 때 얻게 되는 혜택이나 그래야 하는 이유를 적절히 설명해주었을 때이다. 이때 고객은 당신의 상품이나 서비스의 혜택에 대해 즉각적으로 이해하기 시작한다. 가장 두드러지는 혜택으로 대화를 시작하면, 예비 고객이 당신의 요구에 응할 가능성이 높아진다.

이 시점에서 만약 그들이 상품구매를 거절한다면 사람들은 마음을 바꾸지는 않겠지만 새로운 정보에 기초해 새로운 결정을 할 것이라는 것을 기억하라. 그러므로 처음에 거절했다면 그들을 설득하지 말라. 만약 그렇게 하면, 그들을 성가시게 할 뿐이고 궁극적으로 판매할 수 있는 가능성만 더 낮아진다. 당신이 해야 할 일은 아주 간단하다. 그들에게 다른 좋은 혜택이나 구매해야 하는 이유를 알려주고 새로운 혜택을 마음에 들어하는지 물어보라. 아마도 그렇다고 대답할 것이다. 그러면 이러한 혜택을 누리기 위해 언제가 가장 적당할 것인지를 다시 한 번 물어보면 된다.

고객의 상품구매 의사결정 시기를 어떻게 알아보는가? 다음의 질문들이 도움을 줄 것이다. (1) "언제 상품을 받을 수 있습니까?", (2) "이 제품들을 판매하는 방법을 배우는 데 얼마나 걸립니까?", (3) "사업에 참여하는 데 얼마나 듭니까?", (4) "얼마나 벌 수 있습니까?"
판매를 종결할 때 다음의 질문들을 한 번 더 한다. "한 번 상품을 써보시죠?", "제가 주문서를 작성하여 이 상품을 보내드리는 것이 어떻습니까?", "여행을 더 많이 하고 싶고 집에서 일하고 싶다고 하셨죠. 이 사업이 당신에게 좋은 기회가 될 것 같지 않습니까?"

### 세 가지 질문으로 판매를 종결함

전문적인 판매인들 사이에서 가장 많이 쓰이는 마무리
기술은 '세 가지 질문 종결법'이라고 불리운다. 다음에
서 그 방법이 어떻게 효과를 가져오는지 보여줄 것이다.
예비 고객이 당신에게 부수입을 벌어들이고 싶다고 말
했다고 가정하자. 당신은 적어도 한 가지 구매 표시를
예비 고객으로부터 발견할 것이다. 그러므로 이제 다음
세 가지 질문을 해서 예비 고객들에게 각각 하나씩 대
답할 시간을 준다.

◆ "이 사업이 부수입을 올리도록 어떻게 도와야 할지
알 수 있겠습니까?"

◆ "당신은 부수입을 올리는 데 관심이 있습니다. 그렇
죠?"

◆ "만약 당신이 부수입을 벌기 시작하면 그 일을 시
작할 가장 좋은 때가 언제일까요?"

마지막 질문에 당신은 예비 고객이 "지금 당장"이라고
대답하기를 바란다. 만약 그러한 대답을 얻지 못 한다
면, 당신은 혜택에 대해 다시 한번 강조할 필요가 있을
지도 모른다. 당신은 판매를 끝마치기 위해 계속 정보
를 전달해야 할지 모른다.

## 판매에 있어 당신의 역할 이해

판매직은 당신에게 카운셀러, 교사, 동기부여자, 코치, 응원가, 검사
관 등의 많은 역할을 부여한다. 당신은 이들 역할 중 하나, 또는 모든
것을 해낼 수 있다. 이는 상황과 성격에 달려있다. 이러한 역할들을
이용하는 것은 세일즈 과정을 보다 창조적으로 하는 좋은 방법이다.
이러한 역할은 상품, 서비스, 사업 기회를 판매할 때 중요하다. 다운
라인 멤버들에게 조언할 때에도 이러한 역할에 의존할 수 있다. 다음
의 리스트는 이러한 역할들이 유용하게 쓰이는 상황들이다.

▶ **카운셀러** : 언제라도 사람들은 위기에 다가갈 수도, 위기의 한
가운데 있을 수도, 또는 그것을 벗어나고 있을 때도 있다. "만
약 다운라인 멤버 중 한 사람이 결혼생활의 문제를 겪고 있다
든지 가정 문제로 고심하고 있다면 그들은 자신의 에너지를 온
통 그 문제에 쏟아 붓고 사업은 포기할 것입니다"라고 캐시 바
버가 설명한다. "이때 카운셀러가 중재해 문제를 해결해주어
야 합니다. 사업이 이러한 과정에서 파괴될 수 있습니다. 사람
들이 곤란을 겪고 있을 때 앞으로 그들의 일이 잘 풀릴 것이라
고 깨닫게 하기는 어렵습니다. 이때가 바로 당신이 그들이 미

래를 볼 수 있도록 도와줘야 할 때입니다."

▶ **교사** : 많은 세일즈 직업인들에게 교사의 역할이 가장 선호된다. 젠 루는 매년 50만 달러가 넘는 수입을 벌어들이는데 그녀는 이러한 역할을 잘 하고 있다. 거의 모든 사람들이 어떻게 젠이 성공을 거두었는지 알고 싶어 한다. 그녀는 다른 사람들이 그녀가 밟아온 여정을 배우도록 하는 데 아주 열정적이다. 그녀는 이렇게 말한다. "나는 수천 명의 교사이자 코치입니다. 만약 내가 할 수 있다면 그들도 할 수 있는 것이라고 설명합니다. 그리고 나는 그들에게 네트워크마케팅에서 리더가 되는 것이 어떠냐고 물어봅니다."

"사람들을 가르칠 때, 재미있어야 합니다"라고 네트워커들의 성공에 대해 공부한 캐시 바버는 말한다. "나는 항상 사원들을 교육시킬 때 음악을 틀어놓고 일부러 말 실수를 하곤 합니다. 우리는 어른의 몸을 한 아이들이나 마찬가지입니다. 그러므로 학습에 필요한 재미있는 환경을 만들어야 합니다."

▶ **동기 부여자** : 동기 부여는 행동을 취하도록 준비가 되는 상태를 말한다. 당신은 성공하는 데 필요한 것을 모두 알고 있는 디스트리뷰터를 데리고 있는지도 모른다. 하지만 당신의 디스트리뷰터가 그 지식을 이용해 행동을 취하지 않는 한 성공은 환영일 뿐이다. 예비 고객과 고객들에 대해서도 마찬가지이다. 그들은 필요로 하는 것을 알고 있지만 어쩌면 그들이 행동을 취해서 상품을 사도록 동기부여를 시켜야 할지도 모른다. 동기 부여가 당신을 움직이게는 하지만 원래 습관 때문에 더 나아가지 못할 때도 있다. 만약 새로운 동기부여를 습관으로 만들 경우 보다 빨리 움직이고 사업 운영에 더 재미를 느낄 것이다.

사람들은 두 가지 이유로 행동한다. 무엇인가를 잃을지도 모른다는 두려움과 무엇인가를 얻고자 하는 욕망에 의해 그들은 행동한다. 두려움이 욕망보다 크다는 점을 이해하라.

간단한 예를 들어보겠다. 당신의 네트워크 그룹에서 성공할 것 같은 강한 느낌이 드는 예비 고객이 머뭇거리며 사업을 시작할 결정을 내리지 못한다고 하자. 당신은 그가 상품과 회사와 당신에 대한 믿음을 가지고 있다고 믿고 있다. 그러나 무슨 이유인지 몰라도 그는 지금 행동을 주저하고 있다.

그에게 물을 수 있는 좋은 질문의 하나는 "만약 다음 주에 마음을 털어놓을 수 있는 가장 친한 친구가 당신이 아닌 다른 친구나 다른 회사에 사인을 하면 어떻게 느끼겠습니까?"라는 것이다. 그런 다음 그가 당신의 질문에 대해 생각해보고 대답할 때까지 조용히 기다려라. 그는 속으로 생각하기 시작할 것이며 당신이 말한 상황을 상상할 것이다. 그는 자신의 친구가 후원할 지도 모르는 모든 사람들과 그가 구축할 그룹까지 상상할 것이다. 이 질문은 매우 효율적이다. 시도해보라.

동기 유발자로서 당신의 역할은 예비 고객, 고객, 동료들을 움직이게 하기 위해 어느 부분을 자극해야 하는지 아는 것이다.

> ▶ **코치** : 다른 사람들을 격려하기 좋아하는 사람은 세일즈 부문이나 다른 직종에서 훌륭한 코치로서의 일을 해낸다. 고객이나 동료들의 좋은 점을 끄집어내 그러한 좋은 점들이 어떻게 작용할 수 있는지 보여주는 것이 코치가 할 일이다.
> 케이시 스미스는 다음과 같이 말한다. A사의 한 명은 아버지 없이 혼자 아이들을 키우고 있습니다. 그리고 그녀는 가끔 리더로서 어려움을 겪습니다. 하지만 나는 그녀가 이 세상에서 가장 결단력

있는 여성이란 것을 압니다. 그녀는 두 아들을 정직한 사람으로 키웠는데 요즘 그러한 일을 하려면 강한 정신력이 필요합니다. 나는 그녀의 그러한 점을 존경하며 그녀가 이 사업을 운영할지 확신이 없다고 했을 때, 나는 그녀가 이미 이루어 놓은 일들을 말했습니다. 그녀가 당연히 이 사업분야에서 일할 충분한 자질을 가지고 있다고 말했습니다. 만약 당신이 그녀가 자신의 아들들을 키운 것같은 일을 할 수 있다면 당신은 어떠한 일이라도 할 수 있습니다! 많은 사람들이 자신의 강점을 가지고 있지만 누군가가 이러한 강점을 지적해주어야 합니다."

▶ **치어리더** : 소매 고객이 자신이 구매한 상품으로 인해 얼마나 이익을 보았는지 말할 때가 바로 격려해야 할 때이다. 당신의 열정이 그 고객으로 하여금 당신에게서 계속 구매하고 나가서 다른 사람들에게 당신의 상품에 대해 말하게 만들 것이다.

디스트리뷰터가 판매를 하는 것 또는 다른 디스트리뷰터를 모집하는 것에 대해 말할 때가 바로 격려해야 할 때이다! 열정은 전염되는 것이다. 당신이 성공시키는 후원자로 알려질 때 아무리 소심한 고객과 디스트리부터라도 당신과 좋은 소식을 나누기 위해 전화할 것이다. 그들은 그들의 성공을 축하할 누군가를 원하기 때문이다.

부정직은 관계를 구축하지도 지속시켜 주지도 않는다. 만약 사람들이 당신의 후원이 강요받은 것이라든지 조작된 것이라고 의심하게 되면 그들은 당신을 피할 것이다. 항상 당신의 열정이 진심에서 우러나온 것임을 확인하라.

▶ **조사가** : 상대방의 이야기를 듣고 단서를 찾는 조사는 판매원에게 있어 매우 중요한 속성이다. 캐시 바버는 이러한 역할을

완벽하게 설명한다. "나는 부엌에서 시범을 보일 때, 게스트 가운데 한 명에게 다음과 같이 물음으로써 예비 고객을 확보할 수 있다. '안녕하세요. 저는 캐시입니다. 당신은 여주인인 샐리를 어떻게 알죠?' 또는 내가 요리 재료를 준비하고 있을 때 나는 우연히 누군가가 요즘 직업을 잃었다고 말하는 것을 들을 지도 모릅니다. 내 머릿속 생각은 즉각 그 사람에게 향하고 그녀에게 말해야겠다고 기억해놓을 것입니다."

캐시는 그녀가 팀 멤버들과 일할 때도 고객 조사가로서의 역할을 한다고 말한다. "당신은 여덟 명의 부엌 컨설턴트를 가지고 있더니 한 사람으로 줄었군요. 무슨 일입니까? 사업이 왜 안 좋아지는 거죠?"

이 장에서 설명하는 세일즈 과정과 역할들을 사용하게 되면 당신은 자신의 네트워크마케팅 사업 구축을 시작할 수 있다. 판매는 쉽지 않은 일이지만 네트워크마케팅에서 많은 사람들이 믿는 것보다 판매가 훨씬 덜 위협적이며 어렵지 않다. 판매라는 것은 단지 사람들을 도와주는 것이며 당신이 사람들을 도와주고 동기를 유발시킬 때, 당신은 성공하게 되는 것이다.

## 가끔 고객이 판매원이 된다!

대부분의 경우 고객은 정말로 원하는 것을 구매할 수 있다는 것을 기억하라. 우리가 해야 할 일은 그들이 우리의 물건을 원하도록 만드는 것이다!

우리가 해야 할 일은 계속해서 고객을 찾아 다니고 소개를 부탁하는 것이다. 어느 날 저녁 나는 한 숙녀와 그녀의 남편에게 프리젠테이션을 한 후에 소개를 부탁하고 있었다. 그 과정에서 나는 그들의 친척과 친구들을 내가 그들에게 한 것과 같은 방식으로 대할 것이라고 말했다. 그러면서 나는 내가 강매하는 판매원이 아니라는 것을 그들이 알았으면 좋겠다고 이야기했다. 그녀의

대답은 나를 놀라게 했으며 즐겁게 웃도록 만들었다. 그녀는 다음과 같이 말했다. "맞아요. 사실 당신은 내가 평소에 주위에서 보는 스타일의 판매원 같은 생각은 들지 않아요."

다음이 정말로 재미있는 부분이다. 그녀는 우리 회사가 판매하는 모든 물건을 주문했지만, 그녀의 말대로 나는 판매원이 아니었던 것이다. 내가 팔지도 않았는데 그녀가 구매를 했다. 만약 당신이 이러한 상황을 만들어낼 수 있다면 당신은 더 많은 물건을 판매하고 더 큰 규모의 고객과 직장 동료들의 네트워크를 구축할 수 있다.

# 제 18 장
# 판매기술을 향상시키는 법

. . . . . . . . . . . . . . . . . . . . . . . . . . . . . . . . . . . . . . . .

제18장에서는
▶ 고객의 신뢰를 수립하고
▶ 고객에게 초점을 맞추고
▶ 어떤 질문을 언제 하는 것이 적절한지 알아두고
▶ 더 많은 판매를 하기 위해 익혀두어야 할, 두 가지 기술을 알아보고
▶ 판매왕들처럼 이의를 처리하는 것을 알아본다

. . . . . . . . . . . . . . . . . . . . . . . . . . . . . . . . . . . . . . . .

**네**트워크마케팅계에서 리더가 되고 그룹에서 톱 레벨까지 진급하고 싶다면 평생 사용할 수 있는 판매 과정을 마스터해야 한다. 그런 다음 공부하고 그 계획을 실천하고, 반복해야 한다. 이러한 과정에 충실하고, 이 과정이 당신에게 효과가 있는지 확인하라.

이제 1단계나 2단계 정도의 판매기술을 향상시키는데 필요한 준비를 해야 한다. 중요한 기본적인 것을 마스터함으로써 훌륭한 비즈니스를 구축할 수 있지만 몇 가지 부가적인 원리를 깊이 이해해야 사업을 정상으로 끌어올릴 수 있을 것이다.

"네트워크마케팅 산업에도 여러 가지 문제가 있다. 이 사업에 가입한 사람들 대부분은 충분한 판매 기술을 가지고 있지 않다. 사실 어떤 회사에서는 판매 기술이 별로 중요하지 않다고 말할지도 모른다. 왜냐하면 네트워크마케팅은 복제 시스템을 이용하기 때문에 쉽다고 생각될 수도 있지만 판매행위는 사람들에게 부담을 준다는 것을 그들은 알기 때문이다. 그러나 성공하고 싶다면, 판매에 대한 프리젠테이션을 꼭 할 수 있어야 한다. 판매기술은 어려운 것이 아니라 교육이

요구되는 일이다. 모든 사람들은 배경과는 상관없이 판매에 대해 배울 수 있다.

## 사람들이 구매하지 않는 이유에 대하여

일반적으로 사람들은 상품을 구매할 때 이성적인 판단보다는 감정적 판단에 의해 구매를 한다. 당신의 제품과 서비스가 왜 좋은지 사람들에게 설명을 할 때, 구매를 해야겠다는 사람들의 감정적인 욕구를 불러일으키지 않는다면 당신은 판매를 하지 못할 것이며 이성적 접근 방법으로 제품을 판매하려고 한다면 김치 국물을 마시는 격이 될 것이다. 당신의 제품과 서비스에 흥미를 느끼도록 유도하여 사람들 스스로가 상품을 구매하도록 해야 한다.

사람들이 왜 구매를 하는지를 이해할 뿐만 아니라 사람들이 구매를 하지 않는 다음 다섯 가지 이유에 대해 살펴보기 바란다.

▶ 불필요
▶ 돈의 부족
▶ 급하게 구매할 이유 없음
▶ 구매욕이 없음
▶ 불신

위의 주제 중 한 가지만 자세히 살펴보자. 고객의 불신은 제품이 얼마나 좋은지 혹은 사업에 대한 기회를 얼마나 잘 설명하는지와 전혀 관련이 없다. 그들은 여전히 당신에게서 제품을 구매하지 않을 것이다. 마찬가지로 당신이 제시한 가격이 아무리 그들에게 유리하고 이 지구상에서 당신이 가장 열정적인 네트워커라 할지라도 고객이 당신을 믿지 않는다면 판매할 수 없을 것이다. 판매 과정이 어느 단계에 있든 시작 단계나 반복 단계이든 당신은 좋은 성적을 거두지 못할 것이다. 만약 당신의 고객과 믿음으로 연결된 관계를 만들기 원한다면,

우리가 제시한 안내지침을 따라하는 것도 좋은 방법일 것이다.

신뢰가 높이 쌓이면 쌓일수록, 판매량도 증가한다.

당신의 고객, 인맥, 가족 그리고 친구들에게 판매가 얼마나 중요한지에 대한 당신의 자부심을 보여주도록 해라. 누군가 판매행위를 하지 않는다면, 비즈니스 세계에서는 아무 일도 일어나지 않을 것이라고 한 말은 아무리 강조해도 지나치지 않을 것이다.

## 신뢰관계를 형성하는 방법

당신 스스로 고객에게 상품을 판매한 후, 그 고객이 당신에게 호의를 베풀 수 있는 이유와 욕구를 갖도록 관계를 발전시켜야 한다. 그럼 어떻게 해야 이런 것이 가능할까? 고객에게 방송을 하는 것처럼 말을 해서는 안 된다. 반대로 고객이 말을 할 수 있도록 해야 한다. 다시 말해서 당신 자신이나 사업에 대해서 그리고 제품에 대해서 일방적으로 말한다면, 판매를 그르치게 된다는 말이다. 예를 들어, 고객에게 초점을 맞추어 질문을 하거나 고객의 관심과 필요한 것을 알아내는 것이다. 당신은 약속을 통해 판매를 할 수도 있다. 만약 당신이 믿을 만한 사람이 아니거나 강매하거나 배송을 늦게 해주거나 혹은 여러 가지에 대해 항상 이런저런 변명만 하는 사람이라면 당신과 고객 사이에서는 신뢰관계가 절대 형성될 수 없을 것이다.

대인관계를 만들 때, 당신은 정말 감정과 태도를 잘 표현할 줄 알아야 한다. 말솜씨나 태도, 몸짓은 대인관계를 쌓을 때, 매우 중요한 영향을 미친다. 당신의 감정과 태도는 말을 통하여 70%가 표현된다. 목소리 톤은 38%의 영향을 끼치고 몸짓이 나머지 55%를 표현해 준다. 예비 고객이나 기존고객과 대화를 할 경우 위에서 말한 이 통계를 꼭 명심하기 바란다.

## 좋은 인상을 줌으로써 신뢰를 쌓는 방법

당신의 비언어적인 기술은 예비 고객이나 기존고객에게 남겨 줄 첫 인상에 큰 영향을 끼칠 것이다. 사람들은 당신이 표현하는 것을 지켜볼 것이다. 그리고 말하는 것을 주의 깊게 들어볼 것이다. 더욱이 그들은 당신이 말한 것과 보여주는 것이 잘 들어맞는지도 살펴볼 것이다. 이것은 아름답거나 매력적인 것과는 거리가 멀다. ; 이것은 진실성에 관련된 문제이다. 만약 당신이 옳다고 여겨지면 사람들은 당신에게 반응을 보여줄 것이다. 그러나 만일 사기꾼처럼 생각되면 그들은 구매를 하지 않을 뿐더러 함께 사업을 하려고도 하지 않을 것이다. 여기 당신의 비언어적 기술을 향상시킬 수 있는 네 가지 방법이 있다.

▶ 좋은 인상을 보여주어라. 많은 돈을 들여 비싼 새 옷을 장만할 필요는 없다. 여기서 중요한 것은 깨끗하고 단정하고 명쾌하게 보이라는 것이다. 관심을 끌고자 하는 고객에 적절하도록 옷을 입어라.

▶ 자신 있게 서 있어라. 몸을 구부정하게 하고 서 있는 모습이 아니라 꼿꼿하게 서 있는 모습은 자신감을 낳는다.

▶ 당신의 눈 속에 고객이 비치도록 하라. 만약 당신을 바라보지 않는 사람과 이야기를 하고 있다면, 당신은 어떤 느낌을 받을 것인가? 그렇다! 고객들도 우리가 느끼는 것과 똑같다고 볼 수 있다.

예비 고객과 기존 고객에게 좋은 시선을 주어야만 좋은 관계를 발전시킬 수 있을 것이다. 장기간의 멋진 성공을 위해 진실성에 바탕을 둔 인간관계를 수립해야 한다. 당신의 눈 속에 비친 고객들을 바라볼 때, 고객들은 당신을 믿을 수 있는 사람으로 느낄 것이다. 합리적이면서도 자신에게 이익을 가져다 줄 사람으로 인식되어 그들은 계속 구매하게 될 것이다.

▶ 재미있는 말을 할 때는 웃음을 지어라. 당신의 얼굴과 말이 일
치하도록 해라. 만약 재미있는 말을 할 때라면 재미있는 표정
을 지어라!

## 질문을 함으로써 고객에게 초점을 맞추어라

상대방에게 집중적으로 주의를 기울이는 것은 쉽지 않은 일이다. 그
러나 인간관계를 형성하고 싶다면 분명히 이렇게 해야 한다. 이제 고
객에게 질문을 하거나 고객이 관심을 갖고 있는 것에 대해 말해 줄
시간이다. PIN 프로파일은 이 과정을 수행하도록 당신에게 도와줄
것이다. PIN이란 개인(Person), 관심(Interest), 필요(Need)라는 말
의 머리글자를 줄여 쓴 것이다.

여기 어떻게 이 과정을 진행하는지에 대해 설명해 놓았다. 당신 목소
리의 억양이 중요하다는 것을 이해하기 바란다. 관심 있는 친구에게
점잖게 물어보는 것처럼 하여라. 그리고 직업적인 여론 조사가 처럼
사람들을 공격하면 안 된다.

그 사람(개인)에 대하여 질문을 하라. 누가, 무엇을, 어디서, 언제, 왜
그리고 어떻게, 이런 말로 시작하는 개방형 질문을 사용하라. 다음은
몇 가지 예이다.

▶ 여기서 얼마나 사셨나요?
▶ 당신은 왜 이 동네(도시 또는 주)를 선택하셨나요?
▶ 무슨 일로 여기 오게 되었나요?

다음은 고객의 관심거리에 대해 질문을 하라. 다음은 이에 대한 몇
가지 예이다.

▶ 당신은 여가시간에 무엇을 합니까?
▶ 당신의 가족은 무엇을 하면서 함께 시간을 보내는 것을 좋아
  합니까?
▶ 당신의 취미는 무엇입니까?

마지막으로, 그 사람이 필요한 것에 대해 질문을 하라.

▶ 왜 이것이 당신에게 중요합니까?
▶ 이것에 대해 당신은 어떻게 느끼십니까?
▶ 변화를 주기 위해 무엇을 하려고 하십니까?

신뢰를 쌓기 위해 언어적인 것과 비언어적인 것을 모두 이용하라. 당신이 상대방에게 쏟는 관심이 진실하게 느껴진다면 든든한 대인관계를 쌓을 수 있을 것이다. 그리고 오랫동안 당신에게 고객이 마음을 줄 것이다.

## 판매증가를 위해 질문을 하라

판매과정에서 질문을 하는 것은 다음과 같은 이유에서 중요하다.

▶ 고객들이 항상 당신의 말을 믿는 것은 아니지만 당신의 질문
  에 대한 그들의 답은 확실히 믿는 경향이 있다.
▶ 질문을 통해 고객들과 의사소통을 하게 된다. 의사소통은 신
  뢰를 낳고 신뢰는 오랫동안 대인관계를 유지시켜준다.
▶ 고객은 질문에 답하면서 판매과정에 참여하게 되는 것이다.
▶ 고객의 진짜 감정을 나타내는 욕구와 관심을 알아낼 수 있게
  된다.
▶ 당신의 질문에 대답함으로써 고객과 손님들의 구매 습관을 파
  악할 수 있을 것이다.

판매를 위해 비유나 우화를 사용하는 방법은 사실 판매나 교육하는 데 가장 효과적인 방법이다. 이러한 방법은 특히 타인에게 행동하도록 만들고자 할 때, 매우 효과적이다.

이제 판매를 할 때, 필요한 구체적인 질문과 대답을 살펴보자.

고객: 이 제품은 보증된 것입니까?

당신(얼굴에 미소를 지으며): 그것이 고객님에게 중요하신가 보죠?

고객: 예

당신: 이 제품은 품질보증 뿐만 아니라 ○년이라는 보증기간도 있습니다. ― 그리고 더욱 중요한 것은 수백만 명이 넘는 고객들은 개런티를 사용하지 않고 있다는 겁니다.

고객: 네트워크마케팅에 대해 안 좋은 경험을 하고 돈까지 잃어버린 친구들이 많이 있거든요.

당신: 저도 그런 친구들이 있어요. 식당, 주유소, 옷가게, 주식시장에서 일하면서 엄청난 돈을 잃은 친구들도 있답니다. 그러나 네트워크마케팅으로 부자가 된 친구들도 있답니다. 그래서 저는 실패한 사람이 아니라 성공한 친구들을 모델로 삼아 따라해 보기로 결심했죠. 이 의견에 고객님은 어떻게 생각하십니까?

고객: 당신이 선택한 이 사업이 일반적인 사업과 다른 점은 무엇인가요?

당신: 만약 정말로 일반적인 것과 다르다거나 아님 더 좋다거나 더 잘된다면, 이 사업을 한번 해보실 의향이 있으십니까?

고객: 네.

당신: 우리 제품은 아주 좋습니다. 왜냐하면…(이 부분에서 제품과 장점에 대해 간단하게 설명을 해주어라. 그리고 당신이 말한 것을 확인할 수 있는 증명서를 보여주어라) 우리 회사의 플랜은 다릅니다. 왜냐하면…(기회 선택에 따라 특이하게 성공한 보통 사람에 대한 여러 가지 실패와 성공의 예를 빨리 설명하고 증명해 보여라) 우리 회사는 다릅니다. 왜냐하면… (회사의 연혁과 성장, 규모, 크기를 말해주고 회사의 내용과 강령이 쓰여져 있는 소책자를 보여주어라) 우리 회사의 경영진들은 다릅니다. 왜냐하면…(회사의 철학뿐만 아니라 연혁과 경영진들의 명성, 사명에 대해 의논해 보도록 하라. 예를 들면, 지그 지글러 네트워크에, 우리의 사명은 개인에게, 가족에게 변화를 주는 단체가 되는 것이며, 세상에서 사람들에게 긍정적인 변화를 충분히 주어 전문적인 삶을 살도록 하는 것이다. 그리고 우리의 철학은 "다른 사람들이 원하는 것을 갖도록 도와준다면 당신이 원하는 모든 것을 가질 수 있다"라는 것이다)

당신의 고객은 모든 질문에 항상 대답하지는 않을 것이다. 그러나 당신은 그들의 모든 질문에 대답해야 한다. 그렇게 하지 않으면 당신의 대답은 그들을 설득할 수 없어 당신이 무엇인가를 숨기고 있다고 생각하게 만들 것이다. 솔직하고 직접적으로 대답하라.

판매 초기단계에는 개방형 질문과 폐쇄형 질문을 모두 사용할 수 있다. 그리고 우리가 이미 논의한 직접 일치 질문을 사용할 수도 있다.

## 폐쇄형 질문을 할 때

만약 당신이 고객에 대해 좀더 알고자 할 때, 폐쇄형 질문은 무척 유용하게 쓰일 것이다. 이러한 질문은 "예", "아니오"로 대답할 수 있는 질문들을 일컫는다. 여기 두 가지 예가 있다:

"전에 이 제품을 사용해보신 적이 있나요?"
"네트워크마케팅을 잘 알고 있나요?"

폐쇄형 질문은 정보를 원하는 것이 아니므로 너무 많이 사용하지 않도록 조심하기 바란다. 만약 당신이 이런 종류의 질문을 많이 하면 고객들은 경찰관에게 심문받는 기분이 될 것이고 당신이 말하는 것을 믿을 수 없다고 생각하게 될 것이다!

## 개방형 질문을 할 때

고객의 욕구와 감정을 파악하고 정보를 알아내기 위해서 개방형 질문을 사용하라. 이 장에서 우리는 이미 이러한 질문들의 예를 보여주었다. 이러한 질문에 대한 대답은 다양한 정보를 주고, 고객과 대화를 할 수 있도록 만들어 준다. 당신은 이같은 질의응답을 통해 고객의 태도, 의견, 의심, 공포, 구매 습관에 대해 확실하고 분명하게 알게 된다.

개방형 질문은 언제나 다음에 나열된 단어 중 하나로 시작된다. 누가, 무엇을, 어디서, 왜, 언제, 어떻게

## 직접 일치 질문

판매하는 과정의 어떤 시점에서 고객이 당신의 주장에 호응해 주어야 한다. 고객에게 당신의 제품과 서비스의 장점을 증명해 보이거나, 고객의 의심에 대답을 해주기 전까지 호응은 일어나지 않을 것이다.

고객이 구매를 할 것 같은 의도를 보이자마자 당신은 직접 일치 질문을 사용할 수 있다. 당신이 만들고자 하는 방향으로 고객의 동의를 구하라.

▶ "당신에게도 가능한 사업이라는 것을 당신도 동의 하시죠, 그렇죠?"

▶ "이런 결과를 당신도 얻고 싶죠, 그렇죠?"

▶ "이 제품들을 통해 당신의 가족들이 혜택을 누릴 수 있다는 것을 당신도 느끼시죠, 그렇죠?"

특히 고객이 구매를 할 준비가 되어 있을 때 고객의 의사를 확인하는 직접 일치 질문을 사용할 수 있다.

만약 사실에 관한 내용을 알고 싶다면 폐쇄형 질문을 사용하라. 그러나 더 많은 정보를 얻기 원한다면 개방형 질문을 해야 할 것이다. 그리고 호응을 구하고 판매를 마치기 위해서는 직접 일치 질문을 꼭 사용해야 한다.

연습! 연습! 연습하라! 당신의 일상생활로 이러한 질문을 사용하도록 하라. 당신의 동료 뿐만 아니라 가족에게도 이러한 질문을 사용하도록 하라. 당신의 질문이 어떠한 종류에 속하는지 관심을 가져보고 사람들의 대답을 주의 깊게 들어보라. 그러면 당신은 이러한 질문을 상품 판매하는 과정에서 사용할 수 있게 될 것이다.

## 훌륭한 세일즈맨이 되는 것보다 더 중요한 판매 조건들

기본적인 판매 과정을 배운 사람이라면 대부분은 그것을 연습해 능숙하게 사용할 수 있도록 해야 한다. 그러나 당신의 목표가 네트워크 마케팅 조직 안에서 정상에 서는 것이라면 능숙하게 되는 것만으로 충분하지 않을 것이다. 당신의 회사에 있는 다른 사람들보다 더 많은 판매 실적을 올려 유명한 사람이 되어야 할 것이다. 당신은 당신의 나머지 짐을 옮기기 위해 두 가지 자질을 개발해야 한다. 그것은 사람들을 사랑하고 제품을 사랑하는 것이다.

## 첫 번째 자질은 사람들을 사랑할 줄 아는 것

무엇보다 당신은 사람을 사랑할 줄 알아야 한다. 네트워크마케팅에서 당신에게 미리 요구되는 것은 이것 외에는 없다. 당신의 배경과는 상관없이 네트워크마케팅 회사는 당신을 환영할 것이며 당신에게 이득을 줄 것이다. 그러나 만약 당신이 조직 내에서 정상에 서고 싶다면 사람들을 사랑해야 할 것이고 사람들의 교육 수준, 배경, 그들의 꿈과 상관없이 모든 단계에 있는 사람들을 도와야 할 것이다.

## 두 번째 자질은 제품을 사랑하는 것

두 번째로, 당신은 제품을 사랑해야 할 것이다. 캐시 스미스(Kathy Smith)는 이 내용에 관련해 다음과 같이 말하고 있다. "제품을 많이 팔든, 적게 팔든 제품에 대한 지식은 꼭 필요합니다. 당신은 제품을 직접 사용해야 하고, 제품을 사랑해야 하고, 다른 사람들이 제품을 어떻게 사랑하고 이용하고 있는지에 대한 이야기를 수집해야 한다. 이것은 기술적인 면이 있지만 당신은 꼭 이것을 배워야 한다. 당신의 제품을 사랑하는 것은 제품에 대한 열정을 발전시킬 수 있는 유일한 방법이다. 한 번 그렇게 하기만 하면 당신은 열정으로 가득 차게 될 것이다.

지그가 설명했듯이, 이야기나 나열을 통해 당신 제품의 장점을 이야기 할 때 고객의 감정변화는 매우 중요하다. 당신의 고객은 그들이 필요로 하는 요구에 따라 그러한 장점들을 연관시키고 그들이 감정

적으로 변하게 되면 당신의 목적을 이루고 판매를 하는데 좋은 기회를 얻게 될 것이다! 당신은 감정이 일어난 고객을 만나야 한다. 왜냐하면 대부분의 결정은 감정에 의한 것이기 때문이다.

---

### 무의식적인 능력을 갖춘 판매원 단계로 성장하는 것

판매원으로서 당신은 4단계 과정을 거치면서 성장할 것이다. 처음 시작하는 단계에서 당신이 알아야 하는 모든 것들을 습득하기 힘들 것이며 당신이 모르는 것이 무엇인지를 모를 것이다. 따라서 첫 번째 발전단계를 무의식적으로 무능력 상태라고 일컫는다.

시간이 조금 흐르면 당신은 자신이 무엇을 모르는지 알게 된다. 예를 들어 제품에 대해서든지, 어떠한 문제에 대해 극복해야 한다는 것을 알게 된다는 것이다. 이 두 번째 발전 단계를 의식적인 무능력 상태라 부른다.

판매원으로써 어느 정도 시간이 흐르면 성공을 하기 위한 많은 기술을 습득할 것이다. 그러면 당신은 자신이 알고 있는 것이 무엇인지를 알게 된다. 그러나 당신의 판매 기술이 아직은 제 2의 천성이 되거나 자동적인 단계로 발전하지는 않았다. 예를 들어 판매에 대한 외관상의 특징보다는 그 장점에 대해 의식적으로 기억하려고 할 것이다. 이 세 번째 발전 단계를 의식적인 능력을 갖춘 상태라고 일컫는다.

마지막으로, 당신은 이제 모든 판매원들이 동경하는 단계로 진입하게 될 것이다. 당신이 알고 있다는 사실을 모를 경우에 어떻게 해야 하는지를 잘 알고 있을 것이다. 다시 말해서 문제들에 대해 굳이 생각을 하지 않아도 당신의 기술을 사용할 능력이 있다는 이야기다. 당신은 아주 쉽게 질문을 하고 빠르게 귀를 기울여서 고객들에게 초점을 맞추어 이러한 기술을 응용하고 있다는 사실을 개의치 않는다는 뜻이다. 이 4번째 발전 단계를 무의식적인 능력을 갖춘 단계라고 일컫는다. 이 단계로 가능한 빨리 도달하기를 당신은 바랄 것이다.

---

판매를 하기 전에 당신은 그 제품의 가치를 사야 한다. 그 제품이 당신이 부르는 가격보다도 더 높은 가치를 지니고 있다고 믿지 않는다면, 당신은 분명 정직하지 못할 것이다.

## 판매과정에서 생기는 고객의 이의 제기에 대한 대응법

판매는 그 자체로 마감을 하는 것이라고 생각할 때 당신의 고객은 이의를 제기할 것이다. 이의를 제기한다는 것은 고객이 다음과 같이 말하는 것을 의미한다. "당신의 제품을 구입하기 전에 이 제품에 대해 더 많이 알아야 할 것 같네요." 당신이 판매를 하기 전에 누군가로부터 이의를 듣게 될 것이라는 사실을 당신도 예상을 할 것이다. 따라서 대비를 하라.

고객이 당신에게 이의를 제기하는 순간을 당신은 바라지 않을 것이지만 그렇게 생각하면 안 된다. 여기 어떻게 이러한 것들을 다루어야 하는지에 대해 설명해 놓았다.

▶ 고객의 이의 제기를 환영하라. 왜냐하면 고객은 당신의 제품, 서비스, 그리고 사업 소개에 대해 관심이 있을 때만이 이의를 제기하기 때문이다. "저는 시간이 없어요"라는 말은 일반적인 거절에 해당한다. 그러나 이것은 당신의 고객이 기회를 만나기 원한다는 것을 의미하기도 한다. 이제 당신이 해야 하는 일은 고객에게 필요한 시간 문제를 해결하여 판매가 이루어지도록 하는 것이다.

▶ 이의 제기를 예상하라. 판매를 하다보면 당신은 무수한 이의 제기를 들을 것이다. 이러한 상황이 닥쳤을 때 놀라지 않도록 미리 예상을 하도록 해라. 미리 예상을 하면 더 쉽게 이러한 문제를 처리할 수 있을 것이다.

▶ 고객의 이의 제기를 이해하라. 이의를 제기하는 것은 거절과는 다른 뜻이다. 그리고 이것은 개인적인 문제가 아니다. 예비 고객이든지 기존 고객이든지 그들은 구매를 할 것인가 말 것인가를 결정하기 위해 이의 제기를 사용하는 경우가 아주 많다. 그리고 이러한 행위는 그들에게 생각할 시간을 주기도 한다. 그들은 제품이 필요하다는 것을 인식하고 구매하는 것에 대해 마음속으로 정당화시키려고 노력한다.

부정적인 대답을 하는 고객은 구매하기 위해 "잘 모르겠는데요"라고 말할 것이다. 그렇다면 그 고객은 제품의 장점에 대해 많은 정보를 듣고 싶어 한다는 이야기이다.

고객이 이의를 제기 했을 때 다음과 같은 점을 새겨두기 바란다.

▶ 대부분의 아이들은 대단한 판매원들이다. 왜냐하면 대부분의

아이들은 문제점을 이야기 해주면 잘 듣기 때문이다. 그러나 아이들은 계속해서 반복되는 말을 잘 듣지 않으려는 경향이 있기 때문에 열 두 번이나 반복해서 말할 필요는 없다. 만약 고객이 노라고 대답했을 때, 당신은 들어야 할 것이다. 그때 당신의 얼굴에 그에 대한 감정이 드러나지 않도록 조심하기 바란다.

▶ 만약 고객이 이의를 제기했을 때, 당신은 흥미를 가져야 할 것이다. 왜냐하면 이것은 고객이 관심을 갖고 있다는 표시이기 때문이다. 일반적으로 이의를 제기하지 않는다는 것은 관심이 없다는 것을 의미한다.

▶ 이의 제기에 대해 반감을 품지 말라. 만약 당신이 거부하는 것처럼 보여준다면, 상대방에게 아주 나쁜 인상을 줄 것이다. 고객을 놀라게 하지 말고 설득시키도록 노력하라.

▶ 고객이 알기 원하는 수준 이상을 이야기하지 말라. 미리 결정적인 부분에 대한 비평을 준비해 고객이 이의 제기를 할 때, 대답을 해주어라. 그리고 이러한 정보는 판매를 마감할 수 있도록 해줄 것이다.

사람들은 프로 세일즈맨은 어떤 사람이든지 판매를 하는 데 성공한다는 전설을 믿는 것 같다. 전문 판매원과 사기꾼을 혼동하는 것이다. 프로 판매원은 당신보다는 소비자에게 더 많은 이익이 있다고 믿고 제품, 서비스 그리고 사업의 기회를 제공해주는 사람이다.

## 고객의 이의 제기를 다루는 법

여기 고객의 이의 제기를 다루는 법에 대해 설명해 놓았다.

먼저, 당신이 생각하고 있는 고객의 거부에 대해 질문을 하라. "제품이 많이 비싸군요"라고 고객이 말을 하면 당신은 이렇게 대답하라.: "가격이 너무 비싸다고요?"… 그리고 말을 멈추어라. 고객이 왜 비싸다고 생각하는지 당신에게 설명하도록 내버려둬라. 만약 이 고객이 이의를 제기할 정도로 가격이 정말 비싸다고 생각되면 고객에게 이렇게 말하라. "그렇다면 손님은 얼마 정도로 생각하고 계십니까?" 그리고 다시 한 번 말하는 것을 멈추고 고객이 하는 말을 잘 들어보라.

두 번째, 고객과 감정이입을 하라. 감정이입이란 당신의 고객, 손님에게 관심을 쏟고 고객의 관심과 감정을 진실하게 이해한다는 것을 의미한다. 다음 감정이입한 말 가운데 하나를 골라 해보도록 하라. "손님이 지금 어떻게 느끼실지 이해합니다." "예, 손님께서 말씀하신 것을 듣고 있습니다." "손님의 관점을 이해합니다." 그러나 당신이 정말 이런 말을 사용하고 싶지 않을 때는 위의 말들을 사용하지 않는 것이 좋다.

세 번째, 고객이 정말 관심을 가지고 이의를 제기하는 것인지 시험을 해보아야 한다. 여기 어떻게 하는 것인지 예가 있다. "그러면 고객님의 유일한 불만은 제품의 신뢰성이군요. 만약 제품가격이 공정하고 제품이 투자한 것보다 더 많은 이익을 낳는다는 생각이 들면, 위험부담이 없는 이 사업을 시도 해보겠습니까?"

당신의 고객은 이점을 사는 것이다. 제품의 특징은 홍보를 하고 장점은 판매를 하게 한다. 당신의 고객들에게 제품의 장점에 대해 이야기를 함으로써 당신에게 구매를 할 수 있는 이유를 만들도록 하라.

## 판매를 지속시키려면

우리가 소개한 판매 과정과 기술을 공부하고 연마했다면 당신에게는 직접 판매하는 일만 남아 있다. 물론 당신의 회사에서 제시하는 세일즈 트레이닝 자료를 공부하고 세일즈 트레이닝 세미나에 꾸준히 참석하라고 권하고 싶다. 판매에 대한 책을 읽거나, 동기부여나 교훈적인 내용의 오디오 테이프를 듣거나 혹은 판매에 관련된 비디오를 시청함으로써 당신의 판매 기술을 더 예리하게 만들도록 하라. 끊임없는 세일즈 트레이닝을 하고 개인의 능력을 개발한다면 당신은 이미 비즈니스의 정상으로 올라와 있을 것이다.

저는 정상에서 당신을 만나기를 바라지 않습니다! 당신을 만나고 싶지 않다는 것이 아니라 정상을 넘어 만나고 싶다는 의미입니다. 물론 네트워크마케팅 안에서 말입니다.

## 가격에 대한 불만을 극복하려면

판매를 하다보면 "가격이 너무 비싸군요"라고 말하는 고객들을 만나게 된다.

그러면 당신은 "제가 질문을 하나 해도 될까요? 이 제품이 맘에 드시나요?"라고 물어보아라.

그러면 고객은 "글쎄요, 예, 맘에 들긴 해요, 하지만 가격이 너무 비싸요"라고 말할 것이다.

"고객님이 정말로 좋아하는 것의 가격을 매기기란 정말로 어렵다는 것을 잘 알고 계시지 않습니까?"라고 당신은 말할 것이다.

그러면 고객은 "글쎄요, 예, 맞는 말이긴 해요, 그렇지만 당신이 정말로 좋아하는 것이더라도 아주 비싸게 값을 치르는 경우도 있지 않습니까?"라고 대답할 것이다.

"제가 질문 하나 할게요. 당신이 약간 적게 소비하는 대신 당신이 계획했던 것보다 조금 더 투자를 하는 경우가 더 나을 때가 있다는 것에 동의하시지 않나요? 만약 일정량 투자를 하지 않는다면 제품은 제 기능을 발휘하지 못할 것이고 당신은 아무 것도 할 수 없을 것입니다. 실상 우리는 몇 백 원 정도의 차이를 가지고 얘기하고 있는 게 아닙니까?"

그러나 고객은 여전히 이렇게 말할 것이다. "어쨌든 가격이 비싸군요."

이때 당신은 목소리를 낮추고―약간 미리 연습을 해둬라.―당신의 고객의 눈을 바라보며 말해라. "손님은 경영자 철학을 가지고 (창립자 이름을 넣어)...가 우리 회사를 창립한 시기에 대해 아주 관심을 가지고 있네요. 보잘 것 없는 질과 서비스로 인해 영원히 용서를 구하는 것보다 가격으로 이러한 것들을 포함할 수 있는 설명이 더 낫지 않을까요? 창립자의 결정에 대해 당신도 동의하리라 저는 생각합니다. 그렇지 않나요?"라고 말해라.

이제 실수하지 말길 바란다. 훈련되고, 비즈니스에서 판매를 잘하는 전문 세일즈맨은 사람들을 행동하게 하는 데 능숙해야 할 것이다. 그러나 당신의 세일즈 기술은 정말로 마음속에서 우러나와야 한다. 확신을 가지고 마음속에서 우러나오는 말을 하면 판매를 하는 과정에서 많은 것들을 다르게 만들 것이다.

만약 고객이 위의 질문에 예라고 대답한다면 고객의 불만은 거짓이라고 볼 수 있다. 만약 그것이 거짓이라면 당신은 대답을 하지 말아라. 적어도 지금 시점에서 판매는 더 이상 진행되지 않을 것이기 때문이다. 정말로 불만을 품은 고객에게만 대답을 해주어라. 그리고 언제나 제품의 장점이나 가치에 대해 대답하려고 노력해라.

# 제 19 장
# 고객에게 만족을 주고 충실한 고객으로 만드는 법

대부분의 네트워커나 일반적인 사업가들은 이익과 시장 점유율을 증가시키는 가장 좋은 방법은 고객 만족을 극대화시키는 것이라고 생각한다. 맞는 말이지 않은가? 만약 고객이 당신의 사업을 만족스럽게 여긴다면 그들은 다시 당신에게 와서 제품을 구입할 것이고 여러 번 더 많이 구입을 할 것이다. 그리고 이렇게 만족을 느낀 고객들은 소문을 퍼뜨려 당신의 시장점유율을 높여줄 것이다. 물론이다! 그런데 대부분의 이러한 주제에 대한 최근 연구들을 보면 일반적인 생각들이 얼마나 어이없는지에 대해 잘 말해주고 있다. 다음을 보라:

> ▶ 3만 명 이상의 고객들과의 인터뷰에서 잔단 박사( JanDan)는 고객들이 신뢰할 수 있을 정도로 반복구매를 통해 고객만족을 하는 경우를 한 번도 본 적이 없다고 한다.

> ▶ 포럼 코퍼레이션(Forum Corporation)의 연구 결과에 따르면,

만족한다고 말하는 약 40% 이상의 고객들도 주저없이 공급자를 바꾸었다고 한다.

▶ 만약 예전에 거래하던 공급업자들에게 만족하지 않을 경우에 새로운 공급업자들을 선택하는 것이 소비자들에게 더 만족을 줄 것이라고 말한 사람들이 약 2/3나 그 이상 되는 것으로 라이첼드 박사(Dr. Fredrick Reichheld)는 하버드 비즈니스 리뷰에 보고했다.

▶ 텍사스 대학에서 근무하는 로버트 피터슨 박사(Dr. Robert Peterson)의 연구는 이미 거래하고 있는 업체에 만족하고 있다고 말한 고객의 약 85%도 다른 공급업자들과 거래할 생각이 있다는 것을 발견했다.

당신의 고객이 당신의 사업 범위 내에 머물도록 당신의 고객을 만족시켜야 한다. 그를 위해서는 스스로를 녹초가 되도록 노력해야 할 것이다. 당신은 고객을 만족시키는 것 이상으로 한 단계 더 높은 서비스를 해야 할 것이다. 그리고 당신의 고객을 단순소비자뿐만 아니라 디스트리뷰터로 만들어 당신의 사업에 충성을 바치도록 만들어야 할 것이다.

그렇게 하면 당신은 만족스럽고 이득이 창출되는 네트워크마케팅 비즈니스를 하게 될 것이다. 가장 작은 집단에서 큰 집단까지 당신이 볼 수 있는 모든 곳에서 고객들은 그들의 구매를 가치 있게 만드는 비즈니스를 찾으려고 혈안이 되어 있다. 이 장은 고객의 충성심을 얻는 것과 그것을 유지하는 여러 가지 방법들에 대하여 탐험하는 장이될 것이다!

# 고객에게 더 많은 이득을 주면 그들을 확보할 수 있다

이미 확보한 고객에게 제품을 판매하는 것보다 새로운 고객에게 제품을 판매하는 것은 약 6~10배 이상의 노력을 들여야 한다. 이 말의 위력을 잊지 않길 바란다. 만약 새로운 소비자를 찾는데 약 25달러 정도의 비용이 든다면 확보된 고객에게 제품을 판매하면 당신은 25달러를 벌게 될 것이다. 무슨 뜻인지 다시 한번 보라.: 1,000명의 고객에게 제품을 파는데 25,000달러가 든다면 확보된 고객 1,000명에게 판매하는 데 드는 비용은 2,500달러 미만일 것이다. 따라서 당신은 22,500달러의 돈을 벌게 되고 이 돈은 당신의 소득이 되거나 아니면 당신의 사업에 재투자를 하는데 사용할 수 있게 된다.

만약 당신이 같은 사람들에게 반복해서 판매를 하게 된다면 그 고객들에 대해 알기가 쉬워질 것이다. 일대 일 관계 속에서 당신의 고객에게 관심을 쏟는 것은 당신의 비즈니스에 고객의 충성심을 유지시키는 가장 좋은 방법이 될 것이다. 만약 당신의 고객에 대해 개인적으로 알게 된다면 당신은 또한 고객의 기대를 알아내는 것이 쉬울 것이며 실수를 하는 경우도 적을 것이다. 그리고 고객들은 당신을 배신하는 일이 거의 없을 것이다.

네트워커로서 올바르게 일을 행한다면 대부분의 고객들은 당신의 자동프로그램에 승선하게 될 것이다. 자동프로그램이란, 제품을 매달 그들에게 자동적으로 운송해 준다는 의미이다. 그러나 이 자동프로그램은 당신의 비즈니스에 고객들이 충성심을 바치도록 만드는 완벽한 이유를 만들지는 못한다. 이것은 네트워크마케팅 회사가 고객들에게 제품을 제공해주는 한 가지 방법일 뿐이다. 자동프로그램을 신청한 고객이라 할지라도 제품이나 사용법에 대해서 꾸준히 질문을 해 올 것이다. 심지어 더욱 중요한 것은 이러한 고객들은 그들의 관심을 끌도록 누군가가 만들어 주기만 하면 다른 제품을 더 구매하게 된다.

자동프로그램의 위험성은 신청한 고객들에 대해 쉽게 잊어버리게 된다는 것이다. 커다란 실수이다. 고객이 당신의 연락을 받지 못하면 고객은 당신이 그들에게 관심을 쏟지 않는다고 생각하게 될 것이다. 이렇게 되면 그 고객들이 비슷한 제품을 가지고 있는 다른 네트워커를 만나면 당신의 자동프로그램은 자동적으로 중단될 것이다! 재미있는 사실이다.: 노동부에 따르면 46%의 사람들은 존경받거나 인정받지 못 하기 때문에 자발적으로 그들의 일자리를 떠난다고 한다. 심지어 당신의 어머니나 남동생이나 여동생이 고객일지라도 당신의 고객은 위와 같은 이유로 당신에게서 제품을 구매하는 것을 중단할 수 있다.

## 충실한 고객을 만들기 위해서는 시스템이 필요하다

고객들은 복잡한 것보다 시간표가 짜여져 있는 것을 좋아한다. 그리고 미리 알기를 좋아한다. 바로 이것이 자동프로그램이 네트워크마케팅 회사에서 인기 있는 이유이다. 이것은 고객이 당신의 시스템을 따르도록 만드는 법이다.

맥도날드는 네트워크마케팅 회사가 아니다. 그러나 이 회사는 어떤 시스템이 고객들을 계속 모여들게 하는지 잘 알려주는 좋은 예가 된다. 모든 네트워커와 네트워크마케팅 회사는 맥도날드 회사로부터 배울 수 있을 것이다. 고객들은 맥도날드에 들르면 어떻게 해야 하는지를 알고 있다. 고객들은 제품의 종류, 가격, 주문체계, 화장실 위치, 좌석 배치 등을 모두 알고 있다. 고객들은 맥도날드의 샌드위치와 프렌치 프라이의 맛에 익숙해져 있다. 만약 아이가 있는 고객이라면 맥도날드 건물의 바닥은 다시 아이들이 맥도날드를 찾게 하는 명함이 될 것이다. 게다가 맥도날드가 꾸준히 후원하고 있는 각종 대회나 기념품들은 고객들에게 커다란 관심을 끌도록 만들어 준다.

맥도날드 음식점이나 맥도날드 고객은 프랜차이즈 방식으로 운영된다. 모든 프랜차이즈도 그러하듯이 맥도날드는 성공하도록 운영되어질 수 밖에 없는 시스템을 가지고 있다. 고객에게 밝게 인사하고 프랜치 프라이를 만들고 바닥을 안전하게 만드는 것은 기본적인 것이다. 이러한 기본적 시스템을 위반한다면 고객은 다시 이 매장을 찾지 않을 것이다. 시스템을 따르는 것은 프랜차이즈 방식을 만드는 것이다. 고객들은 맥도날드의 이같은 시스템을 믿고 계속 맥도날드를 찾는 것이다.

네트워크마케팅에서 성공하려면 당신 제품이 되어야만 한다.

---

### 매달 다시 모여들도록 만드는 시스템이다.

당신의 고객은—단순소비자나 디스트리뷰터 모두—당신이 그들을 리드할 때만이 당신의 시스템에 순종할 것이다. 만약 당신의 고객이 당신의 자동프로그램에 가입하기를 원한다면 당신 자신부터 이 프로그램을 실행해야 할 것이다. 당신의 제품과 서비스도 같다. 당신이 제품과 서비스에 대해 자신 있고 권위 있고 열정적인 모습으로 설명할 수 있도록 직접 사용해 보아야 할 것이다. 다시 말하면 당신의 고객들이 이러한 제품의 질이 떨어지고 가치가 없다고 생각이 든다면, 그리고 그들의 생각이 옳다면 당신의 신뢰는 급속히 추락할 것이다.

만약 당신의 사업에서 당신의 다운라인이 매일 두 명의

새 고객에게 말하기를 원한다면 당신 스스로가 먼저 매일 최소한 두 명에게 소개해야 한다는 것을 명심하라. 만약 당신이 다운라인에게 회사에서 열리는 트레이닝에 참가해야 성공할 수 있다고 말한다면 당신의 다운라인은 당신도 분명 그 트레이닝에 참석할 것이라고 믿고 있을 것이다. 만약 미팅마다 새로운 한 사람을 계속 데려오는 것이 성공 시스템이라고 말한다면 당신도 모든 미팅에서 최소한 한 명의 손님을 보여주어야 할 것이다. 리더로서 당신은 항상 예를 보여주어야 한다. 당신의 다운라인 디스트리뷰터는 당신이 말한 것보다 하고 있는 것에 더 많은 주의를 기울이고 있다는 것을 알아야한다.

---

## 충실한 고객을 얻는 방법

당신의 제품과 서비스에 대해 아는 것은 매우 중요하다. 비슷하게 당신의 지식을 증명해보이는 기술을 발전시키는 것도 현명한 방법이다. 그러나 고객을 도우려는 자세와 욕구만큼 중요한 조건은 없을 것이다. 그것은 당신이 고객에게 제품과 사업기회를 설명해주는 바로 처음단계로부터 시작된다. 당신의 지식은 결국 회사의 디스트리뷰터들보다도 앞서고 당신의 능력은 눈부실 것이다. 그러나 만약 당신의 머리가 커져서 남을 도우려는 마음보다 잘난체하기를 좋아하고 겸손한 대신 이기주의적인 사람이 된다면 당신의 이러한 태도는 결국 고객들에게 등을 돌리게 만들 것이다.

당신의 마지막 단계의 소비자는 다른 네트워커로부터 제품을 구입하게 될 것이다. 아마도 그와 좀더 친한 사람으로부터 구입할 가능성이 크다. 당신의 다운라인 디스트리뷰터 – 당신의 내부 고객 – 그들은 좀더 성실하게 돌봐줄 업라인을 필요로 할 것이다.

## 당신의 태도는 모든 사람의 이익을 주는 도미노 효과를 가져온다

당신의 자세에 따른 도미노 효과를 명심하라: 당신의 내부 고객 – 디스트리뷰터 – 을 대하는 태도에 따라 그들이 자신의 외부고객을 대하는 태도가 결정될 것이다. 당신의 다운라인들은 단순 소비자나 외부 소비자들에게 많은 판매와 서비스를 제공하기 때문에 당신이 예절과 존경으로 내부 고객들을 대하는 문제는 당신의 경제적인 문제와도 연관되어 있다. 다시 말해, 그들은 당신의 외부 고객들을 데리고 다른 회사로 이동할 수도 있다는 것이다. "저런!" 이것은 당신이나 다른 누구에게도 이득을 주는 시스템이 아니다.

당신의 태도는 고객에게 당신과 당신의 사업에 충성 할 것을 약속하는 훌륭한 이유를 제공해 줄 수 있다. 태도는 당신이 감출 무엇인가가 아니다. 때때로 당신의 자세는 말을 하지 않아도 어느 정도의 정보를 말하는 것과 같을 때가 있다. 당신이 고객에게 직접이든지 전화를 사용하든지 간에 다가가는 방법은 당신의 태도를 암시하는 첫 번째 단계이다. 만약 당신의 자세가 진실하지 않거나 단순한 서비스 차원이라면 고객은 당신의 의도를 금방 알아 챌 것이다.

고객에 대한 훌륭한 서비스 정신은 다음과 같은 기본 신념을 받아들이는데 있을 것이다.: "고객을 대접하는 것이 나의 직업이다." 이것은 강요된 결정이 아니다. 네트워크마케팅의 성공자는 그들의 고객을 기꺼이 대접한다. 만약 그렇게 하지 않는다면 다른 누군가가 그렇게 할 것이라는 것을 그들은 알고 있다. 그리고 그들의 태도가 고객들에게 신임을 잃어버리면 고객들이 제공받을 수 있는 다른 무수한 서비스들이 산재해 있다는 것도 알고 있다. 따라서 모든 고객에게 좋은 인상으로 다가가는 것은 고객들이 당신에게 계속 구매하게 하는 좋은 방법이 될 것이다.

고객을 잘 대접하는 것은 당신에게도 이롭다는 것을 알아야 할 것이다. 이러한 믿음은 당신이 고객을 대접할 때 좋은 태도를 유지하는데 도움을 줄 것이다. 특히 이러한 마음가짐은 고객이 당신을 화나게 하거나 당신이 기분이 저기압일 때 중요하다.

## 첫 번째로 적절히 행하라

고객들은 선택하는 문제에 있어서 그렇게 변덕스럽지 않다. 그들은 인정받기 위해 이 회사에서 저 회사로 이동할 시간이나 인내심이 그렇게 많지 않다. 그러나 그들이 그렇게 해야만 될 상황이 벌어지면 어쩔 수 없게 된다. 상대가 나타나지 않거나 상대가 제대로 준비하지 못한 상황일 경우 고객들은 화가 날 것이다. 그리고 고객들은 다른 기회를 찾으려고 노력할 것이다—이번에는 그들이 원하는 것을 찾기를 바라면서; 이 제품이나 서비스에 대한 소스를 찾는 마지막이 되기를 바라면서; 이번이 그들에게 경제적인 독립을 가져다주는 마지막 기회이기를 바라면서.

고객들이 원하는 것을 찾고 충성을 행하는 행동에서 그들이 좋아하는 사업과 고객의 입장을 분리할 수 없을 것이다. 이러한 이유로 당신이 처음 만나는 고객 앞에서 제대로 행동하는 것만이 네트워커로서 가장 좋은 결정을 하는 것이다. 그것은 충실한 고객을 얻는 방법이고 만족스럽고 수익성 있는 비즈니스를 하는 유일한 방법이다.

중요한 부분 – 큰 보너스: 충실한 고객은 사업을 시작할 준비가 된 사람이다. 예를 들어 결과에 만족하여 많은 사람들이 회사에 가입하고 있다. 사실: 이것은 성공할 수 있는 조건을 늘려준다.

---

### 고객유지프로그램은 고객을 유지하는데 아주 도움이 된다.

네트워크마케팅을 10년 넘게 하는 동안 수입으로 다양한 여행을 할 기회가 주어졌고 예전의 직업을 다시 할 필요가 없게 되었다고 토드 팰콘(Tood Falcon)은 말했다. 그는 고객유지프로그램과 함께 살아왔다.

"네트워크 마케팅을 하는 대부분의 사람들은 판매를 마감하는 것이 바로 그들의 일이 행해지고 있다는 철학을 가지고 삽니다. 그러나 제가 말하는 것은 그런 것이 아닙니다. 새로운 멤버를 후원하거나 나의 서비스를 이용하는 새로운 고객을 만드는 것이 바로 일의 시작이라는 것이죠!"라고 그는 말했다.

토드가 고안해낸 고객유지프로그램은 고객들에게 인간적인 관심을 기울이도록 디자인되어 있다. "이 직업으로 새고객을 소개시켜주었을 때 저는 그들을 돌봐야 한다고 생각했습니다. 저는 그들의 질문에 대답을 해 주었고

그들에게 나의 도움을 제공해 주었습니다. 그런 후에 저는 이것이 많은 비즈니스를 하고 추천인들을 갖는 데 아주 쉽다는 것을 알게 되었습니다. 결국 고객 만족을 극대화하는데 좋은 영향을 주었답니다.

고객에게 좋은 서비스를 제공하고 사업에 대한 고객의 충성심을 얻기 위해서 모든 고객의 e-메일 주소록을 가지고 있으며 그들과 정기적으로 대화를 나눈다고 토드는 말했다. "저는 고객들에게 정보와 전략을 주고 그들은 제게 언제나 도움을 요청합니다. 제 고객은 이러한 것을 아주 좋아하죠.
심지어 저의 도움이 필요하지 않은 사람에게도 답장을 보내면 그들은 저의 도움에 감사하다는 말을 합니다. 이런 느낌의 관계로 고객을 대하면 그들을 행복하게 해주는 것이 그렇게 어렵지 않을 것입니다"라고 그는 말했다.

---

## 고객의 기대치 이상으로 서비스하는 법

고객의 입장에서 생각해보라. 신문광고나 사업에서 칭찬받는 이웃에 대해 보았을 것이다. 이런 정보에 의거하여 당신은 사업을 만날 기회를 갖고 싶을 것이다. 어떤 기대를 하지 않고 그 사업을 하기로 결정

하지 않았을 것이다. 그 사업으로부터 당신이 원하는 것을 얻기 바랄 것이다. 그리고 당신은 당신의 기대가 이루어지리라 생각할 것이다.

당신의 고객도 다르지 않다. 그들은 당신이 진실된 사람이라고 생각하며 첫 번째 주문이 가장 최상의 수준이라고 예상한다. 당신의 마지막 단계의 소비자는 문제를 해결해주고 특정 부분을 강화시킬 수 있는 제품을 기대한다. 당신의 다운라인 디스트리뷰터는 그들에게 필요한 트레이닝과 후원 그리고 사업을 잘 할 수 있도록 돕는 리더십에 대해 도움 받기를 기대한다. 그들의 이런 기대를 당신은 파악하여 고객들에게 동기부여를 해주어야 한다.

결국, 고객은 네트워크마케팅에서 당신에게 보수를 제공해주는 것이다. 당신의 제품과 서비스를 구매하는 단순 소비자로부터 제품과 서비스를 판매하는 디스트리뷰터까지 이 두 종류의 소비자들이 진급하거나 당신에게 호의를 베풀지 않으면 당신은 몇 푼 버는 것도 힘들 것이다.

## 고객의 기대를 알아채는 것

고객의 기대를 알아채는 비법은 우선 그들이 어떤 사람들인지 알면 된다. 그들이 원하는 것은 무엇인가? 그들이 가지려고 하는 것은 무엇인가? 당신과 당신의 사업에 대해 그들은 어떻게 생각하고 있는가? 그들이 무슨 생각을 하고 있는지 알기 위해 특징과 이득을 합하면 도움이 될 것이다.

대부분의 고객들은 공통적으로 기본적인 기대를 하고 있다. 그것들을 기억하기 쉽도록 하기 위해 우리는 RATE라는 줄임말을 사용하겠다(첫 번째에 속하는 세 가지 기대는 R자로 시작되는 단어이다). 이 부분은 RATE라는 줄임말을 자세하게 설명해놓았다:

신뢰성(Reliability)/ 극복(Recovery)/ 대답(Responsiveness)

보증(Assurance)

확실성(Tangibility)

감정이입(Empathy)

## 신뢰성

고객은 당신이 약속을 지킬 것이라고 생각할 것이다. 만약 단순 소비자에게 당신이 판매한 제품이 문제를 해결해줄 것이라고 말했다면, 그렇게 되도록 만들어야 할 것이다. 만약 디스트리뷰터에게 약속한 시간에 전화하겠다고 말했다면, 꼭 그렇게 해야 할 것이다.

고객들은 완벽히 이루어지기를 기대하지 않는다. 단지 당신이 말한 대로 하기를 바랄 뿐이다. 당신이 지킬 수 없는 어떤 약속도 하지 않는 것이 좋다. 우연히도 여성이 남성보다 약속을 더 잘 지키는 것으로 나타났다. 남성은 숫자를 기준으로 삼는 반면, 여성은 대인관계를 기준으로 삼는 습성이 있기 때문이다. 친구, 좋은 소식이 있네 – 우리는 변화하고 진화하는 동물이다. 우리가 만들 수 있는 가장 좋은 것으로 선택할 권리가 주어진다는 것이다.

## 극복

가끔 당신은 실수할 때가 있을 것이다. 특히 많은 고객을 상대할 때, 그럴 것이다. 이런 일이 벌어지면 고객들은 당신이 이 문제에 정면으로 맞서 해결할 것으로 생각할 것이다. 그러나 여기서 멈추면 안 된다. 적어도 사과를 해야 할 것이다. 그렇게 하지 않으면, 당신은 고객들에게 실망을 안겨줄 것이다.

만약 당신이 극복만 한다면, 실수는 모두 잘못된 것이 아니다. 실수는 가끔 고객의 편이 될 수 있는 가장 좋은 기회를 제공해준다.

## 대답

월스트리트 저널의 조사에 따르면, 고객은 기다리는 것에 가장 많은 불만을 표출한다고 한다. 줄서서 기다리거나 상대방의 대답을 기다리는 것, 제품이 도착하기를 기다리는 것 등등… 물론 그들에게 다시 돌아올 누군가를 기다리는 것도 예에 해당될 것이다. 고객들은 당신이 관심을 가져주기를 바란다. 그리고 그들이 당신의 관심이 필요할 때, 제공받기를 바란다. 당신이 고객들에게 제대로 대답해줄 수 있는 정도에 따라 고객들과 당신의 관계가 끊어 질 수도 있고 형성될 수도 있다. 고객이 당신을 필요로 할 때마다 당신이 항상 그 자리에 있어야 한다는 말은 아니다. 그러나 이것은 모든 고객들의 요구를 듣고 전화나 e-메일을 사용하든 아니면 다른 통신수단을 사용하든 가능한 한, 빨리 대답해주어야 한다는 것을 의미한다. 만약 당신이 빨리 대답을 할 수 없는 상태라면, 전화나 e-메일로 동료나 조교에게 당신이 할 말을 미리 남겨 놓아야 할 것이다. 고객들이 기대하는 것보다 더 빠르게 당신의 고객에게 돌아갈 수 있는 기회를 항상 찾도록 노력하라.

## 보증

고객들은 당신이 소개하는 제품과 서비스의 확실성을 보증받고 싶어한다. 이것이 바로 왜 당신의 제품이 되어야 하는지를 설명해주고 있는 것이다! 제품과 서비스는 문제를 해결해주는 요소라는 것을 명심하기 바란다. 인생을 더 즐겁게 살 수 있도록 해주는 제품은 당신의 문제를 해결해준다. 당신의 문제란 재미없게 사는 것이다. 제품과 서비스가 어떤 것이든지 간에 당신이 그것을 사용했다면, 이것에 대해 구체적으로 매우 잘 설명할 수 있을 것이며 고객이 원하는 보증까지 해줄 수 있을 것이다.

## 확실성

당신은 사업을 하면서 모든 것을 말할 수 있다. 다시 말하면, 당신의 고객에게 당신의 관점, 당신이 보여줄 기술, 당신의 소책자의 질, 기술에 대한 적응성, 제품의 디자인, 당신이 사업을 하는 데 연관된 모든 것에 대한 메시지를 전할 수 있다. 만약 그들이 이 메시지를 좋아하지 않는다면, 당신은 그들의 기본적인 기대를 놓쳐버린 것이다. 많은 네트워커들은 늪에 빠져버린다. 그러면 그들은 고객들이 왜 구매를 하지 않는지, 왜 새로운 디스트리뷰터를 다운라인으로 만들지 못하는지 궁금해 한다.

많은 고객들은 다음의 속담을 믿는다: 너무 좋으면 믿기 어렵다.

당신의 제품이 사실이 아님에도 불구하고 암과 같은 질병을 치료했다고 말한다면, 무모한 고객들의 관심을 끌 수 있을지는 몰라도 대부분의 사람들은 당신의 이런 주장에 콧방귀를 뀔 것이다. 아무 일도 할 필요없고 단지 당신의 다운라인으로 가입만 하면 사업이 이루어질 것이라고 말한다면, 이것은 말도 안 되는 소리다. 그리고 오늘날 대부분의 고객들은 이런 것을 모를 정도로 어리석지 않다. 어쩌면 이런 말에 속아넘어갈 고객들이 있을지도 모른다. 그러나 많지는 않을 것이다. 사람들은 신뢰를 원한다. 사람들은 보기를 원하고 만지기를 원하고 느끼기를 원하고 결국 믿기를 원한다. 당신이 말하는 것을 보고 행하라. 왜냐하면 당신의 예상고객이 당신이 말하고 행하는 것을 역시 지켜보고 있을 것이기 때문이다.

## 감정이입

고객 수가 줄어들더라도, 참고 견디면 어려운 시기는 지나가기 마련이다. 모든 고객들은 개인적으로 대하기를 바란다. 그리고 그들의 요구나 상황을 당신이 알아주기를 바란다. 당신이 고객들에게 관심을 쏟고 있다는 것을 알려주기 위해 개인적으로 대답해 주어야 한다. 또한 대답할 경우에는 다음과 같이 예의를 갖추어야 한다. "당신의 특별한 상황을 이해합니다. 그리고 당신을 위해 제가 해결해 드리겠습니다."

이 세상의 어떤 사업도 네트워크마케팅만큼 개인적인 특성을 가진 것은 없다. 당신의 고객과 다운라인과의 관계는 각 개인에게 맞는 접근을 함으로써 인격화된다. 숫자가 아닌 한 인간으로 그들을 대하라. 그러면 당신은 매우 많은 고객과 거대한 조직을 만들고 유지할 수 있을 것이다.

'RATE' 라는 이 줄임말이 고객이 기본적으로 기대하는 것을 알게 해주더라도, 당신은 당신의 사업에 특별히 적용되는 고객들의 기대를 증명해 보여야 한다. 그럼 어떻게 해야 하는가? 물어보라! 당신의 고객에게 정기적으로 조사해보고 피드백하도록 그들을 초대하라.

## 고객의 지지를 만드는 법

당신을 도전하도록 만드는 것들이 있을 것이다: 고객의 기대는 당신에게 중요한 영향을 끼치고 있으며 그것을 알아낼 수 있어야 한다. 고객의 기대가 무엇인지 파악하려고 하면 고객들은 당신에게 만족할 것이다. 그러나 당신에게 충성해야겠다고 느끼지는 않을 것이다. 단지 당신이 예상하는 것만 할 것이다. 그러나 당신이 고객의 기대를 알아챘다면 당신은 고객의 지지를 받을 것이다. 이런 고객들은 당신의 서비스에 매혹당했을 뿐만 아니라 당신과 제품, 서비스 그리고 사업에 대해 그들의 가족과 친구들에게 말하느라 정신이 없을 것이다. 고객이 지지하면 물건을 다시 사고 친구들을 소개한다!

네트워크마케팅 트레이너인 더그 파이어바우(Doug Firebaugh)는 다음과 같이 말했다. "만약 당신의 목표가 고객을 만들어내는 것이라면, 당신은 그 목표를 달성할 수 있을 겁니다. 그러나 대부분의 디스트리뷰터는 단지 수입금을 주는 소비자만 만들 뿐입니다. 그들은 첫 번째 커미션을 받은 후, 판매를 한 이후에 그 첫 번째 고객들을 잊어버리거나 피합니다." 이와 같이 그들을 피하는 행위는 당신의 제품에 대한 확신이 별로 없기 때문이다. 그리고 당신은 고객들의 비난이나 거절을 피하려고 한다. 이런 자세는 바보 같은 상황을 만들어낸다. 만약 영수증에 쓰인 것처럼 제품의 효과가 없다면, 즉시 고객에게 적절한 대책을 마련해주어야 한다. 고객이 만족하면, 그 이유를 알아내어 증명서와 확인서를 받아둔다. 이것은 장기적으로 성공적인 관계를 유지시킬 수 있는 신뢰를 만들어낼 것이다.

더그의 말을 기억하라. "당신의 고객을 평생고객으로 삼고 싶다면, 일정 기간 동안은 당신이 벌 수 있는 것보다 더 많은 자금을 투자해야 한다. 고객에게 돌아가 피드백하고 항상 사업에 대해 물어보아야 할 것이다."

길을 잃었을 때, 당신은 어쩔줄 모른다. 하지만 몇 마일 더 걸어가면 많은 소비자들로 구성된 사업기반을 구축할 수 있을 것이고 큰 조직을 만들 수도 있을 것이다. 격언은 맞는 것 같다: 당신이 사람들을 얼마나 도와줄 수 있는지 확인할 때까지 사람들은 당신이 얼마나 알고 있는지에 정말 관심을 갖지 않는다.

"다운라인이나 단순 소비자에게 가장 중요한 것은 당신이 이들과 만든 인간관계이다"라고 더그 파이어바우는 말했다. "사업에 대한 관심은 당신이나 제품에 대해 고객이 어떻게 생각하는가가 아닙니다. 진심으로 고객들을 돌보고 그들의 흥미에 관심을 가져준다면, 분명히 고객들은 당신에게 돌아올 것입니다. 왜? 당신의 제품, 판매 그리고 사업 이상의 가치를 그들에게 보여주기 때문입니다. 그들과의 관계가 발전하면 판매는 자연스레 이루어집니다."

추신: 다른 사람들이 원하는 것을 갖도록 돕는다면 당신 또한 원하는 모든 것을 갖게 될 것이라는 우리의 주장이 입증된 것이다.

# 고객이 당신을 따르도록 만드는 법

고객의 기대를 알아맞추는 것 외에도 고객이 당신을 따르도록 만드는 여러 방법들이 여기에 있다:

▶ 모든 대화는 쌍방향임을 명심하라. 말만 하고 듣지 않는 사람이 되지 말라. 고객도 말할 기회를 주어야 한다. 당신의 소비자는 회사에 대해서가 아니라, 당신에 대해 아는 것이 더 좋다. 당신의 다운라인 디스트리뷰터들을 훈련시키고 후원하는 피드백에 대해 그들에게 질문을 하라.

▶ 당신과 함께 하는 사업이 재미있도록 만들어라. 이 회사에서 일하는 것이 매우 재미있다는 말을 듣고 싶은가? 긍정적이고 봉사하는 자세는 당신 사업에 항상 재미를 가져다줄 것이다.

▶ 고객이 당신을 따르도록 만들고 싶다면, 그들에게 상을 줘라. 사람들은 계속 인정 받고 상 받기를 원한다. 당신의 고객이 되돌아오기를 바라는가? 그들이 당신을 따르는 것에 대해 감사를 표하고 상을 줘라! 무료 사은품을 주고 할인혜택도 줘라. 당신의 다운라인을 축하해주고 계속 따라오도록 지도해주고 새로운 디스트리뷰터를 리크루트하는 것을 도와줘라.

"고객이 제품과 서비스를 꾸준히 구입하도록 하는 방법은 좋은 제품과 서비스를 제공하는 것도 중요하지만 더욱 중요한 것은 제품을 공짜로 얻을 수 있는 방법을 알려주는 것이다."

"그들은 디스트리뷰터가 아니라 단순 소비자이지만 당신의 판매 조직에 그들을 가입시킬 수 있을 것이다. 제품을 구입할 친구 몇 명을 리크루트하고 디스트리뷰터가 되도록 도와줌으로써 당신은 구매가격보다 더 많은 커미션을 받게 될 것이다"라고 토드 팰콘이 설명했다. 그것은 매달 무료와 같다. 처음에는 제품을 판매하거나 디스트리뷰터를 리크루팅해야 하지만 그들이 받는 커미션이 구매하기에 충분해지면 그들은 더 많은 고객과 디스트리뷰터를 찾으려고 결심할 것이다.

"디스트리뷰터에게 상을 주는 가장 좋은 방법은 우리팀 안에서 리더십을 발휘할 한 부분을 맡기는 겁니다. 그들은 한번 마음을 먹고 행동을 개시하고 회의에 참석하고 가능성이 있는 사람과 꾸준히 연락을 취함으로써 열심히 노력합니다. 따라서 조직 안에서 그들의 성공 가능성이 증가하게 됩니다.

"함께 다니는 사람들과 당신은 비슷하게 된다"라는 말을 들어보았을 겁니다. 네트워크마케팅에서도 정말 맞는 말입니다"라고 토드 팰콘이 말했다.

"다른 무엇보다 지도력은 디스트리뷰터의 가입률을 증가시키는 원인이 됩니다. 강한 지도력을 가진 업라인은 적어도 30%의 디스트리뷰터를 가입시킬 겁니다"라고 더그 파이어바우는 말했다.

## 고객이 당신을 따르도록 좋은 인상을 만들어라

대부분의 첫 번째 구매자들은 재구매를 하지 않는다. 아마 제품의 질이 나쁘다고 여기거나 서비스가 불필요해서일 수도 있다. 그러나 대부분은 그런 이유가 아니다. 고객들은 대접을 받은 방식이 마음에 들지 않기 때문에 재구매를 하지 않는 것이다. 우선, 인상이 정말 중요하다! 좋은 인상을 주는 것은 한 차례의 잠재 고객을 단골 고객으로 만들 것이다. 긍정적인 인상을 남기는 방법을 여기에 적어놓았다:

◆ 고객과 친근한 언어를 사용하라. 만약 고객이 말을 못 하도록 만든다면, 결코 당신은 당신의 부드러운

인상을 줄 수 없을 것이다.

◆ 편안한 목소리 톤을 선택하라. 전문가답게 꾸준히 하고 마음을 기쁘게 하라.

◆ 당신의 보디 랭귀지에 신경써라. 당신이 앉아 있는 모습이나 서 있는 모습은 당신이 의도하는 것보다 더 많은 영향을 끼칠 것이다. 보디 랭귀지는 통화할 때도 상대방에게 전해진다는 것을 명심하라.

## 소개를 통해 사업을 구축하라

모든 네트워커들의 목표는 디스트리뷰터들의 소개를 통해 사업을 구축하는 것이다. 이것은 최소 비용으로 최대 만족을 얻는 방법이다. "소개를 통해 사업을 구축하는 것은 마치 터널 안의 불빛이 기차의 불빛이 아닌 경제적인 자유의 불빛처럼 보일 것입니다. 소개는 당신의 사업 인생에 기회를 주는 것입니다. 이것은 당신이 최고지도자가 되거나 조직 안에서 챔피언이 되었을 때만 깨닫게 될 것입니다"

고객의 지지는 사업을 구축하는 데 고객을 쉽게 소개하는 기회를 갖게 해준다. 심지어 당신이 고객들에게 묻지 않아도 이루어진다. 고객의 지지를 받는 것은 매우 좋은 아이디어이다.

회원이 된 고객에게 추천인을 받으면 지도 비용이 절약된다. 당신의 회원이 된 고객의 후원을 받도록 노력하는 단계를 넘어 가장 중요한 다음 단계는 가능한 한, 많은 추천인을 받아 고객 수용비를 줄이는 것이다.

 소개받은 사람에게 물어보라! 고객이 만족해 하는 표정이 보이면 "이 제품을 사용하면 당신처럼 만족할 사람을 알고 계십니까?" 또는 "저의 조직에 가입하고 싶어 하는 사람을 혹시 알고 계십니까?"라고 꼭 물어보라. 만약 추천자를 못 받아도 씨를 심어 놓아라. 당신의 고객이 당신을 위해 다른 추천인을 찾아볼 수도 있기 때문이다. 모든 씨앗에 물을 주고 재배하는 과정이 필요하다는 것을 명심하기 바란다.

## 고객 불만 처리법

다음의 통계를 잘 살펴보라:

▶ 전형적인 불만 고객들은 8~10명에게 그들의 불만을 이야기한다. 다섯 명 중 한 명은 약 20명에게 말한다고 한다. 와!

▶ 한 가지 부정적인 변화를 위해 12가지 긍정적인 변화가 필요하다.

▶ 25%의 고객은 다른 곳에 눈돌릴 정도로 불만을 느낀다.

▶ 잘 따르는 고객은 한 명의 구매자보다 10배의 가치가 있다.

위의 통계로 미루어, 불만이 있는 고객이나 디스트리뷰터를 돌보는 일은 다음 단계의 판매보다 더 중요하다.

완벽한 네트워커는 없었다. 그리고 앞으로도 없을 것이다. 머지않아 당신은 고객을 실망시킬 때도 있을 것이다. 어떤 주에는 정말 많은 고객을 실망시킬 경우도 있을 것이다. 그러나 이것이 사업의 특징이다. 당신이 이 모든 것을 받아들이라는 뜻은 아니다. 그러나 고객들이 당신에게 불편함을 알리기 전에 가능한 빨리 문제를 해결하는 것이 급선무일 것이다.

"당신의 사업에 차별성을 두라" : 고객의 후원을 받는 좋은 방법은 경쟁자가 없도록 만드는 것이다. 제품이 될 수도 있고 서비스가 될 수도 있다. 또한 독특한 사업 계획일 수도 있다. 당신의 사업을 경쟁자가 없도록 만들고 고객들의 후원을 얻을 수 있도록 하라.

## 빨리 대답해줘라

그들의 불만을 해결해주었다면 약 70%의 고객은 당신과 함께 사업을 계속할 것이다. 고객 불만이 생긴 즉시 95% 이상 해결해줄 수 있다면 고객은 당신과 함께 사업을 계속 하려고 할 것이다.

불만은 급히 접수하지 말고 고객들이 불만을 이야기할 수 있는 분위기를 만들어라. 당신이 그 문제를 해결하지 못 하더라도, 그들의 이야기에 귀를 기울이고 조언을 구하려는 모습을 보여줘라. 고객이 제품을 주문했을 경우, 반드시 우편엽서를 보내거나 평가 피드백을 받도록 하라. 무료장거리 전화번호가 있다면 평가받기를 간절히 원하는 마음으로 전화하라. 항상 고객불만에 주의하고 가능한 빨리 해결해주어야 한다.

## 고객을 위해 멋진 봉사를 하라

감정적이지 않고 사건에 대해 불만스런 고객은 무례하고 잔뜩 화가 나 있는 고객보다 훨씬 다루기 쉽다. 불행히도, 당신은 이런 불쾌한 사람을 만날지도 모른다. 이런 상황에 대비한 대처법을 제시해놓았다:

▶ 이것은 두 명이 논쟁할 때 일어난다. 화가 난 고객이나 디스트리뷰터는 밧줄의 한쪽 끝을 잡고 당신이 걸려들기만 기다리는 사람이라고 생각하라. 그러나 같이 놀면 안 된다! 고객과 싸우면 당신이 항상 질 것이기 때문이다.

▶ 그들의 기분을 풀어줘라. 종종 화난 고객들은 열만 식혀주면 된다. 그들과 다시 말하거나 사건을 정당화하려고 하지 않고 고객의 열을 식혀주기만 하면, 그들은 곧 진정된다. 그러면 당신은 문제를 감정적으로 해결하지 않아도 될 것이다.

▶ 문제에 대해 부드럽게 말하라. 이해합니다… 동의합니다… 정말 불편하겠군요… 정말 화날 만도 하네요… 등등.

▶ 화난 고객이 진정하면 이 사건을 해결하는 당신의 계획을 알

려주는 행위를 포함한 단어를 사용해 말하라.

예를 들면: 즉시 시행하겠습니다… 즉시 정보를 알려드리겠습니다… 그 주문을 다시 체크해 10분 내로 연락드리겠습니다… 지금 당장 사무실로 연락해 방법을 물어보겠습니다 등등.

화를 내고 모욕을 주는 고객들은 당신에게 상처를 주려고 하지는 않는다. 대부분의 경우, 자신들이 다치게 되고 당신에 대한 실망은 단지 한 가지에 해당된다. 그들의 문제에 대해 주의깊게 들어보고 감정이입을 하면서 열성적으로 이 문제를 해결해주면 그들은 당신에게 용서를 구할 것이다. 그리고 예전보다 더 잘 따를 것이다.

불편을 느낀 대부분의 고객들은 불평하지 않는다. 단지 잊어버린다. 그러나 이 문제를 해결해줄 수 없는 친구나 이웃들에게 그들의 비참함을 이야기하기도 한다. 그들은 왜 이 문제를 해결해줄 수 있는 사람들에게 불만을 얘기하지 않는 걸까?

여러 이유가 있다: 당사자가 듣지 않으려고 하거나 시간이 없거나 고객에게 피드백을 제공하지 않을 것이라고 판단하기 때문이다. 말해 봤자 소용없기 때문에 말하지 않는 것이다.

---

### 기본적인 것을 하고…: 그 다음에 조금 더 하라

고객과의 약속을 지킴으로써 고객의 신뢰를 얻을 수 있다. 그런 다음 조금 더 하라. 당신이 말한 대로 제품이 작용하도록 하라. 그런 다음 조금 더 하라. 더 좋은 서비스를 제공하라. 그런 다음 조금 더 하라. "당신이 정 말 좋은 제품을 판매하고 훌륭한 서비스를 고객에게 꾸준히 제공한다면 당신의 이익은 매우 높아질 것이다"라고 헨리 포드가 말한 적이 있다. 다시 말해, 사람들이 별로 없는 고속도로에 좀더 많이 가보라는 말이다.

# 제 5 부
# 10개의 중요한 요소들

## The Part of Tens

제5의 물결                                                리치 테넌트

카운터: 모든 가족이 참여할 수 있는 사업입니다.
아이: 아버지와 할아버지는 다시 고릴라옷을 입고 자고 있어요.

## 제 5 부에서는 …

여기에는 현재 네트워크마케팅을 하는 사람이나 잠재 네트워커에게 유용한 정보와 빨리 재미있게 읽을 수 있는 여러 장들이 있다. 웹사이트, 책자, 잡지, 협회 정보가 포함된 리소스 섹션을 첨부하여 네트워크마케팅을 빨리 시작할 수 있도록 했다. 게다가 프로파일 인터내셔널은 독자들에게 프로필 퍼포먼스 인디케이터(PPI-제 22장을 보라)라고 불리는 무료평가지를 싣는 데 동의해주었다. 15분 안에 마쳐야 하는 이 평가는 당신의 능력에 대한 전체적인 분석을 해줄 것이다.

## 제 20 장

# 톱 네트워커들의 10가지 특징

**이** 장에서는 이 분야의 리더들이며 현명한 조언자인 톱 네트워커들에게서 일관적으로 나타나는 특징에 대해 알아본다. 이 들은 이 사업에 있어 가장 많은 돈을 버는 사람들이기도 하다.

## 네트워커들은 '꿈꾸는 자' 들이다

만약 당신이 학창시절에 꿈꾸어왔던 것을 지금 몽땅 포기했다고 해도 그리 실망할 일은 아니다. 많은 학교 선생님들의 훈계에 상반되게도 꿈꾼다는 것은 인격을 구성하는 자질이다. 톱 네트워커들은 '꿈꾸는 자' 들이다! 그들은 꿈꾸는 것을 두려워하지 않기 때문에 그들 자신이 무엇을 원하는지 안다.

당신이 인생에서 원하는 것은 무엇인가? 얼 나이팅게일은 "미국에서는 누구라도 자신이 되고 싶은 것이 될 수 있다. 문제는 대부분의 사람들이 자신이 무엇을 원하는지 알지 못 한다는 것이다"라고 말했다. 이러한 현상은 모든 나라에서 일어난다. 당신이 정말로 살고 싶어 하는 인생은 꿈과 함께 시작된다. 그러니 자신을 바쁘게 만들라, 그리고 꿈꾸어라!

*모든 사람들이 꿈을 꾸지만 똑같이 꾸는 것은 아니다. 단순한 휴식상태로 밤에 꿈꾸는 사람은 아침에 일어나서 그 꿈이 허무하다고 밖에 느끼지 못 한다. 하지만 낮에 꿈꾸는 사람들은 뜬눈으로 자신들의 꿈을 현실로 만들기 위해 꿈꾸는 자들이기 때문에 위험한 사람들이다. – T.E.로렌스*

젠 루는 충실한 주부가 되기를 생각했었다. 그녀는 자신을 경제적으로 돌봐주고 그녀에게 아이들과 집에 머물 자유를 줄 남자와 결혼하기를 바랬다. 그러나 그녀의 소망은 이루어지지 않았다. 젠의 결혼이 실패하고 세 자녀의 양육권이 주어졌을 때, 그녀는 스스로 자립할 수밖에 없었다. 네트워크마케팅에서 20년 베테랑인 젠은 "디스커버리 토이스라는 회사를 알고나서는 미래의 인생에 대해 생각하게 되었고 회사에서 최고의 판매자가 되어 백만장자가 되고 싶었다. 그 두 가지가 내 목표였다. 내 자녀들에게 주고 싶고 내 자신을 위해 가지고 싶은 것이 너무나 많았기 때문에 그 목표들에 도달할 필요가 있었다"라고 말한다.

그녀가 이런 목표들을 세웠을 때, 그녀는 13만 달러라는 빚더미에 올라 있었다. 몇 일 동안은 사는 것조차도 힘들었지만 그녀는 결코 꿈을 포기하지 않았다. 그녀는 자리를 박차고 일어나 열심히 일했다. "다른 사람들을 바꾸는 것은 불가능하다는 것을 깨달았기 때문에 내 자신을 바꿔야 했다"라고 설명한다. 젠은 최고판매자가 되었다. 그녀가 최고의 자리에 오르기까지 그녀에게는 콜로라도주 아스펜에 아름다운 집을 짓고 싶다는 또 다른 꿈이 있었다. 몇 년 전에 젠과 그녀의 남편은 아스펜에 있는 5천 평방 피트의 '꿈의 집'으로 이사했다. 젠은 "나는 내 최고의 꿈이었던 것들을 모두 가졌다. 하지만 꿈꾸지 않았다면 아무 것도 이루지 못 했을 것이다"라고 말한다.

데일 말로니는 네트워크마케팅에서 성공하려면 10단계를 거쳐야 한

다고 말한다. "성공하기 위해 거쳐야 할 첫 번째 단계는 꿈꾸는 것이고 두 번째 단계도, 세 번째 단계도 꿈꾸는 것이다. 즉, 항상 꿈꿔야 하는 것이다!" 라고 그는 말한다.


## 네트워커들은 시도하는 것이 아니라
## 해내겠다고 결심한다

네트워크마케팅에서 성공한 사람들은 반드시 성공하겠다고 굳게 결의한다. 그들은 네트워크마케팅을 단지 시도해보기 위해 회사에 들어오지 않는다. 네트워크마케팅 트레이너인 더그 파이어바우는 "모든 백만장자들에게는 공통점이 있다. 그들은 '거부' 당하지 않는다" 라고 말한다. 톱 네트워커들은 시도만 해서는 아무 것도 얻을 수 없다는 것을 깨닫는다. 그는 또 "성공하겠다고 다짐하는 것이 열쇠다. 성공하는 길 밖에는 다른 길이 없다고 생각하는 것보다 더 효과적인 것은 없다!"라고 말한다.

목표를 세운 후에는 장애물들을 치워야 한다. "치울 수 있을지도 모른다."가 아니라 당연히 치울 수 있다! 당신은 당신 앞에 놓여진 벽들을 허물 것이나. 당신 앞의 장애물만 없어지면, 당신이 가지게 될 성공에 대한 희망을 이루기 위해서 목표를 달성하기 위한 자신과의 의지만 다지면 된다. 만약 자신과 약속을 했다면 처음으로 장애물을 뛰어넘을 때, "이 도전을 어떻게 받아들일 것인가?" 라는 생각이 들 것이다. 다짐이 없다면 "이 난관을 어떻게 빠져나가야 하는가?"라는 생각이 들 것이다.

버키 팔마는 가족들의 더 나은 삶에 대한 꿈이 있었기 때문에 최선을 다해 일하겠다고 다짐했다. 그녀는 한 남자의 아내이며 세 아이의 엄

마이다. 그녀의 하루는 아이들이 학교로 떠나고 남편이 직장으로 떠날 때인 아침 일찍 시작된다. 대중교통수단을 이용하여 근처의 도시로 가서 사람들에게 그녀의 사업과 가정용품이나 영양식품 같은 자신이 파는 많은 물건들에 대해 이야기한다. 하루종일 이런 일을 하고 나면 저녁 늦은 시간이 되고 사실상 11시가 되어서야 집에 돌아간다. 그 후에는 다음날을 위해 아이들의 옷을 다림질하고 잠자기 전에 하루 동안의 활동을 문서로 작성한다. 우리가 그녀에 대해 들었을 때, 임신 6개월이라고 했던가?

버키는 최근 좋은 소식을 들었다. 그녀는 회사에서 실시하는 사원들을 위한 승용차 프로그램의 자격이 주어져 차를 살만한 여유가 생겼기 때문에 대중교통을 더이상 이용하지 않아도 되었다. 그녀는 또한 1,000달러 선의 머니를 매달 받는다. 성공이 쉽게 온 것은 아니지만 결국은 왔고 그녀가 다짐했던 것보다 빨리 찾아왔다. 그러한 다짐이 없었다면 성공하지 못했을 것이다.

## 네트워커들은 배울 준비가 되어 있다

"네트워크마케팅의 핵심은 교육과 간단하고 반복적인 일을 하는 것이다"라고 전직교사이고 국가안전협회(NSA)의 유통업자였던 단 홀링스가 말한다. 그는 그 분야에서 충분한 돈을 벌고 있었지만 이 일을 그만두고 네트워크마케팅 회사들의 고문이 되었다. 톱 네트워커들은 새로운 것을 만들려고 하지 않는다. 그들은 이미 발달된 성공적 체제를 가진 회사들을 찾아다닌다. 그리고 그러한 체제를 배우며 복제하는 것이다. 많은 사람들이 그것을 복잡하게 만들려고 노력했음에도 불구하고 이것은 매우 간단한 일이다.

만약 당신이 남의 지시를 받는 것을 싫어하고 다른 사람들이 구축한 사업 체제를 사용하는 데 불편함을 느낀다면 네트워크마케팅 회사에 합류하기 전, 곰곰이 생각해봐야 한다. 이미 만들어진 과정이나 체계를 체질적으로 싫어한다면, 당신은 매우 불편할 것이다. 어느 쪽이 되었든지 간에 당신은 성공하지 못할 수 있다. 톱 네트워커들은 배울 준비가 되어 있으며 다른 사람들을 가르치기도 한다.

예루살렘에서 사피라 알렉산더는 톱 네트워커로서의 책임은 리더들을 양성하는 것이라고 말한다. 그가 어떻게 리더들을 양성하겠는가? 그는 "나의 팀원들이 회사 내에서 어떠한 위치에 있든 간에 나를 보고 내 말을 듣게 만들며 나의 방식을 추구하고 내가 그들에게 영감을 주고 그들과 접촉하는 사이, 날 따라하도록 만든다"라고 말한다. 사피라는 건강식품을 판매하는 디스트리뷰터이다. 그는 다음과 같이 덧붙인다. "리더들에게 가장 필요한 기술을 가르치는 것은 대단히 중요하다. 진정한 리더가 되고 싶은 자는 남을 지원해주는 심리학자가 되어야 한다. 사람들이 꿈꾸도록 도와주고 꿈을 실현시키도록 가르쳐라. 그러지 않으면 성공을 거두기 어렵다."

## 네트워커들은 열정적인 교사이며 잉여수입에 대한 열망이 있다
## (STEAM을 가진 자들)

젠 루는 미래의 톱 네트워커들을 가려낼 수 있다고 말한다. 그들은 소위 STEAM이라는 것을 가지고 있는데 이는 판매자(Salesperson)이며 교사(Teacher / Trainer)인 동시에 열정적이고(Enthusiastic) 진보적인 태도(Attitude), 여분의 돈(Money)을 벌고 싶어하는 열망을 가진 자들을 뜻한다. STEAM은 이 단어들의 영어 앞글자를 따온 단어이다.

 성공의 대부분이 정신적인 태도에 달려있다. 긍정적인 사람은 인생의 문제와 도전에 부딪칠 때, 해결하려고 하지만 부정적인 사람들은 소극적으로 반응할 뿐이다. 톱 네트워커들은 소극적이 아니라 적극적으로 대응한다.

## 네트워커들은 자신과 다른 사람들의 사업을 일으킨다

인정받고 수입 좋은 네트워크마케팅 사업은 업라인부터 다운라인까지 모두가 발전해야 한다. "한 상위 리더가 잘못을 하면 그 아래에 있는 사람들에게까지 영향을 미친다" 톱 네트워커들은 자기 자신을 정신적으로 감정적으로, 그리고 육체적으로 완성해나가는 것이 중요하다는 것을 깨닫는다. 그래야만 다른 사람들을 성공으로 이끄는 본보기가 될 수 있기 때문이다.

어떻게 자신을 완성하는가? 책이나 자료를 읽고 차를 타고 이동할 때 테이프를 듣고 비디오를 보고 세미나에 참석하라. 코니 듀간은 몇 십만 달러의 수익을 올리고 있다. 그녀는 12년 동안 네트워크마케팅 사업을 해왔다. 사업을 시작한 첫 해는 자신이 모르는 다른 지식을 흡수하는 스폰지와 같은 해였다고 말한다. 그녀는 처음 회사에 들어왔을 때, 숙련된 제품 판매자가 아니었으며 성공을 달성하기 위해서는 판매 기술이 필요했다. 그녀는 다음과 같이 설명한다. "첫 해에 열정을 갖고 네트워크마케팅에 관한 책을 읽었다. 3자통화에도 참여했으며 리더십 세미나에 참석하고 대가들로부터 그들이 어떻게 자신들의 사업을 구축했는지 듣고 배웠다. 결국, 나는 내 자신의 스타일을 발견했다." 그후 그녀는 5,000명 이상의 디스트리뷰터들을 포함한 다운라인을 계속 구축했다.

코니는 톱 네트워커가 되기 위해서는 혼자 사회 활동을 하지 않는 것이 중요하다고 말한다. 그녀는 다음과 같이 덧붙인다. "나는 다른 사람들과 나를 이어주는 교량을 불태우고 싶지 않다. 하지만 몸소 참여하지 않으려고 하면서 이 사업 분야에 관심이 있다고 하면 난 그들을 도울 수 없다. 스스로 하지 않고 내가 도와주길 기대한다면 그들은 내 힘을 남용하는 것이다. 나는 녹초가 되고 싶지 않다. 따라서 나와 함께 일하고 싶다면 당신의 사업에 최선을 다할 것을 다짐해야 한다. 나는 당신이 훈련받고 3자통화에서 얘기하는 것을 보길 바라며 당신이 확보한 사람들의 리스트를 보고 싶다. 사업을 진정으로 원한다면, 나는 당신에게 내 모든 시간을 투자하고 당신이 성공하도록 더 도와줄 수 있다. 하지만 나는 사회 사업가가 아니다."

돈이나 명예 또는 특권이 아니라 인간관계를 통해 목적을 달성한다. 무엇보다도 네트워크마케팅은 인간 관계에 기초한 사업이다. 멕시코 루이스 모거스는 가정, 개인용품, 화장품, 보석을 판매하는 디스트리뷰터이다. 그는 "성공하고 싶어하는 사람들을 찾을 때, 당신은 그들의 목표를 달성하도록 돕는 데 집중해야 한다. 당신 자신의 성공이 이것에 달려 있다. 그들이 당신의 가르침 아래 성공하지 못 한다면 당신도 성공할 수 없다"라고 말하며 인간 관계의 중요성을 강조한다.


## 네트워커들은 유능한 발견자이다

완벽한 회사나 완벽한 네트워크는 없다. 톱 네트워커들은 완벽함이라는 것은 사업에서 존재하지 않는다는 것을 알고서는 자신의 회사와 연관된 것들에 좋은 것을 찾기 위해 기존 방식에서 탈피한다.

모든 것을 똑바로 처리하려고 노력하는 회사라도 가끔은 기대에 못 미치는 수가 있다. 수당지급 계획, 생산성 향상, 마케팅 프로그램, 사용 기술 등에 있어서 일이 잘못되거나 계획대로 되지 않을 가능성은 항상 존재한다. 네트워커들도 비슷한 이치로 부족한 점이 있다. 그들은 최선을 다하겠다고 다짐하지만 모든 것을 잘하지는 못 한다. 몇몇은 다른 사람들보다 시스템을 잘 배운다. 몇몇은 판매에 더 유능하거나 인간 관계 정립이나 훈련시키는 데 숙련됐다. 이러한 모든 상황에서 톱 네트워커들은 잘못의 지적이 반드시 사태를 진전시키는 것은 아니라는 것을 깨닫는다.

지금 당장 유능한 발견자가 될 수 있도록 훈련하라. 당신 회사나 관계된 업체, 동료들에게서 좋은 점을 찾아내라. 모든 상황에서 좋은 점을 찾아내어 그 정보를 공유해야 한다. 모든 상황에서 마음에 드는 것을 혼잣말로 하라. 뜻대로 일이 풀리지 않을 때도 말이다. 용기를 북돋아주는 사람들이 바로 승리자이며 유능한 생산자이다.

## 네트워커들은 필요할 때, 항상 그 자리에 있다

톱 네트워커들은 항상 훌륭한 모습을 보인다. 젠 루는 이렇게 말한다. "톱 네트워커들의 모습은 한 가지로 요약된다. 좋아 보이며 이야기를 잘하고 항상 활동적이다." 더그 파이어바우는 다음과 같이 덧붙인다. "그들의 외관은 항상 눈에 띄며 모든 것에서 두각을 나타낸다. 그들은 회의에 참석하고 대화에 참가하며 다자간 통화에도 참여한다. 무엇보다도 그들은 사람들이 필요로 할 때, 항상 그 자리를 지키고 있다."

당신이 함께 함으로써 수천 명의 삶을 변화시킬 수 있다. 다른 사람과 우정어린 대화를 한다든지 용기를 북돋아주는 말을 한다면, 상대의 삶에 절대적인 계기를 제공하는 존재가 될 수 있다.

"나는 다른 사람들을 발전시키는 데 열중한다"라고 빌 파이크는 말한다. 그는 영양식품을 판매하는 회사에서 가장 높은 보수를 받는 사업자로 다른 사람들은 그를 '굉장한 사람'이라고 말한다. 빌은 그의 다운라인에 있는 많은 디스트리뷰터들이 성공하도록 도와주었다. 다른 사람들이 불가능하다고 할 때도 말이다.

애니타 라울스가 좋은 예이다. 그녀는 텍사스 셔먼은행 직원이었고 자료도 보지 않고, 보상계획에 대해 아는 것도 없이 그리고 회사의 제품에 대한 경험도 없이 빌의 다운라인 디스트리뷰터가 되었다. 그녀가 왜 그런 위험을 감수했는가? 전 직장까지 그만두고 말이다. 빌의 존재가 모든 것을 변화시킬 것이라는 것을 알았기 때문이다. 동료 은행원은 애니타에게 일을 그만두는 것은 미친 짓이라고까지 말했지만 그녀는 백만장자가 되는 것 같은 큰 꿈들을 가지고 있었다. 흥미롭게도 몇 년 후, 애니타가 네트워크 마케팅 일을 하게 된 후 그녀를 미쳤다고 부르던 친구는 은행이 매각된 후 직장을 잃었다. 반면 애니타는 최근 텍사스의 셔먼이라는 곳에 백만 달러짜리 집 한 채를 구입했다.

## 네트워커들은 동기부여를 받아 일한다

"네트워크마케팅은 너무 흥미로워 하지 않을 수 없다." 이는 러스 놀랜드의 말이다. 그는 번창하는 부동산 중개사를 텍사스의 휴스턴에 세웠는데 수 년 간 네트워크마케팅 분야를 꺼려왔다. 사실, 그는 몇 년 후, 중개사를 그만두고 네트워크 마케팅의 가장 성공적인 판매업체 중 하나를 세웠다. 그는 동기부여의 전형이다. "사업을 시작하는 동료를 만날 때마다 당첨될 복권을 얻은 것만 같다. 이 사람은 무엇인가 큰 일을 해낼 것이고 나는 그의 성공에 일조할 것이다." 또한 러스는 네트워크마케팅 사업의 상당 부분이 사업에 혼신을 다하겠다는 다짐에 달려 있다고 말한다.

## 네트워커들은 지속적이고 끈기 있다

이 직업의 리더들은 처음에는 모든 사람들이 자신에게 동의하지 않을 것이라는 것을 깨닫는다. 이것은 10번째까지도 마찬가지다. 성공은 지속성과 인내의 문제이다.

단 가웁은 지속성과 인내의 좋은 예를 경험했다. 그는 다음과 같이 설명한다. "릭은 내가 네트워크마케팅 사업을 보여준 첫 사람이었다. 우리는 10대부터 20년이 넘도록 친구 사이였다. 그는 내 사업에 바로 동참할 것이라고 생각했지만 거절하였다. 그는 나에게 최선이 되는 것을 바란다고 했지만 나를 좌절시켰다. 우리는 앞으로도 교회나 아이들과 함께 다니는 태권도장이나 한 달에 한 번씩은 저녁식사 자리에서도 보게 될 것이었다. 그는 그의 삶을 꾸려나가느라 바빴고 나 또한 그랬다. 때때로 그는 나에게 어떻게 지내냐며 내 사업에 대해 물어봤고 나는 그때마다 좋다고 대답했다. 어느 날, 내가 그에게 사업을 처음 제의한지 42개월이 지났을 때, 그는 커피나 한 잔 하자며 만나자고 했다. 그는 그의 삶이 변했다고 말했다. 가족의 미래가 불안하다는 것이었다. 그날로 그는 나의 사업 파트너가 되었고 그의 사업은 빠른 속도로 성장했다. 나는 그에게 결코 이전에 사업에 동참하지 않았던 것이 멍청한 짓이라고는 말하지 않았다. 나는 우리의 우정을 소중히 지켰고 그것이 적절한 시기를 가져다주었다. 나는 내 친구에게 사업을 강요하기 위해 끈기 있게 행동한 것이 아니라 우리의 우정을 지속시키는 데 인내심을 가졌다. 이 사업은 짧게 볼 것이 아니라 장기적으로 봐야 한다."

사람들은 부자가 되고 싶어 한다. "문제는 대부분의 사람들이 먹고 사는 데 바빠서 더이상의 돈을 벌 수가 없다는 것이다. 게다가 그들은 쉽게 돈을 벌고 싶어하며 너무 부자가 되는 것에만 집착해 정말로 돈을 벌기 위해 무엇을 해야하는지 알지 못한다. 만약 방법을 찾는다

해도 대부분 때가 늦다. 네트워크마케팅에서 성공하는 지름길은 없다. 천천히 성공하는 기회가 있을 뿐이다. 하지만 열심히 꾸준히 일하면서 발전할 시간을 갖는다면 반드시 성공할 것이다."

## 네트워커들은 전심을 다한다

"리더들은 자신의 전부를 사업에 건다"라고 더그 파이어바우는 말한다. "그러한 재능으로 사업을 운영하는 것이며 결코 뒤돌아보지 않는다. 그들은 다운라인의 사업에도 마음을 쓰며 다운라인의 사람들이 자신보다 성공하는 데 초점을 맞춘다. 사업 전망이 가장 좋을 것 같은 곳에 마음을 쓰며 그로 인해 그들은 성공의 자세를 갖게 된다. 즉, 성공을 기대하고 원하며 성공을 유혹해 붙잡는 것이다."

수 년 전, 한 올림픽 높이뛰기 금메달리스트는 어떻게 그처럼 높이 뛸 수 있는가라는 질문을 받았다. 그는 "단지 내 모든 열정을 바위로 던졌고 내 몸이 그것을 따라갔을 뿐이다"라고 대답했다. 리포터가 끈질기게 물어보자 그는 "나는 이전에는 이처럼 큰 것을 대표한 적이 없다"라며 국기를 가리켰다.

우리는 종종 어떤 사람이 다른 사람을 관찰하고 평가하는 것을 듣는다. 그 사람은 시도하는 것에 "열의가 없어"라고 평가하기도 한다. 결과적으로, 그는 프로젝트 도중 물러나거나 최소한의 성공 밖에 얻지 못 한다. 이것은 사실이며 당신이 최선의 결과를 얻기 위해서는 그 일에 전력투구(全力投球)해야 한다. 이것은 준비를 잘 하는 것이 좋지 않다는 것이 아니다. 당연히 준비는 잘 해야 하지만 거기에 심장을 두고 적절히 준비하라는 것이다. 정신적인 준비와 감정적인 연계는 당신을 당신의 머리에서 심장으로 그리고 다른 사람들의 머리와 마음에 연결시켜 준다.

사람들은 본능적으로 당신이 당신의 일에 전력투구하고 있는지 알아차린다. 사람들은 당신이 그들에 대해 얼마나 신경쓰고 있는지 알 때까지 당신의 지식에는 관심을 갖지 않는다는 것은 케케묵은 말이 아니다. 생각이 열정으로 향하는 관문이라면 원하는 것을 얻는 데 중요한 요소가 되고 당신을 고양시킬 열정적인 것들을 당신의 두뇌에 공급해야 한다.

수 천 년 전에 인류 역사상 가장 지혜로웠던 솔로몬은 "심장을 보호하라. 그것은 인생에서 중대한 문제들의 원천이기 때문이다"라고 말했다. 두말할 나위없이 당신이 올바른 마음가짐으로 열정을 키워나갈 때, 네트워크마케팅 사업에서 성공할 가능성은 더욱 커지는 것이다.

---

### 당신의 자질을 테스트해 보십시오

"평균의 사람들보다 훨씬 능력이 뛰어난 사람들에게서 나타나는 세 가지 특징이 있다. 이 특징들은 지배력, 영향력, 동기부여 능력이다."

◆ 지배력이라 함은, 적극성, 통솔하고자 하는 욕망, 그리고 사건을 통제하는 능력을 뜻한다. "이러한 성격을 가진 사람들은 선천적으로 긍정적인 문제 해결자이며 책임을 지는 성격을 가진다."

◆ 영향력이란, 폭넓은 인간 관계를 가지고 친구나 아는 사람들을 만나며 새로운 사람들을 쉽게 자주 만나고 그들의 의견이나 판단을 존중하는 사람들의 전형적인 특징이라고 짐은 말한다. "그들은 설득력이 있고 믿을만하며 다른 사람들이 자신 있고 긍정적으로 사고하도록 도울 수 있다. 사람들은 종종 리더십을 가지고 문제에 해결책을 제시하는 영향력 있는 사람들을 따른다."

◆ 세 번째 특징인 동기부여 능력은 일을 자발적으로 하는 사람들에게서 나타난다. 짐은 다음과 같이 설명한다. "그들은 높은 강도와 열정으로 자신들이 성취하고자 다짐한 일들을 한다. 이 사람들은 동기를 부여하는 것들을 활용하며 다른 사람들이 그들을 격려할 필요가 없다. 그들은 또한 자신들의 일을 하며 큰 만족감을 느낀다"

# 사업을 고무시키는 10가지 아이디어

**이** 장에서는 더 만족스럽고 수익성 좋은 네트워크마케팅 사업을 구축하도록 당신을 도울 10가지 제안을 제시한다.

## 사업 분야에 단순히 포함되어 있을 것이 아니라 그곳을 발판으로 삼아 활동하라

이 책의 몇몇 부분에서 "실행하기 전에 준비가 되어야 하고 얻기 전에 실행해야 한다"라고 말했다. 당신은 위에 언급한 말을 그대로 따르지 않고서는 긍정적인 결과를 얻을 수 없을 것이다. 우리가 당신에게 말하고자 하는 바는 이 책에 나타난 나의 철학 중 "행동하라"라는 부분이다.

소규모 사업을 시작하는 많은 사람들이 '사업에 착수하기 위해 준비하기'라는 함정에 빠진다. 어쩌면 당신도 이 덫에 걸렸을지 모른다.

책상을 정리하고 파일들을 정리했을 것이다. 전화와 컴퓨터와 프린터를 다시 설치했으며 사무실에 가구를 재배치했을 것이다. 모든 연필들은 세 번씩 깎아 날카롭게 만들어 놓았을 것이다. 그리고 나서는 이 과정을 약간의 수정을 더해 다시 반복하고 가끔은 또다시 반복하곤 한다. 그리고 만약 어떤 사람이 지금 무얼 하는 거냐고 물어본다면 당신은 "시작하려고 준비중입니다"라거나 그에 상당하는 말을 한다. 아마도 대다수의 사람들이 새로운 사업에 착수할 때 이러한 단계를 거치게 된다. 이것은 당신이 견뎌 내야만 하는 도전이다. 당신이 만약 2주 째 되는 날 사업을 시작하려고 한다면 결코 시작할 수 없을지도 모른다.

심지어 경험 많은 사업가들도 종종 '준비하기'라는 덫에 빠진다. 그들은 지루해 하거나 자신감을 잃고는 갑자기 비생산적이게 된다. 당신이 얼마나 오래 이 분야에 종사해 왔든지 과거에 어떤 업적을 이루었던지 간에 상관없이, 이 함정에 빠지지 않도록 조심해야 한다. 당신은 당신도 모르는 사이 이러한 덫에 걸려 하루나 일주일을 망칠 수도 있다. 제때에 바로잡지 않으면 사업을 망쳐놓을지도 모르는 일이다.

여기 당신이 사업을 진정으로 하는지, 형식적으로 하고 있는지 테스트할 항목들이 있다. 지금 하고 있는 것을 멈추고 아래의 질문에 스스로 답해보기 바란다.

▶ 지금 내가 하고 있는 것이 내 목표들 중 하나를 성취하는 것과 직접적으로 관련이 있는가?
▶ 지금 내가 하고 있는 일이 사업을 성공하는 데 도움이 될 것인가?
▶ 지금 하고 있는 일이 판매로 이어질 것인가?
▶ 현재의 일이 내 능력 중에서 하나를 개선시킬 것인가?

▶ 현재 내가 하는 것보다 잘 하거나 그대로 할 수 있는 다른 사
   람이 있을까?

▶ 똑같은 과정을 반복하는 것은 아닐까?

▶ 기다렸다가 업무 시간이 아닐 때, 할 수 있는 일은 아닐까?

위의 질문들에 답할 때는 솔직해야 한다. 당신은 당신의 사무실을 정
리하는 것이 생산성을 높인다고 자신의 행동을 정당화하려고 해볼
수는 있다. 하지만 정상적인 업무를 해야 할 시간에 사무실을 다시
정리하는 것이 당신의 행동을 정당화해줄 수 있을까? 당신이 정직하
게 대답한다면, 대답은 "아니오" 일 것이다.

만약 당신이 좋은 네트워크마케팅 회사와 든든한 스폰서를 선택했다
면, 당신의 사업에 필요할 편지는 벌써 준비되어 있을 것이다. 만약
당신이 편지들을 꼭 집어서 구체화시켜 컴퓨터에 저장하고 싶다면
그것은 괜찮다. 하지만 그것을 업무 시간에 해야 하는가? 편지와 테
이프로 봉투를 채우고 DM들을 정리하는 것이 정말로 필요한 일인
가? 당신의 집에 아이들이 있는가? 그들에게 당신이 하고 있는 일을
보여주고는 도움을 부탁해 당신의 시간을 아끼고 비생산적인 일을
줄여야 한다. 만약 혼자 살기 때문에 스스로 할 수 밖에 없다면, 적어
도 정상 업무가 끝난 후에 해야 한다.

당신이 무엇을 하고 있든지 간에 만약 당신이 업무 시간에 그것을 함
으로 인해 목표 달성이나 판매를 할 수 없을 수도 있다. 이럴 경우,
당신은 아마도 사업 분야 안에서 헤어나지 못 하고 그것을 성공의 발
판으로 삼지도 못할 것이다. 그러한 함정에 빠지지 말라.

## 사업의 마스터 마인드를 조직하라

많은 힘과 지혜를 얻을 수 있는 기회가 주위에 있다. 당신이 몇 주 동

안 고민하고 있는 문제를 생각해보라. 어떤 다른 사람이 똑같은 난관에 부딪쳐서 해결한 적이 있을까? 당신이 그 사람의 상담자라고 상상해보라. 사업이 훨씬 더 쉬워지고 즐거워질 것이다.

사업을 시작하자마자 당신의 마스터마인드 그룹에 합류할 잠정적인 멤버들을 찾아 보라. 이 사람들이 매달 사업 이슈에 관해 이야기할 수 있도록 모일 수 있는 스케줄을 짜라. 이러한 종류의 그룹은 사업에서 가치를 따질 수 없을 만큼 중요하다. 모든 사업상 문제를 혼자 힘으로 풀 수도 있지만 마스터마인드 그룹으로부터 혜택을 볼 가능성이 높다.

온라인으로 당신의 마스터마인드 그룹을 만들어서 세계의 사람들에게 자신을 열라! 젠 루가 바로 그렇게 했다. 20년 동안 디스트리뷰터로서의 능력을 키웠다. 그후 그녀는 세상에서 사람들이 가장 연설장에 끌어가고 싶어하는 연설자이며 트레이너 중 하나가 되었다.

## 두뇌를 끊임없이 개발하라

많은 사람들이 책벌레가 될 시간은 없지만 '테이프 벌레'가 될 시간은 있다. 여기저기 이동할 때 테이프나 지침서와 같은 CD를 듣는 것이 얼마나 중요한지 과소평가해서는 안 된다. 차에서 테이프를 들음으로써 당신은 실질적으로 어휘라든지 판매 과정과 기술, 목표 설정 과정, 지도력, 기술, 태도와 성격 성장, 외국어, 더 나은 연설가가 되는 방법, 기억력 훈련 등을 포함한 어떤 종류의 지식이든지 배울 수 있다.

많은 판매자들의 이야기가 동기부여 테이프에 들어 있으며, 특히 판매할 기회를 놓친 사람들이 다음 판매 기회를 붙잡으러 가는 도중 이러한 테이프를 듣는다면, 정신이 고무되고 태도가 바뀌며 효율성이 증가한다. 요점은 목표를 향해 가는 도중 그냥 앉아만 있지 말라는 것이다. 이동할 때 앉아서 배운다면 어떤 상황에든 더 능숙하게 대처할 수 있다.


## 인생에 단순히 반응하는 대신 활발하게 대응하라!

 당신이 어쩌지 못 하는 일들도 있다. 사업에 흥미를 느끼지 못하는 사람들을 당신의 사업 기회에 참여하게 만들 수는 없다. 만약 당신이 그 사람을 가입하도록 만들었다 하더라도 그 디스트리뷰터는 효율적이지 못할 것이 분명하다. 사업에서 어떤 일이든 종종 잘못될 수 있다는 것은 확실하다. 거기에 대비하라, 그리고 실제로 실수가 생겼을 때는 웃어넘기려고 노력하라. 짜증을 내고 화를 내고 당신들의 업라인이나 다운라인에 있는 사람들에게 고함치는 것은 상황을 더 악화시킬 뿐이다.

 당신이 하는 선택들이 당신의 성공여부를 결정한다. 자기 자신과 다른 사람들을 다루는 법을 배울 때 당신은 성공으로 이끄는 선택들을 할 수 있게 될 것이다. 선택을 하는 데 있어 효율적이 되기 위해서는 단순 반응과 적극적인 대응과의 차이점을 알아야 한다. 필자의 다른 저서인 '최고의 실행(Top Performance)'에서 발췌한 다음의 예가 단순 반응과 활발한 대응 간의 뚜렷한 차이점을 설명해 준다.

1981년 1월, 나는 미주리주의 캔사스시티에 있었다. 특히 힘든 한 주였고 그 날 아침 긴 녹음시간이 있었다. 정확히 오후 1시에 그 일을 끝마쳤다. 우리는 3시 정각에 댈러스로 떠나야 했기 때문에 적어도 한 시간 전에는 우리의 무거운 녹음 장비들을 비행기에 실어야 했다. 내 사위와 나는 공항으로 정신 없이 갔고 우리는 정확히 2시에 도착했다. 그 때 개찰구의 직원이 상냥하게 웃으며 방송했다. "3시 댈러

스행 승객들은 이 쪽으로 오십시오."나는 첫줄에 섰고 개찰구의 직원은 나를 보고 미소지으며 말했다. "댈러스행 3시 비행기는 취소되었습니다." 나는 흥분해서 대답했다. "정말 잘됐군요!" 그녀는 당황한 표정을 지으며 나에게 물었다. "제가 댈러스로 가는 3시 비행기가 취소됐다고 방금 말했는데 도대체 왜 정말 잘됐다고 하시는 거죠?" "아가씨, 사람들이 텍사스의 댈러스로 가는 비행을 취소하는 데는 세 가지 이유가 있어요. 첫째, 비행기에 문제가 있거나 둘째, 승객에게 문제가 생긴다거나, 아니면 비행하기에는 날씨가 좋지 않을 때죠. 만약 셋 중에 어떤 경우가 생긴다면 나는 비행하고 싶지 않아요. 그러니 아주 잘 된 거죠!"거의 반박하는 투로 그 직원은 다시 말했다. "네, 하지만 다음 비행기는 6시 5분이 돼야 이륙할 겁니다." 나는 또 "그거 아주 잘 됐군요!" 라고 대답했다.그 직원은 아주 놀란 표정으로 나를 보며 말했다. "정말 당황스럽군요. 제가 방금 전에 캔사스시티의 공항에서 4시간이나 기다려야 한다고 말씀드린 건데 도대체 왜 아주 잘됐다고 말씀하시는 거죠?' 나는 웃으며 말했다. "이전에는 캔사스시티의 공항에서 4시간을 보낼 기회가 없었거든요. 당신은 이세상에 춥고 배고픈 사람들이 있다는 걸 아나요? 하지만 난 지금 이훌륭한 설비가 갖춰지고 밖은 춥지만 안은 이렇게 편안한 곳에 있잖아요. 커피숍에 내려가서 몇 분 쉬고서는 커피 좀 마셔야겠어요. 해야 할 중요할 일들도 좀 하구요. 이 곳은 내가 사용할 수 있었던 사무실 중 가장 크고 가장 편리하며 더군다나 임대료도 없는 사무실이 되는 거죠. 훌륭해요!"

이 예를 보고 당신은 이렇게 말할지도 모른다. "좋아요. 지글러씨. 사실대로 말해보시죠. 정말로 위의 상황이 된다면 그렇게 느끼겠어요?" 나는 이렇게 대답하겠다. "물론 아니죠!" 적어도 처음에는 말입니다. 대부분의 다른 여행객들처럼 제대로 집에 가는 것이 더 좋겠지만 다음 비행기가 뜰 때까지 4시 간 동안 다른 도리가 없다. 하지만 두 가지 다른 선택권이 주어진다. 긍정적으로 본다면 그 상황에 능동적으로 대처하거나 부정적으로는 그저 반응하는 것이다. 나는 활발하게 대응하는 것을 선택하겠다. 당신은 인생에서 일어나는 일들을 당신이 원하는 대로 맞출 수는 없지만 그 상황들에 대한 태도는 미리 결정할 수 있다. 개찰구 직원이 나에게 비행이 취소됐다고 한다면 냉소적으로 반응할 수도 있을 것이다. 거기다 다음 비행기는 6시 5분이 되어서야 떠날 것이니 말이다.

이 책을 읽는 여러분들은 세상에 바꿀 수 없는 것들이 있다는 것을 알아야 한다. 당신 인생의 지나온 날들은 바뀌지 않고 남아있지만 미래는 상황이 다르다. 네트워크마케팅 사업을 하다보면 사람들이 회의에 참석하겠다고 약속하고서는 나타나지 않을 때가 있다. 어떤 사람들은 다음 주에 일을 시작하겠다고 하고서는 사실은 전혀 그 일에 시작도 하려고 하지 않는다. 또 다른 사람들은 하루 이틀 일해보고는 두세 번 거부당해 본 다음 아무 것도 하지 않으려고 해서 당신을 실망시킬 것이다 (이때 이 거부라는 것은 완전한 거절이라기보다는 좀 더 두드러진 사업 기회를 잡기 위한 거절이다).

이 시점에서 당신은 선택을 한다. 만약 당신이 단순히 반사적으로 화를 낸다면 혈압이 높아지고 뇌졸중에 걸릴 가능성이 높아진다. 그리고 사업을 구축하는 어떠한 한가지 일도 하지 못할 것이다. 당신이 해야 할 것은 단순히 미소짓고 이렇게 말하는 것이다. "톱 리더가 나한테 이 일이 일어날 거라고 말했어요. 그래서 나는 이해한답니다. 하지만 난 한 사람이든 두 사람이든 아니면 심지어 몇백 명이든 내 미래를 지배하도록 놔두지는 않을 겁니다. 나는 내 제안이 훌륭하다는 것을 알고 있으며 기회는 무한하게 있는 겁니다. 나는 그저 서둘러 다른 사람에게 최대한 빨리 이야기를 해보겠어요." 이것이 바로 당신의 네트워크마케팅 사업을 구축하는 방법이다.

## 당신의 승리를 축하하라

당신은 기회를 잡을 수 있는 회의나 전화회의에 참여할 일이 생긴다든지, 아무리 작은 판매라도 판매를 하거나, 다른 동료에게 목표를 달성하도록 도와줄 수 있다. 이때 당신 기술 중 한 가지를 향상시켰다면 이 모든 것들은 축하할 가치가 있다. 사람들은 종종 너무 사업에만 치중해서 축하해야 할 성공들을 간과하고 만다. 네트워커로서 당신은 매일 당신의 사업 분야에서 성공을 거둘 수 있다. 네트워커는 많은 성공과 축하를 누리는 직업이다. 작은 성공들을 찾아보라, 그리고 그들을 축하하라.

네트워크마케팅에서 진실로 특별한 것 중 하나는 칭찬과 인정이라는 것이 아주 자주, 그리고 자유롭게 주어진다는 것이다. 당신이 이 사업 분야로 데리고 들어온 사람이 성장할 때보다 더 기분좋은 때는 없다. 또 그가 상을 받으러 시상대로 의젓하게 걸어갈 때 동료들의 환호를 받고 그의 부인과 아이들의 눈에 기쁨이 넘치는 것보다 더 흐뭇한 것은 없다. 그러한 인정은 진정으로 당사자의 자신감을 고양시키며 자신이 중요하다고 느끼게끔 한다. 그것은 그가 특정한 일을 한 직접적인 결과로 오는 보상들이기 때문이다. 이것이 그저 작은 성공에 불과할지도 모르지만 개인에게는 큰 사건이며 박차를 가해 더 높은 단계로 오를 수 있는 계기가 된다.

좋은 점을 보고 당신의 다운라인에 있는 사람들이 중요한 일을 할 때 많은 칭찬을 하라. 그들이 더 많이 배우고 네트워크마케팅의 감각을 익히기 위해 트레이닝 프로그램이나 기회포착 회의 등에 참여하는 것을 보면 더 많은 칭찬을 해주어야 한다.

## 실패를 개인 탓으로 돌리지 말라

영양식품과 피부관련 제품을 판매하는 NS사의 가장 성공적인 사업가들 중 하나인 팀 세일즈는 다음과 같이 말한다. 그는 어떤 아가씨가 평생소원(平生所願)이 그녀의 어머니를 위해 집 한 채를 지어주는 것이라고 말하며 울었다고 했다. 그리고 그러한 인생의 꿈을 실현하기 위해 그의 판매업체에 가입했다고 말했던 것을 잊지 못한다. 팀은 이미 여덟 명의 사람들을 한 달에 3만 달러의 수입을 거두도록 도와주었고, 따라서 그는 이 여성을 도울 수 있을 것이라고 확신했다. 그 여성은 너무나 감동해서 그에게 이야기하는 도중 눈물을 흘리고 있었다.

팀은 다음과 같이 회상한다. "우리는 그녀가 그녀의 목표에 도달하도록 계획을 짰다. 그녀가 내 집을 떠났을 때 나는 이 여성이 무언가 일을 해낼 것이라고 생각했고 꿈을 이루도록 도와줄 수 있다고 느꼈다. 하지만 이틀 후 나는 그녀와 연락조차 할 수 없었다. 나는 메시지를 남겼지만 그녀는 다시 전화를 하지 않았다. 결국 어느 날 아침 전화로 통화를 하게 되었고 그녀는 이 일을 그만두기로 했다고 말했다. 나는 이유를 알고 싶어서 만약 그녀가 무슨 일 때문에 그러는 것인지 말해주면 투자한 돈을 돌려주겠다고 말했다." 그녀는 팀에게 그녀의 시동생이 자신과 가장 가까운 사람인데 그녀의 사업을 소개하기 위해 그에게 전화했다고 했다. 그때 그는 그녀에게 사기당한 것이라고 했다는 것이다.

팀은 이와 같이 회상한다. "너무 놀라서 그녀에게 무어라고 대답할 수가 없었다. 나는 풀장 옆의 내 집 뒷마당에 앉아서 생각했다. 꿈을 앗아가는 사람들이 정말로 어느 곳에나 있다고. 그녀가 처음에 목표를 세웠을 때 너무나 열정적이었던 만큼 그녀는 실망이 너무나 컸던 것이다. 게다가 그녀는 이러한 의심을 풀기 위해 스스로 그리고 그녀의 시동생과 알아보려고 하지도 않았다. 그녀는 다른 사람에게 자신을 정복하고 그녀가 달성했을지도 모를 꿈을 빼앗아가게 내버려둔 것이다."

그 때 팀은 자신의 다운라인에 있는 사람들과 네트워커들을 도울 수 있는 계획을 제안했다. 그는 다른 사람의 부추김을 피할 수 있고 다른 사람들에게 네트워크마케팅에 대한 진실을 얘기할 수 있는 도구를 만들어냈다. 그는 이렇게 말했다. "우리는 디스트리뷰터들에게 진실을 알릴 필요성이 있었다. 그리고 그들에게 이와 같은 수단을 줘서 그들이 가졌던 희망이 꼬임에 넘어가서 망쳐지지 않고 그들의 사업을 촉진시킬 수 있는 설명을 할 수 있도록 말이다. 그렇다. 그들은 패배할 수도 있다. 다른 사람들이 그들의 제안을 거절하고 뒤에서 비웃을 수도 있다. 하지만 그들이 사실을 알기만 한다면 실패를 개인적으로 받아들이지는 않을 것이다."

## 다른 사람들을 도울 기회를 찾아라

 나에 대해 조금이라도 아는 사람이라면 나의 '황금률(Golden Rule)' 철학을 알 것이다. 만약 당신이 다른 사람들이 원하는 것을 얻도록 충분히 도와주기만 한다면 당신 또한 인생에서 원하는 모든 것을 가질 수 있다.

네트워크마케팅에서 오랜 기간 성공하기 위해서는 황금률에 따라 일해야 한다. 이것은 철학이지 전략이 아니라는 것을 알아야 한다. 만약 당신이 "상대방이 결국에는 내가 한 것보다 더 많은 보상을 나에게 해줄 것이기 때문에 지금 상대방에게 무엇인가 해주겠다"라고 생각하고 있다면 이것은 완전히 틀린 생각이다. 이것은 추하기까지 하고 이런 접근 방식은 사업에서든 인생에서든 성공할 수 없다.

만약 당신이 네트워크마케팅 회사에 가입해 있다면 당신의 양심을 자세히 들여다보고 또한 당신 회사가 그런 방식으로 당신을 다루고 있지는 않은지 실험해볼 것을 권장한다. 당신이 다른 사람을 이 사업에 합류시킬 때, 얼마의 돈을 벌 수는 있다. 하지만 진실한 기쁨이나 안정 보장 그리고 지속적인 수입은 당신이 데려온 사람을 성공하도록 도우며 같이 일할 때만 주어진다. 간단한 원리는 당신이 더 많은 사람들을 성공하도록 도와줄수록 당신 또한 더 성공할 것이라는 것이다. 만약 당신이 1,000명의 사람을 데려왔지만 그들 중 아무도 활동을 하지 않는다면 당신은 엄청난 시간과 꿈을 낭비해버리는 꼴이 된다. 당신의 책임은 당신이 조직으로 데려온 사람들을 가르치고 장려하며 개발시키는 것이다.

하지만 당신이 사람들을 후원은 하되, 그들만을 위해서 후원할 책임은 없다는 것을 명심해야 한다. 몇몇 사람들은 그저 사교적 이유에서 합류해 사업을 구축하기 위해 진실로 일하는 데는 거의 관심이 없을 수도 있다. 그들은 당신이 완전히 그들을 위해 사업을 구축해주기를 바란다. 하지만 당신은 그러한 사람들이 누구인지 금방 알아차릴 수 있다. 그때 사업을 진지하게 받아들이는 사람들에게만 투자하고 그들을 진정한 다운라인 디스트리뷰터로서 대하라.

이 사업에서 30년 간 사람들을 교육해온 경험을 바탕으로 나는 당신에게 삶의 모든 장점을 즐기는 사람들이 바로 인생의 황금률을 따르는 사람들이라고 주장한다. 삶의 모든 장점이란 행복, 건강, 약간의 재산, 안정, 친구들, 마음의 평안, 화목한 가족 관계 그리고 미래는 더 나아질 것이라는 희망 등이다. 네트워크마케팅을 잘못된 이유로 시작했더라도 결국 돈을 버는 사람들도 있다. 하지만 그들은 돈으로 살 수 없는 뭔가를 놓치고 만다.

## 매일 당신의 다짐을 실행하라

'자기암시'를 사용하는 것을 기억해라. 몇몇 사람들은 자기암시를 매일 아침저녁으로 반복하는 것이 어리석다고 생각한다. 그들이 옳을 수도 있다. 하지만 이것을 기억하라. 당신이 할 수 있는 일을 결정 하고 잠재력을 불러일으키면 열정이 생겨나는 것이다. 그리고 열정 이 생겨난 후에 실행하면 비약적인 발전을 거두는 것이다.

현재의 당신이 누구이며 어느 위치에 있는가는 마음먹기에 따라 바 뀔 수 있다!

## 균형잡힌 삶을 유지하라

오늘날 화제 중 하나가 여러 해 동안 나에게도 혼란의 대상이었다. 이것은 바로 "균형잡힌 삶을 어떻게 유지하는가?"이다. 첫째로, 균형 잡힌 삶을 유지하기 위해서는 개인, 가족, 사업, 육체적, 정신적, 재 정적인 모든 삶의 측면을 함께 다루어야 한다. 흔히 많은 사람들이 하는 불평은 "우리는 앞으로 나아가는 데 너무나 많은 힘을 들이고 있어서 균형잡힌 삶을 꾸릴 여유가 없다." 이다. 이것은 결코 옳지 않 은 말이다. 시간이 모자라는 것이 문제가 아니라 체계를 잡지 못 하 고 삶의 우선 순위를 정하지 못 하는 것이 문제이다.

내가 당신에게 정직하고 이성적이냐고 물어본다면 당신은 그렇다고 할 것이다. 그렇다면 만약 내가 정직하고 이성적인 당신에게 휴가 가 기 전, 평소보다 2배의 일을 한 적이 있는지 물어보면 당신은 또한 그 런 적이 있다고 말할 것이다.

만약 하루 동안의 휴가가 당신 사업의 생산성을 두 배 증가시켜준다 면, 똑같은 이치를 개인적이고 가족에 관련된 삶에 적용한다면 당신 의 삶은 더 균형 잡힐 것이다. 당신이 이 말에 동의하리라고 확신한 다. 그리고 만약 하루 동안의 휴가계획이 당신의 삶에 그러한 큰 효 과를 가진다면 당신의 인생을 계획하는 것은 당신에게 어떠한 영향을 미칠 것인지 생각해보라!

시간에 맞춰 하루를 살고 미래의 비전을 가지고 사는 것은 당신을 통찰력 있게 만든다. 당신은 단지 개인생활이나 가족생활, 경력에 관한 문제들만을 다뤄야 하는 것이 아니라 육체적, 정신적, 영적인 측면까지도 다뤄야 한다. 그리고 당신 삶의 금전적인 면에도 시간을 할애해야 한다.

균형이란 것은 당신이 삶의 여러 측면에 똑같은 시간을 할당하는 것을 의미하는 것은 아니다. 그렇게 한다는 것은 말도 안 된다. 한 주는 168시간이다. 이 시간의 반은 당신의 육체를 위해 쓰는 시간이다. 당신은 매일 8시간 정도의 수면을 취해야 한다. 지금까지 알려진 바에 의하면 매일 8시간씩의 수면을 취하는 것이 몸의 시스템에 적합하다고 한다. 잠자리를 준비하고 다음날 아침 직장에 나가기 위해 준비하는 시간에도 할애한다. 그러한 활동들만으로도 한 주의 많은 시간을 사용하게 된다.

당신은 아마도 매주 약 20끼의 식사를 할 것이고 일부 사람들은 그것보다도 더 자주 먹을 것이다. 만약 당신이 그 식사시간을 30분씩만 잡고, 기다리는 시간, 쇼핑하는 시간, 요리하는 시간 등을 계산해보면 식사 시간 외에도 또 다른 10시간을 사용하는 셈이다. 만약 한 주에 30분씩 네 번 운동을 한다면 2시간이 더 소요된다. 이러한 활동만 계산해도 벌써 한 주의 반이 사라졌다. 남은 반은 정신적이고, 경제적이고, 경력에 도움이 되고, 가족과 함께 하는 시간으로 균형을 맞추어야 한다. 우리는 이것을 '우선 순위 매기기' 라고 부른다.

당신에게 정말로 중요한 것은 무엇인가? 지금 당신이 밟고 있는 과정이 당신을 잘 살게 하고 인생을 잘 끝마치게 해주는 것인가?(처음보다는 끝이 중요한 법이다). 당신이 인생 계획을 잘 세우느냐에 상관없이 가끔은 당신의 인생이 불안정해질 수 있다는 것을 아는가? 예를 들어, 당신이나 가족의 일원이 사고로 다친다든가, 병에 걸린다든가, 약물이나 알코올 중독에 빠지는 사태 말이다. 아마도 당신은 직장생활을 중단하고 다시 학교 교육을 받아야 할 필요가 있을지도 모른다. 네트워크마케팅에 참여하는 것은 균형을 필요로 하는 변화를 의미한다. 이것이 바로 목표를 세우는 프로그램이 특별히 중요한 이유이다.

나는 꽉 짜여진 스케줄에 맞춰 살아가는데 그것이 효과적인 이유는 우선 순위가 매겨져 있기 때문이다. 집에 있을 때, 나와 내 아내는 아침을 먹는 데 약 한 시간 정도를 함께 보낸다. 점심식사와 저녁식사 시간에도 마찬가지다. 나는 대부분의 집필을 집에 있는 사무실에서 하고 이것은 내 아내와 시간을 보내는 것을 매우 편리하게 만들어준다. 다른 이유들도 있지만 이것이 바로 우리가 53년 간의 결혼 생활 속에서 예전 어느 때보다도 더 행복하고 사랑하며 살아가는 이유이다. 우리는 일상에서 무슨 일이 일어나든 매일매일 서로에게 사랑을 표현한다.

물론 나의 삶이 항상 균형잡힌 상태를 유지하는 것은 아니다. 나는 최근 6주 동안 위임직을 끝마쳤다. 이것은 지식인이라면 아무도 시도해본 적이 없었을 계약이었다. 그 6주 동안 나는 대부분의 시간을 직업적인 의무에 쏟아부어야 했지만 여전히 결혼생활과 나의 영적 생활, 두 가지를 가장 중시하였다.

네트워크마케팅에서 당신은 판매 발표를 하거나 약속을 하거나 전화를 하고 팩스와 e-메일을 보내고 당신 사업의 세부 사항을 다루는 일은 대부분 집에서 한다. 이러한 형태의 일은 당신에게 커다란 이익을 준다. 일 주일에 한두 번이 아니라 가족들과 자주 시간을 보낼 수 있다는 놀라운 기회를 준다. 당신의 스케줄을 당신 스스로 계획하기 때문에 당신은 가족들과의 일을 스케줄에 포함시킬 수 있다. 그리고 가족들이 당신 일의 일부를 도와주고 싶어 한다면 더 많은 일을 할 수 있을 것이다.

## 성공을 습관으로 만들어라

나는 〈Success for Dummies〉의 모든 장에 '성공은 습관'이라고 썼다. 아래에 이 아이디어를 네트워크마케팅에 적용시키는 방법이 있다.

▶ 스포츠의 세계에서 운동선수들은 종종 습관적으로 어떤 영역에 구속된다. 예를 들어, 골퍼는 10피트의 퍼팅을 놓치지 않으며 투수가 던진 공은 스트라이크 존을 통과한다. 마찬가지로 미식축구의 쿼터백도 수비 태클을 뚫고 상대방 골라인의 다운필드로 멀리 뛰어가는 동료선수에게 공을 던진다. 같은 원리가 네트워크마케팅에서 일어난다. 성공이 습관이어서뿐만이 아니라 성공이 성공을 낳기 때문이다. 다른 사람을 사업에 참여하도록 후원하는 적기는 당신이 네트워크마케팅의 리스트에 오른 직후이다. 당신의 흥분과 열정이 훨씬 효과적인 결과를 가져올 수 있기 때문이다. 당신은 수행자로서 우리가 소위 '기대'라고 부르는 것에 부합한다.

▶ 연구가들은 부모의 기대는 아이들의 성적에 초점이 맞춰진다는 것을 입증했다. 교사는 학생들의 성취를 기대한다. 고용인의 기대는 피고용인의 성과와 직접적 관련이 있다. 이러한 믿음은 네트워크마케팅에서도 마찬가지이다. 네트워크마케팅 사업에 지금 막 합류시킨 다른 사람에 대한 당신의 흥분과 열정 그리고 그의 다짐 등은 당신의 마음 속에 기대치를 심어준다. 그리고나서 당신은 그러한 기대치를 당신이 트레이닝하거나 후원한 사람과 주고받는 것이다.

# 당신이 네트워크마케팅에 대해 가질 만한 10가지 질문

. . . . . . . . . . . . . . . . . . . . . . . . . . . . . . . . . . . . . . . . .

**제22장에서는**

▶ 최적의 시간에 네트워크마케팅에 대한 질문들에 답하고

▶ 투자규모를 알아보고

▶ 네트워크마케팅에 어느 정도까지 개입할 것인지 결정하고

▶ 네트워크마케팅에 관한 옳고 그른 사실들을 이해한다

. . . . . . . . . . . . . . . . . . . . . . . . . . . . . . . . . . . . . . . . .

**당**신은 누군가로부터 네트워크마케팅이나 다단계 마케팅에 대해 듣는 순간, 어떤 생각이 드는가? 당신이 이전에 네트워크마케팅에 연루된 적이 한 번도 없다거나 그 분야에 대해 약간 궁금하다면 몇 가지 의문점들이 금방 떠오를 것이다. 전부는 아니더라도 이러한 질문들의 대부분은 이 책에서 그 답을 찾을 수 있다. 하지만 편의상, 이 장에서는 가장 자주 대두되는 질문과 그에 대한 대답들을 실었다. 당신이 이 분야의 직종이 무엇인지 완전히 이해한다면 이 사업에 개입해야 하는지, 그렇지 않은지 판단하기 쉬워질 것이다. 개입한다면 당신은 다른 사람들에게 네트워크마케팅이 작동하는 원리를 자신있게 설명해줄 수 있게 될 것이다. 개입하지 않는 것도 괜찮다. 하지만 네트워크마케팅에 관한 이야기가 당신이 있는 자리에서 나왔을 때, 개입되어 있다면 적어도 더 현명한 사람이 되는 것이다.

## 네트워커가 되기 위해 많은 자본이 필요한가?

아니다. 선금 투자는 대부분의 경우 20달러에서 500달러 정도 든다. 만약 더 지불하라고 요구받는다면 그 이유를 알아내라. 당신에게 많은 양의 재고를 구입하도록 요구하는 회사에 대해서 잘 알아보라. 이것이 소위, 정면에 많은 물품을 쌓아놓는다는 것인데 감시자들은 거기에 눈살을 찌푸린다. 물품들을 저장할 필요는 없다.

네트워크마케팅에 투자를 시작한 후, 일단의 계약과 보너스에 적임자가 되기 위해서는 아마도 제한된 양의 물품들을 매달 구매하도록 요구받을 것이다. 이러한 투자는 보통 한 달에 100달러 정도이다 당신은 아마도 첫 투자 후 다음과 같은 몇몇 이유로 추가의 돈이 필요할 것이다.

▶ 회의에 참석하기 위한 교통비: 당신의 지역 네트워크가 당신이 사는 지역에서 주간회의를 후원한다 하더라도, 다른 지역에서 열리는 회의에 참석하기 위해서는 여행을 하고 호텔에 하루나 이틀밤을 묵어야 할 것이다. 이러한 회의들은 의무적인 것은 아니지만 당신의 기술을 더 발전시키고 동기부여를 해주며 분발하도록 도울 것이다.

▶ 고객 유발 그룹: 당신은 친구나 가족, 이웃 그리고 동료들의 리스트를 작성하도록 권유받을 것이다. 이들은 당신과 친근한 사람들의 리스트이다. 일부는 이러한 목록을 작성하지 않기로 결심하거나 몇 주안에 리스트의 사람들이 바닥난다. 그런 경우, 당신은 스스로 고객들의 참여를 유발해내거나 고객 유발 그룹의 일부로서 행동할 필요가 있다.

혼자 추진한다는 것은 당신이 무엇을 하고 있는지 정확하게 안다 하더라도, 많은 비용이 든다. 당신은 신문이나 라디오에 광고를 실어야 하고 아마도 리드(고객 추천)를 만들어내기 위해 직접 메일 프로그램을 실행해야 할지도 모른다. 다른 사람들과 협력함으로써 당신은 광고비를 줄일 수 있다. 1,000달러의 광고를 혼자 구입하는 대신, 당신과 아홉 명의 다른 네트워커들이 100달러씩 나눠 낼 수 있는 것이다. 하지만 당신은 리드 그룹의 1/10에 지나지 않으며 그 광고가 실효를 거두지 못할지도 모른다는 사실을 염두에 두어야 한다.

▶ 자격 보증 훈련: 네트워크마케팅 회사에 합류한 후, 당신은 기본적인 트레이닝을 거의 무료로 받을 것이다. 만약 트레이닝이 호텔 같은 공공시설에서 행해진다면 10~20달러 정도를 숙박비로 내야 할지 모른다. 하지만 몇몇 회사들은 그들의 관계자들에게 전국에서 훈련을 행하도록 한다. 이러한 자격보증 프로그램은 대부분 요금을 내야 하며 150~1,000달러 또는 그 이상이 필요하다. 이러한 프로그램에도 강제성은 없지만 자격보증서가 필요하다면 요금을 내야 한다.

## 매주 재화나 용역을 구입해야 하는가?

그렇다("네트워커가 되기 위해 자본이 필요한가?"). 당신은 어떠한 형태로든 쓰게 될, 건강식품이나 가정용품들을 구입해야 할 것이라는 것을 명심하라. 지금까지는 회사에서 살 수 있는 것을 다른 업체에서 구입했지만, 이제부터는 도매 가격으로 자신이 일하는 회사에서 필요로 하는 많은 물품들을 살 수 있다."

성공적인 판매라는 것은 감정의 전이를 포함한다. 사람들에게 네트워크마케팅에 합류하고 그 회사의 물품을 쓰도록 설득하는 것은 분명히 판매 행위이다. 만약 당신이 당신의 회사에 대한 강한 믿음이 있고 거기서 성공할 열정이 있다면, 당신이 후원하려고 하는 사람 역시 그 열정을 느낄 것이다. 그들이 제안을 완전히 이해하지 못 한다 할지라도, 그들은 당신의 열정에 설득당할 것이고 당신이 그들에게 주려는 기회를 믿을 것이다. 물품도 마찬가지다. 당신은 상품에 대한 당신의 감정을 다른 사람에게 전이시킬 수 있다는 것을 믿어야 한다.

〈지그 지글러의 판매를 끝마치는 비밀〉에서 나는 감정전이(感情轉移)의 완벽한 예를 든 적이 있다. 수 년 전, 물이 필요 없는 요리 도구를 판매할 때가 나의 최고의 해였다. 그 회사에서 나와 같은 위치에 있었던 내 친구, 빌은 나와 달리, 힘든 시간을 보내고 있었다. 어느 날 그의 집에서 커피를 함께 마시는데 빌은 정말로 우울해 했다. 나는 그를 바라보며 말했다. "자네한테 뭐가 문제인지 알겠어." 빌은 즉각 그 문제가 무엇인지 말해달라고 했다. 그는 혼자 분투하고 있었고 확실히 도움이 필요했다.

나는 빌에게 "자네 문제는 자네 자신이 자네가 판매하는 제품에 믿음을 가지고 있지 않다는 것이지"라고 말했다. 그는 화를 내며 반박했고 이 사업에 대해 분명한 믿음을 가지고 있다고 했다. 그는 전에 다니던 직장에서 매니저의 직함을 포기하고 이 회사 판매원으로 들어온 것을 상기시켰다. 그의 말을 듣고 나는 "다른 사람들에게 자네 의견을 말할 수도 있지만 나는 정말로 자네가 판매하는 물건들에 믿음을 가지고 있지 않다는 것을 알아"라고 말했다.

빌은 외쳤다. "아, 자네는 내가 집에서 우리 주방용품을 사용하지 않는다고 그렇게 말하는 것이군." 나는 그렇다고 대답했다. 그러자 그는 그가 어려움을 겪고 있는 세세한 사항까지 모두 얘기했다. 그의 부인은 3주 동안 병원에 보험 없이 입원해 있고 그의 아이들은 편도선을 절제하는 수술을 받아야 한다는 것이다. 아이들에 대한 의료 보험도 없다고 했다. 그것뿐이 아니었다. 그의 차는 고장나서 한 달 동안 그는 버스나 택시를 타고 이동해야 했고 그것은 판매를 성공적으로 하기 어렵게 만드는 교통수단이었다. 그리고 나서 그는 이렇게 이야기하며 말을 끝냈다. "지그, 우리가 판매하는 주방 용품을 최대한 빨리 구입하겠네. 나는 우리 상품에 믿음이 있네!"

그에게 나는 이렇게 대답했다. "빌, 자네에게 설명할 것이 있네. 자네가 예비 고객과의 이야기를 끝날 때 예비 고객이 '빌, 당신이 판매하는 주방용품 세트를 정말 사고 싶지만 나는 힘든 시간을 겪고 있습니다. 내 아내는 3주 동안이나 병원에 누워있고 우리는 보험조차 없습니다. 우리의 두 아들도 보험 없이 편도선 제거 수술을 받아야 하고 무엇보다도 한 달 동안 나는 교통 수단조차 없었습니다. 내 차는 수리 중에 있고 버스와 택시를 이용해야 했죠. 당연히 좋은 교통 수단 없이 성공할 수는 없는 것이 아닙니까' 라고 말한다고 하세."

그리고는 나는 빌에게 미소지으며 말했다. "빌, 자네가 나한테 이야기 한 변명을 자네의 예비 고객들이 물건을 사지 않는 이유로 똑같이 들고 있지는 않네. 하지만 그들에게는 그들 나름대로의 이유가 있지. 그리고 자네가 혼자서 자꾸만 긍정적으로 생각하자고 다짐한다 하더라도 그들이 그러한 이유들을 댈 때, 자네 마음 깊은 곳에서는 자네가 우리의 주방 용품을 사지 못하는 이유도 그들과 다를 바 없다고 생각하지."

나는 빌에게 한 세트의 주방용품을 판매했다. 그는 주문서를 썼고 그 주에 그는 그가 구입한 주방용품에 지급할 돈을 벌만큼 충분한 상품을 판매했다. 그는 다시 경주에 참가한 것이다. 만약 당신이 당신의 회사와 기회에 전력할 만큼 믿고 있지 않다면, 그리고 당신이 판매하는 상품을 스스로 사용하지 않을 만큼 물건에 대한 믿음도 가지고 있지 않다면 당신은 이쯤에서 사퇴하는 것이 나을 지도 모른다.

그렇다. 판매라는 것은 감정의 전이이다. 우리는 계속해서 사람들에게 사업에서 성공하기 위해선 그들 자신이 판매하는 물품들을 사용해야 한다고 이야기한다. 나는 당신에게도 똑같은 이치를 이야기하고 있는 것이다. 당신은 당신 자신도 자신이 판매하는 물품을 쓰고 그것을 또 당신의 가장 가까운 친구들이나 가족에게 판매할 만큼 물품 사용에 편안함을 느낄 정도가 되어야 한다. 왜냐하면 그 때가 되어서야 당신은 당신의 상품을 판매하는 것이 당신의 친지들과 친구들에게 이익이 되는 일이라는 것을 알기 때문이다.

## 상품을 저장해 놓았다가 고객들에게 배달해야 하는가?

그럴 수도 있고 아닐 수도 있다. 많은 네트워크마케팅 회사들은 대표자들에게 물품을 창고에 저장하고 직접 고객들에게 배달하는 과정에서 빼앗기는 시간을 절약해주고 일어날 수 있는 말다툼을 없애준다. 즉 다시 말하면 당신 고객은 주문을 한 후 머니나 신용카드로 지불하고 상품은 고객의 주소로 배달된다. 당신이 이 과정에 참여하는 것은 아니다.

하지만 다른 회사들, 특히 주택 같은 데서 물건을 파는 경우, 모든 주문서가 대표자들에게 배달되어 대표자가 고객들에게 다시 배달해야 한다. 이러한 과정은 저장 공간과 여분의 시간이 필요하며 당신 스스로 이동을 해야 하지만 많은 대표자들이 이러한 것을 더 많은 물품을 팔 수 있는 기회로 본다.

## 돈을 벌기 위해 풀타임으로 일해야 하는가?

그렇지 않다. 사실상 대부분의 네트워커들이 한 주의 일부분만 네트워크마케팅 사업에 종사한다. 대다수의 네트워커들은 몇 십만 달러나 몇 백만 달러를 벌기를 기대하지는 않는다. 대부분은 한 달에 300~400달러를 벌고 싶어하는 것이다. 사실 많은 사람들이 한달 생활비를 충당하기 위해 돈을 번다. 만약 당신이 한 달에 몇 천 달러를 더 벌고 싶다면 당신은 풀타임 근무를 해야 한다.

## 이것은 손쉽게 돈을 벌 수 있다는 음모일 뿐이다.

아니다. 혹자는 당신에게 네트워크마케팅이 모종의 음모라고 말할지 모르지만 이것은 합법적인 행위이다. 1979년에 미 연방통상위원회는 네트워크마케팅 구조가 합법적이며 적절한 것이라고 판결내렸다. 몇몇 악당들이 네트워크마케팅에 참여하기도 하지만 그런 사람들은 프랜차이즈, 보험, 의학 관련 직종에도 관련되어 있다. 네트워크마케팅에 대한 사실을 아는 사람들은 이것이 확고하고 장기간에 걸친 사업 기회라는 것을 알게 될 것이다.

네트워크 마케팅회사들이 다국적 기업으로 성장하여 세계 여러나라에서 많은 매출을 올리고 있다.

## 네트워크마케팅은 진짜 사업이 아니다. 그렇지 않은가?

네트워크마케팅은 진짜 사업이다. 네트워커들이 단지 집에서 일하고 대부분이 피트타임으로 일한다는 이유가 그들의 사업이 신짜가 아니라는 것을 뜻하지는 않는다. 네트워크마케팅은 취미가 아니라 정상적인 사업이다. 네트워커가 되는 사람들은 누구든지 사업에 대한 법을 따라야 한다. 이는 바로 당신이 집이나 사무실에서 일할 면허증이 필요할 지도 모른다는 것을 의미한다. 당신은 사업자등록을 해야 할 수도 있다. 당신은 당신의 사업을 법인체로 만들어야 할지도 모른다. 그리고 당신은 분명히 회계사와 세금 고문과 상담을 해야 할 수도 있다.

당신의 스폰서에게 사업을 구축하는 정보에 대해 물어보라.

## 네트워크마케팅은 다단계 마케팅과 같은 것인가?

근본적으로는 같은 것이다. 많은 미국 회사들이 그들을 다단계 마케팅이라든지 MLM(multi level marketing)이라고 지칭하고 싶어 하지 않는다. 왜냐하면 이것은 역사적으로 불명예스럽게 붙여진 이름이기 때문이다. 이에 대한 설명이 아래에 있다.

네트워크마케팅과 다단계 마케팅의 다른 점이 있다면 그것은 가득 쌓아놓은 재고를 팔기 위해 사람들의 얼굴을 찌푸리게 하는 것과 관련이 있다. 과거에 많은 다단계 마케팅 회사들이 그들의 디스트리뷰터에게 많은 양의 재고를 구매할 것을 요구했다. 이 재고들은 지하창고나 따로 분리된 저장시설에 보관되어 있었고 오랜 시간이 지나면서 팔려나갔다. 많은 디스트리뷰터들이 그것을 판매하려고 노력하지 않거나 노력했다 하더라도 실패하고 말았다. 몇몇 경우에는 재고가 아주 높거나 낮은 온도 때문에 또는 물이 범람해서 상하거나 부서졌다. 이러한 문제들은 숨겨지지 않고 자주 공개되어 다단계 마케팅의 나쁜 평판에 기여했다.

북아메리카의 국경을 넘어가서는 다단계 마케팅이라는 이름이 나쁜 평판을 가지고 있지 않다. 잡지 출판인인 리즐리 골즈보로우는 "다단계 마케팅이 미국 외 사업의 모든 것이다. 미국 바깥에서 사업을 일으키려고 하는 어떠한 회사라도 다단계 마케팅을 사용하지 않는 것은 실수하는 것이다"라고 말한다.

## 얼마나 자주 회의에 참석해야 하는가?

첫째, 당신이 회의에 꼭 참석해야 하는 것은 아니다. 그렇게 해야 할 의무는 없지만 대부분의 네트워크마케팅 회사들은 매년 디스트리뷰터들을 모아서 성공에 대해 보상을 하고 새로운 제품에 대해 통보하

고, 추가적인 교육을 제공하고 아마도 가장 중요하게는 새로운 디스
트리뷰터들을 모집하기 위해 몇 번의 회의를 주관한다. 이러한 회의
에 참석하지 않는다는 것은 실수하는 것이다.

지역적으로, 당신 회사의 대표자들은 아마도 매주 또는 적어도 한 달
에 한 번은 만날 것이다. 대부분의 사람들이 기꺼이 이러한 회의에
참석한다. 그런 모임들은 당신에게 긍정적이고 열정적이며 같은 목
적을 가진 사람들과 어울릴 기회를 준다.

## 내 배우자가 이 사업에 참여하고 있지 않다면 그것이 문제 가 되는가?

당신이 네트워크마케팅 사업에서 목표를 이루고자 했던 다짐을 만약
당신의 배우자가 지지해주지 않는다면 문제가 될 수 있다. 당신이 참
여하기 이전에 당신의 배우자가 이것을 지지하도록 하는 것이 바람
직하다. 당신의 배우자는 당신이 전화로 사업상 이야기를 하는 시간
을 보내는 것이나 회의에 참석하기 위해 집에 있지 않는 것 역시 반
대할지도 모른다.

만약 당신이 할 수만 있다면 당신의 배우자도 이 사업에 참여하도록
하라. 그렇게 한다는 것은 시간을 필요로 하지만 나는 그들의 부인을
네트워크마케팅 사업에 동참하도록 하기 위해서나 부인이 그들의 남
편을 참여하도록 하게 하기 위해 그들의 직업을 포기했다는 수도 없
이 많은 이야기를 들어왔다. 그러나 꼭 부부가 같이 해야한다는 것은
아니다. 우선 배우자의 지지가 필요하다는 것이다.

## 만약 네트워크마케팅이 전 세계적인 현상이라면, 왜 나는 대중매체에서 그것에 대해 거의 들은 적이 없는가?

네트워크마케팅은 적어도 125개국에 존재하며 이것은 세계적으로 1,000억 달러의 매출을 올리고 있으며 전 세계에 3,500만 명의 디스트리뷰터가 사업에 동참하고 있다고 세계직접판매협회는 밝힌다. 그렇다면 왜 당신은 대중매체에서 이런 말을 들어본 적이 없는가? 이것은 당신의 지역신문 편집자에게 물어보면 된다.

기존의 경영관련 매체는 기존의 경영 토픽 이외에는 느리게 반응한다. 프랜차이즈 사업을 생각해보라. 당신은 10년 전보다 오늘날 훨씬 그것에 대해 많이 듣고 있지만 그것은 주로 국제 프랜차이즈 협회와 수백 개의 자매 회사들이 기존의 경영계 집필자들과 편집자들을 교육시키기 위한 매체 운동을 꾸준히 벌여왔기 때문이다. 그렇다 하더라도 프랜차이즈 사업은 그것이 마땅히 얻어야 하는 것보다 훨씬 적은 관심을 받고 있다. 그리고 이러한 관심이라는 것이 긍정적이기보다는 부정적일 경우가 많다. 네트워크마케팅에 대한 상황도 비슷하다. 많은 매스미디어들이 그들이 틀린 판단을 하고 있음에도 불구하고 네트워크마케팅을 합법적 직종으로 생각하지 않고 있다면 부정적인 시선이 개선되지 않을 것이다.
AT&T나 텍사스 인스트러먼츠, 코카콜라 등도 모두 네트워크마케팅 회사들과 협력하고 있다. 하지만 편집자가 그런 종류의 이야기에는 관심없다고 말한다. 그들은 명백히 사업의 긍정적 측면은 쓰고 싶어하지 않은 것이다." 언젠가 이러한 상황은 바뀌겠지만 빨리 오지는 않을 것이다.

# 네트워크마케팅을 빨리 시작하는 10가지 방법

● ● ● ● ● ● ● ● ● ● ● ● ● ● ● ● ● ● ● ● ● ● ● ● ● ● ● ● ● ● ●

### 제23장에서는

▶ 빠른 출발이 왜 중요한지 이해하고
▶ 성공을 위해 밟아야 할 단계를 알아보고
▶ 사업 계획이 중요한 이유를 알아두고
▶ 당신의 의도가 당신의 성공에서 가장 중요하다는 것을 믿는다

● ● ● ● ● ● ● ● ● ● ● ● ● ● ● ● ● ● ● ● ● ● ● ● ● ● ● ● ● ● ●

**네**트워크마케팅에서는 타이밍이 거의 모든 것을 좌우한다. 당신이 네트워크마케팅 회사에 들어온 이후, 첫 주나 몇 일 동안만큼 중요한 시기는 없다. 당신은 흥미를 느끼고 흥분할 것이며 회사에 가입하기 전에 네트워크마케팅에서 당신을 필요로 할 것이다. 하지만 당신이 빨리 출발하지 않는다면 당신은 이 사업에 대한 열정을 하룻밤에 잃어버릴 수도 있다. 당신 자신을 보호하라! 다행히도, 당신은 회사에 지원할 것이며 업라인 디스트리뷰터들이 최대한 빨리 몇몇 결과를 보고서는 당신이 얼마나 중요한 인물인지 이해할 것이다. 하지만 당신이 회사에 가입한 다음 날, 디스트리뷰터를 모집할 수 있다고 생각하는 것은 터무니없다. 당신이 실제로 시작하고 회사의 제품들을 검토해보고 회사의 시스템에 적응할 때까지는 다른 사람에게 기회를 부여한다는 것은 어려운 일이다. 그럼에도 불구하고 당신은 사업 계획을 세울 필요가 있는데 이는 지금 당장 시작하고 싶어하는 것이 인간 본성이기 때문이다. 그러므로 우리는 당신이 당신의 사업에서 빠른 출발을 할 수 있도록 당신의 행동에 필요한 열 가지 단계를 제공한다.

당신이 모집하고 후원하게 될 디스트리뷰터들 역시 가능한 빨리 결과를 보고 싶어 한다. 당신은 유망한 디스트리뷰터와 연락해서 이야기하고 정보를 나누고 기회를 부여하는 데 몇 주를 보낼 수 있다. 결국 그들이 지원하고 나면 어떻게 되는가? 만약 당신이 다음 디스트리뷰터를 모집하는 데 바빠서 어제 합류한 디스트리뷰터에게 신경 쓸 여유가 없다면 아무 일도 일어나지 않을 것이다. 사실 확실히 아무것도 일어나지 않는다는 것은 아니다. 당신의 새 디스트리뷰터는 시작하기도 전에 이 사업을 그만둘 것이다. 그것은 그들에게도 당신에게도 의욕을 꺾는 일이다. 이러한 사태가 일어나지 않도록 하라. 우리의 사업 계획을 따르기 바란다.

## 성공하고자 하는 의도로 개입하라

우리가 당신이 공들인 사업 계획을 써야한다고 제시하지 않았다 하더라도 우리는 당신이 왜 네트워크마케팅 회사에 합류하는지에 대한 이유를 생각하도록 촉구한다. 당신이 성취하고자 하는 것은 무엇인가? 만약 당신이 네트워크마케팅에서의 목표를 깨달을 합리적인 기회가 있다고 생각하지 않거나 특정한 회사에서 성공할 기회가 불충분하다고 생각한다면 왜 고민하는가? 당신의 시간과 돈을 가지고 다른 활동을 하라.

내가 가장 좋아하는 문장 중 하나는 "너는 원해야만 한다"이다. 이 문장의 문법은 어색하지만 메시지는 매우 분명하다. 나는 이 생각에 완전히 동의하는 바이며 이는 열망이 평범한 뜨거운 물을 특별한 성공의 수증기로 바꿀 수 있는 원동력이라는 뜻이다. 만약 이유가 정당하고, 당신이 다른 사람들의 삶에 변화를 정말로 주고싶고, 자신의 경력도 쌓고, 당신 가족과 사회 일반에 혜택을 주고 싶다는 신념이 강하다면 당신이 훌륭하게 성공할 가능성이 높아진다.

여러 해 전에 나는 척수성 소아마비에 걸려 목발을 짚고 다니는 젊은 이와 마주친 적이 있다. 그는 우리의 세미나 중 하나에 참석했으며 연설을 요청했다. 내가 그와 이야기하고 그의 눈을 들여다봤을 때 보통의 젊은이에게서는 느끼기 힘든 어떠한 강렬함을 볼 수 있었다. 그는 나에게 이렇게 말했다. "지그, 내 신체에서 일어나지 못 하고 움직이지 못 하는 유일한 부분은 다리입니다. 하지만 이 목발이 내가 가고 싶은 어디든지 데려다 주고 내 상상력 또한 풍부합니다. 그러므로 연설자가 되어 여러 장소를 가보고 싶습니다." 그는 심각한 표정을 짓고서는 말했다. "지그, 사실은 나는 나의 목표를 맛보고 느낄 수 있습니다. 이것은 내 뼛속으로부터 오는 감각이며 이 목표에 도달하기 위해 무엇이든 할 것입니다."

나는 이 젊은이와 5년쯤 연락을 할 수 없었고 5년이 지난 어느 날 그의 소식을 들었다. 그는 연설만 하는 것이 아니라 아주 성공적으로 다른 사람들의 삶을 돕고 변화시키는 과정에 아주 바쁘다고 했다. 당신이 눈치챘듯, 다른 사람을 돕는 것이 그가 이러한 활동을 시작한 계기였다. 이 사업에서 성공하기를 기대한다면 그것이 바로 당신이 가져야 할 네트워크마케팅 태도이다.

## 당신의 업라인 디스트리뷰터를 잘 선택하라

당신이 합류하고 싶어하는 회사를 찾았다고 가정하자. 당신은 숙제를 끝마쳤고 개입할 준비가 되어 있다. 그 회사의 동의서에 서약하고 돈을 넘겨주기 전에 당신의 스폰서가 될 사람을 대하는 것이 편한 지 점검하라. 당신의 스폰서는 이 사업에서 당신이 성공으로 향하는 생명선이며 사업에서 빠른 출발을 하도록 기대를 걸 첫 번째 사람이다. 당신의 업라인 디스트리뷰터와의 관계에서 편안함을 느끼는 것은 중요하다. 당신은 그 사람의 성격을 좋아하는가? 그 사람은 체계적인 사람인가? 의존적인 사람인가? 전화하거나 정보를 보내겠다고 말했

을 때, 그 후에 실제로 그렇게 했는가? 당신은 당신의 업라인 디스트
리뷰터가 사업의 내용과 범위를 가르칠 수 있다고 자신하는가?

당신은 네트워크마케팅에서 당신을 후원하겠다고 나서는 첫 번째
사람과 계약을 맺을 필요는 없다. 불행하게도 많은 사람들이 이 사
실을 깨닫지 못 한다. 시간을 가지고 질문을 하고 편안함을 느끼고
나서 특정한 스폰서와 계약을 하라. 이것은 한 번 회사에 합류한 후,
스폰서를 바꾸는 것이 쉽지 않기 때문에 중요한 단계이다. 만약 당
신이 당신 스폰서의 다운라인에서 벗어나 다른 다운라인으로 진입
하기를 원한다면 당신의 회사는 당신의 전체 업라인에 있는 사람들
이 당신의 이동을 동의해야 한다고 할 것이다. 만약 한 사람이 거절
한다면 당신은 오도가도 못 하게 되는 것이다! 그러므로 시간을 가
지고 현명하게 선택하라. 자주 일어나지는 않지만 몇몇 유망한 네트
워커들은 다운라인에 합류하기 전에 미래의 스폰서들과 인터뷰하기
도 한다.

## 세일즈 키트가 도착하자마자 스폰서와 연락하라

만약 당신이 디스트리뷰터 신청서를 작성하여 제출하면 스타트 키트
가 도착할 때까지는 4~10일이라는 기간이 걸린다. 어떤 때는 본사나
회사가 주최하는 회의에서 세일즈 키트를 받을 수도 있다.
세일즈 키트를 받는 즉시 당신의 스폰서에게 연락하라. 좋은 스폰서
는 스타트 키트의 내용을 알고 전화나 인터넷 또는 이러한 통신수단
을 결합하여 당신을 가르치려고 열심일 것이다.

당신의 부탁을 말하고 스폰서의 충고를 따라야 한다. 이 책에서 우리
가 제시했던 숙제를 당신이 모두 했다면 당신은 경영자가 사업 체제
를 발달시켜 놓은 회사를 고를 것이다. 체제를 따르면서 당신은 성공

할 것이라는 기대를 할 수 있다. 좋은 스폰서는 체제를 이미 익힌 사람이고 그 지식을 당신에게 전달하기 시작할 것이다.

당신의 스타트 키트의 내용이 무엇인가에 따라 당신의 스폰서는 1~2주 내의 몇 시간 동안 당신을 만나야 할 필요가 있을지도 모른다. 그 세일즈 키트는 회사 규칙과 제재 사항, 제품 정보, 회사의 보상 계획 등을 적은 디스트리뷰터 매뉴얼을 포함하고 있다. 또한 당신이 자신감을 갖도록 돕고 네트워크마케팅에서 성공적인 경력을 갖도록 당신의 기술을 확고히 하도록 지원하는 방안들도 포함하고 있어야 한다.

## 한가지 좋은 고객 유발 기술을 배워 사용하라

네트워크마케팅에 참여한 대부분의 사람들은 친근한 사람들의 리스트를 작성하도록 권유받는다. 즉, 이것은 친구들, 가족, 이웃들 그리고 재화나 용역을 구입하는 데 흥미가 있거나 이 사업에 개입하고 싶어할지도 모르는 동료들을 의미한다. 처음 사업을 시작할 때 모든 사람이 고객 유발 계획을 사용할 준비가 되어있는 것은 아니다. 하지만 만약 당신이 그런 상황에 처한다면 당신은 다른 고객 유발 방법을 찾아야 하는데 여기에는 기부반응이 예상되는 전화를 걸거나 직접 우편을 사용한다든지 신문에 광고를 싣거나 인터넷을 이용하는 방법이 있다. 인터넷을 사용하는 경우 스팸을 사용하지 않아야 함은 물론이다.

당신의 배우자와 선도를 이끌어낼 수 있는 것에 대해 의논하고 어떤 기법이 당신 사업에 가장 효율적일지 찾아내라. 사용하고자 하는 기술을 찾아내어 사용하라! 짧은 기간 동안, 그 기술을 자유자재로 쓸 수 있을 것이다.

## 프리젠테이션 법을 배워라

상품이나 서비스를 처음 판매하려고 계획하거나 사업 기회를 처음 계획하고 있다면 판매 발표하는 법을 배워라. 다시 말하지만, 당신은 당신의 후원자나 회사가 당신에게 당신의 새로운 경력에 필요한 판매 발표 부분을 능숙하게 해낼 수 있도록 지원하는 시스템을 제공할 것을 기대해야 한다. 이 시스템은 당신에게 어떤 말들을 써야 하는지를 제시해야 하고 왜 당신이 그러한 단어들을 써야 하는지, 또 왜 당신이 특정한 방법으로 발표를 하도록 가르치는 것인지 설명해주어야 한다.

대부분의 사람들은 프리젠테이션을 하는 데 편안함을 느낄 때까지 반복적으로 연습을 해야 한다. 그것이 바로 스폰서가 필요한 이유이다. 당신은 당신의 스폰서가 발표하는 것을 듣고 그 앞에서 연습할 수 있다.

"나는 회사가 나에게 제공하는 프리젠테이션 사례를 사용하는 것이 정말 어리석다고 생각합니다." 우리는 이러한 말을 이전에 들은 적이 있고 이것은 보통 성공하기 위해 고군분투하고 있는 네트워커들이 하는 말이다. 만약 당신이 회사의 세일즈 프리젠테이션에 불편함을 느낀다면 몇 가지 다른 방법이 있다. 첫째, 익숙해지는 것이다. 당신이 충분히 프리젠테이션을 연습하지 않았기 때문일 수 있다. 좀더 시간을 가져라. 당신의 스폰서를 만나서 계속 연습하라. 둘째, 당신 자신만의 프리젠테이션 방식을 정하라. 하지만 이것은 성공확률이 적기 때문에 권하고 싶지 않다. 만약 당신이 회사에 입사해서 그것을 다시 만들어내고 싶다면 왜 망설이는가? 좋은 세일즈 프리젠테이션들은 쓰여지고 실험되고, 다시 쓰여지고, 다시 실험되어서 그러한 과정은 발표가 어떠한 결과를 내놓을 때까지 계속된다. 당신은 완벽한 세일즈 프리젠테이션을 써낼 능력을 가진 사람인가?

회사의 프리젠테이션 사례를 사용하기 위해서는 약간은 긴장해야 할지도 모른다. 특히 처음에는 불편함을 느낄 수도 있다. 하지만 우리의 경험으로 미루어, 성과가 나타나기 시작하면 당신은 어리석게 느껴지는 데 개의치 않을 것이고 사실, 그런 생각을 더이상 하지 않을 것이다.

회사에 합류하기 전에 회사의 세일즈 프리젠테이션을 듣고 어리석다고 느끼지 않고 프리젠테이션을 할 수 있을 것인지 생각해보라. 할 수 없다는 생각이 들면 다른 회사를 찾아보라. 반면 그런 생각이 드는 것이 당신이 단순히 수줍어하는 성격이라든지, 편하다고 느끼는 당신만의 영역에서 빠져나와서 세일즈 프리젠테이션을 하기 원하지 않아서라면 훌륭한 기회가 될 수 있는 기회를 놓치지 말라.

## 스폰서의 도움 아래 첫 실전 프리젠테이션을 하라

당신에게는 적어도 당신의 사업에 참여하거나 상품이나 서비스를 구입하는 것에 흥미가 있는 사람들이 약간 있다. 이것이 바로 당신의 첫 실전 프리젠테이션의 대상이다. 지금까지는 당신은 당신의 스폰서나 가족, 친구들 앞에서 발표 연습을 해왔다. 그들 중 몇몇은 아마도 좋은 반응을 보이고 심지어는 물건을 구입하고 사업에 참여했을 것이다. 당신이 이 첫 프리젠테이션을 전화로 하든 개인적으로 대면한 상태에서 하든 당신의 스폰서가 개입하도록 하라. 만약 당신이 전화를 사용하려고 한다면 3자통화를 계획해 당신과 당신의 예비 고객과 당신의 스폰서가 동시에 전화를 할 수 있도록 하라. 만약 당신이 도움이 필요하다거나 대답할 수 없는 질문을 받을 때, 당신의 스폰서가 당신을 지지하기 위해 그 자리에 있을 것이다.

당신은 당신의 스폰서가 처음 대여섯 번은 도와주기를 원할지도 모른다. 당신이 이러한 발표를 이전에 한 번도 해본 적이 없다고 할지라도, 결국은 혼자 하기에 충분할 만큼 자신감이 생길 것이다.

당신은 당신이 발표하는 데 아무런 도움이 필요하지 않다고 느낄지도 모른다. 당신이 과거의 직업에서 성공적인 판매원이었을 수도 있다. 그렇더라도 조심해야 한다. 노련한 판매원들도 종종 네트워크마케팅에서는 처음에 성공적이지 못할 때가 있다. 스폰서의 지지와 지침을 따르는 혜택을 받도록 하라.

## 당신의 사업 기회를 세 명 이상과 매일 나누겠다고 자신과 약속하라

당신이 네트워커로서 파트타임으로만 일하고 있다 하더라도 당신은 당신 사업의 기회나 상품과 서비스에 대한 정보를 적어도 일주일에 6일 동안 매일 적어도 세 사람과 나눌 수 있다. 당신은 매 주 최소 18명에게 사업 기회를 제시하겠다는 다짐을 해야 한다. 만약 당신이 풀타임 근무자라면 매일 18명을 채울 수도 있다.

이러한 자신과의 약속을 어떻게 지킬 것인가? 모든 가능성을 고려하면 쉽다. 하루에 전화로 세 사람과 이야기 할 수 있는가? 당신과 친근한 사람들의 리스트를 만들어 통화를 시작하라. 아니면 편지나 e-메일, 팩스를 사용하라. 만약 당신이 회사에 다니는 사람이라면 점심시간에는 무엇을 하는가? 점심시간에 매일 다른 회사 동료들과 시간을 보내며 당신의 사업에 대해 이야기할 수 있는가? 당신의 사업과는 관련이 없는 지역 회의나 세미나, 워크샵에 참여하는 것은 어떤가? 예를 들면, 토요일 아침에는 당신이 살고 있는 지역의 상공회의소가 주최하는 트레이드 쇼에 참석하라. 그러면 당신은 아마도 수십 명의 예비 고객과 이야기할 수 있을 것이다.

당신 사업과 관련이 없는 이벤트에 참석할 때는 주의해야 한다. 당신의 교회는 네트워크마케팅 기회에 관해 발표하기에는 적합한 장소가 아닐 것이다. 상식적으로 행동하라. 사람들을 고객이나 디스트리뷰터로서 모집할 적당한 기회가 올 때까지는 사람들에게 공격적인 태도를 취하지 말라.

한 가지는 분명하다. 상품, 서비스 그리고 사업 기회는 그들 자신이 사람들에게 그냥 보여질 수 있는 것이 아니다. 사람들에게 알리는 부분은 당신의 몫이다.

네트워크마케팅은 숫자 게임이다. 당신의 프리젠테이션을 많은 사람이 들으면 들을수록, 당신의 사업을 구축할 기회는 더 많아진다. 대부분의 사람들이 거절하겠지만 결국, 당신은 당신이 접촉하는 사람들 중 몇 명은 긍정적인 반응을 보인다는 것을 알게 될 것이다. 당신 사업에 맞는 숫자 게임을 알아내어 사용하라.

## 가능한, 모든 회의에 참석하라

회의 참석의 최대 장점 중 하나는 눈에 띄지 않는 사람들을 만나고 그들의 이야기를 들을 수 있다는 것이다. 이들은 네트워크마케팅에서는 큰 역할을 할 사람들이다. 그들의 교육 수준이 높을 수도, 아닐수도 있지만 그들은 자신의 일에 열정을 가지고 있으며 정직하고 성실하고 근면한 사람들이다. 그들은 진심으로 그들이 훌륭한 제품을 가지고 있으며 놀랄만한 기회를 가지고 있다고 믿는다. 그들은 그러한 믿음을 그들이 만나는 사람에게 전하며 그러한 과정에서 엄청난 사업적 성공을 거둔다. 당신이 세상에서 가장 유능한 스폰서를 만났다 하더라도, 당신은 당신의 조직 내 다른 전문 네트워커들로부터 많은 것을 배워야 한다. 그러므로 여러 회의에 참석하라. 회의에 참석하는 데서 오는 가장 큰 혜택은 당신이 당신 회사의 리더들에게 뭔가 배울 수 있다는 것이다. 종종 당신은 그들과 함께 앉아 아이디어나 문제들, 불편 사항들에 대해 이야기할 수 있다.

리더들이 당신을 돕는 데 관심이 없으리라고 생각하지 말라. 성공적인 네트워커들이 계속 네트워커로 남는 이유 중 하나는 다른 사람들을 가르쳐 그들이 꿈을 실현하는 것을 볼 수 있는 기회 때문이다.

## 당신의 기술들을 개선하고 개발하도록 계속 배워라

언젠가 당신은 네트워크마케팅에서 알아야 할 것을 모두 아는 날이 올지도 모른다. 하지만 그 때까지는 많은 것을 배워야 한다. 좋은 네트워크마케팅 회사는 일 년에 몇 번씩 교육 이벤트를 열어 당신의 네트워크마케팅 기술을 익히는 데 도움을 줄 것이다. 회사 말고도 많은 훌륭한 트레이닝 프로그램들이 네트워커들을 위해 행해진다.

개인으로서 당신은 항상 자신의 성장을 목표로 해야 한다. 세상은 빠르게 변하며 변화를 따라가지 못 하면 비참한 결과를 맞을 수 있다. .